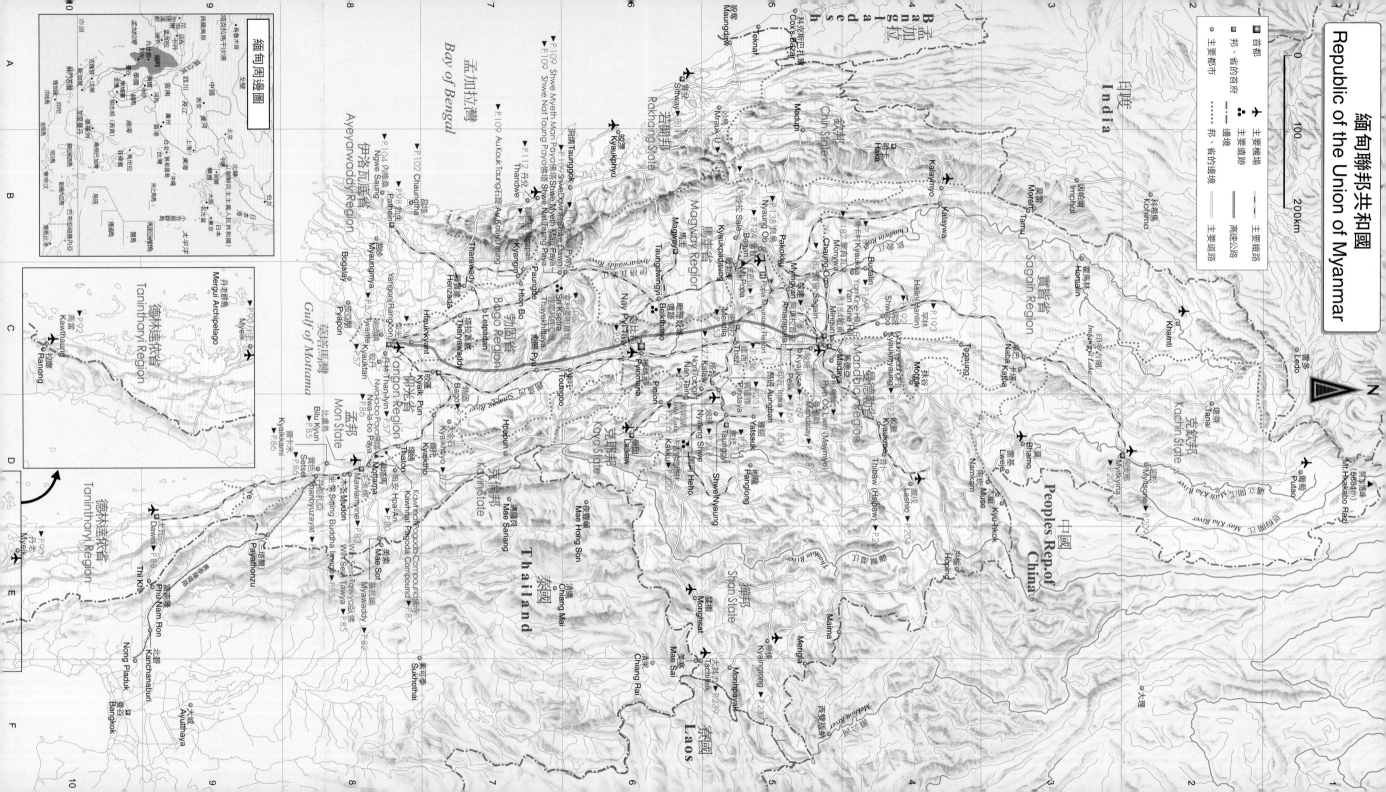

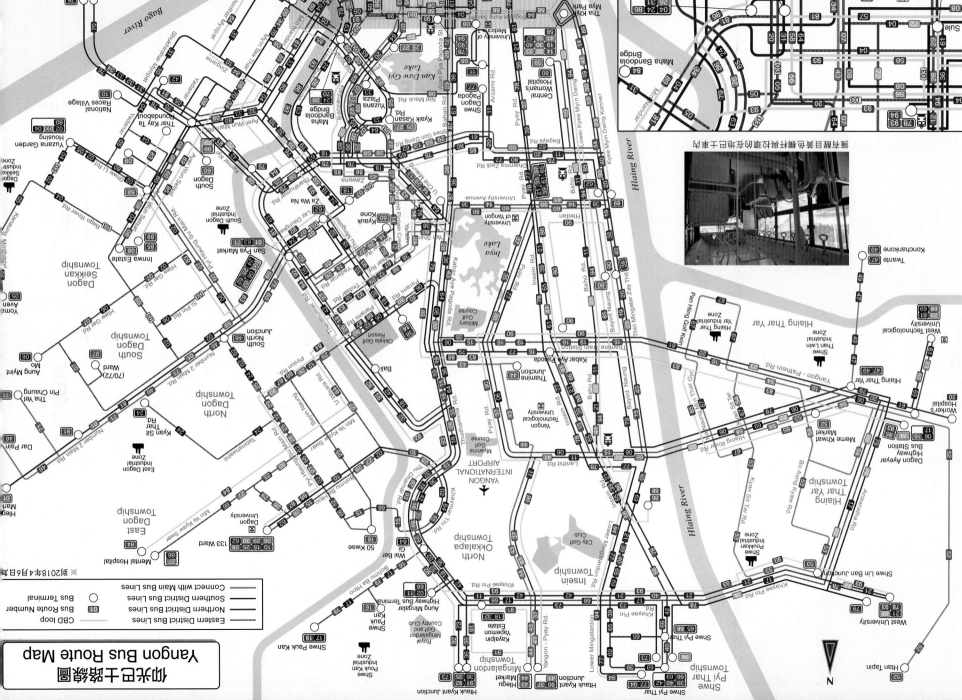

緬甸
Myanmar (Burma)

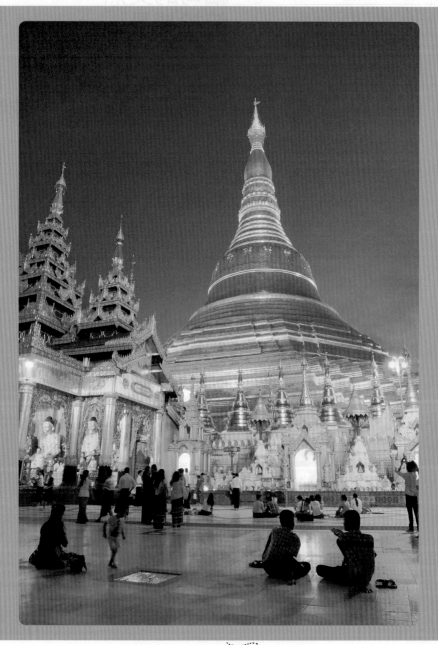

地球の歩き方 編集室　MOOK 墨刻出版

MYANMAR CONTENTS

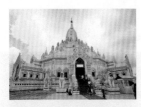
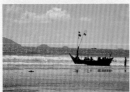
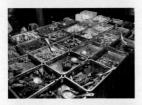
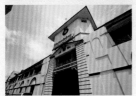
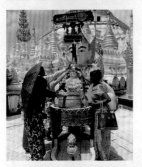
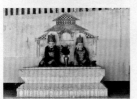

出發前必讀！旅遊糾紛與健康管理···11、276

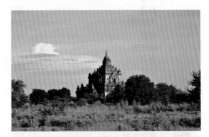

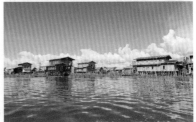

地圖隨身go

幫您輕鬆規劃出美好假期！

詳細的地鐵大解構。

豐富的圖文資訊。

更貼心的頁面安排。

其它書目及最新資訊請見QRcode，
或搜尋景點家地鐵地圖快易通。

試閱

介紹該地鐵線的
特色。

將該地鐵線重要的地
鐵站做介紹。

依地鐵線行駛的
方向詳列各站，
只要對照本書，
就不怕坐過站！

各站的代表景點
千萬別錯過了

由達人帶你 Stop
by stop 玩該地鐵
線上的重要景點，
循站拜訪毫無遺憾
。

附上景點介紹和建
議參觀時間，貼心
度百分百。

多系列書籍請見QRcode，或搜尋景點家。

MOOK
墨刻出版

本書所使用的簡稱與記號

本文中與地圖中出現的記號表示如下方說明。
❶ 是指遊客中心 Tourist Information

導覽部分

介紹的城市區域號碼與拉頁地圖內的位置。

介紹的城市所在方位。

目的地前往方式
✈ 飛機
🚈 鐵路
🚌 巴士、迷你巴士
🚢 渡輪
🚗 計程車
🛺 嘟嘟車
🏍 摩托計程車

MAP 地圖上的位置
交通 前往目的地的交通方式
住 地　址（T／S→Township、Qtr.→Quarter）
電 電話號碼
FAX 傳真號碼
網 網址URL（http://以及最尾端的/省略）
E 電子郵件
開 開館時間
營 營業時間
休 休館日、公休日（緬甸新年等國定假日除外）
費 門票、費用

景點名稱會以緬甸文顯示，可以在請人指路時派上用場。

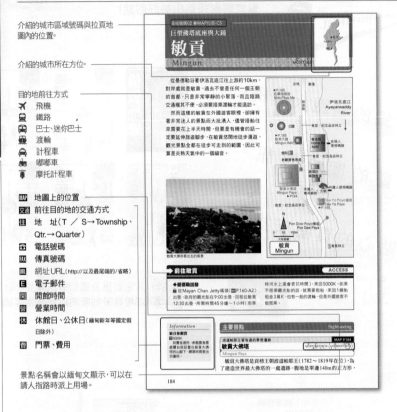

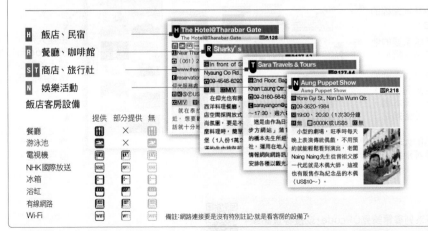

H 飯店、民宿
R 餐廳、咖啡館
ST 商店、旅行社
N 娛樂活動

飯店客房設備

	提供	部分提供	無
餐廳		×	
游泳池		×	
電視機			
NHK國際放送			
冰箱			
浴缸			
有線網路			
Wi-Fi			

備註：網路連接要是沒有特別註記，就是看客房的設備了。

■關於刊載資訊的利用

編輯部盡可能提供最新且正確的情報，然而當地的規定及手續時常會有變動，有時候也會發生見解不同的情況，若是因為這種理由或是敝社並沒有重大過失時，讀者因為參考本書而產生的損失及不便，皆不在敝社範圍內，敬請見諒。在參考本書時，請讀者自行判斷本書提供的情報與建議，是否適用於您本身的情況或計畫。

■關於資訊

本書是依照前一年度版本為基礎，並於2018年5～6月的採訪資料編載而成，只要沒有特別標註，提供的都是上述採訪時期的資訊。至於投稿文章，儘管多少都會帶有主觀意見，但仍然會忠實地刊載出投稿人的觀感或評價，並且會在文章最後的括號中列出投稿人的資訊，以作為參考。

■同時以緬甸文與英文標示

就如同無法以中文正確標示出英文一樣，使用緬甸文及英文的拼音都會有所出入，同時還請多加注意，本書中的標示與其他出版書籍或在地標示都會有些微差異。

■關於住宿房價

書中刊載的價格原則上都是標準定價，或者是旺季期間含稅、1間房、含早餐的價格，不過不同的預約管道或洽詢中心，也有可能提供不一樣的房價，住宿房價容易隨著季節而有大幅動變化，敬請在參考利用時熟知這個部分。

■物價一直在上漲！

在本書發行以後，當地各種物價都還是有機會不斷上漲，務必要多加注意。

緬甸的基本資訊

▶「Myanmar」與「Burma」→ P.254

在山岳地帶的市場中，有機會看到穿著特有民族服飾的山岳民族

▶旅遊會話 → P.281

國旗
2010 年 10 月 21 日制定，黃色象徵人民團結，綠色代表和平與大自然，紅色則有著勇氣和決心的意涵。

正式國名
緬甸聯邦共和國
Republic of the Union of Myanmar
（Pyidaungsu Myanmar Naigandaw）

國歌
我們將永愛緬甸
Gaba Ma Kyae Myanma

面積
約 67 萬 8500 平方公里

人口
5283 萬人（2018 年 4 月，IMF 估計）

首都
內比都 Nay Pyi Taw
（2006 年 10 月由仰光遷都至此）

元首
溫敏總統 U Win Myint

政治體制
共和制

種族
緬族約 70%，撣族 9%，克倫族 7%，若開族 3.5%，華人 2.5%，孟族 2%，印度人 1.25%等，依照目前政權所發表資訊，緬甸國內居住有 135 個民族。

宗教
85%的國民是佛教徒（屬南傳上座部佛教，不過也有華人的大乘佛教徒），基督教徒 4.9%（特別是山區地帶的少數民族，在 20 世紀初期傳教士的推廣下而有廣泛信眾），另外還有伊斯蘭教 4%，印度教、泛靈信仰等。

語言
官方語言是緬甸語，少數民族則都擁有各自專屬語言，在外國遊客較多的飯店或民宿則都可以通曉英語，至於北部、東北部地區可以講中文，到了撣邦東部還能通泰語。

貨幣與匯率

K

▶旅行預算→ P.246

貨幣
貨幣稱為緬元 Kyat，本書中以 K 來表示，較小單位則為分 Pya，100 分為 1 緬元，但是隨著通貨膨脹持續上升，分幾乎已經不再被使用。市面上主要流通的紙幣種類，有 50、100、200、500、1000、5000、1 萬 K 這 7 種。

匯率
截至 2019 年 11 月 19 日的貨幣匯率
1K = 0.020 台幣

50K

100K

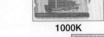

200K

500K

1000K

5000K

1萬K

1000K 紙鈔與 500K 紙鈔都有較小張的新版紙鈔

如何撥打電話

▶通訊大小事 → P.274

從台灣打電話到緬甸

| 國際電話識別碼 002 | + | 緬甸國碼 95 | + | 對方電話區域號碼 或 行動電話去除第一個 0 |

▶緬甸的公用電話
因為市面上並沒有硬幣流通，所以也沒有公用電話機，不過在街頭設有公用電話店，有

節日
（主要節日）

2019 年節日
※ 標記的節日依照農曆或緬甸曆而定，因此每年都會不同。

2019年	1 月 1 日	元旦	
	1 月 4 日	獨立紀念日	脫離英國的獨立紀念日
	2 月 12 日	聯邦紀念日	各民族團結一致並為了共創聯邦制度而締結彬龍條約的紀念日
	3 月 2 日	農民日	感謝全國農民的日子，各地都會有慶祝儀式
	3月21日 (3月的滿月日) ※	拜塔節	黃道吉日，會進行佛塔開工動土等儀式
	3 月 27 日	軍人節	翁山將軍在 1945 年號召抗日的日子
	4 月 12 ～ 16 日 ※ (4月中旬)	潑水節	依照緬甸曆慶祝一年結束，互相潑水去除晦氣，又以曼德勒的潑水節活動最盛大也最知名
	4月17日(4月中旬) ※	新年	潑水節的隔日，緬甸曆法的新年
	4 月 18 ～ 20 日 ※	新年連休	
	5 月 1 日	勞動節	勞工們的假日
	5月20日(5月的滿月日)※	浴佛節	佛陀開悟日
	7 月 17 日 (7 月 ※ 的滿月日)	哇坐節 (進入守夏節)	開始守夏節，為了迎接雨季的來臨，會捐贈袈裟給僧侶
	7 月 19 日	烈士節	包含翁山將軍在內 8 名軍人遭到政客暗殺的日子，會在仰光的烈士陵園舉辦追悼儀式
	10 月 14 日 (10 月的滿月日)	點燈節 (結束守夏節)	守夏節最後一日，在寺院或佛塔周邊、參拜道路兩旁等地都會點上無數蠟燭，非常夢幻的一天
	11 月 12 日 (11 月的滿月日) ※	光明節	又稱為 Full Moon Day of Tazaungmone，會前往寺院捐贈袈裟或雨傘等物給僧侶
	11 月 22 日 ※	國民日	
	12 月 25 日	耶誕節	

人民的信仰非常虔誠，就連貼在佛塔上的金箔也幾乎都是靠民眾的捐贈

佛塔四周因為點亮了無數蠟燭，呈現出夢幻氣氛的點燈節

營業時間

市公所
週一～五 9:30 ～ 16:30
週日、節日 休息

百貨公司或商店
與歐美國家截然不同，營業時間沒有正式規定，因此無法一概而論，雖然會依照銷售商品種類而有不同時間，但大多都是從 9:00 到 21:00 間營業；除了緬甸曆的新年或宗教節慶以外，幾乎全年無休。

餐廳
如果是中等級以上的餐廳，會在 11:00 到 22:00 間營業或者是到 23:00 為止（部分餐廳會在下午時段休息），一般普通餐廳的話 部分甚至會在 6:00、7:00 就開門做生意。

從緬甸打電話到台灣

國際電話識別碼	+	台灣國碼	+	區域號碼或手機號碼去除前面的0	+	對方的電話號碼
00		**886**		**2**		**1234 - 5678**

需要的就在這裡撥打電話，依照通話時間來付電話費。

▶緬甸國內電話
有區域號碼，除了市區通話以外，撥打電話時都需要加上區域號碼，不過電訊線路不佳，特別是撥往地方城市的電話常常不容易撥通。

▶緬甸的行動電話號碼
「09」開頭的號碼就是行動電話，「09」之後會有 6 ～ 10 位數的號碼。

9

電壓與影片規格

電壓與插頭

220～240V、50Hz，台灣的電器產品無法直接帶去使用，而且因為供電狀況並不穩定，加上電壓不固定，經常會有停電問題；插頭有 B、B3 型等款式。

影片規格

影片規格與台灣相同採 NTSC 系統，DVD 的播放區碼 Region Code 也與台灣同樣都是第 3 區，至於藍光也一樣為 A 區。

插座要是有開關的話，記得打開才能通電

小費

除了高級飯店或高級餐廳以外都不需要給小費，但也有一種是民宿等業者假裝親切「我去幫忙買巴士車票」，結果是在原來的車資外再額外增加高額手續費，為了避免發生不愉快的狀況，事先一定要確認清楚。

高級飯店儼然來到緬甸的另一個國度

飲用水

千萬不要喝未煮沸的生水，到哪裡都能購買到瓶裝水，喝瓶裝水才能確保衛生安全，不過在購買前需要確認瓶內是否有不明懸浮物，或者喝前也要再次注意有無異味。

請飲用瓶裝水，每瓶250～400K就能買到

氣候

▶氣候與旅行的服裝
→ P.249

由於國土屬於南北縱長形狀，因此氣候皆有不同，基本上從中部到南部屬於熱帶，北部則為溫帶氣候，而外國人能夠自由旅行的地區，大多都屬於一整年高溫多雨的地點。

仰光的氣溫與降雨量

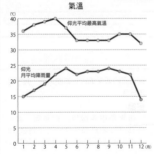

氣溫

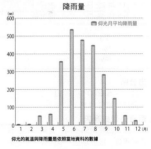

降雨量

仰光的氣溫與降雨量是依照當地資料的數據

雨季時降雨惠澤整片大地

從台灣出發的飛行時間

▶安排交通工具
→ P.256

截至到 2019 年 11 月為止，連結台灣與緬甸之間的直飛航班，僅有中華航空的台北～仰光線而已，1日1班機、所需時間約 4 小時 20 分，不過直飛的包機航班也在陸續增加中，其他航空就必須要轉機，經由曼谷或香港轉機最快速，所需時間約 6 小時 30 分。

仰光國際機場

時差與夏令時間

與台灣的時差是 1 小時 30 分鐘，台灣的中午是緬甸上午 10：30，沒有實施夏令時間。

靠著日本的技術協助,在仰光中央郵局前所設置的郵筒

郵局營業時間
週一～五 9:30~16:00
週六 9:30～12:00
週日、節日 休息
(依照各地郵局而有不同)

郵資(寄到台灣的航空郵件)
明信片 1000K
郵政事業在日本的協助之下已經日益改善,仰光～內比都～曼德勒間的送達率從 87.8%(2014 年 1 月),大幅提升至 99.3%(2015 年 2 月)。

 郵政

▶通訊大小事
→ P.274

簽證
除了委由旅行社代辦紙本觀光簽證,也可以至緬甸移民局網站申辦電子簽證,觀光簽證核准後 90 天內有效,可於緬甸停留 28 天。

護照剩餘有效期限
入境時,護照的有效期限只要超過 6 個月以上就能入境。

出入境時需要的文件
入境緬甸時需要填寫入出境卡以及海關申報單,表格會在飛往緬甸的航班中提供,如果在抵達前填寫完畢,如當在機上沒有拿到了,則可在機場領取。

 出入境

▶護照與簽證
→ P.253
▶入境與出境手續
→ P.258

高級飯店會在房價以外,再加收 10%稅金以及 10%服務費。

稅金 TAX

主要採公尺制,但會混用英碼‧英磅制。

度量衡

禁止未成年抽菸、喝酒。

年齡限制 ⊗

大致說來相當安全且百姓純樸,可以放心旅行的一個國家,但是一樣別忘了要抱持有最低限度的警戒心,在人潮眾多的市場或混雜的交通工具中,務必要注意扒手或小偷,街頭還經常發生匯兌換錢的詐騙事件,因此要將美金兌換成緬元時,一定要前往銀行、匯兌所、飯店等地,而不是貪便宜在街頭換錢。
萬一碰上政治或宗教相關抗議或集會,因為十分危險,記得千萬不要靠近這些場所。

 安全與糾紛

▶旅行預算→ P.246
▶旅遊糾紛與健康管理→ P.276

混雜折疊的紙鈔是詐騙手法之一

廁所
緬甸的廁所屬於水洗式(不用衛生紙而是以水沖洗),因此除了在外國人較多的飯店或餐廳以外,一般的廁所裡都不會提供衛生紙,可以選擇挑戰一下水洗式廁所,或者是隨身攜帶衛生紙出門。

寺院院內禁止穿鞋
在緬甸,不僅是寺院的建築物內部要

脫鞋,只要一進到寺院內就禁止穿鞋,除了鞋子以外,連襪子跟絲襪都不被允許,因此要前往寺院參觀時,記得光腳穿上容易穿脫的海灘涼鞋或是運動涼鞋會比較方便。
大型寺院在參拜街道的入口會設置寄鞋處,有需要寄放鞋子的話,不妨在領回鞋子時給予一些小費。

  其他

走累了的時候,不妨到茶店裡歇腳

Myanmar Area Navi

緬甸分區導覽

快速指南

非來不可的蒲甘，還有從空中俯瞰散落於大平原上的佛塔、寺院的熱氣球之旅

讓人感受到滿滿神祕力量的波巴山山勢

本區主要景點

> 蒲甘 → P.124
> 波巴山 → P.144

也可以搭乘馬車，怡然自得地悠遊蒲甘

蒲甘與周邊　*Bagan and around.*　→ P. 121

在緬甸中部、氣候乾燥的平原地帶上，無以計數的佛塔、寺院林立其間，正是蒲甘最為夢幻的美景，也是緬甸最具代表的一大景點，要是旅行天數僅在 1 星期以內的話，推薦務必鎖定仰光與蒲甘這兩地。

仰光與周邊　*Yangon and around.*　→ P. 27

在仰光的市中心裡，還保留著過去英國殖民時代建造的街道與建築

從中部平原一路延伸到面對莫塔馬灣的伊洛瓦底江三角洲，這裡的中心城市是在到 2006 年遷都至內比都為止，曾經是國家首都且至今依舊是緬甸最大城市的仰光，隨著國家民主化發展採取開放政策，經濟因此日益活躍，整座城市迎來了建設熱潮，但仰光以外的城市則依舊保持原有的氛圍。

而從仰光出發的話，前往西部若開邦、南部孟邦或德林達依省的交通都十分便捷，因此本書將之歸攏於同一區來介紹。

緬甸開創出獨有的佛教文化

緬甸的最南端——莽應龍角

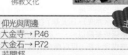

大自然鬼斧神工之力打造的大金石

本區主要景點

仰光與周邊
> 大金寺 → P.46
> 大金石 → P.72
若開邦
> 妙烏 → P.116
南部
> Win Sein Tawya 臥佛 → P.85
> 帕安 → P.80
> 土瓦郊區的海灘（土瓦）→ P.89

12

緬甸的國土面積大約是台灣的19倍，有著與喜馬拉雅相連、地勢險峻的北部山岳地帶，也有自古以來就是各個民族往來不息的中部平原地區，在中東部高原、山岳分布一帶，則是與泰國系出同源民族的居住地，還有與南印度相仿景致氛圍，再加上優美海灘的是西部海岸地帶，以及一路延伸至馬來半島的南部等，擁有著豐富而多樣的風土民情。

能輕鬆去旅行的
僅約整個國家的一半區域

緬甸無論是道路還是鐵道、機場等交通硬體建設，還是社會基礎都還有待繼續發展，同時在邊境地帶等區域還有少數民族問題未解，因此並沒有開放全國自由旅行，觀光客可以造訪的地區都在本書所介紹範圍內。

曼德勒與周邊　*Mandalay and around.* → P. 155

在遭到英國殖民之前，緬甸最後一個王朝——貢榜王朝的首都就設置在曼德勒，到現在依舊還能夠看到位處於市中心，被壕溝護衛著的皇宮；而擁有著精緻細膩裝飾的木造佛教寺院，更營造出難以言喻的古都風情，由於過去歷代王朝不斷地遷移首都，使得周邊有好幾座城市都曾經是一朝之都。因為交通十分地便捷，將撣邦北部與克欽邦都包含在這一區中。

● 曼德勒

● 茵萊湖

蒲甘

內比都 ●

仰光

全以柚木打造、總長約1.2km的烏本橋

彬烏倫是英國殖民時期的避暑勝地，能欣賞到無數雅致的殖民風格飯店

在撣邦北部的小城昔卜，因為舒適宜居的氣息深受背包客喜愛

本區主要景點

全世界最大的1座鐘——敏貢大鐘，就在曼德勒的對岸

▶ 曼德勒山丘（曼德勒）→ P.162
▶ 烏本橋（阿瑪拉普拉）→ P.178
▶ 貢慕都佛塔（實皆）→ P.183
▶ 敏貢大佛塔（敏貢）→ P.184
▶ Thaun Boddhay Temple寺（蒙育瓦）→ P.188

茵萊湖與周邊　*Inle lake and around.* → P. 213

景色秀麗明媚的茵萊湖就位在綠意盎然的撣邦高原上，有機會一睹與大自然完美共生的人們的日常生活，周邊也居住有眾多的山岳少數民族，部分健行活動就推出造訪這些少數民族村落的路線，若是從大其力經由陸路交通還能夠來到鄰國的泰國。

交易著各式各樣生活必須用品的五日市集

茵萊湖周邊堪稱佛教遺跡的寶庫

龍舟迎佛節時，茵萊湖上會有模仿妙聲鳥（傳說中的神鳥）造型的大船出遊

只靠單腳操槳划船，十分獨特的茵萊湖漁夫

本區主要景點

▶ 茵萊湖 → P.216
▶ 卡古佛塔塔林 → P.220
▶ 賓達雅石窟（瑞烏敏洞窟）→ P.232

13

\\ 經典必拍的一張 //
緬甸的美照俯拾皆是

❶全緬甸民眾最為崇敬之地──大金寺（→ P.46）。黃金大佛塔絕對不能不看　❷還沒有全面發展，依舊保留著美麗大自然的緬甸，孟加拉灣沿岸以及南部馬來半島一帶的海灘是未來備受矚目的焦點，額布里海灘（→ P.111）　❸聳立在蒙育瓦郊區的波溫山（→ P.190），鑿穿山體建造的眾多洞窟寺院以及寺院內佛像都是重要看頭　❹據說仰光 Arleing Ngar Sint Paya 佛塔（→ P.52）與緬甸的原始宗教信仰有著不小的關連，主要的佛像還是綠色的　❺勃固的四面佛寺（→ P.78），在巨大四角石柱的四面分別有著不同佛像

造型與眾不同的佛塔、寺院，受惠於美麗大自然的豐饒土地，同時還有著友善親切的人們，來到了無處不美的緬甸，千萬別忘記留下 1 張自己專屬的美麗照片。

❻規模較大的寺院不僅僧侶人數眾多，連托缽化緣的隊伍也很驚人 ❼點燈節時人們會造訪寺院或佛塔，點亮難以計數的蠟燭來慶祝守夏節結束 ❽準備參加慶典，手捧鮮花聚集的婦女們 ❾曼德勒的傳統工藝十分興盛（→ P.170），市區內的工作坊都能夠輕鬆地前往參觀 ❿從曼德勒搭船橫渡伊洛瓦底江，抵達對岸的敏貢（→ P.184）時，計程車已經準備好等著載客了 ⓫緬甸最知名的拍照景點絕對就是蒲甘（→ P.124）了，在周遊各座佛塔時，會發現這裡盡是讓人拚命按下快門的迷人風景 ⓬來到地方縣市，機場自然也跟著縮小，圖片是丹老（→ P.90）的機場 ⓭馬來半島沿岸城市的夕陽極為迷人，圖片上是丹老（→ P.90）一地華燈初上時分 ⓮橫跨在東塔曼湖上的烏本橋（→ P.178），全由柚木建造而成 ⓯高當（→ P.92）是緬甸最南部的城市，從位在小山丘上的 Pyi Daw Aye Pagoda 佛塔能夠俯瞰整座城市 ⓰緬甸南部城市因為有著豐富自然景色，加上交通比較方便而越來越有人氣，例如從泰國出發也能輕鬆抵達的帕安（→ P.80） ⓱由軍政府一手打造，2006 年成為國家首都的人造之都內比都（→ P.93），儘管無論是街道還是建築物都無比開闊巨大，但相較之下，人潮與車流量卻都相當稀少，形成非常獨特的景觀 ⓲緬甸的第一個世界遺產是「驃國古城」（→ P.108） ⓳散布在綠林草地景色間的佛教寺院，越發地讓人感受到此地的文化歷史有多麼久遠（妙烏→ P.116）

參加 1 日之旅
全方位潛入神祕大自然

Access
交通情報在
P.81

來到帕安
會被眼前的美景大受感動

帕安的主要景點都分布在郊外，由位在市區民宿所規劃的 1 日之旅內容豐富，與人共乘嘟嘟車的話是每人 6000K 左右，花 1 天時間可以暢遊 6～7 個主要景點。

❶穿越長長的洞窟以後，眼前的薩丹岩洞美景令人無比感動 ❷據信是在 7 世紀時形成的高貢岩洞 ❸雅泰邊岩洞擁有著「飛天修行者」的傳說 ❹ Kyauk Ka Lat Paya 佛塔（→P.81）❺倫比尼佛陀花園裡有著 1121 尊的佛像 ❻可以到有著天然游泳池的珂佳陶岩洞等地暢遊，周遊地點會依照主辦者與天氣、季節而有不同，其中部分景點會需要另外支付門票

椎加彬山纜車
Mt. Zwegabin Cable Car

在帕安的郊外，屬於克倫族聖地的椎加彬山即將在 2019 年內有纜車通行，乘車處就在倫比尼佛陀花園後方，靠近通往山頂登山口的附近，到山頂約 700 公尺長的纜車路線，搭乘 1 次收費 5000K，一次預定可搭載 51 人，完工之後一定要來體驗看看。

郊區的新發現
Kate Sa Tha Ya Cave

2018 年一個偶然間的機會發現，並且開放一般遊客參觀的 Kate Sa Tha Ya Cave 洞穴，受到侵蝕而打造出來的鐘乳石美景相當震撼人心，到洞穴最深處來回約需 20 分鐘時間，從帕安驅車或搭乘摩托計程車需要大約 20 分鐘的交通時間。

點上燈光更顯神祕氣氛

帕安周邊

N

0 ——— 5km

Naung Pa Lein 村 ●

Kate Sa Tha Ya Cave 洞穴

● 帕安

椎加彬佛塔 & 僧院（山頂）

珂佳陶岩洞與天然游泳池

雅泰邊岩洞

纜車（估計 2019 年通車）

倫比尼佛陀花園

高貢岩洞

Kyauk Ka Lat Paya 佛塔

Ein Du 村

毛淡棉

薩丹岩洞

前進丹老群島
大玩跳島樂趣！

Access 交通情報在 P.89、91

丹老群島就分布在丹老到高當以西海域間，非常盛行搭乘快速遊艇的跳島玩法，即使是外國遊客也能輕鬆參加，又以高當出發的跳島之旅最有人氣，不過從丹老也有前往半球島＆Smart島的觀光之旅可以利用。旅遊旺季是在10月～5月中旬為止，不妨挑選在4月中旬水祭典結束後，當遊客變少就是最合適的遊玩時節。

丹老群島

Smart島
丹老 P.90
半球島
珍珠島
安達曼海
蘭比島
鳥舞彼島
珍珠島
澤代基島
高當 P.92
丹島
拉廊（泰國）
龜鐵島
H Andaman Club Resort
愛心島

❶❷❸雞冠（Cock's Comb）形狀的愛心島內，擁有著愛心形狀的海灣，能夠欣賞到小丑魚等眾多美麗的海中生物（❷©Ye Thu）

❹跳島之旅會提供3次下海浮潛機會，由於海水透明度極高，光是浮潛就足以充分體驗海洋之美，回程時還可以到Andaman Club Resort 享受晚餐 ❺在龜鐵島品嚐午餐

時間與預算都有時，一定要體驗下榻1晚的在地之旅！

國家海洋公園 蘭比島
Lampi Island

位處在丹老與高當之間、擁有著馬蹄造型的一座島嶼，能夠被指定為國家海洋公園，自然是因為這裡的海洋與沙灘之美最出類拔萃，推薦還有到其他島嶼的3天2夜跳島之旅。

鳥舞彼島
Nyaung Oo Phee Island

高當首屈一指的高級飯店 Victoria Cliff Resort 擁有著私人度假村，並且提供更能夠感受大自然的帳棚式客房。

URL www.nyaungoopheeresort.com

緬甸美食

品嚐美味的稻米之鄉

透過舌尖認識緬甸料理！

作為世界聞名的水稻產地，將白飯配上美味的咖哩等來大口大口吃，正是緬甸的用餐風格，炊煮好的緬甸米粒粒分明且沒有看起來那般黏實，就算是大碗公白飯也能夠輕鬆吃光，而在泰國、中國、印度這些鄰居環繞下，緬甸料理自然是深受影響並發展出令人著迷的風味。

食材與油脂的美味滲透到胃裡
緬甸風 咖哩

在緬甸最為常見的一道菜，就是被稱為「Hin」的緬甸式咖哩，儘管歐美遊客將之統稱為「咖哩」但無論是口味還是菜色都與我們所認知的咖哩全然不同。緬甸式咖哩是先以香料拌炒洋蔥，加入食材以後添油一起燉煮，等到水分全部蒸發而食材表面被油脂包覆起來才算完成，這是使用大量油來燜煮食物的一種烹調方式。

小菜是它！
配菜〔Tosaya〕
တို့စရာ
咖哩都會附上湯與蔬菜，蔬菜可以直接生吃也可以沾上名為 Ngapi Ye 的魚醬一起吃。

招牌
幾乎每家餐廳都會有的招牌咖哩。

鮮蝦咖哩〔Bazun Hin〕
ပုဇွန်ဟင်း
緬甸人也非常喜歡吃蝦，通常會依照蝦子大小來決定價錢

牛肉咖哩〔Ametha Hin〕
အမဲသားဟင်း
緬甸的牛肉口感偏硬

雞肉咖哩〔Kyet Thar Hin〕
ကြက်သားဟင်း
因為不抵觸到宗教禁忌，人人都能品嚐而非常受歡迎，可以吃到雞肉原有的口感與肉味

豬肉咖哩〔Wet Thar Hin〕
ဝက်သားဟင်း
有的是使用瘦肉切丁，有些則是帶有油花的五花肉，每家店使用的豬肉種類不同

魚肉咖哩〔Kalar Hin〕
ငါးဟင်း
擁有眾多大型河流的緬甸，咖哩用的也多為河魚，美味程度全憑魚的新鮮度來決定

市區的咖哩餐廳

這裡的咖哩並非現點現做，而是一次煮好多人分量在大鍋裡，通常會在點好菜之後再分裝倒入小盤，因此若是店門口擺著五口鍋子，就能清楚知道這家店提供有 5 種不同食材的咖哩，可以請店家掀起蓋看過裡面以後，再直接用手指點選自己喜歡的口味。點了咖哩，會有搭配的蔬菜、湯品及多種配菜一起上桌，這些不僅全都不會額外收錢，而且常常是可以免費續菜續湯。

其他人氣咖哩

每一家餐廳可提供的咖哩選擇都不一樣，除了書中所介紹的，在一些食堂裡平常也還會供應如兔子、山羊、羊腦等，令人意想不到的食材做成的咖哩。

鰻魚咖哩〔Nga Shik Hin〕
ငါးရှဉ့်ဟင်း
肥美鰻魚切成大塊熬煮的咖哩

山羊肉咖哩〔Seit Thar Hin〕
ဆိတ်သားဟင်း
在緬甸很受歡迎，而且因為運用了香料而吃不太出來羶味

龍蝦咖哩〔Bazun Thoke Hin〕
ပုဇွန်ထုပ်ဟင်း
使用了高級食材龍蝦的咖哩，價格會稍微昂貴一些

蝦丸咖哩〔Bazun Lohn Hin〕
ပုဇွန်လုံးဟင်း
剁碎蝦肉再捏成丸子的一道咖哩，越咬越能品嚐出蝦子的鮮甜滋味

蔬菜咖哩
[Hin Te Hin Kyaw Hin]
ဆိတ်သားဟင်း
緬甸的咖哩一般都會添加肉塊或海鮮，不過大部分店家也會有蔬菜類咖哩，可以多問幾家。使用新鮮蔬菜和水果的咖哩，味道很是不錯。

能夠獲得鬆軟迷人口感的蘑菇咖哩

既酸又脆的絕妙組合，而讓人上癮的番茄蘆筍咖哩

因為咖哩與油脂讓苦味變身為美味的苦瓜咖哩

早餐選擇中一樣有人氣 緬甸的 麵食

想要簡單用餐或當作正餐之間的墊檔食物，最合適的就是緬甸的麵食了。除了有麵食專賣店以外還有路邊攤、類似路邊攤氣氛的店鋪，提供輕鬆而美味的一餐而受到喜愛。而且作為稻米之鄉，麵點種類自然有許多以米做成的米線，加上每一個地方都有專屬的特色麵食，到了這些地方千萬不要錯過。

魚湯米線（Mohinga）
မုန့်ဟင်းခါး

緬甸最具代表的麵食，每個地方都有自己的特色風味。會使用以魚為底的高湯，淋在已經煮好、瀝乾水分的米線上來大飽口福。而且還提供各式佐料，能依照個人喜好添加，要是擠上一些萊姆汁，味道會更加鮮美

雙麵（Shwe Taung Khao Swe）
ရွှေတောင်ခေါက်ဆွဲ

可以同時品嚐到雞蛋麵與油炸粗麵兩種口感，傍晚到仰光的唐人街就可以看到許多賣雙麵的路邊攤

椰漿麵（Ohn no Khao Swe）
အုန်းနို့ခေါက်ဆွဲ

人氣很高的一道麵食，加了滿滿椰奶的湯汁帶來濃郁滋味

曼德勒麵（Mont Di）
မုန့်တီ

濃郁高湯與米做成的麵條，徹底攪拌均勻之後讓米線沾裹上湯汁就能大飽口福，屬於曼德勒的招牌名菜

揮族湯粉（Shan Khao Swe）ရှမ်းခေါက်ဆွဲ

左／揮族一地的特色麵食，以雞骨熬煮出清爽又香辣的湯頭，十分合台灣人的口味　右／揮族湯粉也可以點細麵吃，並且還會放上魚乾

曼德勒米線（Mandalay Mee Shay）
မန္တလေးမြီးရှည်

曼德勒一地的招牌料理，米線由米製成，與香辣醬汁攪拌後再品嚐

配菜

檸檬葉沙拉（Shwe Ywet Thoke）
ရှောက်ရွက်သုပ်

爽口又有著柑橘類清新香氣，正好適合在吃多了油膩咖哩時換個滋味

番茄沙拉（Kayan Chi Thi Thoke）
ခရမ်းချဉ်သီးသုပ်

這一道同樣是人氣的咖哩配菜，酸得備受喜愛的番茄沙拉

炒飯（Thamin Cho）
ထမင်းကြော်

簡單的炒飯，許多餐廳都提供多種配料給顧客選擇，在炒飯上加一顆荷包蛋才是緬甸風味

一盤就能吃到飽 緬甸的 米飯

無論是中華料理還是印度料理，只要是加了米飯再加以料理過就會具有異國風味，這一點跟日本其實非常相似。

印度香飯（Danbauk）ဒံပေါက်

在印度的東北地區以及孟加拉，經常可以吃到咖哩風味飯的印度香飯Biryani，在緬甸則稱為Danbauk，配料有雞肉或羊肉

走到哪吃到哪 緬甸的 小吃

緬甸的人們非常喜歡吃點心，因此街邊的路邊攤還是點心專賣店裡提供著五花八門的小吃，而且價格都不怎麼貴，不妨多買幾樣嘗試看看。

茶葉拌豆（Laphet Thoke）
လက်ဖက်သုပ်

發酵過的茶葉加以油拌過，加入油炸大蒜、豆類、蝦米等攪拌均勻再品嚐。緬甸獨一無二的茶點！（→P248）

炸三角餃（Samosa）
စမူဆာ

印度風味的三角油炸點心，茶館中必備的茶點

油條（E Kya Kway）အီကြာကွေး

大家都熟悉的油條，可以直接吃，沾奶茶或熱粥一起吃也同樣美味

油飯（Shwe Htamin）ရွှေထမင်း

緬甸式油飯，有加紅豆一起蒸的紅豆油飯，也有以蕃紅花染成彩鮮豔的黃油飯再擺放豆子等，種類繁多。會當成早餐食用，因此清晨較常販賣

緬甸薄餅（左）與緬甸甜餅（右）
（Mont Pya Thalet & Bein Mont）
မုန့်ပြားသလပ်နှင့် ဘိန်းမုန့်

緬甸薄餅是添加洋蔥、豆子、絞肉及香菜等的緬甸風大阪燒，直徑約15cm的可愛圓形造型，使用了糯米粉這一點就能知道身處在產米大國。緬甸甜餅則是口感濕潤的甜鬆餅，麵糊中會加入堅果

串燒（Dote Htoe）ဒုတ်ထိုး

緬甸式串燒，將豬肉、內臟串在竹籤上再由客人自己下鍋油炸，在人潮眾多的地點總對看得到賣串燒的路邊攤

炸物（Acho）အကြော်

絞肉炸餅、炸三角餃以外，各式各樣的油炸美食在緬甸都很受歡迎，在人潮眾多的地點一定會有炸物攤販

絞肉炸餅（Keema）ကီးမာ

用扁圓煎餅Roti將雞蛋、洋蔥等餡料平整包成四方形並下鍋油炸而成，原本來自於印度料理

想大口暢飲 緬甸的 **啤酒**

生啤酒
Draft Beer

緬甸的生啤酒莫名地非常便宜，餐廳裡啤酒瓶是 2500K 上下，而啤酒杯大小的生啤酒是 1500K 左右

黑啤酒

Black Shield
8%
沒有強烈氣味、非常順口的黑啤酒

ABC Stout
8%
無論是香氣、苦味還是餘韻都十分強

對於遵循佛教戒律生活的緬甸人來說，飲酒實在不是值得讚許的行為，但其實當地販售的啤酒種類相當多，而且最重要的是售價低廉，1 罐啤酒 600 ～ 1150K 左右（黑啤酒 1450K）就能買得到。

拉格啤酒

Myanmar
5%
清爽好入喉，適合所有人

Myanmar Premium
5%
Myanmar Beer 的頂級款，豐富的口感會留在味蕾久久不散

Andaman Gold
6.55%
屬於味道雖然溫和但酒精濃度比較高的拉格啤酒

Yoma
5.4%
儘管酒精濃度較高卻沒有明顯感受的清爽口感

Dagon Lager
沒有獨特氣味的清爽口感，持續喝也不會膩口

Andaman Gold Special
5%
沒有特別的地方但價格便宜，讓人不清楚加上 Special 的用意

Dagon Light
4%
不論是酒精濃度或風格都很清淡，也因為清爽口感讓人一口接一口

Dagon Extra Strong
8%
從味道到入喉口感都有強烈酒精濃度感受的一款，適合想快速醉酒時來喝

Regal Seven
5%
麥芽風味強烈，也帶有甜味

蒸餾酒

因為過去曾經是英國殖民地的緣故，也有釀製琴酒與威士忌，這些蒸餾酒同樣是價格便宜且滋味迷人。

Royal Club 43%
人氣的國產威士忌酒，綠標是售價最便宜的小瓶酒 1550K

Myanmar Dry Gin 40%
這款琴酒不但不嗆鼻且很好入口，小瓶價格 1050K

Mandalay Rum 40%
創立於 1886 年、擁有悠久歷史的緬甸蘭姆酒，小瓶價格 1100K

可以輕鬆來歇腳 緬甸的 **茶館**

喝杯茶、休息一下，這可說是緬甸人最喜歡的娛樂活動之一了，城市裡的茶館不僅是民眾的社交場所，也是交換情報甚至是談生意的商務場所，在地人最喜歡的方式就是點一杯香甜紅茶或咖啡，一邊吃著點心，一邊悠閒地討論各種話題。

部分茶館也會提供饅頭、燒賣等點心，只要在門口有著大型蒸籠就能看得到，有些店家的蒸籠會做成像抽屜的造型

要是點咖啡，有時端上來的會是即溶咖啡。在緬甸，點黑咖啡通常會附上萊姆切片

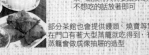

點飲料的話點心也會跟著一併端上桌，結帳時只需要結算吃過的部分，不想吃的話放著即可

漫遊街頭的樂趣 緬甸的 **路邊攤**

只要哪裡有人潮，就一定會看得到賣食物的路邊攤，最適合作為正餐之前墊肚子的點心，只要注意好自己的胃腸狀況，就可以一一品嚐看看了。

緬甸薄餅的攤販
1 個小火爐跟小平底鍋就能營業，超級迷你的緬甸薄餅（→ P.19）路邊攤

魚湯米線攤販
緬甸最具代表的麵食料理魚湯米線（→ P.19），通常都是在街頭的路邊攤品嚐，推出時間以早晨居多

油炸點心攤販
將食材現點現作的油炸點心路邊攤，無論在哪一座城市都很受歡迎

檳榔攤

檳榔（→ P.248）雖然不是食物，卻是緬甸人最喜愛的零食，因此檳榔攤隨處可見，還可依照個人喜好來配料

傳統點心的攤販
羊羹或是娘惹糕這一類緬甸傳統糕點，都是切成小塊販售，帶有懷舊的樸素滋味

緬甸的
水果

國土南北狹長的緬甸，氣候也隨著地區而有不同，
因此在水果店裡看得到南洋特有的熱帶水果，
也有著摘採自上緬甸高原地帶的溫帶水果成堆疊放，
不妨自己動手剝皮、切塊，大飽口福一番。

酪梨
（ tou bat thee ）
ထောပတ်သီး
在台灣價格有高有低的酪梨，來到緬甸卻能夠用合理價格買到，可說是來到南洋才有的奢華享受

柚子
（ cyu we ko-thee ）
ကျွဲကောသီး
個頭比較大的柑橘類水果，購買的時候請小販幫忙剝皮，這樣吃的時候就不必那麼費事

釋迦
（ o za thee ）
သြဇာသီး
擁有著獨特的凹凸外型，但是果肉卻非常甜美，等到外皮變成咖啡色時就是品嚐的最佳時候

青柚
（ syot thee ）
ရှောက်သီး
個頭比較大的柑橘類水果，毛淡棉一帶是知名產地

西瓜
（ pha ye thee ）
ဖရဲသီး
不僅甜且水分多，而且沒有特殊氣味而成為人人都愛的水果，一般都是切塊販賣

榴槤
（ du yinn thee ）
ဒူးရင်းသီး
儘管大家對榴槤的印象就是臭，但是只要習慣它的濃烈滋味就會上癮

梨子
（ thit thee ）
爽脆的口感與恰到好處的清甜滋味，在緬甸也是非常有人氣的水果

鳳梨
（ niar nat thee ）
水分多又甜，路邊攤都會切塊販賣

香蕉
（ nha pyaw the ）
比一般香蕉要小，看起來像是燈籠造型是緬甸香蕉的一大特色

木瓜
（ thin baw thee ）
在飯店提供的早餐裡，都看得到切好的木瓜，可以擠上檸檬汁一起品嚐

葡萄
（ sa byit thee ）
စပျစ်သီး
顆粒大且甜味濃郁，在撣邦還會以此釀造葡萄酒

芒果
（ tha yat thee ）
သရက်သီး
濃郁的香甜滋味在台灣也擁有高人氣，對半切開再用湯匙挖來吃是最聰明的品嚐方法

山竹
（ min good thee ）
မင်းကွတ်သီး
被譽為熱帶水果女王，殼裡面是滿滿的潔白細膩果肉

紅毛丹
（ cyat mau thee ）
ကြက်မောက်သီး
擁有長滿細毛的獨特外型，果肉呈白色並且十分水嫩

龍眼
（ ninn thee ）
ကနစိုးသီး
不起眼的外皮內是白而透明的飽滿果肉，皮很容易剝開而方便食用

水果的季節

	1月	2月	3月	4月	5月	6月	7月	8月	9月	10月	11月	12月
酪梨												
柚子												
釋迦												
青柚												
西瓜												
榴槤												
梨子												
鳳梨												
香蕉												
木瓜												
葡萄												
芒果												
山竹												
紅毛丹												
龍眼												

緬甸
伴手好禮全在這裡

帶回滿滿旅途回憶

緬甸的 特產

小收納盒：9500K

托盤：1萬2000K

25支：1萬K～

漆器品
雕刻著細膩孔雀羽毛般花樣的美麗托盤，以及充滿緬甸特色的小收納盒。（Myanhouse → MAP P.33-D3）

4000K

藤球
以緬甸為首，在東南亞非常受歡迎的運動，舉辦藤球比賽時會用上的球，紀念品是直徑9cm左右的小球。（Myanhouse → MAP P.33-D3）

1000K左右～

紙老虎
在前往寺廟的街道兩旁都經常看得到，虎頭可以上下擺動，非常可愛。

緬甸雪茄
由茵萊湖上香菸工作坊販售的雪茄，擁有特殊香味，讓人回家後也能想起緬甸旅遊的點滴。

300K左右～

貓頭鷹擺飾
貓頭鷹被視為幸運的象徵，因此看得到大大小小不同尺寸的擺飾，因為是用紙糊成，重量輕又堅固。

檀娜卡試用盒
能夠簡單地嘗試緬甸傳統化妝品檀娜卡（→P.211），有著固定成圓棍的檀娜卡及Kyauk Pyin（研磨用的石板）的成套組合。（仰光的超級市場）FB shwebominthamee

3900K

300K左右～

1000K

檀娜卡乳液
緬甸的人們會用檀娜卡塗在臉上防曬或保養肌膚（→P.211），這是檀娜卡配方的乳液，具有美白、青春痘、雀斑等不同功效與香味。（翁山市場→P.56）

不倒翁
就算倒下去也會馬上站起來，因此不倒翁也被視為吉祥物，從鵪蛋大小到小嬰兒一樣大的尺寸應有盡有。

1200K

1500K

檀娜卡
以水化開就可以直接塗抹在臉上非常方便，帶有清爽的薄荷香氣。（仰光的超級市場）URL taunggyi-maukmai.com

1萬K

5000K

3450K

3450K

沙雕藝術
在蒲甘寺院由藝術家販售的沙雕藝術（沙畫），1幅售價在5000～1萬K左右，無論怎麼彎折都會恢復成原來圖案，就算髒了也可以清洗。

檀娜卡粉餅盒
透過添加了檀娜卡的底妝來調整肌膚狀態，有粉紅與白色兩款。（仰光的超級市場）

檀娜卡乳液
由1971年創立的老字號化妝品牌所製造，非常好用的檀娜卡乳液。（仰光的超級市場）FB shwebominthamee

US$4

蜜蠟滋潤膏
使用天然蜜蠟製成的滋潤膏，建議可以當作護唇膏使用。（茵萊文化中心→P.219）

備註：皆為2018年6月採訪時的價格

緬甸的日用雜貨

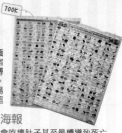

筆記本

大:1500K、小:1350K

大小尺寸都相當不同的緬甸式筆記本，在廉價民宿的登記簿或到美術館、博物館簽名時都可以看得到。一般文具用品店或超級市場中都能買得到。（仰光的超級市場）

700K

海報

會吃壞肚子甚至最糟導致死亡的食物組合的啟示海報，印上中文版本的「死亡」兩字更是令人無比驚恐，像是「南瓜與鴿子」、「兔子與蘑菇」等會是危險的食物組合都很讓人意外。（仰光市內的文具用品店）

3000K～

便當盒

不銹鋼製的便當盒，因為可以完全密合，即使裝了湯汁也不用擔心會灑出來，不但有多款分層的便當盒，有的甚至還會附上小鎖。

黑:3000K

赤:2000K

緬甸肩背包

7000K

雖然最近比較少人使用這種肩背包，卻堪稱是緬甸的國民包。開口大容易取放個人用品，而且因為背帶較寬，即使放了重物進去也不用擔心壓到肩膀，擁有細膩的花樣成為深受喜愛的手工編織藝品。（端迪鎮→ P.57 的織造工坊）

3000K

手編箱籠

在市場上可以看到人人都在用這款藤竹編提籃，實皆的貢榜都佛塔（→ P.183）周邊就有許多編織箱籠店鋪。

女用: 3800K

男用: 6000K

籠基

緬甸人不分男女，都會圍一條圍裙在身上並稱之為籠基（→ P.250），雖然到哪裡都能買得到籠基，不過在仰光的話，翁山市場（→ P.56）裡有許多相關店鋪。右圖模仿翁山蘇姬喜愛花紋製成的籠基，來自勃固的孟族村。

緬甸涼鞋

以竹子或蘆葦編成的涼鞋，穿起來腳底感覺十分涼爽，而且因為鞋底使用耐磨膠底而非常好走（Myanhouse → **MAP** P.33-D3）

緬甸的食品

3500K

烘焙茶

帶有日本焙茶風味的緬甸茶，因為沒有特殊氣味，不妨可以放涼了取代白開水飲用。（仰光的超級市場）

各為 2550K

咖啡豆

緬甸作為一大咖啡產地，國際間的知名度也越來越高，來到了超級市場就能看到各種品牌的咖啡豆陳列於貨架上，不妨一一試喝比較，全都是產自於彬烏倫。（仰光的超級市場）

茶葉拌豆

各350K

將緬甸人最喜歡的茶點，也就是茶葉拌豆所需的茶葉、油炸大蒜、芝麻、花生等材料裝成1袋的便利包裝。綠色是一般口味，紅色則為辣味。（仰光的超級市場）

奶油花生酥糖

只用天然食材製作，屬於緬甸的傳統糕點，恰到好處的甜味很容易讓人上癮。（仰光的超級市場）

750K

2500K

餅乾

12 個裝: 6000K～

賣給日本人的伴手禮而研發出來的「白象牌餅乾」（緬甸名稱是Sin Phyu Lay），鬆軟又富口感的柔和滋味，翁山市場內的「Sin Phyu Lay Shop」（**MAP** P.56）有在販售。

椰子糖

在餐廳或茶館裡會端出椰子糖 Jaggery 當作茶點或是用來清口，洗鍊的包裝以外還有不同風味，很適合買來當作伴手禮。（仰光的超級市場）

23

旅人 .15
一 · 直 · 往 · 前

TRAVELER Luxe 旅人誌

從 2001 年進入旅遊市場以來，《TRAVELER Luxe旅人誌》始終以「工作狂變成旅行家的進化論」為宗旨，也是華文市場專為成功上班族所規劃的品味旅遊誌，致力於追求『Travel in Luxury and Elegant』的刊物；以最具創意的方式領導旅遊潮流，幫助讀者探索旅遊的價值精神，發現生活中的感動與美好，培養精緻旅遊視野，從此成為品味生活的延伸！

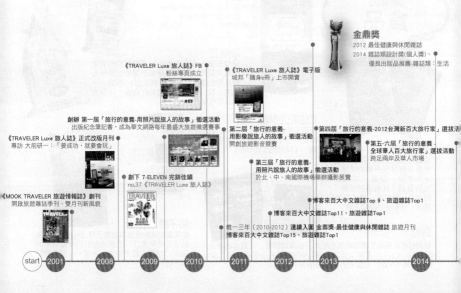

金鼎獎
2012 最佳健康與休閒雜誌、
2014 雜誌類設計獎(個人獎)、
優良出版品推薦-雜誌類：生活

《TRAVELER Luxe 旅人誌》FB
粉絲專頁成立

《TRAVELER Luxe 旅人誌》電子版
城邦《隨身e冊》上市開賣

創辦 第一屆「旅行的意義-用照片說旅人的故事」徵選活動
出版紀念筆記書，成為華文網路每年最盛大旅遊徵選賽事

《TRAVELER Luxe 旅人誌》正式改版月刊
專訪 大前研一：「要成功，就要會玩」

第二屆「旅行的意義-用影像說旅人的故事」徵選活動
開創旅遊影音競賽

第四屆「旅行的意義-2012台灣新百大旅行家」選拔活

第五·六屆「旅行的意義-全球華人百大旅行家」選拔活動
跨足兩岸及華人市場

創下 7-ELEVEN 完銷佳績
no.37《TRAVELER Luxe 旅人誌》

第三屆「旅行的意義-用照片說旅人的故事」徵選活動
於北、中、南國際機場舉辦攝影展覽

博客來百大中文雜誌Top 9、旅遊雜誌Top1

《MOOK TRAVELER 旅遊情報誌》創刊
開啟旅遊雜誌季刊、雙月刊新風貌

博客來百大中文雜誌Top11、旅遊雜誌Top1

唯一三年(2010-2012) 連續入圍 金鼎獎-最佳健康與休閒雜誌 旅遊月刊
博客來百大中文雜誌Top15、旅遊雜誌Top1

start—2001——2008——2009——2010——2011——2012——2013——2014

▶ 立即體驗 **TRAVELER Luxe旅人誌** 全方位媒體閱聽 〉〉〉

① 兩大行動系統 **搜尋 App** 隨身閱覽最新旅遊內容

② 各大電子書城 **下載** 電子雜誌 影音、Slide Show、超連結開啟旅遊新視野

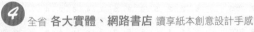

③ 加入 Facebook 粉絲團 **f** TRAVELER Luxe旅人誌 隨時掌握最新動態

④ 全省 各大實體、網路書店 讀享紙本創意設計手感

to be
continue ……

⑤ 訂閱 3期新刊 **鑑賞價 NT\$.499** 服務專線：0800-020-299

緬甸的傳統曆法 八個星象日

誕生星象日非常重要！

▲ 參拜時要獻上鮮花並淋上滿滿的清水

對於緬甸人來說，「八個星象日」儼然是生活中不可或缺的一部分，「哪一個星象日出生」比起「哪一天出生」更加重要，依照星象日可以決定這個人的基本性格、人生、與別人的契合度等。「八個星象日」與西曆的七天星期制所不同的地方，就是將星期三分成上午與下午，同時8個星象日皆有對應的代表星、方位和生肖，來到佛塔周邊一帶時，就必定能在各個方位找到與八個星象日相對應的祭壇，並且在祭壇前看到該星象誕生的人們正虔誠地祭拜著。既然來到了緬甸，不妨查清楚自己的星象日再前往祭壇參拜。

如何算出誕生星象日

1. 在表1中，將自己出生年份與出生月份交叉欄目中的數字，與自己的誕生日數字相加。
2. 在表2裡找到剛剛算出來的數字以及相對應的星期，就是自己的星象日。

以1985年8月10日誕生為例
▶在表1找到的數字是「4」，再加上誕生日的「10」成為「14」。
▶在表2中找到「14」的欄目是週六。
因此1985年8月10日誕生的人的出生星象日就是週六。

方位稱呼 代表星 生肖動物

- 北 金曜日(週五) 金星 天竺鼠
- 東北 日曜日(週日) 太陽 金翅鳥
- 西北 羅睺曜日(週三下午) 羅睺(自創的星象) 無牙象
- 東 月曜日(週一) 月亮 老虎
- 西 木曜日(週四) 木星 老鼠
- 東南 火曜日(週二) 火星 獅子
- 南 水曜日(週三上午) 水星 有牙象
- 西南 土曜日(週六) 土星 龍(Naga)

▲ 週三上午誕生的人，要前往無牙象的祠堂祭拜

表1

出生年 1897〜2021					出生月 1	2	3	4	5	6	7	8	9	10	11	12
1897	1925	1953	1981	2009	4	0	0	3	5	1	3	6	2	4	0	2
1898	1926	1954	1982	2010	5	1	1	4	6	2	4	0	3	5	1	3
1899	1927	1955	1983	2011	5	2	5	0	3	5	1	4	6	2	4	
1900	1928	1956	1984	2012	0	3	4	0	2	5	0	3	6	1	4	6
1901	1929	1957	1985	2013	2	5	5	1	4	6	2	5	1	3	6	1
1902	1930	1958	1986	2014	3	6	6	2	4	0	2	5	1	3	6	1
1903	1931	1959	1987	2015	4	0	0	3	5	1	3	6	2	4	0	2
1904	1932	1960	1988	2016	5	1	2	5	0	3	5	1	4	6	2	4
1905	1933	1961	1989	2017	0	3	3	6	1	4	6	2	5	0	2	5
1906	1934	1962	1990	2018	1	4	4	0	2	5	0	3	6	1	3	6
1907	1935	1963	1991	2019	2	5	6	2	4	0	2	5	1	4	0	2
1908	1936	1964	1992	2020	3	6	0	3	5	1	3	0	3	5	1	3
1909	1937	1965	1993	2021	5	1	1	4	6	2	4	0	3	5	1	3
1910	1938	1966	1994		6	2	2	5	0	3	5	1	4	6	1	0
1911	1939	1967	1995		0	3	3	6	1	4	6	2	5	0	2	0
1912	1940	1968	1996		1	4	5	1	3	6	1	4	0	2	5	0
1913	1941	1969	1997		3	6	6	2	4	0	2	5	1	3	6	1
1914	1942	1970	1998		4	0	0	3	5	1	3	6	2	4	0	2
1915	1943	1971	1999		5	1	1	4	6	2	4	0	3	5	1	4
1916	1944	1972	2000		6	2	3	6	1	4	6	2	5	0	2	5
1917	1945	1973	2001		1	4	4	0	2	5	0	3	6	1	4	6
1918	1946	1974	2002		2	5	5	1	3	6	1	4	0	2	5	0
1919	1947	1975	2003		3	6	6	2	4	0	2	5	1	3	6	1
1920	1948	1976	2004		4	0	1	4	6	2	4	0	3	5	1	3
1921	1949	1977	2005		6	2	2	5	0	3	5	1	4	6	1	0
1922	1950	1978	2006		0	3	3	6	1	4	6	2	5	0	2	0
1923	1951	1979	2007		1	4	4	0	2	5	0	3	6	1	4	6
1924	1952	1980	2008		2	5	6	2	4	0	2	5	1	3	6	1

表2
星象日

日	月	火	水	木	金	土
1	2	3	4	5	6	7
8	9	10	11	12	13	14
15	16	17	18	19	20	21
22	23	24	25	26	27	28
29	30	31	32	33	34	35
36	37					

YANGON

仰光與周邊

Ngar Htat Gyi Paya 佛塔（仰光→P.50）

仰光與周邊的
區域導覽

面對著孟加拉灣的伊洛瓦底江三角洲，總面積廣達約3萬km²之多，從西元11世紀開始就由孟族創立的勃固王朝統治這片土地，但是沒有多久就改朝換代由緬人的新王朝接手治理。三角洲是綠意連綿不絕的田園風光，堪稱全世界屈指可數的稻米之鄉，而以舊首都仰光Yagon為首，包含勃生Pathein在內的大小城市、農村聚落就分散其間，三角洲外圍則有著1287年興起的勃固王朝首都——勃固Bago，被認為是

9世紀中期滅亡的驃國中心地的卑謬Pyay，還有全新建造出來的新首都內比都Nay Pyi Daw等城市，孟加拉灣沿岸還有優美的海灘度假勝地。為了方便閱讀，本書將孟邦Mon State的毛淡棉Mawlamyine周邊以及與泰國為鄰一路往南延伸的德林達依省Tanintharyi，還有以西與孟加拉為境的若開邦的實兌Sittway、妙烏Mrauk-U，全都歸納於這一區域。

入夜後點起璀璨燈光的蘇雷塔（→P.50）

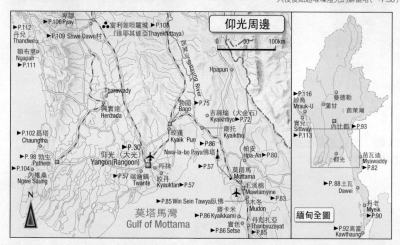

景點　　　Tourist attraction

來到最大的城市仰光，能夠俯瞰整個街道景致、位在山丘上的大金寺可說是遊客必訪景點，這裡同時也是緬甸佛教徒們的信仰聖地，由於市區裡也還分布許多值得一訪的寺院，包下計程車代步來觀光會非常方便。至於說到緬甸的象徵就會想起的大型臥佛雕像，則是座落在仰光郊區城市勃固，再往勃固郊區走還能看到彷彿隨時會掉落的巨大岩石，被視為佛塔並受民眾供奉的大金石；面對著孟加拉灣的昌塔、內維桑、額布里則是擁有美麗海灘的高人氣度假勝地，還有機會品嚐到新鮮海產，可以的話建議在乾季時造訪；新首都內比都則為政治中樞所在地，光是遊逛街道建築景致就讓人充滿興致。

還有騎馬樂趣的昌塔海灘（→P.102）

活動、慶典　　　Event, Festival

●大金寺慶典
3月左右　依照緬曆，在德保月（西曆的3月左右）的滿月這一日舉行，作為適合興建佛塔等的好日子而在全國各地都有慶祝活動，但又以大金寺會吸引無數攤販聚集、湧入眾多人潮，估計在2020年2月27日～3月8日登場。

●瑞摩屠佛塔慶典
4月左右　由位在勃固的瑞摩屠佛塔舉辦的節慶，估計在2020年3月31日～4月11日登場。

●大金石慶典
10月左右　10月左右的滿月這一天，從深夜開始到隔天清晨都會有人們陸續來到這裡，在神奇的巨型岩石周邊點起9999盞燈，2019年於10月13日舉辦。

大金石（→P.72）

季節　　　Season

這一區全年濕度都在80%以上，相當潮濕，而在4～10月進入雨季時，降雨量也非常多，尤其是莫塔馬灣沿岸的孟邦及更往南的德林達依省一帶，7～9月的降雨量更是輕輕鬆鬆就能突破1000mm，這段時期的道路或鐵路交通也很常因為洪水而阻斷，如果是在這時候有陸路交通移動計畫的話，行程安排要多留一些應變空間，至於11～2月是乾季，屬於能夠舒適旅行的推薦季節。

雨季旅行時，雨具不能少

旅行小訣竅　　　Hint

●交通
仰光出發前往周邊城市的交通，相對來說便捷許多，特別是往來仰光與勃固兩地的巴士車班相當多，但是周邊城市彼此之間的交通，不僅車班少而且車輛老舊，不便捷的部分也很多，想在這一區暢遊的話，不妨選擇以仰光為起點往返各個景點的方式，安排出來的旅程會比較可行。如果是在德林達依省內的城市間移動，外國人可以利用的主要交通工具不是渡輪就是飛機。

●住宿選擇
無論是高級飯店還是以背包客為對象的超值民宿，仰光的住宿選擇範圍非常廣，只是沒有被稱為「飯店街」的區域，住宿都分散在城市各地，因此想邊走邊找下榻地點會十分辛苦。隨著2012年緬甸轉型發展民主，商務活動增加下，飯店房價也跟著高漲，甚至經常會有客滿的情況發生，要多加注意。首都內比都雖然擁有飯店集中區，但是飯店之間的距離都超過500m，邊逛邊找住宿是不可能的事情，至於其他城市則可在市中心周邊，尋找到經濟實惠的民宿與數家住宿1晚US$30～50左右的中等級飯店。

因為大型河川極多，渡輪也成為民眾重要的交通

黃金佛塔所守護的緬甸最大城市

仰光（大光）

Yangon (Rangoon) ရန်ကုန်

1755年在緬族雍笈牙國王Alaungpaya的佔領下，將這一地命名為擁有「結束戰爭」之意的「仰光」，因為經歷了1824年、1852年及1885年3次英緬戰爭，使得全緬甸都成為英國的殖民地，如今所能看得到的整齊劃一街道景致，都是由英國人以鉅細靡遺的都市計畫所打造出來。儘管這座城市還散發著寧靜而祥和的氣氛，但也開始出現高樓層建築，繁忙的交通越來越容易阻塞。另一方面在傳統市場裡，熱鬧非凡地對著每日食材買進賣出，入夜後在人行道上會有茶店擺桌做生意，吸引民眾前來喝茶聊天，而綻放著金黃光輝的大金寺，則是盤據在山丘頂端守護著仰光的生活日常。

在街頭休息的仰光百姓

➡ 機場與市區的交通　　　　　　　　　ACCESS

◆機場前往市區

國際線航班降落在第一航廈，國內線班機則在第三航廈（**MAP** P.38-B2），至於第二航廈截至到2019年11月為止都還在重新整修中。

自2018年6月22日起，連結市區與機場的機場接駁巴士開始通車，從蘇雷塔前的Sule（**MAP** P.33-C3）、仰光中央車站（**MAP** P.33-C2）通往仰光國際機場，中間共有11個停靠站的快速巴士，每日4:30～22:00間，每隔5～10分鐘左右就有1班車，車資一律為500K，所需時間約1小時，到了機場會分別停靠在第一航廈與第三航廈前的巴士站（詳細內容與停靠站→P.45）。

🚗 在入境大廳的計程車櫃台叫車，一般來說要是坐到 **H**Sedona Hotel Yangon（**MAP** P.37-C3）周邊車資為5000K，到市中心是8000K，但是實際上都還會被加收2000K上下，要是利用Grab（→P.44、P.290）等叫車系統會比較便宜，不過也要看乘車時段，通常到市中心約7000K左右，所需時間約30～40分鐘，白天～夜晚則約要1小時30分鐘～2小時。

2016年開幕的第一航廈

◆機場的可辦事項

市區內的銀行營業時間，平日是9:30～15:00，要是在非營業時間抵達的話，不妨先在機

入境大廳內有著換錢所以及行動電話、網路通訊店，還有便利商店、餐飲店

場先換好錢，在入境大廳內有著換錢所及ATM可利用，除了要求以美金支付的國內線機票、住宿費用以外，無論是用餐還是搭乘巴士、計程車的所有開銷預算，都會是以在地貨幣緬元Kyat來支付，因此不妨先兌換好1～2天的花費。機場的換錢匯率與市區幾乎一樣，要是停留天數不長的話，可以當作省下在市區換錢的時間，在機場一次就把所有費用都換好。換錢時，通常都會獲得5000K或1萬K紙鈔，但是到路邊攤用餐或市區交通都需要小面額紙鈔，記得要換1000K紙鈔。

智慧手機、行動電話的通話或上網SIM卡，也可以在機場的商店買到，還可以委託店員幫忙設定手機。

◆仰光國際機場（→P.260）

MAP P.38-B1～B2　☎(01)533037
URL yangonairport.aero
FB Yangon International Airport

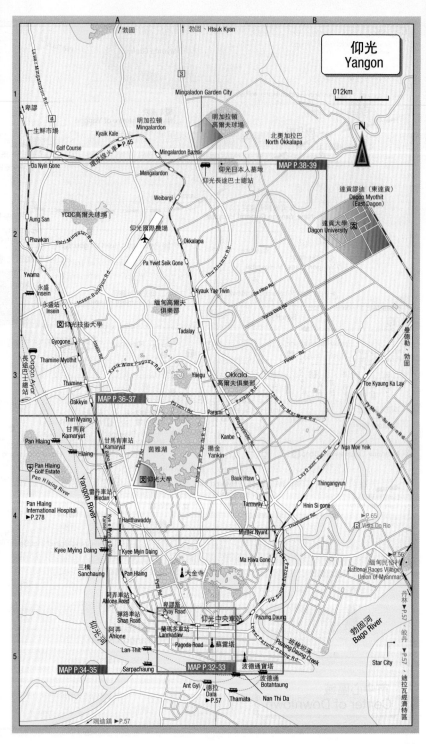

仰光
Yangon

012km

N

A · 勃固

勃固、Htauk Kyan

卑謬

Lo-wei-Mingaladon Rd.

生鮮市場

Kyaik Kale

Golf Course

明加拉頓
Mingalardon

環狀線火車 ▶P.45

Mingaladon Bazaar

Mingaladon Garden City

明加拉頓
高爾夫球場

北奧加拉巴
North Okkalapa

Da Nyin Gone

Mangalardon

仰光日本人墓地

仰光長途巴士總站

MAP P.38-39

達貢謬迪（東達貢）
Dagon Myothit
(East Dagon)

Weibargi

YCDC高爾夫球場

仰光國際機場

達貢大學
Dagon University

Aung San

Phawkan

Thiri Mingazar Rd.

Insein-Bukpyin Rd.

Okkalapa

Pa Ywet Seik Gone

Thu Dhamar Rd.

Ba Htoo Rd.

Yarza Dirit Rd.

聲德勒、勃固

Ywama

永盛
Insein

永盛站
Insein

緬甸高爾夫
俱樂部

Kyaik Yae Twin

仰光技術大學

Tadalay

Pelon Rd.

Toe Kyaung Ka Lay

Gyogone

Insein Rd.

Kyaik Wine Pagoda Rd.

Yaegu

Okkala
高爾夫俱樂部

Than Thit Mar New Rd.

長途巴士總站
Dagon Ayar

Thamine Myothit

Thamine

Oakkyin

MAP P.36-37

Parami Rd.

Parami

Parami Rd.

Parami Rd.

Thiri Myaing

甘馬育
Kamaryut

甘馬育車站
Kamaryut

茵雅湖

Kanbe

揚金
Yankin

Bayinnaung Rd.

Nga Moe Yeik

Lay Daunt Kan Rd.

Pan Hlaing

Hlaing

Yangon River

仰光大學

Bauk Htaw

Thingangyun

Pan Hlaing
Golf Estate

Pan Hlaing River

雷丹車站
Hledan

Tarmway

Hnin Si gone

Thudhamar Rd.

▶P.65
Vista Do Rio

Pan Hlaing
International Hospital
▶P.278

Kye e Myin Daing

Hanthawaddy

Myitter Nyunt

Kye Myin Daing Rd.

Kyee Mying Daing

Kyee Myin Daing

▶P.56

Ma Hiwa Gone

U Po Kyin Rd.

Pazung Daung Rd.

Pazung Daung Creek

緬甸民俗村
National Races Village
Union of Myanmar

三橋
Sanchaung

Pan Hlaing

大金寺

Pyay Rd.

Lower Pazung Daung Rd.

丹林 ▶P.57、皎丹

阿弄車站
Ahlone Road

卑謬路
Pyay Road

仰光中央車站

Pazung Daung

班楊坦溪
Pazung Daung Creek

勃固河
Bago River

蘭瑪多車站
Lanmadaw

Pazaung Daung Rd.

Star City

▶P.57、迪拉瓦經濟特區

阿弄
Ahlone

Shan Road

Pagoda Road

蘇雷塔

Lan-Thit

MAP P.34-35

Sarpachaung

MAP P.32-33

波德通寶塔

波德通
Botahtaung

Ant Gyi

德拉
Dala
▶P.57

Thamata

Nan Thi Da

Center of Downtown

端迪鎮 ▶P.57

31

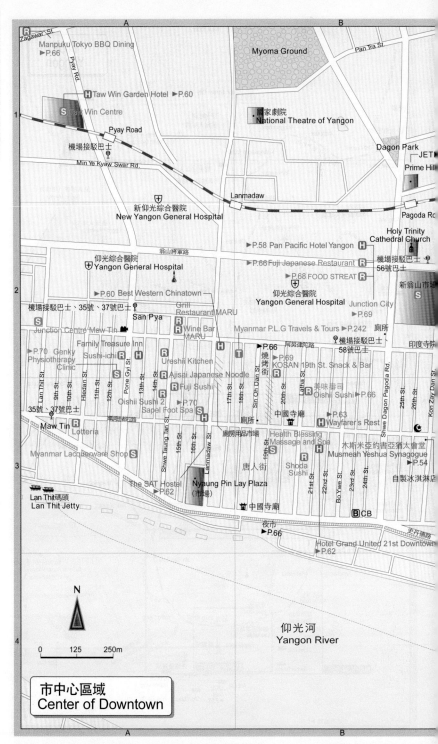

R Zagawar St.

Manpuku Tokyo BBQ Dining
▶P.66

Pyay Rd

H Taw Win Garden Hotel ▶P.60

S Taw Win Centre

1 Pyay Road

機場接駁巴士

Min Ye Kyaw Swar Rd.

Lanmadaw

新仰光綜合醫院
New Yangon General Hospital

Myoma Ground

Pan Tra St

國家劇院
National Theatre of Yangon

Dagon Park

JET

Prime Hill

Pagoda Rd

翁山將軍路

仰光綜合醫院
Yangon General Hospital

▶P.60 Best Western Chinatown

機場接駁巴士、35號、37號巴士

Junction Centre Maw Tin

Family Treasure Inn

▶P.70 Genky
Physiotherapy
Clinic

Sushi-ichi R H

Holy Trinity
Cathedral Church

▶P.58 Pan Pacific Hotel Yangon H

▶P.66 Fuji Japanese Restaurant R

機場接駁巴士
56號巴士

▶P.68 FOOD STREAT R

仰光綜合醫院
Yangon General Hospital

新翁山市場

Grill
Restaurant MARU

San Pya

R Wine Bar
MARU

Junction City
▶P.69

Myanmar P.L.G Travels & Tours ▶P.242

廁所

機場接駁巴士
58號巴士

印度寺廟

R Ureshii Kitchen

▶P.66
燒
烤
街

▶P.69
KOSAN 19th St. Snack & Bar

Lan Thit St.

9th St.

10th St.

Hledan St.

11th St.

12th St.

Pone Gyi St.

13th St.

14th St.

R Ajisai Japanese Noodle

R Fuji Sushi

Oishii Sushi 2

Sapel Foot Spa

▶P.70

H

17th St.

18th St.

Sin Oh Dan St.

阿努律陀路

中國寺廟

廁所

Latha St.

19th St.

20th St.

美味寿司
Oishi Sushi ▶P.66

▶P.63
H Wayfarer's Rest

Shwe Dagon Pagoda Rd.

21st St.

22nd St.

23rd St.

24th St.

25th St.

Kon Zay Dan St.

35號、37號巴士

Maw Tin R

Lotteria

Myanmar Lacquerware Shop S

Lan Thit碼頭
Lan Thit Jetty

Shwe Taung Tan St.

15th St.

16th St.

Lanmadaw St.

摩訶班都拉路

廚房用品市場

The SAT Hostel
▶P.62

Nyaung Pin Lay Plaza
(市場)

唐人街

中國寺廟

Health Blessing
Massage and Spa

Shoda
Sushi

役市
▶P.66

木斯米亞約書亞猶太會堂
Musmeah Yeshua Synagogue
▶P.54

自製冰淇淋店

更丹德路

B CB

Hotel Grand United 21st Downtown
▶P.62

N

0   125   250m

仰光河
Yangon River

市中心區域
Center of Downtown

A   B

32

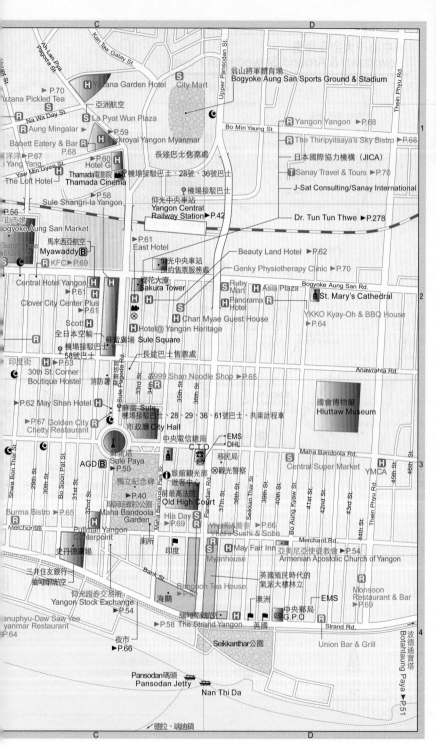

► P.70
uzana Pickled Tea
亞洲航空

R Na Wa Day St.
R Aung Mingalar ► P.59
La Pyat Wun Plaza
洋洋 ► P.67
i Yang Yang
► P.68
The Loft Hotel
Babett Eatery & Bar
P.68
Yaw Min Gyee St.
► P.60
Hotel G
Thamada電影院 ► 機場接駁巴士、28號、36號巴士
Thamada Cinema
P.58
Sule Shangri-la Yangon
► 機場接駁巴士
仰光中央車站
Yangon Central
Railway Station ► P.42

P.56
ogyoke Aung San Market
馬來西亞航空
► P.61
East Hotel
緬甸
Myawaddy B
R KFC ► P.69

Central Hotel Yangon
► P.61
Clover City Center Plus
► P.61
Scott
全日本空輸
R
機場接駁巴士
58號巴士
印度街
R ► P.63
30th St. Corner
Boutique Hostel
消防署

► P.62 May Shan Hotel H
► P.67 Golden City
Chetty Restaurant

Yuzana Garden Hotel
City Mart
翁山將軍體育場
Bogyoke Aung San Sports Ground & Stadium

Bo Min Yaung St.
R Yangon Yangon ► P.68
R The Thiripyitsaya's Sky Bistro ► P.68
日本國際協力機構（JICA）
T Sanay Travel & Tours ► P.70
J-Sat Consulting/Sanay International

Dr. Tun Tun Thwe ► P.278

► P.61 東東 Galaxy

► 機場接駁巴士
28、36號巴士
長途巴士售票處

仰光中央車站
預約售票服務處
櫻花大廈
Sakura Tower
H Hotel@ Yangon Heritage
長途巴士售票處

Beauty Land Hotel ► P.62
Genky Physiotherapy Clinic ► P.70
Ruby
Mart
H Asia Plaza
Panorama
Hotel
S Chan Myae Guest House

St. Mary's Cathedral
YKKO Kyay-Oh & BBQ House
► P.64

30th St.
31st St.
33rd St.
34th St.
35th St.
36th St.
999 Shan Noodle Shop ► P.65

蘇雷 Sule
機場接駁巴士、28、29、36、61號巴士、共乘計程車
市政廳 City Hall

國會博物館
Hluttaw Museum

蘇雷
Sule
Sule Square
中央電信總局
C.O
EMS
DHL
移民局
觀光警察
Maha Bandoola Rd.
S Central Super Market
YMCA

Anawrahta Rd.

AGD B
Sule Paya
► P.50
獨立紀念碑
► P.40
摩訶班都拉公園
Maha Bandoola
Garden
旅館觀光部
遊客中心
前最高法院
Old High Court
Hla Day ► P.69

37th St.
38th St.
39th St.
Bo Yar Nyunt St.
40th St.
41st St.
42nd St.
43rd St.
44th St.
45th St.
46th St.
Thein Phyu Rd.

Burma Bistro ► P.65
Merchant路
Pullman Yangon
Centerpoint
史丹德廣場

三井住友銀行
緬甸國際航空
仰光證券交易所
Yangon Stock Exchange
► P.54
anuphyu-Daw Saw Yee
yanmar Restaurant
P.64

夜市
► P.66

Merchant Rd.

Yhta熊貓蕎麥 ► P.66
Yhta Sushi & Soba
R
R H May Fair Inn
亞美尼亞使徒教會 ► P.54
Myanhouse
Armenian Apostolic Church of Yangon

英國殖民時代的
氣派大樓林立
Rangoon Tea House
EMS
Monsoon
Restaurant & Bar
► P.69

海關
緬甸國家航空
► P.58 The Strand Yangon

澳洲
中央郵局
G.P.O
英國
R

Bank St.
Maha Bandoola Park Rd.
Pansodan Rd.
Seikkan Thar St.
Bo Soon Pat St.
31st St.
32nd St.
29th St.
30th St.
Sule Pagoda Rd.
Stiwe Bon Thar St.

Strand Rd.

Union Bar & Grill

Pansodan碼頭
Pansodan Jetty
Nan Thi Da

Seikkanthar公園
► P.66

德拉・端迪鎮

Maha Bandoola Rd.

Bo Yar Kyaw St.

波德通寶塔
Botahtaung Paya ► P.51

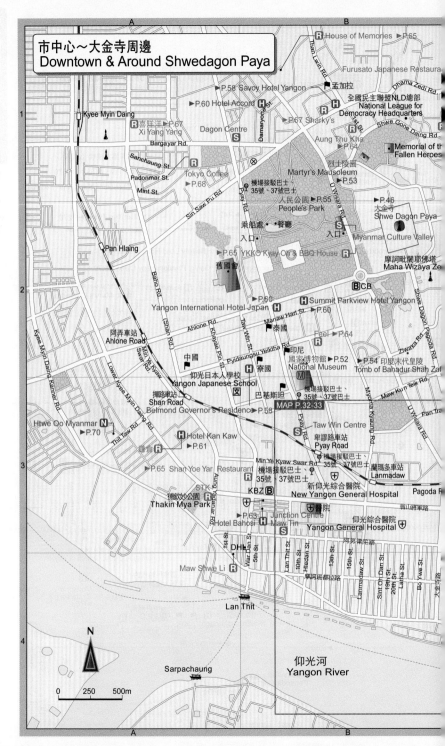

市中心～大金寺周邊
Downtown & Around Shwedagon Paya

R House of Memories ▶P.65

Furusato Japanese Restaura

Than Lwin Rd.
孟加拉
Dhama Zedi Rd.

▶P.58 Savoy Hotel Yangon

▶P.60 Hotel Accord H

全國民主聯盟NLD總部
National League for
Democracy Headquarters

Kyee Myin Daing

R 喜洋洋 ▶P.67
Xi Yang Yang

Dagon Centre

▶P.67 Sharky's

Bargayar Rd.

Damansu Rd.

Shwe Gone Daing Rd.

Aung Thu Kha
▶P.64

Sanchaung St.

S

Memorial of th
Fallen Heroes

Padonmar St.
Tokyo Coffee
▶P.68

烈士陵園
Martyr's Mausoleum
▶P.53

Mint St.
Sin Saw Pu Rd.

機場接駁巴士
35號、37號巴士
Pyay Rd.

U Wisara Rd.

人民公園 ▶P.55
People's Park

▶P.46
大金寺
Shwe Dagon Paya

乘船處 • 餐廳
入口
入口 S
Myanmar Culture Valley

Pan Hlaing

Baho Rd.
(Shan Rd.)

舊國會
▶P.65 YKKO Kyay-Oh & BBQ House R

摩訶毗闍耶佛塔
Maha Wizaya Ze

▶P.60
Yangon International Hotel Japan H

B CB

Shwe Dagon Pagoda Rd.

Summit Parkview Hotel Yangon

Ahlone Rd.
阿弄車站
Ahlone Road

Manaw Hari Rd. ▶P.60

Feel ▶P.64

Min Ye Kyaw
Swar Rd.

Taw Win Rd.

Pyidaungsu Yeiktha Rd.

中國
Ziwaka Rd.

國家博物館 ▶P.52
National Museum
M

印尼
寮國
泰國

▶P.54 印度末代皇陵
Tomb of Bahadur Shah Zaf

Myoma Kyaung Rd.

U Wisara Rd.

仰光日本人學校
Yangon Japanese School
揮路車站
Shan Road
Belmond Governor's Residence ▶P.58

巴基斯坦

機場接駁巴士、
35號、37號巴士

MAP P.32-33

Taw Win Centre
卑謬路車站
Pyay Road

Pan Tra

Htwe Oq Myanmar N
▶P.70

Thit Taw Rd.

H Hotel Kan Kaw
▶P.61

▶P.65 Shan Yoe Yar Restaurant

Min Ye Kyaw Swar Rd.

機場接駁巴士、
35號、37號巴士

S

機場接駁巴士、
35號、37號巴士
蘭瑪多車站
Lanmadaw

KBZ B

新仰光綜合醫院
New Yangon General Hospital

Pagoda R

德欽妙公園
Thakin Mya Park

STK

▶P.63 Junction Centre
Hotel Bahosi Maw Tin

仰光綜合醫院
Yangon General Hospital

翁山將軍路

Maw Shwe Li

DH

War Dan St.
5th St.
Lan Thit St.
10th St.
Hledan St.
13th St.
15th St.
Sint Oh Dan St.
19th St.
20th St.
Latha St.
Bo Ywe St.

Lanmadaw St.

仰光河
Yangon River

Lan Thit

N

Sarpachaung

0   250   500m

A   B

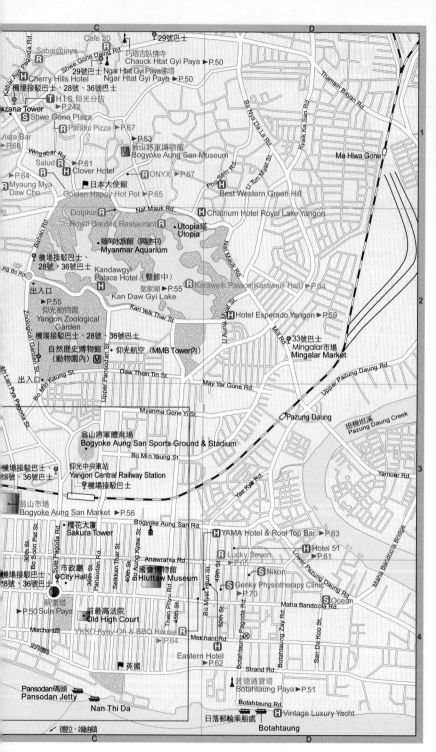

Cafe 20

29號巴士

Sabai@inya

巧塔吉臥佛寺
Chauck Htat Gyi Paya ▶P.50

Shwe Gone Daing Rd.

29號巴士

Ngar Htat Gyi Paya佛塔
Ngar Htat Gyi Paya ▶P.50

Cherry Hills Hotel

機場接駁巴士、28號、36號巴士

H.I.S.仰光分店
▶P.242

zana Tower

Shwe Gone Plaza

Parami Pizza ▶P.67

Vista Bar
▶P.68

Wingabar Rd.

▶P.53

翁山將軍軍事博物館
Bogyoke Aung San Museum

Ma Hlwa Gone

Salud ▶P.61

Clover Hotel

ONYX ▶P.67

▶P.64

Myaung Mya
Daw Cho

日本大使館
Golden Happy Hot Pot ▶P.65

Best Western Green Hill

Chatrium Hotel Royal Lake Yangon

Dolphin

Nat Mauk Rd.

Royal Garden Restaurant

Utopia塔
Utopia

緬甸水族館（興建中）
Myanmar Aquarium

機場接駁巴士、
28號、36號巴士

ng Bo Rd.

Kandawgyi
Palace Hotel（整修中）

皇家湖 ▶P.55
Kan Daw Gyi Lake

Karaweik Palace (Karaweik Hall) ▶P.64

出入口
▶P.55

Kan Yeik Thar St.

Hotel Esperado Yangon ▶P.59

仰光動物園
Yangon Zoological
Garden

機場接駁巴士、28號、36號巴士

33號巴士
Mingalar市場
Mingalar Market

自然歷史博物館
（動物園內）

仰光航空 （MMB Tower內）

出入口

Daw Thein Tin St.

May Yar Gone Rd.

Upper Pazung Daung Rd.

Myanma Gone Yi St.

Pazung Daung

班榜坦溪
Pazung Daung Creek

翁山將軍體育場
Bogyoke Aung San Sports Ground & Stadium

Bo Min Yaung St.

仰光中央車站
Yangon Central Railway Station

機場接駁巴士

機場接駁巴士、
28號、36號巴士

Yae Kyaw Rd.

Yamoar Rd.

翁山市場
Bogyoke Aung San Market ▶P.56

Bogyoke Aung San Rd.

櫻花大廈
Sakura Tower

YAMA Hotel & Roof Top Bar ▶P.63

Anawrahta Rd.

Lucky Seven
▶P.65

Hotel 51 ▶P.61

機場接駁巴士、
28號、36號巴士

市政廳
City Hall

國會博物館
Hluttaw Museum

Nikon

Genky Physiotherapy Clinic
▶P.70

Ocean

▶P.50 Sule Paya

前最高法院
Old High Court

Maha Bandoola Rd.

Merchant路

YKKO-Kyay-Oh & BBQ House
▶P.64

Merchant Rd.

Eastern Hotel
▶P.62

英國

Maha Bandoola Bridge

Pansodan碼頭
Pansodan Jetty

Nan Thi Da

波德通寶塔
Botahtaung Paya ▶P.51

Botahtaung Rd.

日落郵輪乘船處

Vintage Luxury Yacht

德立、端迪鎮

Botahtaung

Kabar Aye Pagoda Rd.

Ah Lan Pya Pagoda St.

Zoological Garden St.

Bahan Rd.

Sule Pagoda Rd.

Bo Soon Pat St.

30th St.

Pho Sein Rd.

Ba Nya Da La Rd.

U Tun Myat St.

Nai Mauk Rd.

U Aung Myat Rd.

Mill Rd.

Thamain Bayan Rd.

Kyaik Ka San Rd.

Lower Pazung Daung Rd.

Botahtaung Pagoda Rd.

San Da Koo St.

Botahtaung Zay Rd.

Strand Rd.

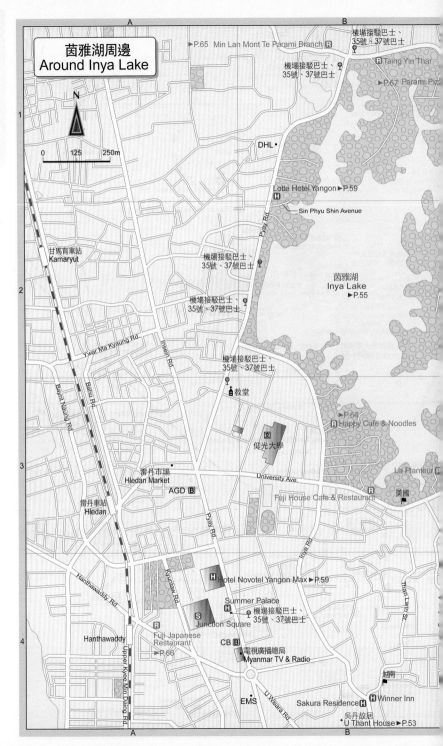

茵雅湖周邊
Around Inya Lake

N

0 125 250m

▶P.65 Min Lan Mont Te Parami Branch R

機場接駁巴士、
35號、37號巴士

機場接駁巴士、
35號、37號巴士

R Taing Yin Thar

▶P.67 Parami Piz

DHL

Lotte Hotel Yangon ▶P.59
H

Sin Phyu Shin Avenue

Pyay Rd

機場接駁巴士、
35號、37號巴士

茵雅湖
Inya Lake
▶P.55

甘馬育車站
Kamaryut

機場接駁巴士、
35號、37號巴士

Ywar Ma Kyaung Rd

Insein Rd

Baho Rd

Bayint Naung Rd

機場接駁巴士、
35號、37號巴士

教堂

▶P.64

R Happy Cafe & Noodles

仰光大學

La Planteur R

雷丹市場
Hledan Market

AGD B

University Ave.

雷丹車站
Hledan

Pyay Rd

Fuji House Cafe & Restaurant

R

美國

Inya Rd

Thin Twin St

Hotel Novotel Yangon Max ▶P.59
H

Hanthawaddy Rd

Kyundaw Rd

Upper Kyee Min Dang Rd

Summer Palace
H

機場接駁巴士、
35號、37號巴士

S Junction Square

Hanthawaddy

Fuji Japanese
Restaurant
▶P.66
R

CB B

電視廣播總局
Myanmar TV & Radio

越南

U Wisara Rd

EMS

Sakura Residence H Winner Inn

吳丹故居
U Thant House ▶P.53

Ⓜ 寶石博物館
Myanma Gems Museum
►P.53

Ⓢ dacco.►P.69

Parami Rd.

Parami

Ⓢ Super Hotel

Myanmar International SOS Ltd. ►P.277

Ⓗ
Kan Yeik Thar St.
Ⓡ
L'opera
Aun Nyein St.
Seeds Restaurant & Lounge ►P.66

Kanbe

Inya Lake Hotel

Kanbe Rd.

Ⓗ Micasa Hotel

Kabar Aye Pagoda Rd.

Aung Zay Ya Rd.

Café Dibar ►P.66

Manpuku Buffet Style
►P.66

高爾夫練習場•

Ⓡ

May Kyun
Tha Park Ⓡ ►P.67
Sabai@DMZ

Bauk Htaw

瑞穗銀行仰光分行

Ⓗ Sedona Hotel Yangon ►P.59
Ⓗ Thanlwin Guest House ►P.63

Ⓢ Myanmar Plaza ►P.70

機場接駁巴士、
28號、36號巴士
Myanmar Center Tower
泰國際航空

No.1 Industrial Rd.

Ⓗ
67 The Market Ⓡ Melia Yangon
►P.59

翁山將軍故居
Daw Aung San Suu Kyi House
►P.53

Yankin Centre
Shopping Mall
Ⓢ

North Horse Race Course Rd.

West Horse Race Course Rd.

East Horse Race Course Rd.

New University Ave.

Kabar Aye Pagoda Rd.

U Thit Maung Rd.

►P.53 吳努紀念博物館
U Nu Commemorative Museum

舊賽馬場
Kyaikkasan
Playground

Sayar San Rd.

►P.67
Parami Pizza (Sayar San店)
Pyi Taung Su St.
Acacia Tea Salon ►P.67

Kan Baw Za St.

Ⓗ Himari Okonamiayki &
Japanese Restaurnant

Ⓡ New Burgar

Green Leaf Hotel

Ⓡ Family Sushi Restaurant

Ⓡ Pearl Condominium

KBZ

Asia Pacific & Centre For
Medical & Dental Care
►P.277

Ⓣ Zaw Ko Tours ►P.70

►P.50
巧塔吉臥佛寺
Chauck Htat Gyi Paya
Ayè Chan Thar Hotel Yangon Ⓗ

29號巴士

Shwe Gone Daing Rd.

Ocean Ⓢ
Shabu-shi Ⓡ

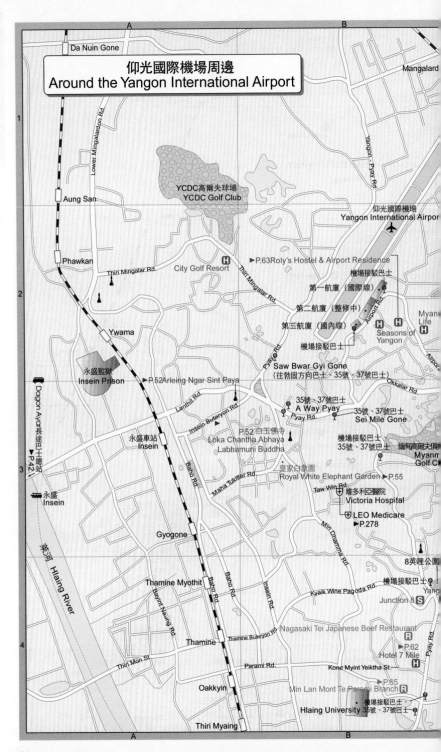

仰光國際機場周邊
Around the Yangon International Airport

Da Nuin Gone

Mangalard

YCDC高爾夫球場
YCDC Golf Club

Lower Mingaladon Rd.

仰光國際機場
Yangon International Airport

Aung San

Phawkan

City Golf Resort

▶P.63Roly's Hostel & Airport Residence

機場接駁巴士
第一航廈（國際線）

Thiri Mingalar Rd.

Thiri Mingalar Rd.

第二航廈（整修中）

第三航廈（國內線）

Myan Life

H Seasons of Yangon

Ywama

機場接駁巴士

永盛監獄
Insein Prison

▶P.52Arleing Ngar Sint Paya

Lanthit Rd.

Saw Bwar Gyi Gone
（往勃固方向巴士、35號、37號巴士）

Okkalar Rd.

Insein Butaryon Rd.

35號、37號巴士
A Way Pyay

35號、37號巴士
Sei Mile Gone

Pyay Rd.

永盛車站
Insein

Baho Rd.

白玉佛寺
▶P.52
Loka Chantha Abhaya
Labhamuni Buddha

機場接駁巴士
35號、37號巴士

緬甸高爾夫俱樂部
Myann
Golf C

永盛
Insein

Maha Tukitter Rd.

皇家白象園
Royal White Elephant Garden ▶P.55

Taw Win Rd.

維多利亞醫院
Victoria Hospital

Gyogone

LEO Medicare
▶P.278

萊河
Hlaing River

Min Dhamma Rd.

8英哩公園

Thamine Myothit

Baho Rd.

Bayint Naung Rd.

Insein Rd.

Kyaik Wine Pagoda Rd.

機場接駁巴士
Yang

Junction 8 S

Nagasaki Tei Japanese Beef Restaurant

Thamine

Thamine Butaryon Rd.

R
▶P.62
Hotel 7 Mile
H

Thiri Mon St.

Parami Rd.

Kone Myint Yeiktha St.

Oakkyin

▶P.65
Min Lan Mont Te Parami Branch R

機場接駁巴士
Hlaing University 35號、37號巴士

Thiri Myaing

38

仰光與周邊

仰光Yangon

● 仰光日本人墓地 ▶P.54
Yangon Japanese Cemetery

36號巴士 ● ● Dagon Ayar長途巴士總站
Aung Mingalar Highway Bus Terminal ▶P.42

36號巴士

Weibargi

Wai Bar Gi Rd.

Okkalapa

Mya Yadanar Rd.

Myo Pat Rd.

Khay Mar Thi Rd.

Thu Nandar Rd.

Pa Ywet Seik Gone

May Darzi Rd.

Thu Dhamar Rd.

S Aeon Orange

Kyauk Yae Twin

Industrial Rd.

U Wisara Rd.

Ba Htoo Rd.

Bo Min Yaung St.

Min Ye Kyaw Suar Rd.

Maha Bandoola Rd.

Pyi Htaung Su Rd.

Anawyahta Rd.

Yarza Dirit Rd.

28號、36號巴士 ● ● Mai La Mu Paya佛塔
Mai La Mu Paya ▶P.52

P.51

ga Cave Paya佛塔
ga Cave Paya

Tadalay

● Swe Taw Myat Paya佛塔
Swe Taw Myat Paya ▶P.51

28號、36號巴士

Thantnumar Rd.

Tapit Shwe Htoe Rd.

Pinlon Rd.

機場接駁巴士

Kabar Aye Pagoda Rd.

Yaegu

Nawaday電影院
Nawaday Cinema

摩哈巴沙納石窟
aha Pasana Cave

和塔
Kabar Aye Paya
▶P.51

S Gamon Pwint
(GMP)
M Shopping Mall

寶石博物館
Myanma Gems
Museum
▶P.53

Parami

28號、36號巴士、
機場接駁巴士

Waza Yandar Rd.

Okkala高爾夫俱樂部
Okkala Golf Club

R Happy Cafe & Noodles ▶P.64

T 櫻花觀光 Sakura Kankou Travels & Tours Co., Ltd.
▶P.70

Parami巴士站
Parami Bus Station
(Shwe Man Thu巴士乘車處)

Parami Rd.

N

0　　　500m　　　1km

Htauk Kyan

MAX (加油站)

ATM
匯兌處
停車場

B Sittway St.

Aung Mingalar St.

Okkan St.

Sedawgyi St.

Bagan St.

❶ Bagan
Minthar

ATW

Bingyi St.

Mandamyine St.

Perkwota St.

Lumbini
⑫ ❾
KFC ❼ Asia ❺ GI
❸ Elite Express
Myingyan St.
❶❶

Shwe Mandalay

Yoe Yoe Lay

❶❼❶❻
JJ

Famous ❹ ❷ BOSS
Magwe St.

Sat Htmu St.

Man Yar Zar

36號

❶⓿ ❻❺
Win

GATE1

❶❽

Thein Than Kyaw

❶❸ ❶❹
Nilar Biriyani &
Cold Drink (印度料理)

Chaung Yoe St.

Myo Chaung St.

GATE2

巴士停車場 P

Thanintharyi St.

36號

Dawei St.

GATE3

Thu Dhamar Rd.

Yangon

❽ Mandalar Minn
❾ Shwe Mandalar
❶⓿ Shwe Sin Setkyar
❶❶ Myat Mandalar Htun
❶❷ New Generation (Myo Sat Thit)

仰光長途巴士總站
Aung Mingalar
Highway Bus Terminal

39

仰光城市分區介紹

Ⓐ 甘馬育／雷丹／三橋
MAP P.36-A3～B4、**MAP** P.34-A1～A2

甘馬育 Kamaryut 與雷丹 Hledan 屬於仰光大學生們經常聚集的區域，在卑謬路 Pyay Rd. 上還有著飯店、購物中心的 Junction Square，往南的三橋區 Sanchaung 則是有眾多價格划算公寓的住宅區，不少日本人都住在這一區，加上距離市中心交通往來方便，新的餐廳、酒吧也逐漸增加中。

Junction Square 就在購物中心前方

Ⓑ 大金寺周邊
MAP P.34-B1～B2

作為仰光最重要觀光景點的大金寺，能夠近距離欣賞的飯店或屋頂酒吧自然十分受歡迎，在大金寺以北的 Dhammazedi 路和周邊有著無數餐廳。

仰光的地標——大金寺

Ⓒ 翁山市場周邊
MAP P.32-B2～33-C2

仰光最大的複合商業建築 Junction City 於 2017 年開幕，有世界高級品牌林立的購物中心和 5 星飯店進駐，一旁是庶民化的新翁山市場，開設後也分散了一些翁山市場的人潮，不再那麼地擁擠。

Junction City 可說是仰光城市發展的一大象徵

Ⓓ 唐人街、印度街
MAP P.32-A2、B2～33-C2、C3

蘇雷塔路 Sule Pagoda Rd. 以西是印度街，有許多便宜又美味的印度餐廳，而大金寺路 Shwe Dagon Pagoda Rd. 西側則為唐人街，被稱為燒烤街的第 19 街 19th St.（→ P.66）就在這裡，還有以緬甸人為對象、價格低廉又能填飽肚子的日本料理餐廳，史丹德路 Strand Rd. 兩旁的夜市也同樣有人氣，大約 US$10 左右的廉價團體客房是這一帶住宿主流。

擁有氣派印度寺院的多元民族國家

Ⓔ 蘇雷塔周邊
MAP P.32-B2～33-C2

仰光的市中心是蘇雷塔 Sule Paya，「8 mile」、「9 mile」的十字路口或地標名稱的起始點全都源自於蘇雷塔，這裡也同時是交通據點，前往各個方向的在地巴士多數都會停靠在蘇雷塔，而 Shangri-La、Pullman 等高級飯店品牌是備受商務人士喜愛。

蘇雷塔同時也是漫遊仰光的觀光起點

自古以來，仰光這座城市重心就是以蘇雷塔為中心向四周發展而成，
飯店還有餐廳也都是集中在這一區，近年隨著民主化發展帶動了經濟起飛，
日益進步下，原本屬於住宅區的北部等大範圍中也增加了越來越多的飯店及餐廳，
只需要掌握清楚各區域的大致特色，就能夠對仰光這座城市有粗淺認識。

F 茵雅湖周邊／揚金

MAP P.36～37

堪稱是仰光市民心中綠洲所在的茵雅湖 Inya
Lake，湖畔周邊分布有高級餐廳，能夠眺望
優雅湖光水色的高級飯店也陸續落成，位在
和平塔路 Kabar Aye Pagoda Rd. 上的 Myanmar
Plaza 是附設有高級飯店的大型購物中心，環
繞於周圍的還有著時尚又新穎的餐廳。

聳立在茵雅湖畔的高級飯店

G 巧塔吉臥佛寺周邊

MAP P.35-C1

巧塔吉臥佛寺 Chauck Htat Gyi
Paya 所在的巴漢區 Bahan 北部，
屬於地勢和緩的丘陵地帶，以東西
走向的 Shwe Gone Daing 路為中心
來發展，擁有著購物中心和許多的
公寓大樓、餐廳。

視野絕佳的山丘上佇立著佛塔和寺院

H 皇家湖周邊

MAP P.35-C2～D2

皇家湖 Kan Daw Gyi Lake 北面
為安寧閑靜的別墅街，這裡有著
翁山將軍博物館、日本大使館以
及高級餐廳，緊鄰在南側的仰光
動物園，則是全家大小出遊的玩
樂地點，而未來在皇家湖畔也
將有「緬甸水族館」落成。

皇家湖四周圍一帶，都是仰光市民休閒娛樂的好去處

I 仰光中央車站周邊

MAP P.33-C1～C2

作為前往各地火車以及環狀
線火車起點的仰光中央車站周
邊，正在進行大規模的城市開
發計畫，半島酒店還有高樓辦
公大廈等估計數年後就能夠完工，
並且隨著環狀線火車的高架化，

時時刻刻變換著樣貌的仰光中央車站周邊

車站建築也將會改頭換面成為現代化的大樓建築。

J Pansodan 路～波德通

MAP P.33-C3～D4

英國殖民時代的大型
建築林立的 Pansodan
路，街道兩旁運用古
老建物而成的商店、餐
廳、咖啡館日益增加，
Bo Myat Htun 街（MAP
P.35-D4）上還看得到櫛
比鱗次的時尚酒吧、餐
飲店鋪。

Pansodan 路周邊保留著殖民時代的西洋建築

41

仰光國際機場
MAP P.38-B1〜2
交通 →P.43

往來機場航廈間的接駁巴士

仰光長途巴士總站
MAP P.39-C1
交通 →P.43

Dagon Ayar 長途巴士總站
MAP P.38-A3外
交通 交通方式僅能搭乘在地巴士或計程車前往,在地巴士從Sule巴士站(MAP P.33-C3)搭乘61號,車程2小時〜2小時30分,200K;計程車從市中心出發,清晨或深夜需約1小時〜1小時30分,白天〜晚上交通時間則要1小時30分〜2小時30分,車資8000〜1萬2000K。

長途巴士的售票處

仰光中央車站
MAP P.33-C2
當日車票售票處
開7:00〜21:00 休無休
　從中央車站北側的正面入口進來,大廳裡就能看到不同路線的售票窗口。
預約車票售票處
開7:00〜15:00 休無休
　與車站是不同的建築物,在翁山將軍路上共有2處入口,依照座位等級還有路線各有不同的售票櫃台,買票時需要出示護照,臥鋪票會在乘車日3天前售票,硬座則會在1天前開賣。前往蒲甘、曼德勒等方向的主要路線時刻表也都有英文標示,不過因為資訊都比較老舊,還是需要到櫃台確認。

國內交通的起點:機場、巴士總站、火車站

仰光國際機場第三航廈(國內線航廈) — Yangon International Airport Terminal 3

從國際線航廈徒步過來約10〜15分鐘,航廈之間也有接駁巴士

　2016年落成啟用的國內線航廈,不僅變得更加寬敞明亮,而且各種商業設施一應俱全,要是有充分轉乘時間的話,還有付費貴賓室(每人1萬K,包含飲料、點心)可以使用。

長途巴士總站 — Bus Station

　移動前往國內各個地點時,最常利用的交通工具就是巴士,高速公路建設得四通八達,巴士軟硬體服務也有提升,可以享有便宜又舒適的旅程。仰光重要的長途巴士總站有2座,主要是位在市區北部的仰光長途巴士總站Aung Mingalar Highway Bus Terminal,前往蒲甘Bagan、曼德勒Mandalay、茵萊湖Inle Lake、大金石Kyaikhtiyo或者是南部的毛淡棉Mawlamyine等知名觀光景點,巴士都會以這裡作為停靠點,至於前往西部勃生Pathein、昌塔海灘Chaungtha、內維桑海灘Ngwe Saung方向的巴士,則是會從仰光河以西9km的Dagon Ayar長途巴士總站Dagon Ayar Highway Bus Terminal(一般稱為Hlaing Thar Yar)發車。

　大部分的巴士車票,都可以在仰光中央車站以北,翁山將軍體育場南側林立的長途巴士售票處(MAP P.33-C1)購買,要注意的是每家販售的巴士車票各有不同,而飯店以及市區內的旅行社也會販售車票。最晚請盡量在出發前一天購票,並且記得要帶護照,長途巴士基本上全為指定座位,有空位的話售票員會通知,也別忘記確認發車、上車時刻以及發車地點、有無渡輪(→P.43)可前往巴士總站、椅子能否後躺,還有是否提供飲用水、點心等細節。

仰光中央車站 — Yangon Central Railway Station

　仰光中央車站大樓就在鐵軌北面,從蘇雷塔Sule Paya筆直朝北前進經蘇雷塔路,越過天橋後的右手邊就能看到。

擁有傳統的建築設計

旅行小幫手 Hints

市區移動時的實用緬甸語

街道:Lan လမ်း	**火車站**:Bu Tar ဘူတာ
(卑謬路稱為「Pyay Lan」)	**機場**:Lei Zei လေဆိပ်
十字路口:Lan Sone လမ်းဆုံ	**巴士總站**:Basa Ka Gey ဘတ်စ်ကားဂိတ်
市場:Zei ဈေး	**巴士**:Basa Ka ဘတ်စ်ကား

前往仰光國際機場與仰光長途巴士總站的交通導覽

前往國內主要城市巴士都會停靠的仰光長途巴士總站還有機場的交通,最大問題就是離市區很遠,從市中心出發所需要的交通時間,如果搭乘計程車,無論是清晨或深夜都要30～40分鐘,白天～晚間因為塞車情況嚴重,會花上1小時30分鐘～2小時,搭乘巴士的話就會耗費更多交通時間。

下列表格整理出每一種交通工具的優缺利弊,可以依照自己的預算、時間來加以利用,車資最貴但也最方便的是計程車,巴士的話不僅費時,還要轉車才能來到機場,並

不是簡單方便的交通工具,要是會一點簡單緬甸語、有時間且想要節省旅費的

佔地十分遼闊的仰光長途巴士總站

人則不妨可以挑戰看看。主要交通工具的相關介紹,請參考P.44～45。

交通工具	前往仰光國際機場	前往仰光長途巴士總站	注意事項
計程車	可以隨手招攬馬路上的計程車或請住宿的工作人員幫忙叫車。 ◆市中心出發8000K～	可以隨手招攬馬路上的計程車或請住宿的工作人員幫忙叫車。 ◆市中心出發8000K～	要是清晨出發的話,最好前一天就委託住宿的工作人員叫車,或者是預約調派計程車。乘車時,只要將巴士車票拿給司機看,就能載人到該巴士公司的服務處前,在巴士總站裡會混雜停靠的巴士與計程車,因此到站都會多花一點時間。
調派計程車、跳錶計程車	透過專屬APP或電話預約,Grab(→P.44)在預約時就會顯示所需金額。跳錶計程車會根據距離來自動計算車資,碰上塞車或停等紅綠燈也一樣跳錶計費。 ◆蘇雷塔出發7000K左右～,車資會依照塞車狀況、清晨或深夜的加成而有不同。	透過專屬APP或電話預約,Grab(→P.44)在預約時就會顯示所需金額。跳錶計程車會根據距離來自動計算車資,碰上塞車或停等紅綠燈也一樣跳錶計費。 ◆蘇雷塔出發8000K左右～,車資會依照塞車狀況、清晨或深夜的加成而有不同。	
機場接駁巴士	從P.45刊載的巴士站都可上車。 ◆一律500K。		車輛採用在地巴士,因此沒有專門放行李的位置。由於車班相當多,從起點的Sule巴士站(MAP P.33-C3)搭車的話,比較容易有位子坐。
渡輪(迷你巴士或嘟嘟車)	―	在翁山將軍體育場南側的長途巴士售票處購買,會需要追加1000K的費用,包含有從這處售票處到巴士總站的渡輪(迷你巴士或嘟嘟車)船票。	在翁山將軍體育場南側長途巴士售票處的集合時間,會是在巴士發車前約2小時。一定要確認好時間,千萬不要遲到,有部分VIP巴士也會從這裡發車,需要確認清楚。
共乘計程車	―	Sule巴士站附近有乘車處(MAP P.33-C3),可以搭乘Aung Mahar Taxi Cab(→P.44)的共乘計程車約1000K,滿12人就會隨時發車。回程則由巴士停車場(MAP P.39-D1)出發。	長途巴士都會停靠在各自的巴士公司服務處前,必須自行從在地巴士或共乘計程車的下車處,徒步去尋找,但巴士總站面積非常廣,加上規劃得並不完善而很容易迷路,想要找到自己要搭乘的巴士服務處需要花費許多時間,因此最好在出發的1小時以前就能抵達。還要注意的是,攜帶大件行李就無法搭乘在地巴士或嘟嘟車。
在地巴士	從San Pya(MAP P.32-A2)的巴士站等地搭乘35、37號,到Sei Mile Gone(MAP P.38-B3)下車約200K,接著再轉乘計程車,約2000K左右。如果是徒步的話,依照不同的機場航廈需要20～30分鐘。	Sule巴士站(MAP P.33-C3)搭乘36號巴士,200K。巴士總站前有2處巴士站,在南側的巴士停車場前下車的話,距離比較近。	
環狀線火車	Pa Ywet Seik Gone車站(MAP P.39-C2)距離約2km,依照不同的機場航廈徒步需要25～40分鐘。	必須中途下車再轉乘計程車或巴士,因此想要省錢的話,最好一開始就搭乘巴士。	要注意車班極少,一般在車站外都不會有排隊計程車,只能靠徒步或叫調派計程車。

仰光的市區交通導覽

面對快速成長的計程車及自用轎車車潮，仰光的街道馬路總是嚴重塞車，由於主要景點都分散在市區各地，不妨隨機應變靈活地更改交通工具，才能有效率地觀光暢遊。

塞車中的仰光大馬路

計程車　　　　　　　　　　Taxi

車身上會顯示駕照號碼，車內也會擺出行車駕照

多數是日本或韓國製的二手車，部分還有空調，與台灣一樣在街頭舉手，空車就會停下來載客。車資採議價方式，因此在上車前要告知目的地來討論，最低車資1000K起。徒步5～10分鐘左右的距離，大約是1000～1500K，但是不論距離多近，大多數駕駛都會開出2500K的價碼，夜間則會加成計價。如果不清楚街道方向，通常駕駛會打電話詢問，因此除了目的地地址以外，也別忘了記下電話號碼。

●調派計程車

在緬甸的大城市裡，通常都會利用計程車的調派服務叫車，到2018年7月為止一共有Grab、Oway Ride、Hello Cabs、Billion這4家計程車公司，車資計算方式則根據服務分為跳錶制或預約時就告知總金額的2種方式，其中又以Grab因為車資超值和絕佳服務而獲得大量支持。使用智慧手機APP的叫車方式，請參考P.290。

- ●Grab
  URL www.grab.com/mm
- ●Oway Ride
  URL www.owayride.com.mm
- ●Hello Cabs
  FB Hello Cabs
- ●Billion
  FB Billion – Myanmar

●共乘計程車

往來於蘇雷塔Sule Paya與仰光長途巴士總站間的共乘計程車，車資是1000K，滿12人就能隨時發車。

●Aung Mahar Taxi Cab
乘車地點 MAP P.33-C3
停在Sule巴士站附近，沒有特定的乘車站，基本在4:00～21:00間行駛。

在地巴士（市區巴士）　　　　　　Bus

仰光市民最常使用的交通工具就是在地巴士，主要路線是使用中國製的新車，其他路線就是用從韓國進口的二手巴士，提供涼爽空調而非常舒適（但也有部分車輛可能因為故障而沒有冷氣）。

2017年1月16日起實施新系統，路線重新規劃，如同右圖所顯示以顏色來區分行駛目的地，詳細路線以及巴士站位置可上官網或APP（→P.290）確認，APP還能夠檢索離目前所在位置最近的巴士站，對遊客來說非常方便。車資部分，市中心循環巴士是100K，其他一律都是200K。

●仰光管區交通管理局（YRTA）／Yangon Bus Service（YBS）
URL yangonbus.com　FB YangonBus

看懂巴士車行路線！

依方向有不同顏色	
市中心循環	YBS
東邊方向	
西邊方向	
南邊方向	
北邊方向	
仰光郊區	

擋風玻璃窗上方的左右會有緬甸數字，那就是巴士路線號碼。照片是前往北邊方向的36號巴士。

來搭水上巴士吧！

旅行小幫手 Hints

行駛於仰光河面上的仰光水上巴士Yangon Water Bus，從2017年開始提供服務，由市區西北部的永盛Insein到波德通Botahtaung為止，另外還有一條通往仰光對岸城市德拉Dala的路線（MAP P.31），乘船一趟收費1200K（外國人費用），不過班次極少，確認清楚時刻表再出發吧。

波德通碼頭還有日落郵輪、晚宴郵輪可以搭乘，一般外國人較常利用的是Royal Green River Cruise。

水上巴士是全新打造的船隻

URL www.yangonwaterbus.com　　URL royalgreenriver.com

備註：2017年1月起，法律明文規定每個人搭車時都必須繫上安全帶，違反時會被課以3萬K以上的罰金，因此搭乘計程車時別忘了繫上安全帶。

環狀線火車　Circular Train

　　仰光還有稱為Myo-Pa Yeta的環狀線火車，總共有38座車站且是站站停車，約3小時能繞行一圈，因為能夠趁此機會一瞥

■環狀線火車時刻表

仰光中央車站出發（一圈）	
順時針	逆時針
7:45	8:35
8:20	9:05
10:05	10:50
10:40	11:30
13:10	13:10
14:15	14:30
17:00	17:55

（2018年5月29日最新）

在地人的日常生活景象，體驗到搭乘巴士或計程車所沒有的感受，十分有趣。無論是搭乘1站或繞行一圈，單程車資都是200K，火車票可在仰光中央車站的6、7號月台售票處購買；順時針路線是在4、7號線，逆時針路線則是4、6號線搭乘。路線請參考P.31的地圖。

❶使用來自日本JR公司無償提供車輛的環狀線火車，並且還將仰賴日本政府的資金貸款，改進火車車廂與訊號系統　❷行駛時無論車窗還是車門都不會關閉　❸郊區的車窗外是一派悠閒田園風光

嘟嘟車　Pick Up（Line Car）

車頂有時也會載滿貨物

　　嘟嘟車是將卡車貨斗改裝成座位的一種交通工具，是行駛在固定路線上的在地巴士，貨斗總是會被人塞得滿滿的，甚至連車頂上都會擺放貨物，大多數司機都

不會講英語，因此在乘車前一定要仔細交代清楚要前往的巴士站或設施名稱。最近市中心裡越來越少看到嘟嘟車的蹤影，但在機場、仰光長途巴士總站等方向都還有，車資是100K～，而嘟嘟車在地方城市中連結火車站到市區，或往來於市區與市區間的路線也能在觀光時派上用場。

三輪車　Saycar

近距離移動時非常便捷的三輪車

　　三輪車是將腳踏車兩旁安裝座位，讓乘客背對背坐著的交通工具，名稱源自於英文的「Side Car」，載客站點設置在巷弄或市場周邊等待乘客上車，車資是500K～，

仰光市區裡越來越難看得到這種三輪車，行駛的區域也相當有限，但在地方城市依舊是老百姓重要的代步工具，因為車伕對較遠街道多數都不熟悉，搭乘的話以近距離為主，車資一定要在上車前先溝通好。

前往仰光國際機場的巴士開始通車　　旅行小幫手　Hints

　　銜接仰光國際機場與市中心的機場接駁巴士Airport Shuttle，在2018年6月22日開始營運，每日4:30～22:00間，約每隔5～10分鐘就有一班車，車資一律都是500K，雖然有2條不同路線，但是巴士並沒有任何標示，因此搭車時記得向司機確認清楚。

機場～和平塔路線		機場～奧謬路線	
巴士站名稱（去程／回程）	地圖	巴士站名稱（去程／回程）	地圖
Yangon International Airport Terminal 1、3	P.38-B2	Yangon International Airport Terminal 1、3	P.38-B2
8 Mile Park	P.38-B4	9 Mile	P.38-B3
Nawaday	P.39-C4	8 Mile Park	P.38-B4
Kabar Aye	P.39-C4	7 Mile	P.38-B4
Lan Ni Lay	P.37-C3	AD	P.36-B1
Hnin Si Gone Home For Aged	P.35-C1	Ta Da Phyu	P.36-B2
Bahan 3rd St.	P.35-C2	Marlar	P.36-A3
Kyauk Taing	P.35-C2	Seik Pyo Yay	P.36-A4
Yangon Central Railway Station／York St.	P.33-C1、P.35-C3	Myay Ni Gone	P.34-B1
Sule	P.33-C1、P.35-C4	Pegu Club	P.34-B3
		Saint John	P.32-A1
		Yangon General Hospital／San Pya	P.32-A2
		Bogyoke Market／Latha St.	P.32-B2
		Sule	P.33-C1、P.35-C4
		Yangon Central Railway Station	P.33-C1、P.35-C3

便宜又便捷的機場接駁巴士

※行駛車班頻率和時間可能會依照乘車狀況與乘車人數而改變，因此正確的行駛情況，還是要在當地確認最新情報。

守護著仰光
緬甸最大的聖地

大金寺

來到緬甸，一定要踏上這個國家最重要的聖地

替寺院內的佛像貼上金箔的香客們

▲ 大金寺　　　　　　　　**Shwe Dagon Paya** ရွှေတိဂုံဘုရား

　　在仰光市區以北，聳立於聖山Singuttara Hill上散發著耀眼金光的大金寺，儘管擁有讓人敬仰難以親近的「神聖」形象，卻依舊對人們帶來難以抗拒的強烈吸引力，在這股神聖力量的牽引下，每天都有國內外無數善男信女絡繹不絕地前往大金寺參拜。

▲ 大金寺的歷史

　　這處佛塔的歷史可以追溯至距今2600年前，根據傳說，Taphussa與Ballika這對商人兄弟在印度遇到了佛祖，並且收到佛祖的8根毛髮，西元前585年在現在這個地點開始供奉而成為了大金寺的起源。隨後經過無數次的擴建工程，終於發展成今日大小60餘座佛塔所環繞的大型佛塔群。

　　經歷過無數次地震後，目前看到的佛塔雛形據信是15世紀中期統治者，勃固的信修浮女王Shin Sawbu下令建造而成。從久遠以前，當仰光還被稱為大光Dagon的年代開始，無論是作為東西貿易通商城市而繁榮，還是在1755年遭到雍笈牙國王破壞，接著再以仰光之名重新復甦……，樁樁件件屬於仰光的過往歷史，都有著大金寺在聖山山頂默默地守護。

▲ 大金寺全解析

不妨一邊參考著大金寺的立體圖（→P.48），一邊來漫遊吧。從市區搭乘計程車前往時，最方便的就是南面的朝拜大道入口，右側有著彷彿在守護佛塔般的大型獅子像，在這裡就能夠眺望到位於後方山丘上，散發著黃金光芒的巨大佛塔。深受緬甸老百姓崇敬的大金寺已經近在眼前，接著自然就是踏上朝拜之路了。

從南面的朝拜道入口進來，可以選擇走完104階的階梯或使用電梯

廣大的寺院中心處，聳立著金黃佛塔

上山，搭電梯固然比較輕鬆，但是靠著雙腳慢慢走上頂端也很有樂趣，而且階梯全程都有屋頂覆蓋，當風吹過來時比想像中還要涼快，加上兩旁擠滿了無數商店，販售佛像的商店、提供祭祀用的鮮花花店、進獻用的金箔店、傳達佛教教義典籍的書店、紀念品店等，讓人眼花繚亂的豐富店鋪讓登山路一點都不會無聊。

走完104階階梯以後，就是寄放鞋子的地點，雖然沒有硬性規定脫下來的鞋子一定要放在這裡，但不想費事拿著鞋觀光的人不妨加以利用。

繼續往內走就來到了佛塔的中心地帶，灼熱豔陽底下是閃耀著奪目刺眼光芒的黃金之塔，高達99.4m，佛塔底座有433m寬，使

寺院內隨處設有祈禱的場所，吸引人們聚集

用的金箔數量就有8688片之多，而塔的最頂端除了1顆76克拉巨鑽以外，總共使用了5451顆鑽石及1383顆紅寶石，還有翡翠等各式各樣珍貴珠寶妝點，全都是靠著善男信女的捐贈而來，由此也能得知這個國家人們的信仰有多麼虔誠。

大金寺

交通 市中心搭乘計程車前往約2000～2500K，要搭計程車進入佛塔寺院內時，需要另外支付50K 通行費；12、26、29、36、61、87號巴士會經過附近。

MAP P.34-B2

開 5:00～21:00　**休** 無休

費 1萬K（提供地圖）

參拜費用，在南面朝拜大道可於電梯附近的外國人入口處支付，其餘都是在走完朝拜大道後看到的收費亭支付。付好錢可以拿到門票與貼紙，記得貼在胸前等顯眼地方，貼紙會依照不同出入口而有不同顏色，就算離開時迷路了，只要出示貼紙就能有工作人員告知是哪一個入口。

※寺院周圍有無線Wi-Fi，在外國遊客專屬櫃台可以領到1張30分鐘內有效的網卡。

大金寺的參拜景點

寺院內的東南西北四個方向各有1座祈禱堂，分別祭祀著與大金寺有淵源的佛陀雕像，東面是第一位佛陀拘留孫佛Kakusandha（P.48立體圖 ①），南面為第二位佛陀拘那含佛Kawnagammana（Ⅱ），接著西側是第三位佛陀迦葉佛Kassapa（Ⅲ），最後在北邊是第四位佛陀的釋迦牟尼佛Gautama（Ⅳ），這四位佛陀的遺物有「杖」、「淨水器」、「袍」及「8根頭髮」，全都供奉在大金寺裡。

在佛塔外圍各處環繞著小型祭壇，民眾都會前往參拜，這些都是根據緬甸傳統曆法「八個星象日」（→P.24）而設置的守護神像，各個星象有

其代表方位，在所屬方位就能看到該星象的專屬祭壇，而這八個星象日也有所屬代表星及動物，對誕生於該星象的人的一生帶來關鍵影響。

到自己誕生日所屬的祠堂參拜

仰光最重要的觀光景點

大金寺

寺廟必看焦點

Shwe Dagon Paya

在大金寺的寺院裡，沿著環繞中央佛塔而設的迴廊以順時針方向行進，大約2個小時就能將必看的焦點一網打盡，接下來介紹的是由南面朝拜大道出發，依序所能看到的佛像、佛塔。

聚集在佛像前的男女信眾

來到自己誕生星象日的祭壇，灑水祭拜(→P24)

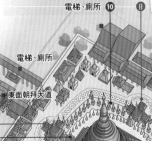

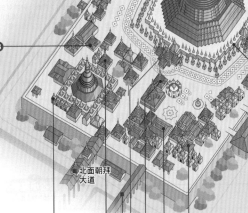

電梯、廁所 ⑩

⑪

南面朝拜大道

電梯、廁所

東面朝拜大道

Ⅰ

⑨

Ⅲ

西面朝拜大道、電梯、廁所 ②

①

⑧

北面朝拜大道

⑦ ⑥ Ⅳ ⑤ ④ ③

電梯、廁所

緬獅清提Chinthe守護在兩側的朝拜大道入口

大金寺寺院周邊介紹

地圖編號說明

- ① 波波伊像　Figure of Boh Boh Gyi
- ② 歐卡拉帕王像　Image of King Okkalapa
- ③ 信修浮佛像　Shin Saw Pu`s Buddha Image
- ④ 畫廊　Photo Gallery
- ⑤ 聖髮洗滌井　Sacred Hair Relic Washing Well
- ⑥ Shin Izzagona佛像　Shin Izzagona`s Buddha Image
- ⑦ 波明亢像　Figure of Bo Min Gaung
- ⑧ 沙耶瓦底王之鐘　King Tharyarwady`s Bell
- ⑨ 紅寶石之眼的佛像　The Padamya Myetshin Image
- ⑩ 抱著兒童的梵天　Child Clutching Brahma

P.47 專欄的佛像
- Ⅰ 拘留孫佛　Kakusandha Buddha Image
- Ⅱ 拘那含佛　Kawnagammana Buddha Image
- Ⅲ 迦葉佛　Kassapa Buddha Image
- Ⅳ 釋迦牟尼佛　Gautama Buddha Image

48

1 心願能夠實現
波波伊像
Figure of Boh Boh Gyi

這座寺廟中祭祀著能夠實現願望的2尊納神靈，結束參拜以後，據說要是能夠將廟前石頭輕鬆拿起來，願望就可以實現。

前方就是能夠知道願望是否實現的石頭

2 大金寺的創立者
歐卡拉帕王像
Image of King Okkalapa

據信是成立了大金寺的歐卡拉帕王的雕像，位在環繞著大佛塔外側的祠堂後方，千萬別錯過。

雕像比想像中要小，需要仔細尋找

3 緬甸唯一一位女王所捐贈
信修浮佛像
Shin Saw Pu's Buddha Image

由緬甸歷史上唯一的一位女王──信修浮女王捐贈並建造而成的佛像，孟族出身且是虔誠佛教徒的信修浮，將大金寺全面翻修，整建出今日所見的寺院大致雛形。

由歷史上深受緬甸人喜愛的君王所捐建

4 不清楚之處在這裡看個仔細
畫廊
Photo Gallery

展示著大金寺雕像的畫廊，包括裝飾於佛塔上的各種點綴等不容易發現的小細節，都能夠看得更加清楚。

可以發現在細節上使用了多麼細膩的裝飾

5 建造在水井上的佛塔
聖髮洗滌井
Sacred Hair Relic Washing Well

拿到佛祖8根毛髮並且供奉於大金寺前，Taphussa與Ballika兄弟兩人就是在這處水井洗滌佛祖的頭髮，不過因為建造了佛塔在上方而無法看到水井。

建於水井之上的氣派佛塔

6 傳說中的主角成為了佛像
Shin Izzagona佛像
Shin Izzagona's Buddha Image

又稱為「擁有山羊的右眼與牛的左眼的煉金大師佛像」，這是以緬甸無人不知的故事主角雕成的佛像，相傳蒲甘王朝有位煉金師因為實驗接連不斷的失敗，最後一怒之下自毀雙目，沒想到卻意外成功地煉製出黃金，利用山羊眼與牛眼重見光明，並且變成了智者備受人們崇敬，也因此雕像的左右眼大小並不一致。

非常靈驗的佛像

7 無法抽到最愛的菸而令人同情
波明亢像
Figure of Bo Min Gaung

這尊雕像是靠著冥想而成為智者的波明亢，據說只要獻上他最喜歡的香菸就能實現願望，而擁有非常高的人氣，但是因為寺院內全面禁菸，雕像放置在玻璃內，供奉的香菸都只能交給寺院人員。

被供品淹沒的波明亢像

8 充滿震懾力的巨鐘
沙耶瓦底王之鐘
King Tharyarwady's Bell

1841年下令鑄造，沙耶瓦底王所供奉的巨大鐵鐘，並且擁有「具有3種音色的偉大鐵鐘」的別稱，總重量達42公噸，將佛陀與國王的功績以巴利語及緬甸語化成數百行的文字鏤刻於鐘上。

懸吊在祠堂裡的巨鐘

9 透過電視參拜的佛像
紅寶石之眼的佛像
The Padamya Myetshin Image

英國調查團在1852年時往地底歷挖掘約100ft深所發現的佛像，因為有求必應而非常受歡迎，現在除了部分獲得許可的男性可以直接參拜以外，其他無論男女都只能對著下方祈禱室內的電視螢幕祭拜。

透過電視也要參拜的人氣佛像

10 求子就到這裡
抱著兒童的梵天
Child Clutching Brahma

在73號祠堂的左右兩側各為1尊，從原本祈求五穀豐收的神明變成求子象徵，想要生兒子就對著右邊抱著孩童的雕像祈禱，想要女兒則是對著左邊手持蓮花的雕像祭拜。

要生兒子的人就得向這位梵天祈求

Information

寺院之內嚴禁穿鞋！

不僅是佛塔、寺院還是僧院建築內都禁止穿鞋，就連建築所在的周邊範圍也不允許，包含襪子也同樣禁止，必須完全光裸著雙腳才可以。因此遊客參觀時必須自己拿著鞋子（部分景點會提供裝鞋用的塑膠袋），或者是在朝拜道路入口處都放鞋子，無論是拿到塑膠袋還是寄放鞋子，一般都會給點小錢作為布施，因為屬於個人的心意而沒有規定布施金額，通常以100～200K居多，在寄放鞋子處若投錢布施的話，不是給寺院人員而是去進功德箱裡，要是被說了「捐個3美金吧」這種非法要求，可以不用理會。朝拜道路通常會設置在佛塔的東西南北四方，要是前往大型佛塔而又計畫要從不同出入口進出的話，最好不要寄放鞋子。

蘇雷塔
🚌位於蘇雷塔路與摩訶班都拉路的十字路口，在仰光街頭徒步漫遊時，最醒目也是方向指標的建築就是這座佛塔。
🕐5:00～21:00
🈳無休
💰3000K

巧塔吉臥佛寺
🚌從市中心搭乘計程車約2500～3000K；從Sule巴士站（MAP P.33-C3）搭乘12、29號巴士，至Ngar Htat Gyi下車。
🕐5:00～21:00　🈳無休
💰免費

Ngar Htat Gyi Paya 佛塔
🚌與巧塔吉臥佛寺相同。
🕐5:00～21:00
🈳無休
💰免費

雕刻十分精彩的光背

周遊仰光的佛塔

什麼是佛塔

佛教大國緬甸最重要的象徵就是佛塔（稱為Paya或Zeti），英語還會將之稱為「Pagoda」，在這些佛塔之中會收藏有佛舍利、法舍利，對於擁有眾多虔誠佛教徒的緬甸來說，自然是無比神聖的重要場所。不妨一一尋訪位於仰光市區內的主要佛塔，每一座都有不同特色，相當有意思。

位於市中心，一整日人潮不斷　　　　　　　　　　MAP P.33-C3

蘇雷塔　　　　　　ဆူးလေဘုရား
Sule Paya

仰光的城市街道是以蘇雷塔為中心設計，可說是整個市區的心臟所在，Sule在巴利語中有著「聖髮」的意思，這是因為在佛塔內就珍藏著佛陀的頭髮。高達46m的蘇雷塔，白天時沐浴在陽光底下，入夜後還會點起燈光照射，無時無刻不散發著耀眼的金色光芒，仰光的老百姓經常會在下班回家途中或者是購物路上來到這裡，以祭拜來獲得一段心靈平靜時刻，這也讓佛塔周圍從早到晚都能看到絡繹不絕的朝拜民眾。

可以很輕鬆地造訪

知名的巨大臥佛　　　　　　　　　　　　　　　MAP P.35-C1

巧塔吉臥佛寺　　　　ခြောက်ထပ်ကြီးဘုရား
Chauck Htat Gyi Paya

在大型屋簷底下祭祀著全長70m、高17m的巨大臥佛，與勃固Bago知名的勃固金臥佛（→P.77）大小幾乎一模一樣。無論從哪個角度欣賞，都能看到其優雅的面貌，而以黃金描繪於腳底的佛教宇宙觀圖樣也非常精彩。

臥佛也是緬甸的代表印象之一

披著黃金袈裟的雪白大佛　　　　　　　　　　　MAP P.35-C1

Ngar Htat Gyi Paya 佛塔　　ငါးထပ်ကြီးဘုရား
Ngar Htat Gyi Paya

Ngar Htat Gyi Paya佛塔就座落在巧塔吉臥佛寺對面的山丘上，沿著階梯形成的朝拜道路往上走，就能夠看到山頂祠堂之中鎮守有1尊大型佛像，而佛像背後的光背是以柚木製成，並有著極為細膩精緻的雕刻，非常值得一看。

站在對岸欣賞也一樣美
MAP P.35-D4
波德通寶塔
ဗိုလ်တထောင်ဘုရား
Botahtaung Paya

佇立在仰光河畔的波德通寶塔，相傳遠在2500年前有8位僧人從印度將佛祖的遺物帶了回來，為了有地方安置而建造了這座佛塔，Botahtaung這個名字則是來自於當初護衛8名僧人的1000位士兵之意，不過佛塔在第二次世界大戰時，遭到同盟國聯軍的轟炸而崩塌。不幸中的大幸是在重建工程中，由如山一般瓦礫堆裡陸續發現了早已被遺忘的各項珍貴寶物，據說像是佛祖的頭髮、佛牙等都有被找到。

祈願世界和平而建
MAP P.39-C4
和平塔
ကမ္ဘာအေးစေတီ
Kabar Aye Paya

1952年由當時緬甸首相吳努U Nu下令，為了祈求世界和平建造出來的佛塔，塔高36m、直徑達68.6m。位在中央的舍利大殿中還有一尊「Thiri Mingalar Maha Jinninda」坐像，以銀製成再塗上黃金，包含底座在內重量有543.77公斤重，高度也有2.4m，這樣的巨大規模也成為緬甸國內銀製鑄造品中最大的一件。而在正北方由人為打造出來的洞窟，則是完成於1954年的「聖洞」，洞穴內部深139m、寬113m，洞外還有堆疊的石頭，這是模仿印度的佛祖遺跡而成，在1954年到1956年的2年時間中，更在這裡舉辦過第6次佛典結集。

散發著淡淡光芒的Thiri Mingalar Maha Jinninda

豪華絢麗的裝飾令人眼花繚亂
MAP P.39-C3
Swe Taw Myat Paya 佛塔
ရွှေမှော်တော်ဘုရား
Swe Taw Myat Paya

這是1座比較新穎但規模一樣宏大的氣派佛塔，能夠容納大量的參拜香客，而聳立在開闊寺院院落中央的大殿，內部中心處有燦爛華麗的黃金祭壇，裝飾得無比奢豪的玻璃櫃中擺放著佛祖的聖牙。

眾多僧侶在此修行
MAP P.39-C3
Naga Cave Paya 佛塔
နာဂလိုက်ဂူဘုရား
Naga Cave Paya

以玻璃來保護正殿中的佛像

擁有大批少年僧侶修行的寺院中，Naga Cave Paya佛塔就靜靜地聳立於一隅，佛塔內部由兩重迴廊組成，靠內側一側的迴廊裡，沿著牆壁能看得到成排莊嚴肅穆的佛像。

波德通寶塔
交通 從蘇雷塔搭乘計程車約2000～2500K；搭乘57、58號巴士至Botahtaung下車。
開6:30～21:00 休無休 費6000K

供奉於佛塔內的佛舍利

和平塔
交通 從蘇雷塔搭乘計程車約3000～4000K左右；從Sule巴士站(MAP P.33-C3)搭乘28、36號巴士至Kabar Aye Paya Lan下車。
開5:00～21:00 休無休 費3000K
「Kabar Aye」是「世界和平」的意思，正式名稱為「Thiri Mingalar Kabar Aye Zeti」。

聖洞
交通 從和平寺院後方大門出來右轉，沿著馬路直走就能夠看到在人造小山丘開設的入口，現在僅能參觀大廳內部而已。
開8:00～16:00
休無休 費免費

Swe Taw Myat Paya 佛塔
交通 從市中心搭乘計程車約3000～4000K；從Sule巴士站(MAP P.33-C3)搭乘28、36號巴士至Lan Wa／Nawaday下車。
開5:00～21:00 休無休 費2000K
大殿內部部分禁止拍照。

受到嚴密保護的佛祖聖牙

Naga Cave Paya 佛塔
交通 從市中心搭乘計程車約3000～4000K；從Swe Taw Myat Paya佛塔徒步約10分鐘。
開7:00～20:00 休無休 費免費

51

到處是遊樂園般的裝飾

MAP P.39-C3

Mai La Mu Paya佛塔

မယ်လမုဘုရား

Mai La Mu Paya

開闊的寺院院落內，到處都看得到使用惟妙惟肖的眾多雕像，重現佛教典籍中的故事，每一處都各有其內容與道德觀，非常有意思。而在佛塔的後方還有一處鱷魚造形的畫廊，從歐卡拉帕王母親從水果中誕生開始，直到歐卡拉帕王在結婚後建造大金寺為止，將這些故事一一以繪畫、人偶展示出來。

從鱷魚嘴巴進入的佛教畫廊

Mai La Mu Paya佛塔
交通 從市中心搭乘計程車約3000～4000K；從Sule巴士站（MAP P.33-C3）搭乘28、36號巴士至Phone Gyi Lan下車。
開 7:00～20:00（畫廊～17:00）
休 無休
費 免費
寺院院落內林立著看手相、占卜的店。

交融著佛教以外的氣息

MAP P.38-A3

Arleing Ngar Sint Paya佛塔

အာလိန်ငါးဆင့်ဘုရား

Arleing Ngar Sint Paya

以五重塔（Arleing Ngar Sint）為中心，寺院院內錯落著各種奇特雕像，營造出一股獨特的氛圍，據信是與信奉納神靈Nat的緬甸在地宗教，還有神祕信仰有關。本尊大佛是1尊大型綠色佛像，就鎮守在擁有圓頂天花板的正殿中，而在僧院的2樓更細心地保存著高僧的肉身菩薩。

擁有著獨特的神秘氣氛

Arleing Ngar Sint Paya佛塔
交通 從市中心搭乘計程車約5000～6000K上下；從San Pya巴士站（MAP P.32-A2）搭乘35、37號巴士至A Way Pyay下車。
開 6:00～18:00
僧院7:00～17:00
休 無休 費 免費

從曼德勒搬運而來的大理石佛像

MAP P.38-B3

白玉佛寺

လောကချမ်းသာ အဘယလာဘမုနိဘုရား

Loka Chantha Abhaya Labhamuni Buddha Image

以採自實皆山Sagaing，高11.3m、寬7.3m、厚3.3m的大理石雕成的巨大佛像，並且利用長61m、寬17m、載重2600公噸，特別建造的搬運船運送至仰光，據說從曼德勒花了13天時間才運到。大佛豎立在山丘頂端，周圍視野非常開闊。

白玉佛寺
交通 從市中心搭乘計程車約3000～4000K上下；從San Pya巴士站（MAP P.32-A2）搭乘35、37號巴士至A Way Pyay下車。
開 5:00～21:00 休 無休
費 免費
在地也將大佛稱為Kyauktawgyi（大理石佛像）。

在玻璃保護下的白色大佛

主要景點 Sightseeing

緬甸最大的博物館

MAP P.34-B2～B3

國家博物館

အမျိုးသားပြတိုက်

National Museum

最重要的看頭就是1樓的「獅子寶座」，為了讓國王有位子可以坐而在曼德勒皇宮內一共擺放了8張座椅，這8張國王座椅當中，有2張椅子在英軍攻擊曼德勒之時被帶走，後來剩下的國王寶座全都因為火災而燒毀，只剩英國這2張椅子倖免於難，最後也在1948年時歸還了其中這一張「獅子寶座」，另外的相關文物展覽也非常豐富，很值得一看。

規模宏大的博物館

國家博物館
交通 從市中心搭乘計程車約1500～2000K上下；從San Pya巴士站（MAP P.32-A2）搭乘35、37號巴士至Bago Kalat下車。
住 66/74, Pyay Rd., Dagon T/S
☎（01）371540
開 週二～日9:30～16:30（最後入館至16:00）
休 週一 費 5000K
提包要放在門口前的寄物櫃，館內部分開放拍照，提供語音導覽（免費）。

原產地的展覽自然豪華無比

寶石博物館

MAP P.37-C1

ကျောက်မျက်ရတနာပြတိုက်

Myanma Gems Museum

作為重要珠寶產地而名聲響亮，充滿了緬甸特色的博物館，1～3樓是免費入場的珠寶店，能以划算價格購買到伴手禮，最頂樓才是博物館，陳列著閃閃發亮的各種珠寶與原石。

比起珠寶的展示更重視銷售

紀念建國英雄

翁山將軍博物館

MAP P.35-C1

ဗိုလ်ချုပ်အောင်ဆန်းပြတိုက်

Bogyoke Aung San Museum

翁山將軍博物館是為緬甸獨立貢獻心力的翁山將軍Bogyoke Aung San，從1945年5月起居住到2年後的7月被暗殺為止的故居。這棟建於1920年代的優雅雙層洋房，1樓有著起居室以及餐廳，牆壁上掛有將軍年譜與無數照片，2樓為寢室、兒童房、有各色藏書的書齋、客廳。大金寺以北還有著祭祀翁山將軍的翁山將軍陵園（邊欄），而在不遠處的翁山蘇姬宅邸（MAPP.37-C3）前，則是人氣非常高的紀念照地點。

優雅洋房直接變成博物館

緬甸最具代表的國際級政治家

吳丹故居

MAP P.36-B4

ဦးသန့်အိမ်

U Thant House

曾經是外交官、緬甸政府發言人以及亞洲第一位聯合國秘書長（1962～1971）的吳丹U Thant，過去居住過的宅邸就變成了博物館，他與家人在1951～1957年間都生活於這座房舍裡，透過說明牌子以及照片來介紹關於吳丹的成長過程和眾多政治功績。

吳丹的辦公室

認識帶領緬甸走向獨立的政治家足跡

吳努紀念博物館

MAP P.37-C4

ဦးနုအထိမ်းအမှတ်ပြတိုက် / ဦးနုပြခန်း

U Nu Commemorative Museum

緬甸獨立後的第一位總理，1995年以87歲高齡過世的吳努U Nu，其故居被規劃成吳努紀念博物館，展廳一共有4間，第一間房間裡是吳努與世界各國政要的合照，第二間房內有與家人的照片、在緬甸出版的相關書籍，緊鄰的大廳則陳列著佛像還有許多相關物品，最後方是吳努過去的寢室，辦公桌依照他生前的使用習慣展出，相當有意思，博物館剛在2018年5月25日開幕

維持著第一位總理過去生活模樣的寢室

寶石博物館

交通 從市中心搭乘計程車約3000K左右；從Sule巴士站（MAP P33-C3）搭乘28、36號巴士至Kabar Aye Paya Lan下車。
住 66, Kabar Aye Pagoda Rd., Mayangone T/S
電（01）665870、665849、665115
開 週二～日9:30～15:30
休 週一・節日
費 6200K或US$5
館內禁止拍照。

珠寶店
開 週二～日9:30～16:00
休 週一・節日

翁山將軍博物館

交通 從市中心搭乘計程車約3000K左右。
住 15, Bogyoke Museum Lane, Bahan T/S
電（01）541359
開 週二～日9:30～16:30
休 週一・節日　**費** 300K

翁山將軍陵園（烈士陵園 Martyr's Mausoleum）

交通 從市中心搭乘計程車約2000K左右。
MAP P.34-B1
開 週二～日8:00～17:00
休 週一・節日
費 3000K（7月19日烈士節免費）

紀念翁山將軍的陵園

吳丹故居

交通 從市中心搭乘計程車約3000～4000K。
住 31, Panwa St.（Windermere Crescent）, Kamaryut T/S
電 09-3210-0785
網 www.uthanthouse.org
開 週五～日10:00～17:00
休 週一～四
費 隨意捐款（5000K～）

吳努紀念博物館

交通 從市中心搭乘計程車約3000K左右。
住 42, Pyi Htaung Su St., Bahan T/S
電 09-7956-57514、09-7608-99116
開 週五～日10:00～17:00
休 週一～四　**費** 免費

沒有招牌，僅在大門上的黃色板子上以緬甸文寫著「吳努故居」及電話號碼，就在庭院後方左側的建築物，如果事先與館長Yan Myo Aung先生（吳努之孫）聯絡的話，即使是休館日也會特別開放。

印度末代皇陵

交通 從市中心搭乘計程車約1500K～。
住 8, Ziwaka Rd., Dagon T/S
開 8:00～20:00
休 無休 **費** 免費

蒙兀兒帝國的最後一位君王陵墓就在仰光

木斯米亞約書亞猶太會堂

交通 從蘇雷塔徒步約10分鐘。
住 85, 26th St., Pabedan T/S
電 09-5175-062
開 一・二9:30～12:00，週三～六9:30～13:00
休 週日 **費** 免費

亞美尼亞使徒教會

交通 從蘇雷塔徒步約10分鐘。
住 66, Bo Aung Kyaw St., Kyauktada T/S
電 09-1242-318
開 9:00～17:00
休 無休 **費** 免費

洋溢純樸氣息的教堂

仰光日本人墓地

交通 從市中心搭乘計程車，約30分鐘～1小時，車資6000～7000K。
住 Inwa & No.3 Main Rds., Mingalardon T/S
開 6:00～18:00
休 無休 **費** 免費

規劃得非常完善的日本人墓地，一定要來看看

仰光證券交易所

交通 從蘇雷塔徒步約5分鐘。
住 24-26, Sule Pagoda Rd., Kyauktada T/S
電 (01) 371274
開 週一～五10:00～13:30
休 週六・日・節日
費 免費

蒙兀兒帝國末代皇帝長眠之地　MAP P.34-B2

印度末代皇陵

မိဟ္ဘုဒ္စယာ၃ြုးရ္ှားၥ္ကသားဟဂျာ၃ကဖ္ရက္ကၥား(ဘုရားၥ္ကသ္ဟင္နၥ္ (ကီၼ္သ္))

Tomb of Bahadur Shah Zafar

　　長眠此地的巴哈杜爾沙二世Bahadur Shah II是印度蒙兀兒帝國的末代皇帝，在1857年爆發的印度民族起義中被推翻，隔年流放到Rangoon（現在的仰光），也讓綿延超過300年的蒙兀兒帝國就這樣落幕。巴哈杜爾沙二世在1862年去世並秘密下葬於此，直到1991年才正式公諸於世，這位末代皇帝也是非常知名的詩人，甚至被崇敬為聖人。皇陵地底是巴哈杜爾沙二世的真正棺木。

能深刻感受到悠久的歷史　MAP P.32-B3

木斯米亞約書亞猶太會堂

မတ္ၥ္မီယား・ ယေရှဴၾ္အာ ဂ္ြုးၥ္ရ္ိရ္ိၾ္ေကၾ္ရင္း

Musmeah Yeshua Synagogue

　　建於1852年的木斯米亞約書亞猶太會堂（猶太教禮拜堂），一度因為大火而燒毀，1896年重新興建。過去仰光曾居住有約2000名猶太人，但是現在僅剩守護著這座會堂的Samuel家族，約20人而已。會堂保持著原來非常漂亮的狀態，也公開給一般人入內參觀。

會堂內時光彷彿已經靜止

保留在市中心的東西貿易歷史遺韻　MAP P.33-D3

亞美尼亞使徒教會

အာမေးနိယန္းတမန္ေတာ္မ္ြားဘုရားေကၾ္ရင္း

Armenian Apostolic Church of Yangon

　　亞美尼亞人從中世紀開始就是相當活躍於商業貿易的民族，而他們遺留在東南亞的足跡之一就是這裡。教堂最早興建於1766年，現在所看到的這座教會則竣工於1862年，據說當時在教會周邊居住著數量眾多的亞美尼亞人，可說是仰光歷史最古老的一座教會，外表相當樸實的建築物。

埋葬著戰爭死難者　MAP P.39-C1

仰光日本人墓地

ရန္ကုန္ဂ္ယပ္ၥ္သ္ၾ္ိင္း

Yangon Japanese Cemetery

　　由仰光日本人協會全力奔走，1999年落成的一處日本人墓地，並有著日本政府建造的紀念碑，另外也還能看到於2008年過世，被認為是電影《緬甸的豎琴》中上等兵水島一角原形的中村一雄紀念碑。對於幫忙準備線香與簽名簿的墓地管理員，不妨可以給點小費。

經濟自由化的象徵？　MAP P.33-C3

仰光證券交易所

ရန္ကုန္ၥ္ေတာ့အိတ္ခ္ရ္ိင္း

Yangon Stock Exchange

　　從2016年3月開始進行交易的證券交易所，內部雖然也開放參觀，但是僅能夠透過螢幕觀看股票交易的進行，還設有販售獨家商品的店鋪。

就在殖民時代的雄偉建築物中

綠意盎然的郊區公園
茵雅湖
`MAP P.36-B2〜37-C3`
Inya Lake
အင်းယားကန်

　　座落在市中心以北的寧靜湖泊，四周圍環繞著茂密的綠色森林，成為了各種鳥禽最佳的落腳選擇，而到了傍晚時分，眺望夕陽與湖水相映照的優美景致，特別能讓人感到內心的平靜。

市民最親近的休憩場所
皇家湖
`MAP P.35-C2`
Kan Daw Gyi Lake
ကန်တော်ကြီးကန်

　　地點就在市區以北約1km處，在湖畔還有取自緬甸傳說中的妙聲鳥Karaweik之名，高級水上餐廳Karaweik Palace（→P.64）。另外岸邊還有名為Utopia塔的遊樂高塔，從最頂層的展望台能夠將湖泊周邊景色一覽無遺，傍晚起還有餐廳開始營業。

飼養著被視為好兆頭的白象
皇家白象園
`MAP P.38-B3`
Royal White Elephant Garden
ဆင်ဖြူတော်ဥယျာဉ်

　　緬甸自古以來就把白象Albino視為帶來國家祥和與繁榮的好兆頭，被國王下令給予特別的照顧，目前緬甸國內擁有的白象中，有3頭就飼養在皇家白象園裡並公開給一般大眾觀賞，順帶一提剩下的白象則全都在新首都內比都Nay Pyi Taw。

被認為是吉祥物的白象

能夠開心地接觸動物
仰光動物園
`MAP P.35-C2`
Yangon Zoological Garden
ရန်ကုန်တိရစ္ဆာန်ဥယျာဉ်

　　創立於1906年，在58.16英畝廣的開闊園區裡還有著水池，遊客可以搭乘觀光船遊覽，儘管動物僅有136種且缺乏稀有物種，卻可以體驗親手餵食大象（1000K〜），但是因為白天太過炎熱，不僅動物不會出來活動，走在豔陽下也很辛苦，建議最好選在上午或傍晚以後過來。

年輕人喜愛的約會地點
人民公園
`MAP P.34-B1〜B2`
People's Park

　　人民公園就在大金寺西門的正對面，也是仰光最大的公園，寬敞的公園裡有著戶外舞台等完善硬體設備，因此也成為了年輕人匯聚的娛樂場所之一，週六・日在19:00〜20:00間還會舉行噴水聲光秀。

對面就聳立著大金寺

茵雅湖
交通從市中心搭乘計程車約2000〜2500K；從Sule巴士站（MAP P.33-C3）搭乘14、29、32、36號等巴士。
圖免費，緊鄰湖畔的公園門票費是200K。
開24小時　休無休

皇家湖
交通從市中心搭乘計程車約2000K左右；從Sule巴士站（MAP P.33-C3）搭乘29、36號巴士。
圖2000K
拍照費500K
拍影片費1000K

Utopia塔
開10:00〜22:00（屋頂餐廳18:00〜22:00）
休無休
圖屋頂展望台門票費500K，但要前往餐廳就不需付費。

站在Utopia塔頂眺望Karaweik Palace

皇家白象園
交通從市中心搭乘計程車，所需時間約30分鐘、車資5000〜6000K；巴士雖然也能到，但是入口並不好找，還是搭乘計程車前往比較方便。
住Min Dhamma Rd., Insein T/S
☎(01)652420
開8:00〜17:00
休無休　圖免費

仰光動物園
交通門口分別在南北側各有1處，從市中心搭乘計程車約2000〜2500K左右；從Sule巴士站（MAP P.33-C3）搭乘12、28、29、36號巴士至Kyauk Taing下車。
開8:00〜18:00（最後入園至17:00）
休無休
圖3000K，遊園車1小時7000K

人民公園
交通從市中心搭乘計程車約1500K左右。
開8:00〜20:00
休無休　圖3000K

翁山市場

營週二～日8:30～17:00

休週一・節日・滿月與新月日(每個月2天左右)

Information

市場發生的糾紛

在翁山市場經常會出現不是店員的人一直糾纏不休,他們的說詞多為「我來幫你買東西,可以幫忙講到便宜的價錢來購買」等,但其實全都是一派胡言,他們專找來大頭到這些店舖購物,但其實價錢卻早已經被提高,藉此賺得中間價差。記得千萬不要理會,要是覺得不勝其擾,可到中央拱廊的警衛處通報。

可以講價

還是有店家會浮報一點價碼,因此價錢最好是多方比較再來講價。

搭乘雙層巴士觀賞仰光

仰光從2018年10月開始推出繞行市區的觀光巴士,分成2條路線,一是7:00出發、由蘇雷塔發車繞行茵雅湖方向,10:00返回蘇雷塔的清晨路線,另一條則是17:00出發、由蘇雷塔發車繞行皇家湖方向,20:00返回蘇雷塔的夜間路線,1人US$25。蘇甘也有推出這樣的觀光巴士,詳細資訊請上網查詢。

回www.mingalarbus.com/home

緬甸民俗村

交通從市中心搭乘車約30分鐘,計程車為4000～5000K。

開7:30～17:30 **休**無休

費3000K

馬車繞行一圈5000K,腳踏車租借1小時500K,園區迷你巴士可乘坐11～18人,8人以上是每人500K,還可以用1小時9000K直接包車。

重現緬甸主要民族居住的傳統房舍

殖民時代至今的市場　　　　　　　　　　**MAP P.33-C2**

翁山市場　　　　　ဗိုလ်ချုပ်အောင်ဆန်းဈေး

Bogyoke Aung San Market

翁山市場是仰光最大也最熱鬧的市場,在面對著大馬路的雙層建築後方,就能夠看到寬廣市場所在的建築物了。這座在正面中央入口處有著圓頂的建築,完成於英國殖民的1926年,市場裡不賣生鮮食品,大多數都是日常用品及紀念品

黃金、珠寶店也很多

店,能夠買到人氣伴手禮的緬甸肩背包(在地人經常會背在肩上使用的包包)、籠基(緬甸式圍裙),而且因為商店櫛比鱗次聚集在一起,可以依照自己的喜好需求尋找合適的款式或價錢。通常販售的籠基都是已經做成圍裙樣式的成衣,至於擁有撣族、孟族設計花樣的棉或高級絲綢等各式布料,也以非常實惠的價格出售。女性要訂購的話,不妨選擇上下成套(將稱為Eingyi的上衣加上特敏Tamane圍裙成一套)的搭配,從設計花樣本中挑選出自己喜歡的圖樣,款式簡單的話,隔兩天時間、8000～3萬5000K就可以做出來,想要做這樣一套衣服會需要3.5～4m的布料。

市場內還有好幾間銀行及換錢所,相當方便。

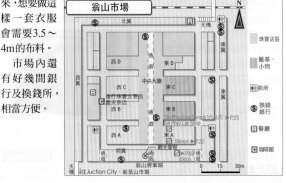

認識少數民族的文化　　　　　　　　　　**MAP P.31-B4**

緬甸民俗村　　　　　မြန်မာ့တိုင်းရင်းသားများကျေးရွာ

National Races Village Union of Myanmar

緬甸民俗村盤據在勃固河河岸邊廣大土地,是介紹緬甸各地民俗文化與觀光名勝的主題樂園,重現包括緬族Bama、孟族Mwan、撣族Shan、克欽族Kachin、欽族Chin等緬甸國內不同民族的居住及生活模式,除了可在各個民族所屬建築裡買到紀念品以外,還能夠穿上民族服飾拍紀念照(500～1000K,依照各民族有不同收費),至於知名的模型區則打造得相當草率,民俗村範圍極廣,不妨租輛腳踏車或搭乘行駛於園區內的迷你巴士。

郊區景點　　　　　　　　　　　　　　　**Excursion**

仰光的郊區分布著好幾座充滿魅力的城鎮與村落,每一處都是半天或1天交通時間就能抵達,有時間的話可以前往一訪。光是暢遊這些近郊城鎮或村莊,就會是一趟非常有趣的旅程。

拜訪素燒陶壺工作坊

端迪鎮
tʰɰ̃ːɡ̃̄ːᵕⁿ

Twante

位在仰光以南約20km的端迪鎮，是一座非常知名的燒陶城鎮，這裡所出產的陶壺與上緬甸出產陶壺品質並列第一，擁有極高評價。只要稍微遠離城鎮大馬路，走進周邊聚落裡就能發現好幾間工作坊，不是忙著轉動轆轤將黏土塑形，就是拿著小型刮刀在進烤窯前的陶壺勾勒出花紋，也有工作坊使用大型燒窯來生產大批陶壺。

小型陶壺一下子就能做好

在城鎮外圍山丘之上還聳立著瑞山都佛塔Shwe San Daw Paya（費2000K或US$2），氣派華麗的巨型佛塔周邊也成為市民踏青歇腳地，郊區更有建造於大片水池中的Baung Daw Gyoke寺院（Hmwe Paya），僧院內飼養著多條大蟒蛇，以「擁有神蛇的僧院」而獲得高人氣。

與歐洲有著關連

丹林（西里安）
θɰ̃̀ːl̥ɰ̃̀ː

Than-lyin (Syriam)

直到18世紀中葉由雍笈牙國王Alaungpaya再一次統一緬甸前，丹林（西里安）都是下緬甸的玄關門戶而無比繁盛。16世紀中葉時，千里迢迢來到此地的葡萄牙商人De Brito割據此地，並建立起自己的小型政權，至今依舊能看到當時的建築廢墟遺址，不過到了1599年De Brito的屬下反叛並掌控了勃固，De Brito遭到處死，他的自治國也因此滅亡。

而在城鎮稍微不遠的外圍山丘上，也有著Kyaik Khauk Paya佛塔（費1000K或US$1），即使遠遠觀望也依舊十分醒目，吸引著眾多民眾造訪，至於北邊朝拜大道一旁則佇立著遭雍笈牙國王殺死，東吁叛王那信曩的陵墓。

整片河中沙洲就是寺院

皎丹
tɕaʊʔtʰã̀ː

Kyauktan

由丹林繼續往南就能來到皎丹這座小村莊，流經村莊一旁的河中沙洲設有寺院，這正是Kyaik Hmaw Wun Ye Lai Ceti Taw佛塔，作為名聲響亮的水中寺院（Ye Lai Paya），收藏著來自斯里蘭卡的佛祖頭髮。

1989～1998年的10年期間花費約2億5000萬緬元為寺院擴建，變成如今所能看到、盤據著整座小島的氣派寺院，除了有著以珠寶和黃金妝點的佛像外，還有能夠實現願望的納神靈Nat的雕像等。

修築於河中沙洲的豪華寺院

端迪鎮

交通 從Pansondan碼頭Pansondan Jetty（MAP P.33-C3）出發，搭乘渡輪前往對岸的德拉Dala，5:30～21:00間、每隔20～30分鐘發船，所需時間約7～8分鐘。從德拉再搭乘前往端迪鎮的嘟嘟車或巴士，所需時間約1小時，只要載滿人就會出發。

如果在德拉的碼頭直接包租計程車（2萬～2萬5000K左右），暢遊工作坊、寺院、神蛇僧院的話會非常方便。

費 渡輪2000K
巴士1000～2000K

於坐墊上休息的蛇

丹林與皎丹

交通 前往皎丹的在地巴士33號會經過丹林，因此搭乘這輛巴士就可以在1天裡周遊兩地，巴士可在Mingalar Market巴士站（MAP P.35-D2）等地上車。　到Kyaik Hmaw Wun Ye Lai Ceti Taw佛塔前的巴士站約50分鐘，到皎丹的水中寺院前的巴士站所需時間約1小時20分鐘，200K，由於皎丹出發返回仰光的巴士在15:00左右是最後一班車，在抵達當地之後記得再確認一次。

搭乘計程車來回仰光與皎丹，車資約2萬～2萬5000k左右。

丹林前往皎丹

丹林出發有31、33、34號巴士，所需時間約30分鐘，由Kyaik Khauk Paya佛塔附近出發。

費 200K

被雜草覆蓋的東吁叛王那信曩陵墓

水中寺院

費 US$2
前往水中寺院的渡輪（外國人專用）
費 7:00～17:00　**休** 無休
費 來回5000K

仰光的住宿

HOTEL

　　無論是世界級的5星飯店還是廉價住宿，仰光的住宿選擇非常多樣，2～3年前異常高漲的房價也穩定了下來變得非常低廉，很容易能挑選到合適的住宿，在市中心更出現了許多膠囊型的團體客房而呈現飽和狀態，因此形成不到US$10的價格戰，可說是背包客的最佳福音。本書中所刊載的住宿價格是以包含10%服務費與5% VAT（附加價值稅）的旺季價格，部分高級飯店在淡季時甚至可以降到半價左右（預約飯店的注意事項→P.269）。

■高級飯店

H The Strand Yangon

MAP P.33-D4

||| 🏊 📺 NHK 📋 🖥 🎣 WiFi

住92, Strand Rd., Kyauktada T/S
☎（01）243377　FAX（01）243393
URL hotelthestrand.com
費 AC 套房 S T US$389～
CC M V　室31房

　　建於1901年、充滿歷史的一間飯店，也因為英國作家薩默塞特·毛姆William Somerset Maugham曾下榻而知名，飯店內到處妝點得無比豪華且美輪美奐，1樓的咖啡館還可享受優雅的High Tea（US$20、緬甸式US$18，服務費、稅金另計）。

H Belmond Governor's Residence

MAP P.34-B2

||| 🏊 📺 NHK 📋 🖥 🎣 WiFi

住35, Taw Win St., Dagon T/S
☎（01）2302092
URL www.belmond.com/ja/governorsresidence-yangon
E reservations.tgr@belmond.com
費 AC S T US$336～
CC A（刷卡＋5%）M V　室49房

　　遠離了仰光的都會繁囂，奢華無比的度假村，充滿著優美殖民風格大型宅邸式飯店，綠意盎然的庭園與奢侈地大量使用柚木打造的客房，都提供了優雅的下榻時光，地點在大使館等匯聚的安寧高級住宅區，幾乎每間客房都有浴缸可用，餐廳同樣深受非房客的喜愛。

H Pan Pacific Hotel Yangon

MAP P.32-B2

||| 🏊 📺 NHK 📋 🖥 🎣 WiFi

住Corner of Bogyoke Aung San & Shwe Dagon Pagoda Rds., Pabedan T/S
☎（01）9253810　FAX（01）9253820
URL panpacific.com
費 AC S T US$202～　套房US$332～
Panpacific Club US$272～（早餐另計）
CC J M V　室336室

　　2017年開幕於 S Junction City（→P.69）開幕，從客房或Lounge都可以眺望到仰光市區，風景視野絕佳，如果成為PanpacificClub的會員，可享有住宿折扣、豪華自助早餐、使用Lounge等各種好康。

H Savoy Hotel Yangon

MAP P.34-B1

||| 🏊 📺 NHK 📋 🖥 🎣 WiFi

住129, Dhama Zedi Rd., Bahan T/S
☎（01）526289　FAX（01）524891
URL www.savoy-myanmar.com
費 AC 豪華 S US$295～　T US$325～
CC M V（刷卡＋3%）　室30房

　　彷彿回到英國殖民年代的小型精品度假村，整體全採用白牆與柚木，裝飾得十分優雅，客房中配置著古董家具、各種用品、藤椅等，不過僅在優雅的行政套房有提供浴缸，餐廳及酒吧的裝潢也極美。

H Sule Shangri-la Yangon

MAP P.33-C2

||| 🏊 📺 NHK 📋 🖥 🎣 WiFi

住223, Sule Pagoda Rd., Kyauktada T/S
☎（01）242828　FAX（01）242800、242802
URL www.shangri-la.com/suleshangrila
預 Shangri-la Worldwide Reservation Centre
費 AC S US$271～322　T US$288～345
CC M V　室470房

　　市中心的地標建築，22層樓高，從高樓層客房可以一覽整個市區非常迷人，可連結通往辦公室&商店大樓的蘇雷廣場。

H Lotte Hotel Yangon

MAP P.36-B1

🍴🏊📺NHK📋🔲🎰 WiFi

🏠82, Sin Phyu Shin Avenue, Pyay Rd., Hlaing T/S

☎（01）9351000　FAX（01）9351005

URL www.lottehotel.com/yangon/ja

💰AC⑤TUS$200～250

CC JMV 室343房

從客房或餐廳都能夠欣賞到茵雅湖Inya Lake之美，在無邊際泳池放鬆可忘卻旅途疲憊，早餐可在豪華自助餐廳品嚐，晚餐

也很值得推薦，週日～四US$29、週五‧六還要加上海鮮，US$32（全都包含飲料，服務費、稅金另計）。

H Meliá Yangon

MAP P.37-C3

🍴🏊📺NHK📋🔲🎰 WiFi

🏠192, Kabar Aye Pagoda Rd., Bahan T/S

☎（01）9345000　FAX（01）9345055

URL www.melia.com

💰AC⑤TUS$200～（服務費、稅金另計）

CC MV（刷卡＋3％）室429房

2016年開幕的5星飯店，就佇立在茵雅湖湖畔，除了優雅客房以外，從戶外游泳池、餐廳到健身中心都能夠欣賞到無與倫比的茵雅湖

美景，飯店內有著以自助餐為主的主要餐廳及越南菜餐廳，而仰光最新的購物中心S Myanmar Plaza（→P.70）就緊鄰在隔壁，非常方便。

H Parkroyal Yangon Myanmar

MAP P.33-C1

🍴🏊📺NHK📋🔲🎰 WiFi

🏠33, Ah Lan Pya Pagoda St., Dagon T/S

☎（01）250388　FAX（01）252478

URL www.parkroyalhotels.com

💰AC⑤TUS$193～

CC AMV 室335房

鄰近仰光中央車站的大型飯店，客房分成Deluxe、Suite、Premium、Orchid Club等不同房型，日本料理

的「四季亭」還有提供O' Bentto（便當）US$18～、丼飯US$12～等超值餐點。

H Hotel Novotel Yangon Max

MAP P.36-A4

🍴🏊📺NHK📋🔲🎰 WiFi

🏠459, Pyay Rd., Kamaryut T/S

☎（01）2305858　FAX（01）2305868

URL www.novotel-yangon-max.com

E-mail H9045-RE@accor.com

💰AC⑤TUS$166～（早餐另計）

CC DJMV 室354房

飯店內採現代化而時尚的設計，客房還提供有大床可以好好放鬆，有需要的話還能有無線LAN服務，

在景觀絕佳的餐廳享用的早餐是自助餐形式，餐點選擇非常豐富多樣。到屋頂的大型泳池、按摩浴缸、酒吧放鬆身心，所有城市喧囂都能拋諸腦後。

H Hotel Esperado Yangon

MAP P.35-D2

🍴🏊📺NHK📋🔲🎰 WiFi

🏠23, U Aung Myat St., Mingalar Taung Nyunt T/S ☎（01）8619486～9　FAX（01）8619485

URL www.hotelesperado.com

💰AC⑤TUS$150～486

CC MV（刷卡＋10％）室109房

客房裡有著優雅裝潢讓人放鬆，如果想要欣賞皇家湖Kan Daw Gyi Lake、豐富綠意、大金寺Shwe Dagon

Paya及夕陽等浪漫景色的話，推薦選擇湖景Deluxe或皇家湖Suite房，自助式早餐則可在視野絕佳的餐廳品嚐。

H Sedona Hotel Yangon

MAP P.37-C3

🍴🏊📺NHK📋🔲🎰 WiFi

🏠1, Kabar Aye Pagoda Rd., Yankin T/S

☎（01）8605377　FAX（01）8605366

URL www.sedonahotels.com.sg

💰AC⑤US$130～TUS$150～　CC AMV

室793房

仰光最具代表度的大型高級飯店，商店、美容院、網球場等設施應有盡有，義大利料理店「Orzo」在當地也

十分有名氣。飯店在2016年完成翻修工程，還建造了新的大樓。對面就是購物中心S Myanmar Plaza（→P.70），購物非常方便。

H Summit Parkview Hotel Yangon

MAP P.34-B2

🛏️�︎📺 NG 🍴🚭🛁 WiFi

住350, Ahlone Rd., Dagon T/S

☎ (01) 227995、211966　FAX（01）227990

URL www.summityangon.com

費 AC Ⓢ US$103.5～　Ⓣ US$115～　套房⒮ US$180～
Ⓣ US$190～　CC M V　室251房

地點就在從大金寺徒步約10分鐘、綠意繁多的區域內，當然也有能夠眺望到大金寺的佛塔景觀房，比起富麗堂皇的大廳，客房裝潢就給予人中等級飯店的感受，但是各項功能齊備，有日系旅行社、診所進駐，還有商店、SPA、健身房等設施，提供舒適的下榻時光，工作人員的應對也極為周到。

H Taw Win Garden Hotel

MAP P.32-A1

🛏️🚿📺 NHK 🍴🚭🛁 WiFi

住45, Pyay Rd., Dagon T/S

☎（01）8600080　FAX（01）8600082

URL www.tawwingardenhotel.com

E reservation@tawwingardenhotel.com

費 AC Ⓢ Ⓣ US$110～　CC J M V　室513房

附設購物中心的大型飯店，無論觀光或商務辦公地點都很便捷，每樓層都有人造庭園，設計非常別緻。由於位在鬧區，靠庭園的客房會比大馬路旁的房間來得安靜，想要有浴缸的客房不妨在預約時提出需求。

H Hotel G

MAP P.33-C1

🛏️🚿📺 NHK 🍴🚭🛁 WiFi

住5, Ah Lan Pya Pagoda St., Dagon T/S

☎（01）243639

URL www.hotelgyangon.com

費 AC US$90～120

CC A M V　室85房

老字號的 H Thamada Hotel在2017年9月重生為這家時尚新飯店，客房融入藝術又機能完備，分成「Good」、「Great」、「Greater」、「Greatest」4種選擇，十分講究寢具，還提供有不同枕頭的選擇，並設有正規健身房，時尚餐廳&酒吧「Babett Eatery & Bar」（→P.68）則永遠人聲鼎沸。

H Best Western Chinatown

MAP P.32-A2

🛏️🚿📺 NHK 🍴🚭🛁 WiFi

住127～137, Corner of Anawrahta Rd. & Lanmadaw St., Lanmadaw T/S　☎（01）251080～1、251085～6　FAX（01）251151

URL www.chinatownhotel.com.mm

費 AC Ⓣ US$80～110

CC M V（刷卡＋2%）　室101房

雖然擁有摩登時尚裝潢的客房，但因為飯店座落在地狹人稠的唐人街中心位置，無可奈何地稍嫌狹窄一些，而提供手工麵包、西洋料理、緬甸菜餚及甜點等35～40種豐富選擇的自助式早餐，則非常有人氣。

H Yangon International Hotel Japan

MAP P.34-B2

🛏️🚿📺 NHK 🍴🚭🛁 WiFi

住330, Ahlone Rd., Dagon T/S

☎（01）2316001

☎（03）6228-4366

URL y-intl-hotel.com

E info@y-intl-hotel.com

費 AC Ⓢ US$75～　Ⓣ US$120～

CC J M V（刷卡＋3%）　室102房

舊國會就在眼前，驅車前往鬧區也只要約5分鐘時間，寬敞的客房還附帶有陽台，充滿了開闊感，而提供有迷你廚房、適合長期滯留旅客的客房也深獲喜愛。虛擬高爾夫、健身房等設施應有盡有，屋頂還有能夠一覽仰光夜景的用餐喝酒區，即使是不是房客也評價很高。許多工作人員都會日語，由日本人經營的舒適飯店。

H Hotel Accord

MAP P.34-B1

🛏️🚿📺 NHK 🍴🚭🛁 WiFi

住69, Damaryone St., Myay Ni Gone, Sanchaung T/S　☎（01）501670、502469

URL hotelaccordyangon.com

費 AC Ⓢ Ⓣ US$70～100　CC J M V　室64房

離大金寺或市民公園都很近，價格划算的住宿選擇，統一以單一色調裝潢的客房與浴室雖然比較狹窄卻很乾淨整潔，套房（US$85～）還附有浴缸，早餐採亞洲與西式料理的迷你自助餐形式，工作人員的服務應對也很好。

■中等級飯店

H Hotel Kan Kaw

MAP P.34-A3

🍴 � TV NHK 🛏 💺 🖥 WiFi

🏠93A, Hnin Si Kone St., Ahlone T/S

☎（01）228556、2301700

URL www.hotelkankaw.com.mm

💰AC⑤①US$50～

CC MV 室75房

　座落在阿弄區Ahlone、由日本人經營的寧靜飯店，提供乾淨整潔又舒適的客房，2樓居酒屋

「鎌倉」則有機會品嚐到日本大廚手藝，能以划算價格享用各種小菜和分量滿滿的定食，有包廂、服務也好，可以運用在多種用途上，日式早餐同樣獲得好評。

H Clover City Center Plus

MAP P.33-C2

🍴 🛏 TV NHK 🛏 💺 🖥 WiFi

🏠229, 32nd St., Pabedan T/S

☎（01）377975～6　FAX（01）377974

URL www.citycenterplus.asia

💰AC⑤①US$67～　CC MV（刷卡＋3%）

室74房

　座落在市中心，就位於 H Sule Shangri-la Yangon西側的超值飯店，雖然客房稍嫌狹窄，但是前往各地都很便捷，一旁還有姊

妹店 H Clover City，這一間比較新穎。

H Central Hotel Yangon

MAP P.33-C2

🍴 🛏 TV NHK 🛏 💺 🖥 WiFi

🏠335-357, Bogyoke Aung San Rd., Pabedan T/S　☎（01）241007　FAX（01）248003

URL www.centralhotelyangon.com

💰AC Superior房⑤①US$60～Deluxe房⑤①US$70～

CC JMV 室82房

　位在市中心，座落地點絕佳，客房沒有太多裝潢卻很乾淨且功能齊備，提供舒適下榻空間，6樓的按摩室提供腳

底按摩收費1萬2000K（60分鐘）、全身按摩2萬4000K（120分鐘），可以消除旅途或工作疲累，早餐為自助式。

H Hotel 51

MAP P.35-D3

🍴 🛏 TV NHK 🛏 💺 🖥 WiFi

🏠154/156, 51st St., Pazung Daung T/S

☎（01）00823、09-4409-99651

URL www.hotel-51.com

💰AC⑤①US$50～

CC AMV 室42房

　由日本人經營、提供日本人取向服務的飯店，並且才剛在2017年完成整修工程，每間客房

都有溫水免治馬桶可用，2018年還在屋頂增設了半露天浴場及乾式三溫暖（使用是男女輪流更換制），1樓還有日本料理餐廳。

H Clover Hotel

MAP P.35-C1

🍴 🛏 TV NHK 🛏 💺 🖥 WiFi

🏠7A, Wingabar Rd., Bahan T/S

☎09-7317-7781～4

URL www.cloverhotelsgroup.com

💰AC⑤①US$50～　CC MV　室48房

　鄰近日本大使館，非常時尚的飯店，提供完善的最新設備，下榻空間舒適，很受到日本商務旅客的支持，餐廳還

可以眺望到大金寺，早餐採自助式。市中心還有另一間姊妹飯店 H Clover City Center Plus以及 H Clover City。

H East Hotel

MAP P.33-C2

🍴 🛏 TV NHK 🛏 💺 🖥 WiFi

🏠234-240, Sule Pagoda Rd., Kyauktada T/S　☎（01）371358、09-7313-5311、7313-5299　FAX（01）371358　URL www.east.com.mm

E reservation@east.com.mm

💰AC⑤US$50～①US$55～　CC MV　室44房

　位於市中心，就在 H Sule Shangri-la Yangon對面的時尚飯店，客房以新潮裝潢加上最新設備而十分舒適，而臥房與浴室間

則以珠簾取代常見的門扉做區隔，雖然廁所與淋浴區不至於一目了然，但雙人入住時還是要注意一些。

H Hotel Grand United 21st Downtown

MAP P.32-B3

🍴🛎️📺NHK🛏️🚿🖥️WiFi

住66-70, 21st St., Latha T/S
☎（01）378200
URL www.hotelgrandunited.com
費AC⑤①US$50〜 CCMV（刷卡＋4%）
室39房

　位在熱鬧的唐人街內，無論要漫遊市區還是用餐都很方便，客房十分乾淨整潔，淋浴的熱水水量也相當豐沛，9樓是頂樓餐廳，可以遠眺著大金寺Shwe Dagon Paya一邊用餐，讓人有來到了緬甸的氛圍。

H Hotel 7 Mile

MAP P.38-B4

🍴🛎️📺NHK🛏️🚿🖥️WiFi

住32, Kone Myint Yeiktha St., Mayangone T/S
☎（01）656466〜70 FAX（01）652573
URL www.hotel7mile.com
E hotel7mile@gmail.com
費AC⑤①US$50、60、70
CCMV 室73房

　鄰近機場，深受來自日本的商務客喜愛的飯店，使用木地板的客房營造著舒適氛圍，工作人員也很親切友善，不過新館中沒有電梯，預約時要注意。

■經濟型飯店、民宿
　提供單人房US$20〜30、1張床US$5〜10的團體客房等，廉價住宿的選擇非常多。

H Eastern Hotel

MAP P.35-D4

🍴🛎️📺NHK🛏️🚿🖥️WiFi

住194/196, Bo Myat Htun St., Pazung Daung T/S ☎（01）293168〜170、293815
URL www.easterngrps.com/eastern-hotel
費AC US$40〜60
CCMV（刷卡＋3%）　室40房

　位於市中心東側區域的老字號飯店，2017年9月時重新整修，以橘、藍色彩妝點的客房採用房卡，並提供高速Wi-Fi等完善的最新設備。

H May Shan Hotel

MAP P.33-C3

🍴🛎️📺NHK🛏️🚿🖥️WiFi

住115-117, Sule Pagoda Rd., Kyauktada T/S
☎（01）252986〜7、9、09-7996-9430
FAX（01）252968
URL www.mayshan.com
費AC⑤US$20〜 ①US$30〜
CCMV（刷卡＋5%）　室24房

　座落在市中心，就在蘇雷塔Sule Paya北面的老字號住宿，建築物老舊且部分客房沒有窗戶，不過提供熱水淋浴、衛星頻道電視等設備齊全，中國裔老闆也相當親切。

H The SAT Hotel

MAP P.32-A3

🍴🛎️📺NHK🛏️🚿🖥️WiFi

住93, Lanmadaw St., Lanmadow T/S
☎（01）251001、09-2543-16611
URL www.sathostelyangon.com
費AC⑤US$16〜 ①US$28〜（共用衛浴）
CCMV（刷卡＋3%）　室21房

　位在唐人街的超值民宿，擁有超過百年歷史的殖民建築經過全面翻修，於2015年重新開幕，使用了柚木木材的內部十分整潔，工作人員的應對也很棒，可以擁有舒適下榻時光。用餐區的電視，還可以收看NHK的國際衛星放送頻道。

H Beauty Land Hotel II

MAP P.33-C2

🍴🛎️📺NHK🛏️🚿🖥️WiFi

住188-192, 33rd St., Kyauktada T/S
☎（01）240054、09-4433-6113344
URL www.beautylandHotel.com
費AC⑤US$30 ①US$37
CCMV（刷卡＋5%）
室27房

　就在櫻花大廈以東1條街道上，無論哪間房間都很乾淨整潔，提供電視的客房裡只要提出請求，就能夠收看NHK的國際衛星放送頻道，英語絕佳的工作人員也很親切。

H YAMA Hotel & Roof Top Bar

MAP P.35-C4～D4

住195, Bo Myat Htun St., Botahtaung T/S
☎(01)203712
URL www.yamahoteldormitory.com
費 AC ⓓUS$15～ ⓈUS$50～ ⓉUS$60～
CC JMV(刷卡＋5%)
室16房＋團體客房2房(8床)

　團體客房是上下鋪，只要拉起布簾就幾乎是個人空間，設有閱讀燈及2個插座，公用淋浴間也非常乾淨，公共客廳裡有沙發及桌子，早餐也會提供簡單的咖啡、麵包等，網速非常快。地點在市中心以東，前往迪拉瓦經濟特區Thilawa SEZ也很便捷。

H Thanlwin Guest House

MAP P.37-C3

住25Y, Thanlwin Rd., Pyinnyawaddy Estate (Behind Sedona Hotel), Yankin T/S
☎(01)542677、09-4502-68935
E thanlwinguesthouse@hotmail.com
URL www.thanlwinguesthouse.com
費 AC ⓓUS$15～ ⓈⓉUS$40(共用衛浴)、50、57 CC 無 室9房

　位在 HSedona Hotel Yangon的後方，但街道不好辨認又沒有招牌指引，要注意才能找到。

庭院裡有著開放式休息區，總是非常熱鬧，團體客房4人或6人1間，房間寬敞舒適。

H Hotel Bahosi

MAP P.34-B3

住63/64, Bahosi Housing Estate, Lanmadaw T/S
☎(01)223587、09-9704-9484
URL www.hotelbahosi.com
費 AC ⓈUS$35～ ⓉUS$45～
CC JMV(刷卡＋3%) 室40房

　座落在市中心的西側，周邊有著購物中心及餐廳，並且附設有24小時營業的便利商店，所以不會有任何的不便。採用柚木家具的客房十分乾淨整潔，房內還有使用霧面玻璃的浴室，能說日語的負責人還能提供各種旅遊協助。

H Roly's Hostel & Airport Residence

MAP P.38-B2

住2C, Thazin Myaing St., Mingalardon T/S
☎09-9608-88958
FB Roly hostel & airport residence
E yangonhostel@gmail.com
費 AC HostelⓓUS$7、ⓈⓉUS$18、20、三人房US$28(共用衛浴)、
Residence ⓈⓉUS$24、26
CC 無 室11房＋12床

　徒步到機場第一航廈約10分鐘，對於搭乘深夜抵達或清晨出發航班的人來説，是值得推薦的下榻選擇。團體客房分為男女混合及女性專用的6人房，工作人員非常友善，讓人有在家般的溫馨氣息。

H 30th St. Corner Boutique Hostel

MAP P.33-C2

住241/251, Anawrahta Rd., Pabedan T/S
☎(01)251818 FAX(01)251773
費 AC ⓓUS$12 ⓈUS$22 ⓉUS$30～
CC AMV(刷卡＋3%) 室11房＋10床

　就在印度街上的小而美民宿，團體客房分男女，5人房、各有1間，雖然一大床雙人房或兩小床雙人房內沒有浴室，不過共用浴室提供有充足熱水，早餐則會供應印度式煎餅Rotti及咖哩角Samosa。

H Wayfarer's Rest

MAP P.32-B3

住640, Maha Bandoola Rd., Latha T/S
☎09-7799-22075
URL wayfarryangon.com
費 AC ⓓUS$11 ⓈⓉUS$25 家族房US$35
CC 無 室2房＋40床

　前往翁山市場、Ⓢ Junction City(→P.69)立刻就能到的絕佳地點，接待櫃台在2樓，但有電梯十分方便，團體客房中提供8張床的房間一共有5間，無論是臥室還是共同衛浴都維持得相當整潔，大廳有電視可以看，並且能收看NHK國際衛星放送頻道。

仰光的餐廳
RESTAURANT

■仰光的餐廳現況
除了有以緬甸咖哩為主的緬菜以外，中國、泰國等亞洲各國，還有日本、歐美各國料理的異國菜餐廳和咖啡館，如雨後春筍般一一出現，像是在地風味麵的專賣店裡，可用1碗600K左右的價格品嚐到魚湯米線Mohinga或撣族米線，或者是時尚咖啡館、酒吧還有5星飯店的高級餐廳等，可依照個人預算來挑選用餐地點，能夠使用信用卡的店家也越來越多，提高了在高級餐廳的用餐機會。

■緬甸料理餐廳

R Feel
MAP P.34-B2

住124, Pyidaungsu Yeiktha Rd., Dagon T/S
☎(01)210678、09-7304-8783
URL www.feelrestaurants.com
營6:00～20:30 休無 CC M V

高級緬甸菜餐廳，溫和洗鍊的味道符合台灣人口味，用手指著擺放出來的料理來點菜，每一款緬甸菜價格是4200～5600K。

R Aung Thu Kha
MAP P.34-B1

住17A, 1st St., Shwe Gone Daing Rd., Bahan T/S ☎(01)525194
營9:00～21:00 休無 CC 無

從H Savoy Hotel Yangon
(→P.58)南面的小路進來，就在右手邊的緬甸菜名店，只要用手指著玻璃櫃中的料理就行，總是擠滿在地客，尤其午餐時間人潮最多。中午以前菜品選項較豐富，每道菜4000～6000K。

R Danuphyu-Daw Saw Yee Myanmar Restaurant
MAP P.33-C2

住175/177, 29th St., Pabedan T/S
☎(01)248977 營9:00～21:00
休無 CC 無

從以前就深獲好評的緬甸咖哩店，由阿努律陀路Anawrahta Rd.轉進29街29th St.朝北走，就在左手邊。只要點咖哩就會附上小山般的蔬菜、熱湯及米飯，雞、豬、羊的咖哩分別是3500K，明蝦咖哩是7000K等。

R Myaung Mya Daw Cho
MAP P.35-C1

住118A, Yaydarshay Rd., Bahan T/S
☎09-4431-64487、09-7998-87877
營4:30～11:00、15:00～19:00 休無 CC 無

緬甸國民美食、魚湯米線的專賣店，創立於1970年，湯頭濃郁卻相當清爽順口，擁有高人氣，店裡總是人潮不斷。魚湯米線900K、豐富配菜200K～，市區內一共有5間店。

R YKKO Kyay-Oh & BBQ House
MAP P.35-D4

住8G, Ground Floor, Corner of Maha Bandoola Rd. & 47th St., Botahtaung T/S
☎09-9771-18835 URL www.ykko.com.mm
營10:00～22:30 休無 CC 無

提供緬甸麵食的緬式米粉湯Kyay-Oh與BBQ的店，多種口味的緬式米粉湯1碗4400～6450K，分店也相當多(MAP P.34-B2等地)。

R Happy Cafe & Noodles
MAP P.36-B3

住104B, Inya Rd., Kamaryut T/S
☎(01)536985、09-9704-10379
營7:00～23:00 休無 CC V

緬甸在地的麵食專賣店，餐點選擇豐富，每道菜價格4200～7000K，在S Myanmar Culture Valley (MAP P.34-B2)等地共有5家分店。

R Karaweik Palace
Karaweik Palace (Karaweik Hall) **MAP P.35-C2**

住Kandawgyi, Mingalar Taung Nyunt T/S
☎(01)290546 FAX(01)290545
URL karaweikpalace.com
營10:00～15:00、18:00～21:00
休無 CC M V

就位在皇家湖Kan Daw Gyi Lake水面上，以黃金之鳥妙聲鳥命名的餐廳。以緬甸料理為中心，但也提供各國菜餚的自助晚餐是3萬5000K(5～12歲為1萬7500K)，餐費中還包含觀賞傳統舞蹈秀(18:30～20:30)，看頭就是緬族傳說之鳥的愛情故事以及11～13世紀的皎施象舞。

R House of Memories

MAP P.34-B1

290, U Wisara Rd., Kamaryut T/S ☎(01)
534242、525195、09-5283-327　URL www.
houseofmemoriesmyanmar.com　營11:00〜
23:00(LO22:00)　休無　CC J M V

將建築超過百年以上歷
史的殖民風格宅邸改裝成
餐廳，過去翁山將軍在
這裡的辦公室則還持續地
保留下來，料理以傳統緬甸菜及泰國菜為中
心。

R Burma Bistro

MAP P.33-C3

644, Corner of Merchant Rd. & Shwe Bon
Thar St., Latha T/S ☎09-4011-83838
FB Burma Bistro　E info@theburmabistro.com
營10:00〜23:00　休無　CC M V

位於殖民年代建築2樓
的小酒館，內部裝潢採
懷舊氣息，讓人彷彿走
入時光隧道般，料理有
傳統緬甸菜及泰國菜等，3樓的酒吧也很時尚
迷人。

■茶館

R Lucky Seven

MAP P.35-D3

138/140, 49th St., Pazung Daung T/S ☎
(01) 292382、09-5142-810
營6:00〜17:00　休無　CC無

仰光人氣最高的茶館，
包括魚湯米線(600K)
在內，還有印度煎餅
Rotti、點心、咖哩、肋
排等豐富選擇，肉粽2500K更不容錯過。

■火鍋(緬甸鍋)餐廳

R Golden Happy Hot Pot

MAP P.35-C1

18, Kabar Aye Pagoda Rd., Shwe Gone Daing,
Bahan T/S ☎(01) 559339、09-7355-9339
營10:00〜22:00　休無　CC無

鴛鴦鍋中分別倒入清湯
與辣湯，蔬菜、肉片等
火鍋料則依照價錢有不同
顏色的盤子，可自行從冰
箱中選取，每盤價格600
〜2300K，基底高湯則是
3800K。

■若開料理餐廳

若開邦的料理特色，就是海鮮。

R Min Lan Mont Te Parami Branch

MAP P.36-B1

16, Parami Rd., Mayangone T/S
☎09-5502-459、09-7303-6990
營11:00〜22:00　休無　CC M V

若開料理的名店，龍蝦
1kg 7萬5000K，點生魚
片會附熱湯，海鮮湯底的
曼德勒麵900K，曼德勒
米線沙拉1000K；共3間分店。

■撣族料理餐廳

撣族料理是台灣人也喜歡的清淡味道。

R Shan Yoe Yar Restaurant

MAP P.34-B3

War Dan St., Lanmadaw T/S
☎09-2505-66695
營6:00〜22:00　休無　CC J M V

歷史超過150年的獨棟
木屋，能夠優雅品嚐傳統
撣族料理，餐點從簡便的
麵類到套餐都有，在蘇雷
廣場(MAP P.33-C2)還有分店。

R 999 Shan Noodle Shop

MAP P.33-C3

130B, 34th St., Kyauktada T/S
☎(01) 389363、09-3222-5455
營6:00〜19:00　休無　CC M V

擁有清爽湯頭的撣
族米線2000K〜，
在 S Junction City
(→P.69)有分店。

■克揚族料理餐廳

將河魚、山菜等山珍添加香料烹調，就是克揚
族料理的特色。

R Vista Do Rio

MAP P.31-B3

251, Corner fo Taung Htate Pan Rd. & Mya
Mar Lar St., Thuwana T/S ☎09-4289-82002
營11:00〜23:00　休無　CC J V

以婦女在脖子加上銅圈
變成長頸的獨特風俗聞
名，這裡是克揚族的餐
廳，天氣晴朗時在面對
河川的陽台席位用餐，非常舒適愉快，克揚
族的傳統釀酒1500K會用竹杯飲用，但地點
並不好找，建議可搭乘計程車Grab前往。

■日本料理餐廳

R Fuji Japanese Restaurant
MAP P.32-B2

住Junction City, Level 3, Corner of Bogyoke Aung San & Shwe Dagon Pagoda Rds., Pabedon T/S
☎09-4544-03700/3800
URLwww.fuji.co.th 營10:00〜22:00
休無 CCJMV

連鎖日本餐廳在市區的第4間分店，就開設於高級購物中心的S Junction City（→P.69）內，有豬排丼5900K、生魚片便當1萬6000K等。

R Yhet 鮨 & 蕎麥
Yhet's Sushi & Soba MAP P.33-D3

住57, Corner of 37th St. & Merchant Rd., Kyauktada T/S ☎（01）377212
FBYhetsSushiSoba 營11:00〜23:00（最後點餐為22:00） 休無 CCJMV

從築地市場直送的頂級魚貨，製作成道地壽司，還有現做蕎麥麵、丼飯，可以品嚐到多種餐點，午餐的蕎麥麵配丼飯套餐US$7〜、晚餐預算US$25〜。

R Manpuku Buffet Style
MAP P.37-D2〜D3

住26/26E, Aung Zay Ya Rd., Yankin T/S
☎09-96155-5966、09-8300-426 URLwww.manpukumyanmar.com 營15:00〜23:00
（最後點餐為22:00） 休無 CCJMV

90分鐘、1萬2800K可以無限品嚐燒肉、沙拉、熱湯、甜點等，本店（MAP P.32-A1）是採2萬K〜套餐的高級店。

R 美味壽司
Oishii Sushi MAP P.32-B3

住98, Latha St., Latha T/S ☎（01）708685
營10:00〜22:00 休無 CCMV

這是由7名曾在日本修業的壽司師傅開設的店，依照魚肉不同，每盤會有2〜4貫、1200〜2000K，能夠像在迴轉壽司店一樣盡情品嚐。壽司套餐4000K、綜合天婦羅3000K。

■其他的餐廳

R Seeds Restaurant & Lounge
MAP P.37-C1

住63A, U Tun Nyein St., Mayangone T/S
☎（01）655900、09-9727-84841
URLwww.seedsyangon.com 營11:30〜23:00
休潑水節期間 CCMV

茵雅湖Inya Lake湖畔能夠欣賞豐富自然的奢華法國餐廳，擁有米其林星級手藝的主廚所呈現的美味，無論味道或擺盤都很細膩，商業午餐US$19〜就已經足以滿足味蕾；乾季時記得選擇花園席位。

R Café Dibar
MAP P.37-C2〜C3

住9, Kabar Aye Pagoda Rd., Bahan T/S
☎09-5006-143、09-5114-932
營10:00〜21:30 休無 CC無

從沙拉、披薩、義大利麵到肉類料理等等，可以輕鬆品嚐到正宗義式美食的人氣咖啡館。

第19街與夜市

說到仰光最熱鬧繁華的一條街，自然就是唐人街裡的第19街19th St.，也就是BBQ燒烤街（MAP P.32-B2〜B3）。當傍晚天色開始漸漸昏暗，街道兩旁的店家就會開始擺出桌椅來，夜生活早早就展開的仰光在這裡可是會一路喧鬧至深夜，可以品嚐到配生啤酒的魚、肉類燒烤或中華料理等食物，燒烤則是可以指著擺放在店家門口的各種串燒點菜，烤好就會幫忙送上桌，考慮到衛生安全，也有一些店家提供用完即丟的手套。

每種串燒都有明確價格

仰光從2016年還推出了位在史丹德路Strand Rd.的夜市（MAP P.32-A2〜33-C4），為了疏解市中心的交通阻塞，將原本林立在唐人街的店鋪都集中到這裡來，人潮較多的地點是在唐人街以南區域，夜市裡還有行動電話、鐘錶、電纜等賣店，但因為都是露天，一旦下雨商品全都會淋濕，記得不要購買電器產品以免發生問題。

餐飲店鋪與日常雜貨店鋪交雜的夜市

R Parami Pizza

MAP P.36-B1

住11C, Corner of Malikha & Parami Rds., Mayangone T/S ☎（01）667449、09-2617-67616 URLwww.paramiPizza.com

營11:00〜23:00 休無 CC J M V

點餐後才開始揉製麵團的窯烤披薩，每種口味都是極品，每份1萬K〜，照片的Parami是1萬4000K，加上分量十足，這樣絕對不算昂貴，市區共有3間分店。

R The Market

MAP P.37-C3

住192, Kabar Aye Pagoda Rd., Bahan T/S ☎（01）9345002 營6:00〜22:00 休無 CC J M V

位在 H Meliá Yangon（→P.59）內，推薦這裡的自助餐，沙拉、麵食、飲茶、亞洲菜、義大利麵、壽司等美食，就像市場一樣非常熱鬧，午餐在週一〜六US$25，晚餐US$35（週五除外，包含軟性飲料），週日早午餐與週五晚餐，包含飲料是US$48。

R ONYX

MAP P.35-C1

住12B, Bogyoke Aung San Museum St., Bahan T/S

☎09-2541-58167、09-5071-847

URLwww.onyxyangon.com 營11:00〜23:00 休無 CC J M V

想要便宜大啖牛排的話就到這裡，菲力、沙朗都只要9000K的破盤低價，因為餐廳採用的正是緬甸國產牛肉，另外像是三明治也是分量滿滿。

R Acacia Tea Salon

MAP P.37-C4

住52, Sayar San Rd., Bahan T/S ☎（01）554739 URLwww.acaciateasalon.com 營每日8:30〜22:00（麵包店8:30〜21:00） CC J M V

利用獨棟殖民風格建築改成的小酒館&麵包咖啡館，主廚是曾在泰國一流飯店中揚名的實力派，能夠品嚐到High Tea、甜點還有正宗法式晚餐。

R Sharky's

MAP P.34-B1

住117, Dhama Zedi Rd., Kamaryut T/S ☎（01）373009、09-2535-11032 URLwww.sharkys.com.mm 營9:00〜22:00 休無 CC無

提供美味火腿、起司、麵包的店家，老闆曾經在瑞士的緬甸大使館服務過，堅持全部使用緬甸在地食材製作，到義大利學會的義式冰淇淋3500K也很美味。2樓的咖啡館，則有機會品嚐到使用老闆自豪的火腿、起司做成的披薩等餐點。

R 喜洋洋

Xi Yang Yang, Xiao Long Bao **MAP P.33-C1**

住24/3 Na Wa Day & Bo Yar Nyunt Sts., Dagon T/S ☎09-9610-56308

營17:00〜22:00 休無 CC無

小籠包與台灣料理的專賣店，噴汁小籠包小份是2000K〜，有豬肉、蝦、蟹黃三種口味，種類豐富的點心更能樂享飲茶之美，擁有滿滿精華的雞湯也很值得推薦，市區內一共有3間店鋪。

R Golden City Chetty Restaurant

MAP P.33-C3

住111, Sule Pagoda Rd., Kyauktada T/S ☎（01）246953 營6:00〜21:00 休無 CC無

位在市中心印度街的人氣餐廳，咖哩加上配菜、熱湯的定食「Chetty Thamin」是3600K〜，清爽的南印度風味咖哩與白飯都可以不斷添加，只要一吃光就會有服務人員幫忙添滿。

R Sabai @DMZ

MAP P.37-C3

住Inside May Kyun Tha Park, Kabar Aye Pagoda Rd., Bahan T/S ☎（01）8605178 營11:00〜14:30、17:00〜21:30 休無 CC無

位在茵雅湖畔公園裡的時尚泰菜餐廳，開闊的陽台讓人身心舒暢，麵類或炒飯是4200K〜、泰式酸辣湯4000K〜。

■咖啡館、酒吧

　咖啡館與屋頂酒吧正當紅，緬甸的咖啡以加了牛奶與砂糖的甜味3合1為主流，但使用來自撣邦等國產咖啡豆，煮出美味咖啡的咖啡館也不斷增加中。從飯店或建築物屋頂能夠眺望到大金寺的屋頂酒吧，在容易塞車又吵鬧的仰光，可說是一處小小的城市綠洲，而且還是在緬甸很少見地會營業至深夜。

R The Thiripyitsaya' s Sky Bistro

MAP P.33-C2

住20th Floor, Sakura Tower, 339, Bogyoke Aung San Rd., Kyauktada T/S
☎ (01) 255277
URL www.sakura-tower-yangon.com
營10:00～22:30　休無　CC J M V

　這是位於櫻花大廈20樓的咖啡館餐廳&酒吧，能夠將仰光市區景色一覽無遺，料理選擇非常豐富，每天不同的午餐都是以亞洲或歐美料理為主菜，搭配熱湯、沙拉是1萬K～，還有澳洲肋排5萬K～等牛排也很值得推薦，店內提供免費Wi-Fi。

R Babett Eatery & Bar

MAP P.33-C1

住Hotel G, 5 Ah Lan Pya Pagoda St., Dagon T/S　☎ (01) 243639
URL www.hotelgyangon.com　FB Babett Yangon
營7:00～24:00　休無　CC M V

　就在H Hotel G (→P.60) 裡，擁有時尚的酒吧&餐廳，還有充滿開放感的露台咖啡館區域，酒吧每天更換菜色的特別菜單也千萬別錯過。

R Tokyo Coffee Café & Bar

MAP P.34-A1

住Pa/25, Padonmar St., Sin Saw Pu Qtr., Sanchaung T/S　☎09-7951-57216
FB Tokyo Coffee Café & Bar　☎09-7995-91562
營8:00～23:00　休無　CC無

　老闆曾在東京目黑區經營喫茶店多年，自家烘焙咖啡十分美味，特選咖啡3500K～、早餐2000K～，定食、丼飯、咖哩等日本食物在午餐時段是5000K，＋1000K會附上1杯咖啡，手工甜點也很推薦。

R Vista Bar

MAP P.35-C1

住168, Corner of Shwe Gone Daing & Yaedarshay Rds., Bahan T/S
☎ (01) 559481、09-7322-8586
營18:00～凌晨1:00　休無　CC M V

　能夠欣賞到燈後美麗大金寺夜景的屋頂酒吧，因為不是露天屋頂，即使下雨也不擔心，餐點也很豐富。

R Yangon Yangon

MAP P.33-C2

住Sakura Tower Rooftop, 339, Bogyoke Aung San Rd., Kyauktada T/S
☎ (01) 255131　FB YangonYangonRooftop
營17:00～24:00　休無　CC M V

　這間酒吧能飽覽市中心、大金寺的夜景，收費是含1杯飲料1萬K，每日17:00～19:00則為Happy Hour。

旅行小幫手
Hints

Junction City裡匯聚著仰光美食！

　Junction City(→P.69)裡擁有最多人氣的，就是「FOOD STREAT」的3樓美食街，每到用餐時間就會為了搶到位子吃飯而顯得非常凌亂。受歡迎的原因，就在於這裡匯聚著緬甸人氣連鎖餐廳的分店以及各國料理的速食，像是有緬式米粉湯Kyay-Oh的YKKO，撣族米線的99 Shan Noodle Shop，若開料理的Min Lan Mont Te Parami Branch，可品嚐到名物糕麵、甜點的喫茶店Shwe Palin等全都有分店進駐，而且全都準備有英語菜單。

　付帳方式是必須先到專屬櫃台購買所需金額的餐券，如果有剩餘還可以在櫃台退錢，到櫃台點好餐，當料理完成時就會由震動器通知。

能夠一次品嚐到各種店家的料理，非常有趣

R KOSAN 19th St. Snack & Bar

MAP P.32-B2

🏠 108, 19th St., Latha T/S
☎ 09-4200-61869　📘 KOSAN ☆
🕐 16:00～24:00　休 無　CC 無

在擠滿串燒啤酒街正
中央，就能看到這間日本
人經營的店，辣得恰好的
章魚飯3000K～，Mojito
調酒800K～，緬甸啤酒
（大罐）2400K等，價格都很在地。

R Monsoon Restaurant & Bar

MAP P.33-D4

🏠 85-87, Thein Phyu Rd., Botahtaung T/S
☎（01）295224　🔗 monsoonmyanmar.com
🕐 11:00～22:30　休 無　CC J M V

以老舊建築翻修成的時
尚餐廳&酒吧，在挑高空
間與古典氛圍中，可以品
嚐到從泰國、越南、寮
國、柬埔寨到印尼等所

有東南亞國家的料理，主菜每道6800～1萬
5000K，魚湯米線（3300K）或越南牛肉河粉
（4300K）等輕食及甜點（2000～5000K）也
都應有盡有，不過會加10%服務費。

R Rangoon Tea House

MAP P.33-C3

🏠 2nd Floor, 77-79, Pansodan Rd., Kyauktada T/S
☎ 09-9790-78681
📘 RangoonTeaHouse
🕐 7:00～22:00　休 無　CC M V

殖民時代建築重新裝潢
而成的時尚咖啡館餐廳，
踩著會發出聲音、充滿歷
史感的階梯來到2樓，就
是運用摩登裝潢的挑高空

間，不妨來比較喝看看共有16種口味的緬甸奶
茶、1500K～。

■速食

在美國解除了經濟制裁以後，肯德基、漢堡王
就陸續來開店，2018年時更有星巴克進駐，但其
中成長最為顯著的還是肯德基，餐點中的主食炸
雞完全符合緬甸人的喜好而大受歡迎，甚至還有

使用日式咖哩做成的
緬甸特有餐點，不妨
挑戰看看。

肯德基的日式咖哩炸雞餐

仰光的購物
SHOP

高級購物中心S
Junction City（→如下）
於2017年誕生，這也
讓仰光的購物等級大幅
往上提升，至於採購日

常用品或食品，則以高級超級市場SMarket
Place最為方便，市區裡的便利商店數量也在增
加中。

S Junction City

MAP P.32-B2

🏠 Corner of Bogyoke Aung San & Shwe
Dagon Pagoda Rds., Pabedon T/S
☎（01）9253800
🔗 junctioncityyangon.com　🕐 10:00～22:00
休 無　CC 依商店而異

集結了仰光最大的高
級購物中心、新翁山市
場、5星級飯店、辦公
大樓的大型複合式建築，

而購物中心裡則進駐有聞名全世界的頂級精品
品牌。

S Hla Day

MAP P.33-C3

🏠 2nd Floor, 81, Pansodan Rd., Pansodan T/S
☎ 09-4522-41465　🔗 www.hladaymyanmar.org
🕐 10:00～21:30　休 無　CC M V

這間可愛的雜貨店就
在Pansodan路上連綿的
殖民時代建築的2樓，蒐
羅自緬甸各地的商品可說
是送禮最佳選擇，獨家

設計的明信片、回收材質製作的名片夾或錢
包、時尚衣物等，種類十分廣泛。

S dacco.

MAP P.37-C1

🏠 Room 5, 12, Parami Rd.,10 Qtr.,
Mayangone T/S　☎ 09-2601-85424
🔗 www.dacco-myanmar.com
🕐 10:00～18:30　休 無　CC J M V

五彩繽紛的提包、模
擬大象或神明的玩偶、
飾品、木頭工藝品、撣
邦產咖啡等，來自緬甸
國內各地的伴手禮商品十

分豐富，在翁山市場（MAP P.33-C2）裡也有
分店。

S Yuzana Pickled Tea
MAP P.33-C1

🏠22, Na Wa Day St., Dagon T/S
☎（01）242526、255635、09-5013-696
✉yzn@myanmar.com.mm
🕐6:30～18:00 休無 CC無

　1979年創業的茶葉拌
豆專賣店，除了以撣邦
Namsang山的茶葉製成的
高級茶Lepe，還有多種
茶葉拌豆的配料。

S Myanmar Plaza
MAP P.37-C3

🏠Corner of Kabar Aye Pagoda & No.1 Industrial
Rds., Bahan T/S
☎09-7799-33025～6 📠Myanmar Plaza
🕐週一～四9:00～21:00、週五～日・節日～
22:00 休無 CC依店舖而異

　2015年年底開幕的大型
購物中心，4層樓高的建
築物裡進駐著海內外聞名
的時尚精品品牌、超級市
場、電器產品和行動電話
商店、1800K均一價店舖等，4樓的餐飲店還能
夠欣賞到美麗的茵雅湖。

■按摩

S Genky Physiotherapy Clinic
MAP P.35-D4

🏠83, 50th St., Pazung Daung T/S
☎09-4414-33579、09-8615-036
🌐genkyclinic.com 🕐9:00～22:00（受理至
21:00為止）休無 CC無

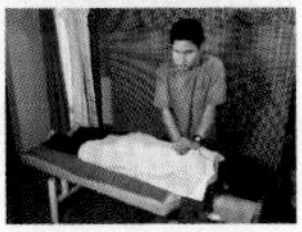

　視障人士提供服務的
按摩師，費用為45分
7000K、60分8000K、
腳底按摩45分7000K～、
90分鐘1萬1000K，有免費Wi-Fi，還有分店
（MAP P.32-A2、MAP P.33-C2）。

S Sapel Foot Spa
MAP P.32-A3

🏠78, 16th St., Lanmadaw T/S
☎09-2539-88995 📠Sapel Foot Spa
🕐10:00～24:00 休無 CC無

　提供天堂般舒適的緬甸式按摩的時尚沙龍，
腳底按摩30分鐘1萬K
～，能夠放鬆全身的
Head to Toe療程，75分
鐘約2萬2000K，還包含
了使用檀娜卡的療法。

■日系旅行社

T Sanay Travel & Tours
MAP P.33-C2

🏠Room 1210, Sakura Tower, 339, Bogyoke Aung
San Rd., Kyauktada T/S ☎（01）255924
📠（01）255925 🌐www.yangonow.com
🕐週一～五8:30～17:30 休週六・日

　緬甸旅遊情報網站「Yangonow」的負責人
西垣先生，這也是由他經營的旅行社，餐廳、
商店情報都很詳細，提供主要觀光地點的日語
導遊、有意投資企業的相關諮詢和安排企業視
察等服務。

T Zaw Ko Tours
MAP P.37-C4

🏠Room 204, Pearl Condominium B Block,
Corner of Sayar San & Kabar Aye Pagoda
Rds., Bahan T/S
☎09-7689-75407、09-9745-7155
🌐www.zawko-tours.com
✉info@zawko-tours.com
🕐週一～五9:00～18:00、週六9:00～12:00 休週日

　創立於1997年的日系旅行社，提供日語
服務，透過鋪設得極廣又深入的在地關係脈
絡，能夠以在地價格提供特別的觀光旅程。

T 櫻花觀光
Sakura Kankou Travels & Tours Co., Ltd. **MAP P.39-C4**

🏠Room 7K, Kabaraye Gamonpwint Condo,
Kabar Aye Pagoda Rd., Mayangone T/S
☎（01）657839（可用日語）、09-5072-796
（Kosuda、日語）📠（01）657839
🌐www.sakurakankou.com
✉sakura@sakurakankou.com
🕐週一～五8:00～16:00、週六8:00～13:00 休週日、節日

　成立7年，由日本人經營的在地旅行社，也
提供從緬甸出發的海外旅行、國際線航班或海
外飯店預約的服務。

娛樂活動
ENTERTAINMENT

N Htwe Oo Myanmar
MAP P.34-A3

🏠1st Floor, 12, Yama St., Ahlone T/S
☎（01）211942、09-5127-271
🌐www.htweoomyanmar.com
🕐18:00、19:00（2人以上、完全預約制）
休不定 💰US$10（約60分鐘）CC無

　緬甸的傳統木偶秀小劇
場，能夠近距離地觀賞到
木偶活靈活現的動作。

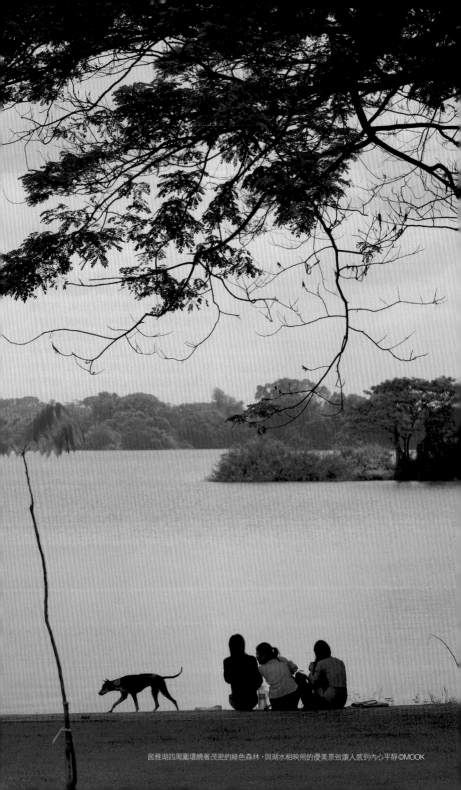

茵雅湖四周圍環繞著茂密的綠色森林，與湖水相映照的優美景致讓人感到內心平靜 ©MOOK

吉諦瑜佛塔（大金石）
Kyaikhtiyo Paya（Golden Rock）

　　距離仰光東北方約210km、海拔1100m的山頂大岩石上方，又多出了一塊看起來隨時會掉落的大石頭，至今依舊高懸著而沒有掉下來，非常不可思議的大石，在這塊石頭之上還建有7m高的小佛塔，據說就是因為佛塔中收藏著佛祖的頭髮鎮守，讓岩石能夠取得驚人的平衡。

搖搖欲墜的神奇大岩石

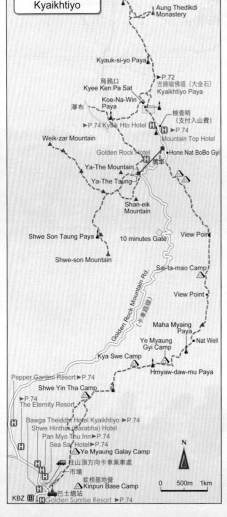

吉諦瑜
Kyaikhtiyo

- Kyauk Htat Gyi Paya
- Aung Thedikdi Monastery
- Kyauk-si-yo Paya
- ▶P.72 吉諦瑜佛塔（大金石）Kyaikhtiyo Paya
- 烏鴉口 Kyee Ken Pa Sat
- Koe-Na-Win Paya
- 瀑布
- ▶P.74 Kyaik Hto Hotel H
- 檢查哨（支付入山費）▶P.74 Mountain Top Hotel H
- Weik-zar Mountain
- Golden Rock Hotel
- Hone Nat BoBo Gyi
- Ya-The Mountain 纜車
- Ya-The Taung
- Shan-eik Mountain
- Shwe Son Taung Paya
- 10 minutes Gate
- View Point
- Shwe-son Mountain
- Golden Rock Mountain Rd.（卡車路線）
- Sai-ta-mao Camp
- View Point
- Maha Myaing Paya
- Ye Myaung Gyi Camp
- Nat Well
- Kya Swe Camp
- Hmyaw-daw-mu Paya
- Pepper Garden Resort ▶P.74
- Shwe Yin Tha Camp
- ▶P.74 The Eternity Resort
- Bawga Theiddin Hotel Kyaikhtiyo ▶P.74
- Shwe Hinthar (Barabha) Hotel
- Pan Myo Thu Inn ▶P.74
- Sea Sar Hotel ▶P.74
- Ye Myaung Galay Camp
- H 往山頂方向卡車乘車處
- H 市場
- H 欽榜基地營 Kinpun Base Camp
- H 巴士總站
- KBZ B H Golden Sunrise Resort ▶P.74
- 0　500m　1km

　　根據神話故事，11世紀時Ya-The這名隱士將佛祖頭髮藏在自己的帽子裡隨身攜帶，後來他向國王要求，要想獲得佛祖庇佑就必須找出與他帽子相同形狀的岩石，國王最終也真的從海底找到這樣一塊岩石，並且非常神奇地搬運至山頂，再將佛祖頭髮安置其上祭祀。這塊神奇的大岩石從古至今，都是緬甸首屈一指的朝聖聖地。

　　「Kyaikhtiyo」就是放著佛祖頭髮的僧帽，也就是Ya-The的帽子的意思，在通往山頂途中的朝拜大道山腳下，有一處名為Ya-The Taung的城鎮，名稱就是取自於隱士Ya-The之名，而Taung則是山的意思。由Ya-The Taung走向山頂之際會不時看到隨處放置的大金石複製品，原來這是當年國王為了找出能讓Ya-The滿意的石頭，四處蒐羅而來的各種岩石，成為今日看到的景象。

　　大金石周邊還有佛塔、瀑布等風景，吸引許多民眾願意一邊健行一邊上山朝拜，不過特別要注意的是女性不得觸摸岩石。

光是看著它，就讓人感受到神祕的力量

大金石 朝聖！

➤ 前往欽榜基地營　　ACCESS

想要登上大金石就必須以山腳下的城鎮「欽榜基地營Kinpun Base Camp」(以下就簡稱為欽榜)為據點，從仰光、勃固、毛淡棉、帕安等地有直達巴士前來，另外還有一種交通方式就是從火車會經過的附近城鎮齋托Kyaiktho，轉搭嘟嘟車或摩托計程車前往。

如果是搭乘清晨第一班巴士從仰光出發，會在10:30左右抵達欽榜，而從欽榜返回仰光的最後一班巴士是16:00發車，若以卡車登上山頂來回約需2小時，再加上等車約30分鐘～2小時的時間，想要從仰光搭巴士到大金石1日來回也不是不可能的事情，只是還會有天候、道路、交通阻塞等不可預期的變數存在，因此最好要多預留一些應變空間。

◆仰光前往欽榜

🚌 仰光長途巴士總站Aung Mingalar Highway Bus Terminal(MAP P.39-C1)有直達巴士可以搭乘，由Win Express、Thein Than Kyaw、Yoe Yoe Lay這3家公司在6:00～21:00間發出10班車(雨季減班)，所需時間約4小時～4小時30分，8000K，到了齋托可能需要轉乘同公司的不同車輛及巴士。要是人數夠多的話，不妨從仰光包計程車前往會比較方便，來回1輛車(2天1夜)US$180～。

🚆 仰光7:15、18:25、20:00出發，到齋托所需時間約4～5小時，軟座2400K、硬座1200K。

◆勃固前往欽榜、齋托

🚌 有3家巴士公司在4:00～16:00間會發車前往齋托，每小時1班車(雨季會減班)，所需時間約2小時30分鐘、5000K。

🚆 9:04、21:50出發前往毛淡棉，或是在20:19出發前往土瓦港方向，到齋托所需時間約3小時，軟座1300～1800K、硬座650～900K。

◆毛淡棉前往欽榜、齋托

🚌 1日2班車，7000K，所需時間約5小時。

🚆 8:00、9:30、20:55出發前往仰光，至齋托所需時間約4小時30分，軟座1900K、硬座950K。

◆帕安前往欽榜

🚌 1日3～5班車，7000K，所需時間約4小時，經齋托前往的車班相當多。

◆齋托前往欽榜

火車站前的嘟嘟車每隔20分鐘發車，所需時間約40～50分鐘、500K，另外摩托計程車是3000K，計程車6000～7000K。

從欽榜基地營往大金石

■欽榜基地營前往大金石(山頂)

交通工具僅有政府經營的卡車而已，乾季與朝聖季節時會在6:00～17:00間隨時發車，人少的雨季則是1日僅有數班車，所需時間約1小時，車資是貨架位2000K、前座3000K且標註需要事先預約，因此只能夠盡早來等車，要是乘客人數太少的話，就可能需要多負擔一些車資，也能以10萬K包車，要注意回程的最後一班是18:00發車。

■雨季時要記得準備雨具

儘管推出了有頂棚遮蔽貨架座位的新款卡車，但是兩旁依舊是開放的，由於都行駛在彎道極多的山路上，要是雨勢較大的話很可能會淋得一身濕，不妨攜帶雨衣等可以套在身體的雨具。

■在Ya-The Taung鎮中途下車

也可以不搭車直上山頂，而是在中途的Ya-The Taung鎮下車(2000K)，再自行沿著朝拜大道徒步走上山，要是時間足夠的話，不妨可以選擇上下山其中一段靠自己雙腳走走看。從Ya-The Taung鎮出發，徒步約需1小時，乘坐轎子的話是單程3萬起跳且需要議價，只有要挑行李的話是6000K。如果挑夫將轎子停在商店前，假裝要休息擦擦汗並催促幫忙買可樂給他們解渴，這是變相地敲竹槓，可以不予理會。

Ya-The Taung鎮～山頂的纜車
🕐6:00～18:00
💰單程7000K

支付大金石入山費
💰1萬K。到山頂的檢查哨(🕐6:00～18:00 🚫無休 MAP P.72)付錢，需要出示護照，2日內有效。

大金石的住宿

HOTEL

11月左右慶典時期會有眾多朝聖者，使得住宿預約會比較困難，反過來在6～9月間會有20～50%的住宿折扣。

■山頂的飯店

H Mountain Top Hotel

MAP P.72

🍴🚿📺NHK🔒🛏🚪 WiFi

住Near Kyaikhtiyo Paya ☎09-8718-392
仰光服務處☎(01)2304486
URLwww.mountaintop-hotel.com
www.visitmyanmar.com/hotels
費FAN S T US$135～ CC無 室55房

採用最新房卡鑰匙確保住房安全，從房間內能眺望到美麗日出，接待大廳、餐廳都有免費Wi-Fi，而在旺季時還會提供所有客房免費Wi-Fi。

H Kyaik Hto Hotel

MAP P.72

🍴🚿📺NHK🔒🛏🚪 WiFi

住Near Kyaikhtiyo Paya ☎09-4981-9196
預仰光服務處☎(01)2306035～6、09-4049-73382 URLkyaikhtohotel.com
費AC S T US$95、120、140
CC M V(刷卡＋3%) 室155房

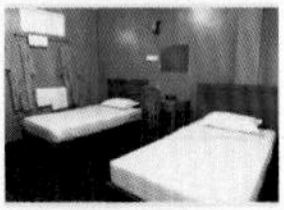

客房陳設簡單，儘管房價不低但空間顯得有些狹窄，但從陽台可以眺望到大金石，只在接待櫃台附近一帶有免費Wi-Fi。

■欽榜的飯店

城鎮中心裡有划算的住宿，在徒步10～15分鐘遠的地點還有著幾間的中等級度假村飯店，2018年7月時，還有一處佔地遼闊的飯店區在興建中。

H Pepper Garden Resort

MAP P.72

🍴🚿📺NHK🔒🛏🚪 WiFi

住176A, 0.75 Mile, Golden Rock Mountain Rd. ☎09-4206-10930/40 📠09-4206-10910/20 Eenquiry@pgr.com.mm
費AC S T US$45、55 CC無 室20房

從欽榜往大金石方向途中就能看到這處寧靜的度假村，廣闊的花園裡綠意盎然，帶來了涼爽氣

息。客房採小木屋形式的2小床雙人房為主，還能夠到周邊河川玩耍或體驗健行樂趣。

H The Eternity Resort

MAP P.72

🍴🚿📺NHK🔒🛏🚪 WiFi

住176A, Zayat Quin, Kinpun Base Camp
☎09-5115-73、09-8723-092
URLwww.theeternityresorthotel.com
費S T US$50 CC J M V 室33房

由村落中心往山頂方向徒步約10分鐘，在庭園裡佇立著小木屋與飯店建築，能夠免費將房客送至前往山

頂的卡車乘車處，工作人員都很親切，也有銀行ATM。

H Golden Sunrise Resort

MAP P.72外

🍴🚿📺NHK🔒🛏🚪 WiFi

住Kinpun Base Camp ☎09-8723-301
仰光服務處☎📠(01)500351
URLwww.goldensunrisehotel.com
費AC S T US$40～ CC無 室16房

在進入欽榜市區就能看到這處迷你度假村，綠意豐富的環境中分散有多個小木屋，Wi-Fi僅限在接待大廳能夠使用。

H Bawga Theiddhi Hotel Kyaikhtiyo

MAP P.72

🍴🚿📺NHK🔒🛏🚪 WiFi

住Kinpun Base Camp
☎09-4929-9899、09-4921-6464
URLwww.bawgatheiddihotel.com
費AC S US$30 T US$40(衛浴共用)
S T US$55 CC無 室15房

這是離巴士總站與前往山頂卡車乘車處都不遠的1間中等級飯店，共用衛浴分男女使用且十分乾淨，還有3人房與家

庭房，在這一帶的住宿選擇中，屬於客房連結Wi-Fi速度較好。另一棟小木屋形式的(費AC S T US$40)則位在較遠位置，擁有迷你泳池。淡季時會提供US$10折扣。

■欽榜的廉價住宿

欽榜提供給外國遊客的廉價住宿一共有2間，H Sea Sar Hotel(費FAN S US$12～，T US$15～)，H Pan Myo Thu Inn(費FAN S US$8～，T US$15～)，不過設備都很老舊。

Bago

位在仰光東北方約70km處的勃固Bago，是勃固省的首府，也被稱為Pegu，與曼德勒、蒲甘都是緬甸知名的歷史古都。勃固在13～16世紀時成為孟族王國首都，作為下緬甸的中心而繁榮發展，但到了18世紀中葉，被建立了貢榜王朝這個最後的緬甸族王朝的雍笈牙國王Alaungpaya征服之後，這座城市就一直無法恢復到過往繁華。勃固最重要的象徵，正是過去很長一段時間被淹沒於叢林之中的巨大勃固金臥佛，地點就在火車站的西側。

勃固Bago

前往勃固

ACCESS

◆仰光出發

🚆 前往曼德勒、內比都、毛淡棉、土瓦港的列車都會經過勃固，從仰光出發1日8班車，所需時間約2小時，軟座1200K、1600K，硬座600K、800K（依照火車種類而有不同）。

🚌 仰光長途巴士總站（MAP P.39-C1）出發所需時間約2小時，普通車5000K，在5:00～19:00間每隔1小時有1班車。機場附近的巴士站Saw Bwar Gyi Gone（MAP P.38-B3）也有迷你巴士可以利用，票價2000～3000K（攜帶大型行李時會被索取4000K左右）。

🚕 單程所需時間約1小時30分鐘，車資來回（包含觀光）US$80～，需要議價。

🚐 從機場附近的Saw Bwar Gyi Gone（MAP P.38-B3）在6:00～20:30間有多家公司派車，特別是在6:00～18:00間會頻繁發車，只要坐滿就會出發，也會從仰光長途巴士總站旁發車，雖然會因為乘客不斷上下車而需要停車浪費了時間，但車班數量多十分方便，所需時間約2小時，1500～2000K。

勃固的巴士總站：距離市區西南約1.5km，從市區經天橋越過火車，就在前往四面佛寺途中會看到的印度寺院對面，搭乘三輪車或摩托計程車、嘟嘟車約需1000K左右。巴士車票可在🅗 Emperor Motel（→P.79）旁售票處購買，不過會稍微昂貴一點，有時還可能包含到巴士總站或乘車處的摩托計程車費用，需要加以確認，車票也能夠在住宿地點買到。前往緬甸南部等方向且勃固只是經過而非終點站的巴士，要注意有時候不會進入巴士總站而是在公路上停車。

◆勃固前往各地

前往大金石：由Win Express等3家公司1日推出4～5班車至欽榜Kinpun，到齋托Kyaiktho是4:00～16:00間每小時1班車（雨季會減班），所需時間約2小時30分鐘～4小時，5000K～。

前往茵萊湖：由多家公司1日運行4～5班車，1萬2200～1萬8000K，VIP是2萬～2萬5000K，所需時間約12小時。

前往曼德勒：1日3班車，1萬700～1萬5000K。

勃固市中心 Central Bago

- 曼德勒
- Bago River 勃固河
- Royal Taste ►P.78
- 卡卡溫僧院 Kya Khat Wain Kyaung
- 往仰光的嘟嘟車乘車處
- 巴士售票處
- 清真寺
- Yangon-Mandalay Rd.
- 體育場
- Con Shopping Center
- Harthawaddy Restaurant
- ►P.76 瑞摩屠佛塔 Shwe Maw Daw Paya
- Shwe L
- 鐘塔
- KBZ
- ATM
- ATM
- Fashion Zone Shopping Mall
- Shwe Maw Daw Pagoda Rd.
- ►P.77 辛陀光佛塔 500m
- 方塔
- NH1
- 水池
- CB 勃固車站
- Main Rd.
- Mya Nan Da Hotel ►P.79
- Hotel Mariner ►P.79
- N
- Emperor Motel ►P.79
- San Francisco Motel
- 仰光
- P.78 勃固舊皇宮與博物館 Kanbawzathadi Palace & Museum
- Myc Paya佛塔

0 500m 1km

Information

勃固參觀費

1萬K（1日內有效）

參觀各景點時並不是一處一處支付門票費，而是在第一個參觀景點支付勃固所有景點的參觀費，領到的這張票券就是勃固主要觀光景點的共通門票，會隨時被要求出示證明，千萬不要弄丟。雖然1處景點只限參觀1次，不過部分地點在清晨或夜間也能免費參觀。

包租三輪車、摩托計程車

周遊主要景點的三輪車收費8000K左右，摩托計程車是1萬2000K左右的，參觀景點需要先交涉。

日本人紀念碑

勃固金臥佛附近的僧院兼學校裡，有著日本人紀念碑（第55師團勃固紀念碑 MAP P.75），可以前往參觀。

日軍的紀念碑

瑞摩屠佛塔

交通 從車站朝東徒步約20分鐘。

開 5:00～21:00 休 無

費 需要勃固參觀費

在南面朝拜大道入口處附近，還有著日本捐贈的「鎌倉大佛」。

漫遊勃固 Exploring

最熱鬧的區域就在火車站東側的主要大街上，商店、茶館、民宿等建築林立，三輪車或摩托計程車都可以簡單地招攬得到，而在火車站西側則分布著觀光景點，如果想靠徒步漫遊的話，範圍可能會比較大，利用三輪車或摩托計程車會比較方便。比起緬甸國內其他城市，勃固街頭的交通流量較多也比較吵雜，因此同時也要多加注意會為了推銷而糾纏不休的人或是不良份子。雖然可以從仰光出發到勃固進行1日之旅，但是如果想將足跡延伸至大金石（→P.72）的話，以勃固為據點會比較輕鬆。

主要景點 Sightseeing

靠著捐款從地震中重建而生 **MAP P.76**

瑞摩屠佛塔 ဧ္ဝေမော်ဒေါဘုရား

Shwe Maw Daw Paya

瑞摩屠佛塔堪稱是勃固最重要的景點，這處佛塔歷史十分久遠，可以回溯至1200年以前，據說起源是為了收藏佛祖的2根頭髮而建造出這座23m的高塔，佛塔經歷過無數次改建，825年時增加到25m，1385年提高到84m，到了1796年更拉高到91m，越來越接近天際線，可惜佛塔分別在1912年、1917年及1931年3次地震中受到毀損，尤其是1931年這場地震更造成佛塔崩塌，災情相當慘重，幸好透過原有的龐大基金及民眾捐款而在1954年重建。現在所能看到佛塔高度有114m，比仰光的大金寺還要高。

右手邊的是過去因地震崩塌的佛塔尖端

<table><tr><td>流傳著聖鳥傳說</td><td>MAP P.75</td></tr></table>

辛陀光佛塔

Hintha Gon Paya

ဟင်္သာကုန်းဘုရား

散發著神祕氣息

　辛陀光佛塔就位在瑞摩屠佛塔以東山丘頂端，能夠一覽整個綠意盎然的勃固城市街道。根據傳說，名為Hintha的神話之鳥從大海飛越而來，最後就降落在這個地方，山丘最高處還豎立著Hintha雕像，而寺院境內中央的佛塔是由曼德勒山丘的設計師，也是隱士的U Khani所建造，沿著階梯而上來到寺院境內的右前方，看得到戴著水牛角的女神（納神Nat）雕像，吸引許多女信徒朝拜。

<table><tr><td>巨大臥佛是勃固的象徵</td><td>MAP P.75</td></tr></table>

勃固金臥佛

Shwe Tha Lyaung Buddha

ရွှေသာလျောင်းဘုရား

全長55m、高16m的驚人規模

　勃固最出名的景點就是勃固金臥佛這巨大臥佛，據信是在西元994年由孟族米加德帕國王King Migadepa下令建造而成，在背後的底座上就描繪著這段故事。隨著勃固王朝滅亡，臥佛也跟著為世人所遺忘，不久之後就遭到叢林所覆蓋，但在英國殖民年代，印度工程師為了鋪設鐵路而到這附近勘查時，偶然發現了臥佛的存在。臥佛腳底以及枕頭的馬賽克裝飾非常精美。

<table><tr><td>從佛塔中能向外眺望</td><td>MAP P.75</td></tr></table>

瑪哈澤迪佛塔

Mahazedi Paya

မဟာစေတီဘုရား

　尖塔鐘聲傳遞出清涼之意，相當寂靜的瑪哈澤迪佛塔，起源可以回溯至16世紀中葉，不過在18世紀中葉的勃固王朝期間遭到破壞，之後更因為1931年的大地震而成為廢墟，現在所看到的佛塔是在第二次世界大戰後重建而成，最早收藏於此地的「佛祖聖牙」則在被勃固王朝征服時遷移到了實皆Sagaing。寺院境內還有1座模仿蒲甘阿難陀寺Ananda Temple的小佛塔，中央是拘留孫佛、拘那含牟尼佛等過去四佛的佛像，牆壁上還鑲嵌著多尊聖人與歷代國王的小雕像。

<table><tr><td>收藏有眾多佛像</td><td>MAP P.75</td></tr></table>

Shwe Gu Lay Paya佛寺

Shwe Gu Lay Paya

ရွှေဂူလေးဘုရား

　猛一看就像是隨處可見的小型佛塔，但是內部設有迴廊，總共安放著64尊佛像，佛塔建立於15世紀。寺院境內還有水池，這裡同樣也能看到許多尊佛像。

佛像林立的隧道式迴廊

辛陀光佛塔

交通 瑞摩屠佛塔南面的街道，由市場附近往北邊小路進去，朝拜大道入口就在右手邊，另外瑞摩屠佛塔的東面朝拜大道也能夠通往辛陀光佛塔，這條朝拜大道可以穿鞋往走，不過總長只有500m左右，最後的階梯前方變回一般道路，因此最好是在快要抵達佛塔前再脫鞋。
開 6:00～21:00（納神寺廟在週末下午或人潮眾多時候會開放）
休 無

與神靈信仰有關的雕像

勃固金臥佛

交通 由市區朝西前進，越過軌道後朝右側街道轉入，不用多久就能抵達，距離勃固車站約1.5km遠。
開 5:00～20:30 **休** 無
費 需要勃固參觀費
臥佛的大小

臥佛的大小	
全長	55m
高	16m
嘴巴	2.3m
腳底	7.7m

臥佛的腳底一定別錯過

瑪哈澤迪佛塔

交通 勃固金臥佛以北街道朝西，徒步約10分鐘。
開 6:00～21:00 **休** 無

男性可以走上陽台

Shwe Gu Lay Paya佛寺

交通 在瑪哈澤迪佛塔的南邊，徒步7～8分鐘，佛塔前還有著茶館。
開 6:00～21:00 **休** 無

瑪哈革拉尼登佛寺

交通 勃固金佛的正前方，就在左手邊處。
開 8:00～19:00　休 無

挑高而十分涼爽的一處建築

四面佛寺

交通 從市區搭乘前往仰光方向的嘟嘟車並在中途下車，距離主要街道約700m，車資150～200K左右；搭乘三輪車的話，單程1000K左右，所需時間約20分鐘，也能夠從仰光出發，並至四面佛寺前下車。
開 6:00～21:00　休 無
費 勃固參觀費以外
拍照費300K
拍影片費3000K

勃固玉臥佛

交通 在前往勃固金臥佛的馬路上不右轉而是直走，就在左手邊。
開 6:00～20:00　休 無

屋頂落成以後才算終於完工

Kya Khat Wain Kyaung 僧院

交通 由勃固河以東的市場往北徒步7～8分鐘，就在左手邊，開放自由參觀，每日5:00與11:00還能夠參觀僧侶用餐的景象，建議選在觀光客較少的5:00前來。下午還能夠欣賞到僧侶們上課的情景。
開 5:00～20:00左右　休 無

眾多僧侶們同時用餐

勃固舊皇宮與博物館

開 9:30～16:00
休 無

重現豪華皇宮風采

舉行成為僧侶的剃度儀式 ┃ MAP P.75

瑪哈革拉尼登佛寺
Maha Kalyani Sima
မဟာကလျာဏီသိမ်

　「戒壇Sima」是指舉行剃度出家儀式的場所，在迴廊最底盡頭處的建築物就是。瑪哈革拉尼登佛寺建於15世紀，卻屢屢遭受掠奪、火災、地震等接二連三的厄運，最終完成重建工程是在1954年，現在地板以大理石鋪成，牆上祭祀著28尊佛像。與瑪哈革拉尼登佛寺隔著街道的斜對面，還有1座模擬成小型四面佛寺的Mehta Yang Nanda。

孟族所興建的佛塔 ┃ MAP P.75

四面佛寺
Kyaik Pun Paya
ကျိုက်ပွန်ဘုရား

　在高達30m的巨型柱子4面都各有1尊坐佛佛像，據信建立於1476年。根據傳說，進行建造佛像的4名孟族女性，要是有誰結婚的話佛像就會崩壞，最後也真的在其中1人在結婚後，有1尊佛像意外毀損。過去只有西側的坐佛崩毀得最為嚴重，不過現在都已經修復完成。

面向四方的4尊大佛像

新建造的佛像 ┃ MAP P.75

勃固玉臥佛
Naung Daw Gyi Mya Tha Lyaung
နောင်တော်ကြီးမြသာလျောင်းဘုရား

　勃固玉臥佛是鄰近勃固金臥佛的1尊新臥佛，擁有著淡泊表情的優美巨大佛像，全長約82.5m，在展示區還能夠看得臥佛建造當時的照片與資料。

一窺僧侶的日常生活 ┃ MAP P.76

Kya Khat Wain Kyaung 僧院
Kya Khat Wain Kyaung
ကြက်ဝိုင်းဘုန်းကြီးကျောင်း

　Kya Khat Wain Kyaung僧院規模之大在緬甸國內屈指可數，共有400～500名年輕僧侶在這裡進行修行，能夠有機會一窺僧侶們的日常生活景象，非常有意思，還能夠參觀數百人共進早餐的壯觀景象，也可以參與打飯的服務。

經過重建 ┃ MAP P.76

勃固舊皇宮與博物館
Kanbawzathadi Palace & Museum
ကမ္ဘောဇသာဒိနန်းတော်

　Hanthawady遺跡挖掘地是單邊1.8km的四方形孟族形式碉堡，16世紀東吁王莽應龍所居住的皇宮就在中央，據說謁見大廳鋪設有黃金地磚及7層樓高的屋頂。這一地有重建的皇宮與遺跡挖掘現場、小型博物館，展示著從遺跡出土的16世紀佛像、陶壺、古老錢幣、皇宮建材等。

勃固的住宿
HOTEL

H Hotel Mariner
MAP P.76

🍴🏊📺NHK📅💻🖥️WiFi

住330, Shwe Maw Daw Pagoda Rd., Shwe Pu Qtr. ☎09-2507-11227、（052）2201034
E hotelmariner.hm@gmail.com、hotelmariner@hotmail.com

費AC⑤TUS\$40、45、50 CC無 室29房

位在瑞摩屠佛塔附近的小型購物中心內，部分客房的大窗戶可以看到清楚的瑞摩屠佛塔景致，因此人氣很高，需要及早預約。客房內陳設雖然簡單，但是書桌、電話、熱水壺等設備應有盡有，機能性十足。市區內還有1間姊妹飯店H Hotel Mariner 2。

H Kanbawza Hinthar Hotel
MAP P.75外

🍴🏊📺NHK📅💻🖥️WiFi

住1A, Bahtoo Rd., Oakthar Myo Thit Qtr.
☎09-9774-54543 FB kbz hinthar
E kbz.hinthar@gmail.com

費AC⑤US\$40、45 TUS\$45、50
CC M V（刷卡＋3%） 室30房

提供現代化設備而能有舒適下榻時光，不過僅有Superior等級才有浴缸設備，雖然因為遠離大馬路，位在比較巷內而相當安靜，不過交通移動就比較不方便，能夠代為安排嘟嘟車或摩托計程車。

H Supreme Hotel
MAP P.75

🍴🏊📺NHK📅💻🖥️WiFi

住611, Bo Aung Kyaw St., Oakthar Myo Thit Qtr. ☎（052）2201330、09-2644-46262
URL www.supremehotelsgroup.com

費AC⑤US\$30 TUS\$35 CC無 室30房

客房採取Superior的單一形式，有1大床雙人房或2小床雙人房可選，淋浴會有熱水可用，但有部分客房的排水狀況不佳，工作人員相當親切，只是英文不太好。

H Emperor Motel
MAP P.76

🍴🏊📺NHK📅💻🖥️WiFi

住8, Main Rd. ☎（052）2223024
費FAN⑤US\$8、10 TUS\$16、20、30（不含早餐） CC無 室30房

位在市中心的廉價住宿，2013年重新裝潢而顯得比較新穎，從屋頂能夠一覽整個勃固街景，附近還聚集有大批招攬乘客的三輪車、摩托計程車。

H Mya Nan Da Hotel
MAP P.76

🍴🏊📺NHK📅💻🖥️WiFi

住10, Main Rd. ☎（052）2222275、2224576、09-5019-799
費AC⑤US\$10 TUS\$20
CC無 室22房

划算的房價而深受遊客人氣，還能幫忙安排巴士車票或市區觀光。

勃固的餐廳
RESTAURANT

R Royal Taste
Royal Taste
MAP P.76

住28, Thun Pagoda Rd. ☎09-2617-56204
E royaltastemyanmar@gmail.com
營10:00～22:00 休無 CC無

位在Kya Khat Wain Kyaung僧院前的高級餐廳，菜單有中華、泰國、緬甸料理等選擇。

勃固的購物
SHOP

S A1
MAP P.75

住1986, Shwe Thar Lyaung Kyay Nin Kan（Mon Village） ☎09-9764-2140
營7:00～19:00 休每個月1次不定休 CC無

位在勃固金臥佛的北面，孟族的小型村落之中，這家商店除了能夠參觀傳統紡織工作坊以外，還出售孟族特有花樣的手工編織籠基，可用4000～1萬5000K等價格購買。

擁有著自然景點的城市
帕安
Hpa-An

沿著亞洲公路1號線Asian Highway 1（國道8號線），距離與泰國邊境城市苗瓦迪Myawaddy約150km遠，盤據在薩爾溫江畔而繁榮發展的帕安也是克倫邦Kayin的首府，郊區則有著帕安的象徵——椎加彬山Mt. Zwekabin，以及擁有不可思議造型石灰岩的Kyauk Ka Lat Paya佛塔、石窟寺院等，都是備具祕境氛圍的觀光景點。

被豐富大自然所環繞的帕安

▶ 前往帕安　　　　　　　　　　　　　　ACCESS

◆仰光出發
🚌 仰光長途巴士總站（MAP P.39-C1)有直達巴士可以搭乘，1日約10班車，所需時間約9小時30分鐘～10小時，5000～1萬7000K。

◆勃固出發
🚌 1日6班車，所需時間5～6小時，9000～1萬K。

◆毛淡棉出發
🚌 Myay Ni Gone巴士總站出發，在6:00～16:00間每小時有1班車，所需時間約2小時，1000K，從帕安出發的話會停靠在鐘塔附近站牌（MAP P.80)。

◆大金石出發
🚌 由欽榜Kinpun出發經齋托Kyaiktho，1日9班車，7000K。

◆苗瓦迪出發
🚗 共乘計程車（轎車或迷你巴士)主要會在上午發車，多數是在7:00～9:30左右之間出發。

◆帕安前往國內各地
前往南部會需要在毛淡棉轉車，前往北部則是會行經勃固，或者是在勃固轉車。

Information

帕安的長途巴士總站

從市中心沿著公路往東行約4.5km，轉進印度寺院不遠處就到，搭乘摩托計程車前往約1000K，嘟嘟車是2000K，所需時間5～10分鐘。要前往仰光的話，在城市鐘塔附近就有巴士車票售票處及乘車處，並不需要特地到巴士總站搭車，共乘計程車的話可以直接接送到目的地。

鐘塔周邊也有巴士停靠

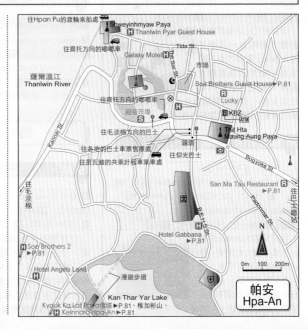

往Hpan Pu的渡輪乘船處
Shweyinhmyaw Paya
H Thanlwin Pyar Guest House
往齋托方向的嘟嘟車
Tida St.
Galaxy Motel H
市場
薩爾溫江
Thanlwin River
Soe Brothers Guest House ▶P.81
往齋托方向的嘟嘟車
Lucky 7
B KBZ ATM
超級市場
Thit Hta
Maung Aung Paya
往毛淡棉方向的巴士
鐘塔
往各地的巴士票售票處
往苗瓦迪的共乘計程車乘車處
往仰光巴士
Bogyoke St.
往毛淡棉
San Ma Tau Restaurant R ▶P.81
往巴士總站
B-Eh St.
Padamyar St.
Hotel Gabbana ▶P.81
H Soe Brothers 2 ▶P.81
Hotel Angels Land
漫遊步道
Kan Thar Yar Lake
Kyauk Ka Lat Paya佛塔、椎加彬山、
H Keinnara Hpa-An ▶P.81
N
0m　100　200m

帕安
Hpa-An

漫遊帕安　　　　　　　　Exploring

　　帕安的城市範圍相當小，所以可以靠徒步漫遊，市中心就在市場周邊，還有就是在Thit Sar街和主要道路Bogyoke街的十字路口附近，由Thit Sar街沿著Bogyoke街往東南方向前進就會看到鐘塔，要是繼續往南徒步約15分鐘就能夠看到市民的綠洲——Kan Thar Yar Lake湖，美麗的湖泊與椎加彬山交織成開闊的自然景色，令人身心都無比舒暢。

主要景點　　　　　　　　Sightseeing

日出與日落風景都極美　　　　　　　**MAP P.80外**
Kyauk Ka Lat Paya 佛塔
ကြောင်္ကမ်လော်(ကျောက်ကလပ်)ဘုရား
Kyauk Ka Lat Paya

　　大自然雕琢成奇特造型的石灰岩上矗立著佛塔，形成有如漂浮在湖畔般的獨特風景，如果想要拍出美麗照片，推薦在光影精彩的日出之前時刻，或者是最為羅曼蒂克的夕陽西沉之際過來。

大自然的鬼斧神工令人吃驚

帕安的住宿
HOTEL

H Keinnara Hpa-An
MAP P.80外

住 Hpa-An & Zwekabin Main Rds.
☎ 09-2533-07774～6
URL www.keinnara.com
費 AC ⑤ ⓣ Karen 小木屋 US$240　Sky Dome US$375
Karen Family Duplex US$410
CC M V（刷卡＋3%）　**室** 19房

　　綿延於椎加彬山山腳下的精品度假村，讓人一邊感受大自然之美一邊放鬆度假，在綠意豐富的環境中設有2～3人用的小木屋，及有著3床房間的Duplex客房、圓頂形式的Villa。

H Hotel Gabbana
MAP P.80

住 B.E.H.S. St.　**☎**（058）22425　**FAX**（058）22511　**URL** www.hpa-anhotelgabbana.com
E reservation@hpa-anhotelgabbana.com
費 AC ⑤ US$40 **ⓣ** US$55、65　Junior Suite US$90
CC J M V（刷卡＋3%）　**室** 57房

　　2015年開幕的中等級飯店，1樓以外的客房都提供浴缸設備，能夠好好消除旅途疲勞，不妨訂房時就指定有絕佳視野的房間，工作人員都很友善還能提供觀光協助。

H Soe Brothers Guest House
MAP P.80

住 46, Thit Sar St.
☎（058）21372、09-4977-1823
E soebrothers05821372@gmail.com
費 FAN ⑤ US$7　**ⓣ** US$12、14
AC ⑤ ⓣ US$16（共用衛浴）、**⑤ ⓣ** US$18、25
CC 無　**室** 23房

　　在背包客間人氣很旺的1間住宿，建築物本身老舊，但是內部都很乾淨整潔，共用淋浴間只有冷水，而2016年開幕的 **H** Soe Brothers 2（**☎**(058)22748 **MAP** P.80外）是 **費 FAN ⑤** US$15　**ⓣ** US$20、**AC ⑤** US$20　**ⓣ** US$25。**CC M V**（刷卡＋4%）。

帕安的餐廳
RESTAURANT

R San Ma Tau Restaurant
MAP P.80

住 1/290, Bogyoke St.　**☎**（058）21802
營 10:00～21:00　**休** 無　**CC** 無

　　帕安最出名的緬甸料理餐廳，可以挑選雞、鴨、豬等不同肉品的咖哩，還會搭配像小山一樣多的配菜，價格2500K（白飯600K另計）起，可說是便宜又美味。

Myawaddy

苗瓦迪是與泰國比鄰的邊境城市，從泰國出發只要經過約7km並跨越「泰緬友誼大橋」就來到了緬甸，被譽為是東西經濟走廊的幹線道路於2015年落成，這也因此讓前往南部觀光地區的交通順暢許多。

前往苗瓦迪　　　　　　　　　　　　　　　　ACCESS

◆仰光出發

🚌 仰光長途巴士總站（MAP P.39-C1）出發，所需時間約12小時，1萬5000K。

🚗 共乘計程車（轎車或是迷你巴士）是1萬7000〜2萬5000K。

◆勃固出發

🚌 仰光出發的巴士可以中途上車，所需時間約8小時，2萬K。

🚗 共乘計程車（轎車或是迷你巴士）所需時間約7小時，1萬5000〜1萬8000K。

◆毛淡棉、帕安出發

🚗 共乘計程車（轎車或是迷你巴士）所需時間約4〜5小時，1萬K。

◆美索（泰國）出發

從巴士總站搭乘雙排車Songthaew（共乘嘟嘟車）約20分鐘，50泰銖。如果沒有緬甸簽證的話，僅能以US$10或500泰銖在苗瓦迪市區待上1天（不能住宿）。邊境開放時間，泰國一側是5:30〜20:30，緬甸這頭為5:00〜20:00（因為有30分鐘的時差，所以等於是一樣的）。

緬甸這一側邊境的入出境審查處，大門左手邊是出境，右手邊是入境

漫遊苗瓦迪　　　　　　　　Exploring

通過入境審查處以後，最醒目的街道上就有前往各地的巴士車票售票櫃台，以及共乘計程車林立並招攬著客人，這裡的觀光景點僅有散發金黃光芒而無比美麗的Shwe Muay Wan Paya佛塔，以及擁有巨大鱷魚造型祠堂的Myikyaungon Paya佛塔，這兩處寺院可看而已。但在湄河河畔有著賭場、免稅商店，吸引泰國觀光客前來而十分熱鬧。

Shwe Muay Wan Paya ▶P.82
苗瓦迪出入境檢查處（緬甸移民檢查處）Myawaddy Check Point
Tak出入境檢查處（泰國移民檢查處）Tak Immigration Check Point
Myawaddy Complex ▶P.82
ATM
共乘計程車乘車處
River View Restaurant
KBZ
CB
GTB
AH1
泰緬友誼大橋 Friendship Bridge
Tak Immigration
便利商店　夜市
KBZ
巴士的售票櫃台
行動電話 智慧手機商店
Myawaddy Hotel ▶P.82
Myikyaungon Paya佛塔
緬甸　泰國
Moe River
0　100　200m
美索（泰國）
苗瓦迪 Myawaddy

苗瓦迪的住宿
HOTEL

到2018年6月為止，外國人能夠下榻的住宿共有5間，人氣最高的是 H Myawaddy Hotel（MAP P.82 ☎(058)50519、50972 E mwdhotel@gmail.com 費 AC S T US$22〜45），至於擁有賭場、免稅商店的複合商業設施Myawaddy Complex也有住宿選擇（MAP P.82外 ☎09-6431-3499 費 青年旅館 FAN S T 1400泰銖、飯店 AC S T 1920泰銖〜），要注意的是在這棟商業設施裡消費只能使用泰銖。

郊外正在興建世界最大的佛像

毛淡棉
Mawlamyine

源頭在遙遠西藏高原的薩爾溫江Thanlwin River，來到了毛淡棉這裡以後，最終才注入莫塔馬灣Gulf of Mottama。自古以來就以港灣城市發展起來的毛淡棉，也是孟邦的首府，共有人口約30萬人，由佛塔林立的山丘與平穩無波的海灣所環繞，是座寧靜而舒適的城市。隨著東西經濟走廊於2015年完成，與泰國邊境的交通也獲得了大幅改善。

保留著殖民時代建築的主要大街

➡ 前往毛淡棉　　　　　　　　　　　ACCESS

◆仰光出發
🚆 1日有3班火車，從仰光7:15、18:25、20:00出發，所需時間約9～10小時，軟座依照火車種類票價是4250～5500K，硬座是2150K。毛淡棉出發是8:00、19:30、20:55。
🚌 仰光長途巴士總站（MAP P.39-C1）有多家公司發車，1日約10班車，所需時間約10小時，車資依照巴士等級而有不同，6200～1萬200K左右。

◆苗瓦迪出發
🚐 搭乘共乘計程車所需時間3～4小時，1萬1000K，從清晨到傍晚都會發車，不過在9:30左右前會頻繁發車。

◆帕安出發
🚌 從鐘塔附近的乘車處，6:00～16:00間每小時1班車，所需時間約2小時，1000K。

毛淡棉的巴士總站：仰光等地出發的長途巴士會停靠在公路上，稱為Myay Ni Gone的長途巴士總站（MAP P.84）；從市區搭乘摩托計程車前往是1000K，嘟嘟車是2500～3000K，所需時間約10分鐘。舊長途巴士總站Zeigyo（MAP P.84外）是在市區南側，前往南部的巴士或嘟嘟卡車會停靠在這裡，從市區搭乘摩托計程車前往是1000K，嘟嘟車是2000K，夜間會加成計費。

漫遊毛淡棉　　　　　　　　　Exploring

市中心就在前往莫塔馬的舊渡輪乘船處附近的Zeigyi市場一帶，周邊環繞著各式各樣的商店，交錯往來的交通工具或人潮將這裡擠得車水馬龍，背對著薩爾溫江的城市街道前方是幾乎能遮蔽視線的連綿山丘，頂端聳立著多座佛塔，其中位於最北端的是毛淡棉最大的佛塔——馬哈牟尼佛塔Mahamuni Paya，整體採孟式風格而建，從這裡往南行進就是擁有漫長朝拜大道，由山腳下一路延伸至山頂的古丹蘭佛塔Kyaikthanlan Paya（也能夠搭乘電梯到山頂），緊鄰在一旁的是Seidon Mibaya Kyaung僧院等建築，再往前走就是烏康提佛塔U Khanti Paya。烏康提佛塔前方設有觀景台，能夠一覽綠意比想像要多的毛淡棉街道與薩爾溫江，還有連結莫塔馬與毛淡棉的大橋全貌。

夜市可以感受邊走邊吃的樂趣

Information

搭乘渡輪前往帕安
位在城市北部的渡輪乘船處8:00出發，所需時間約4小時、1萬K，壞天氣或乘客不足時就不發船，最少需要在乘船前1天透過住宿設施或旅行社預約。

夜市
每天傍晚起，沿著薩爾溫江沿岸就會有夜市，有麵類、各種小菜熟食、BBQ等各式各樣的眾多販賣出現。

特產的青柚
類似像葡萄柚，但個頭更大的柑橘類水果青柚（→P.21）是毛淡棉的名產，1顆600～700K左右，如果是在仰光的話，售價會是2～3倍多。

擁有特殊造型的監獄

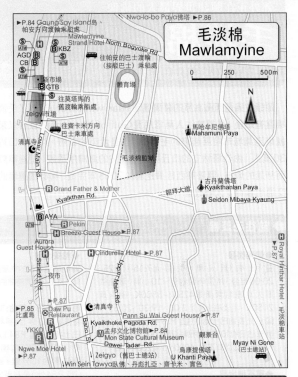

▶P.84 Gaung Say Island島、
帕安方向渡輪乘船處
Mawlamyine
Strand Hotel
North Bogyoke Rd.
Nwa-la-bo Paya佛塔 ▶P.86

毛淡棉
Mawlamyine

ATM
AGD
CB
ATM
H
B
KBZ

往帕安的巴士渡輪
(接駁巴士)乘船處

0　250　500m

N

●新市場
B GTB

往莫塔馬的
舊渡輪乘船處
Zeigyi市場

往齋卡米方向
巴士乘車處

體育場

清真寺
Lower Man Rd.

毛淡棉監獄

馬哈牟尼佛塔
Mahamuni Paya

古丹蘭佛塔
Kyaikthanlan Paya

Seidon Mibaya Kyaung

R Grand Father & Mother
Kyaikthan Rd.

朝拜大道

ATM
B AYA
R Pekin
B Breeze Guest House ▶P.87
Aurora
Guest House
H Cinderella Hotel ▶P.87

夜市

Upper Man Rd.

Strand Rd.

Royal Hinthar Hotel、
毛淡棉車站
▶P.87

▶P.85
比廬島

YKKO

▶P.87
Daw Pu
Restaurant
Kyaikthoke Pagoda Rd.

清真寺

Pann Su Wai Guest House ▶P.87

孟邦文化博物館 ▶P.84
Mon State Cultural Museum
Dawei Tadar Rd.

觀景台

烏康提佛塔
U Khanti Paya

Myay Ni Gone
(巴士總站)

Ngwe Moe Hotel
▶P.87

Zeigyo (舊巴士總站)
Win Sein Tawya臥佛、丹彪扎亞、齋卡米、實色

也有著藏傳佛教風格的佛塔

Information

近郊景點可以包車暢遊

來到毛淡棉包車的話,可
以在1日時間裡周遊Win
Sein Tawya臥佛、丹彪扎
亞、齋卡米、實色這幾個景
點,可以當天來回。8:00左
右出發,返回毛淡棉大約是
16:00左右,包車價錢是6
萬5000K,摩托計程車是3
萬K～。

銀行與匯兌

銀行在新市場北側有好
幾間,在Mawlamyine Strand
Hotel前也有匯兌處,營業
時間平日是9:30～15:00,
至於ATM在中等級以上飯
店裡都有設置。

孟邦文化博物館

住Baho Rd.(Corner of Dawei
Tadar Rd.)
開週二～四 9:30～16:30
休週一、節日　費5000K
館內禁止攝影,隨身包包需要
寄放。

Gaung Say Island島

交通 由前Mawlamyine Hotel
的腹地前行約500m,橋墩旁
就是渡輪乘船處,渡輪所需時
間約5分鐘,來回票價
2000K,如果沒有坐滿人就不
會發船,因此有可能會需要等
上很久時間。從市中心來到橋
墩處,搭乘三輪車是500K、
摩托計程車1000K。整座島嶼
都是寺院所屬範圍,因此一登
上岸就禁止穿鞋。

主要景點Sightseeing　Sightseeing

認識工藝出色的孟族文化　MAP P.84

孟邦文化博物館　မွန်ပြည်နယ်ယဉ်ကျေးမှုပြတိုက်
Mon State Cultural Museum

以流傳於孟邦的雕刻、佛像等為中心展
示,1樓是木雕雕刻、菸斗還有石板等手
工藝品外,也能夠看得到製作過程,同時
也展出錢幣、餐具、人偶等,都很吸引人
關注,而有著精美裝飾的樂器、15世紀信
修浮女王Shin Sawbu的皇冠也都是必看

民族裝飾的展示與相關解說

展覽品。2樓的展示廳以13～19世紀佛像收藏為主要展覽,博物
館規模雖然小,展品卻十分地豐富。

與阿瓦王朝有著淵源　MAP P.84外

Gaung Say Island島　ခေါင်းဆေးကျွန်း
Gaung Say Island

在阿瓦王朝Ava Kingdom年代,於印瓦城牆入口處舉辦的國王
洗髮儀式用水,傳說就是採自於Gaung Say Island島上靈泉,因
此英語又稱這座島為Shampoo Island。島上除了有座收藏佛祖頭
髮的Sanhaushin Paya佛塔以外,還建有包含西藏風在內的世界
各地不同風格的佛塔。

郊區景點 Excursion

一直無法竣工的巨大臥佛 · MAP 拉頁-D8
Win Sein Tawya 臥佛
Win Sein Tawya · ဝင်းစိန်တောၚ

毛淡棉往南約20km處，在還沒到木冬 Mudon這座城鎮10km前的Kyauk Ta Lone村裡，就能夠看得到這高約28m、全長約183m的巨大臥佛 Win Sein Tawya，正式名稱是Win Sein Taw Ya Zi Na Kha Yan Aung Chanter，從約20年前就開始

震懾四周的巨大臥佛

興建，不過至今還不清楚何時能完成，臥佛內部規劃成博物館而能進入參觀，雖然展示了許多闡述佛教教義的立體模型，但博物館也同樣還沒有完成。而在臥佛的對面，還有一尊更為巨大、全長約275m的臥佛也在建設當中。

更新穎的佛像正在興建 · MAP 拉頁-D8
坐佛
Sitting Buddha Image · ထိုင်တော်မူဘုရား

從木冬往丹彪扎亞方向往南約11km處，正在興建著這一尊全新坐佛，據說要等到竣工以後才會賦予正式的名稱，高達54.86m的巨大坐佛遠眺起來十分地驚人。

興建中的巨大坐佛

泰緬鐵路中的緬甸起點 · MAP 拉頁-D9
丹彪扎亞
Thanbyuzayat · သံဖြူဇရပ်

距離毛淡棉往南64km處的丹彪扎亞，是在第二次世界大戰時，日本軍隊建造銜接與泰國交通的泰緬鐵路的緬甸起點，這座城市的市中心在鐘塔所在圓環，為了紀念在興建鐵路、戰爭中犧牲的緬甸人，由日本軍隊建造的日本佛寺Japan Paya位於圓環往南3km處，當初從日本運送過來使用的蒸氣火車曾經很長時間被

叢林所掩埋，不過周邊經過規劃以後，在2016年時以死亡鐵路博物館 Death Railway Museum之名展出蒸汽火車。由鐘塔所在圓環往西邊的齋卡米Kyaikkami方向前行2km處，則能夠看到屬於陣亡聯軍士兵的戰爭公墓War Cemetery。

二戰時從日本運輸過來的C56型蒸汽火車

親眼見識工匠們的手藝 · MAP 拉頁-D8
比盧島
Bilu Kyun · ဘီလူးချောၚ်း

比盧島就在毛淡棉的對岸，這座大型島嶼上共有78座村莊，可以來參觀紡織、菸斗、橡皮筋、石板等工匠們的工作坊。

島上是無盡悠閒的農村風光

Win Sein Tawya 臥佛
交通 搭乘前往齋卡米方向巴士並中途下車，所需時間約1小時，1000K。從巴士站到寺院約1.5km的馬路需要靠徒步，或者是搭乘三輪車、馬車，計程車的話所需時間約30分鐘，來回2萬K左右。
開 內部參觀7:00～21:30
休 無 **費** 免費

臥佛內部看得到與佛教教義相關的立體模型（部分尚未完成）

坐佛
交通 搭乘前往齋卡米方向巴士並中途下車，所需時間約1小時15分鐘，1000K。可從主要街道徒步前往，摩托計程車來回是8000K，計程車來回的話是2K左右，單程所需時間約30分鐘。
開 內部參觀6:00～21:00
休 無 **費** 免費

丹彪扎亞
交通 搭乘前往齋卡米方向巴士並中途下車，所需時間約2小時，2000K。計程車來回的話是3萬5000K，摩托計程車是1萬8000～2萬K左右。

由日軍建造的紀念碑與佛塔

死亡鐵路博物館
開 9:00～17:00 **休** 無
費 5000K

比盧島
交通 從毛淡棉搭車需45分鐘～1小時，島上面積非常廣闊且景點分散，可以利用摩托計程車（1萬5000K左右）或計程車（3萬～3萬5000K），半天時間就能暢遊。

Nwa-la-bo Paya佛塔

交通 從毛淡棉以北的薩爾溫橋橋墩處，有前往北部方向的巴士可搭乘，40～50分鐘、1000K。上車前只要告知司機「Nwa-la-bo」，就能夠在靠近朝拜大道入口處附近下車，摩托計程車的話來回是1萬K左右，計程車是1萬5000K～2萬K。至於前往山頂的交通，在參拜馬路入口的乘車處有接駁卡車，約30分鐘、2000K，一次可搭載23人，因此沒有坐滿超過20人就不會發車，清晨時的參拜香客比較多，早點出發就不用等太久，也能以4萬5000K包租上車，徒步的話會需要花約2小時。

前往山頂的卡車

齋卡米

交通 搭乘前往齋卡米的巴士約需3小時，6:00～16:00間每隔約1小時發車、1000K，從丹彪扎亞搭乘嘟嘟車要45分鐘～1小時、500K。

實色

交通 搭乘毛淡棉7:00出發前往丹彪扎亞的巴士，也會來到實色，所需時間約3～4小時，或者是從丹彪扎亞搭乘嘟嘟車，每30分鐘1班車，所需時間約40分鐘、500K；計程車的話（1萬～1萬2000K），約需20分鐘。

21 Paradise Natural Hot Spring

住 Welkali Village
☎ 09-4252-76807
開 8:00～19:00
休 無
費 5000K、休息室3萬K
交通 從丹彪扎亞搭乘嘟嘟車，來回是1萬K、摩托計程車是5000K左右。

另一個大金石
Nwa-la-bo Paya佛塔

MAP 拉頁-D8

နွားလတို့(တောင်)ဘုရား

Nwa-la-bo Paya

Nwa-la-bo Paya佛塔是位在毛淡棉以北約22km處的聖地。在Nwa-la-bo山山頂處有著1塊與大金石（→P.72）相同，維持著神奇平衡感的岩石，尺寸雖然比大金石要略小一些，不過由3塊細長直塊岩石堆疊起來的景觀同樣無比壯觀。與大金石一樣，人們相信這裡是受到佛祖頭髮之力所保護而維持著石頭的平衡，吸引無數信眾到此朝拜期望獲得庇佑。從山腳下到山頂的接駁卡車，在乾季的朝聖季節時會頻繁發車，到了雨季，只會在有朝聖團體等時候不定期發車。

這處岩石吸引眾多民眾造訪

擁有從斯里蘭卡漂流而來的佛像
齋卡米

MAP 拉頁-D8

ကျိုက္ခမီ

Kyaikkami

丹彪扎亞搭車往西行約30分鐘左右，就能夠抵達齋卡米，這個擁有著浮於海面上的水中佛塔Yele Paya的村莊，依照傳說在2200年以前，11根佛祖的頭髮與4尊佛像從斯里蘭卡漂流到了緬甸，4尊佛像陸續抵達的地點分別是土瓦、齋托、勃生以及齋卡米。為了安置佛像，於是興建了這座水中佛塔，而有著佛像長眠於地底的正殿則禁止女性進入，女性必須建於一旁的大廳處朝拜祈禱。

浮於海面上所建造出來的寺院

孟邦的人氣海灘度假村
實色

MAP 拉頁-D8

စက်ဆဲ

Setse

實色是一處擁有開闊又美麗沙灘的海灘度假村，一到週末就會擠滿出遊的家族與年輕人，顯得熱鬧非凡，平日則會回歸寧靜。沿海林立著食堂與紀念品店，近郊處還有實色一帶唯一可供外國人住宿的天然溫泉設施21 Paradise Natural Hot Spring，可以在這裡享受泡溫泉樂趣。

還能在海灘上體驗騎馬樂趣

由富豪建造的豪華寺院

MAP拉頁-D8

Kawhnat Pagoda Compound佛寺

ကော့နပ်(ကော့နတ်)ဘုရားအုပ်စု

Kawhnat Pagoda Compound

Kawhnat Pagoda Compound佛寺
交通 從毛淡棉搭乘摩托計程車約30分鐘，來回收費 約1萬5000K；計程車是3萬K。
開6:30～16:30 休無

由毛淡棉前往帕安途中，就會發現Kawhnat Pagoda Compound佛寺這處古典寺院，當初靠著蒸汽船貿易等累積眾多財富的名流U Nar Auk，以他所建造的寺院為中心外還有多處建築。寺院以精緻木雕闡述本生經故事的裝飾，彩繪玻璃及各種金屬工藝等等點綴，手藝之精湛讓人看了都不由得屏息。

精緻手工雕刻的本生經故事

毛淡棉的住宿

HOTEL

H Cinderella Hotel

MAP P.84

[icons] TV NHK WIFI

住21, Baho Rd. ☎(057)24411、24860
URL www.cinderellahotel.com 費AC①US$15（沒有早餐）⑤US$25～ ①US$50、60
CC JMV 室23房＋16床

飯店內到處妝點著緬甸的古董，營造出典雅氛圍，2016年時還新推出了團體客房，男女混住的8人客房共有2間，也推出前往近郊各觀光景點的旅遊行程；同時設有ATM。

H Ngwe Moe Hotel

MAP P.84

[icons] TV NHK WIFI

住Corner of Kyaikthoke Pagoda & Strand Rds.☎(057) 24703 FAX (057) 25554
URL www.ngwemoehotel.com 費AC⑤①US$50、55、65（稅金另計）CC JMV 室77房

面臨著薩爾溫江，擁有絕佳視野的中等級飯店，房價不貴卻充滿高級感，電視、迷你吧等設備應有盡有，也提供有銀行ATM。

H Royal Hinthar Hotel

MAP P.84外

[icons] TV NHK WIFI

住73, Myo Shaung Rd., Myay Ni Gone
☎09-4555-59810、09-4555-59814
URL www.royalhinthar.com 費AC⑤US$35、55、60 ①US$55、60 套房US$130～
CC JMV（刷卡＋3%）室80房

毛淡棉南部值得推薦的住宿就是這裡，超滿高級感的客房、餐廳、游泳池、位於屋頂的泳池酒吧、SPA等設備應有盡有。

H Pann Su Wai Guest House

MAP P.84

[icons] TV NHK WIFI

住333A, Lower Main Rd.
☎09-2525-24837、（057）2022921
FB Pann Su Wai 費AC⑤1萬K ①2萬K 三人房3萬K～（不含早餐）CC無 室10房

在夜市附近，毛淡棉相當有人氣的住宿，使用的寢具相當舒服，洗澡的時候需要使用水桶裝水與熱水混用，經理的英語非常好，能夠提供觀光方面協助。

H Breeze Guest House

MAP P.84

[icons] WIFI

住6, Strand Rd. ☎FAX（057）21450
E breeze.guesthouse@gmail.com
費FAN⑤US$7 ①US$14（共用衛浴）AC ⑤①US$16（共用衛浴）US$22
CC JMV（刷卡＋2%）室33房

可以在陽台一邊眺望薩爾溫江一邊品嚐早餐，2016年時還重新裝潢了風扇客房與1間冷氣客房，有計畫下榻的話不妨指定這些房間。

毛淡棉的餐廳

RESTAURANT

R Daw Pu Restaurant

MAP P.84

住331A, Lower Main Rd.
☎09-9786-47079、09-2596-28196
營10:00～19:30 休無 CC無

緬甸式咖哩十分美味，有雞、豬、鴨、魚、蝦等 收 費1300～2500K，會附上熱湯、蔬菜的副菜，小盤沙拉或蔬菜是500K。

以水果與海灘聞名的港都

土瓦
Dawei

　　土瓦是位在土瓦河河口繁榮發展的港都，也是德林達依省Tanintharyi的中心城市之一，除了漁業以外，腰果、多樣水果的生產也是相當重要的產業，也讓這座城市散發著鄉村的悠閒氣息，近郊地帶還有未經人為破壞的美麗海灘、溫泉，雖然是純樸的度假地卻也擁有人氣，而作為橫互東南亞的南部經濟走廊的起點，土瓦正在計畫興建一處新的深水港，未來將會是與泰國往來的玄關門戶，相當值得令人期待。

正在加工土瓦特產腰果的工廠

▶ 前往土瓦　　　　　　　　　　　　　　ACCESS

◆仰光出發
✈ 緬甸國家航空每日1班，所需時間約50分鐘，票價依季節US$105～。經常會因為季節或天候而停飛，需要事先確認。

🚆 1日1班車，18:25出發，所需時間約24小時，軟座是1萬150K、First座6350K、硬座5100K，由於很花時間不推薦搭乘。

🚌 仰光長途巴士總站（MAP P.39-C1）出發，1日7班車，所需時間約16小時，1萬5300K～、VIP是3萬3500K。

◆毛淡棉出發
🚆 1日1班車，4:30出發，所需時間約14小時30分，軟座5900K、硬座2950K。

🚌 巴士與迷你巴士1日各有3班車，所需時間約8小時，1萬2000K。

◆丹老出發
✈ 緬甸國家航空每週1班，所需時間約40分鐘，

US$99～。

🚌 1日3班車，所需時間約6小時，8000K～、VIP是1萬5500K。

◆提基（泰國邊境）出發
🚌 搭乘共乘迷你巴士，2萬1000～2萬3000K，所需時間約4小時～4小時30分鐘，8:30～15:00間出發。土瓦出發的話，共乘迷你巴士乘車處（MAP P.88外）是7:00～9:00間發車，前往乘車處可由市中心搭乘摩托計程車、500～1000K，嘟嘟車（三輪計程車）1000～1500K。

位於郊外的芒瑪甘海灘夕陽

（地圖）

芒瑪甘海灘
Grandfather Beach海灘、
Nabule Beach海灘

往提基（泰國邊境）的共乘迷你巴士乘車處約800m、往土瓦港約3km

•Paya Ge博物館

►P.89
Shwe Taung Zar Paya

巴士售票服務櫃台

Indamari Main Aung Rd.

Niban（Neik Ban）Rd.

Air KBZ

Daw San Curry House

往巴士總站約4.5km、往土瓦機場約4km、往火車站約4.3km

印度寺院

NH8

Hotel Dawei
►P.88

KBZ

購物中心

Zayar Thit San

Golden Guest

Sein Shwe Moe Guest House

GS

Ayawaddy

Garden

鐘塔

Dream Journey

•A Pa Mo路邊攤

Arzami Rd.

►P.89

Arzami路

土瓦河 Dawei River（Tevoy河）

Sin Pin That Yar Market

Diamond Crown

CB

Shwe Maung Than Hotel

NH8

角市場 Fish Market

►P.89 Titan Travel & Tours

Dream Emperor Guest House

腰果工廠

ATM

Lawka Tharaphu Paya佛塔
►P.89

往德林達依省立博物館、購物中心、夜市

土瓦 Dawei

N

0　200　400m

備註：提基沒有住宿設施，從泰國出發要越過邊境的話，最晚不要過中午。

漫遊土瓦　　　　　　　　　　Exploring

土瓦的中心地點在Arzarni路Arzarni Rd.的周邊，市區內有著Shwe Taung Zar Paya佛塔等寺院，還有腰果工廠、魚市場、德林達依省立博物館等等景點，而傍晚時更可以來到芒瑪甘海灘Maungmagan Beach欣賞黃昏落日，郊區保留著許多沒有人為破壞的美麗海灘。

主要景點　　　　　　　　　　Sightseeing

土瓦最大的寺院、迷你博物館也別錯過　　　　　　**MAP P.88**
Shwe Taung Zar Paya 佛塔　　ရွှေတောင်စားဘုရား
Shwe Taung Zar Paya

Shwe Taung Zar Paya佛塔是位在市中心偏北的寺院，廣闊又優美的寺院境內有著雪白大理石佛像豎立其中，腹地內還有著Paya Ge Musseum博物館，展示著土瓦一地特有的木雕擺飾、古董家具、武器、黃金等。

臥佛優雅地橫躺於山丘上　　　　　　　　　　**MAP P.88外**
Lawka Tharaphu Paya 佛塔　　လောကသရဖူဘုရား
Lawka Tharaphu Paya

在緬甸南部也相當有名氣的大型臥佛，可說是土瓦居民們最自豪的一處景點，臥佛旁還有一尊納神靈Nat像。

土瓦郊區的海灘

交通最為便捷的是由土瓦往北約18km的芒瑪甘海灘，這裡作為欣賞落日的最佳地點而成為知名觀光景點，海灘沿途還看得到眾多餐廳林立，海灘本身並不是十分地乾淨，可供外國人下榻的住宿設施有3處，在前往海灘途中還有一處簡單的天然溫泉。

繼續往北約80km的地區裡，還有擁有耀眼潔白沙灘的Grandfather Beach海灘等8處海灘，這一帶也有多處提供住宿設施，而不遠處作為土瓦經濟特區預定地的Nabule Beach海灘也很迷人。

Information

前往市區交通
由機場或火車站前往市區，搭乘摩托計程車是2000K，嘟嘟車4000～5000K，所需時間約15～20分鐘；巴士總站搭乘摩托計程車是1000K，嘟嘟車2000K，所需時間約10～15分鐘。

Shwe Taung Zar Paya 佛塔
[交通] 從市區徒步可到。

擁有著大理石佛像的寺院境內

Lawka Tharaphu Paya 佛塔
[交通] 從市區可搭乘摩托計程車等前往。

Lawka Tharaphu Paya 佛塔以擁有清晰大眼著稱

Information

半島觀光可透過觀光之旅
前往郊外海灘或土瓦半島，參加觀光之旅會比較方便。
[T] Titan Travel & Tours
[URL] enjoysouthmyanmar.com
提供海灘1日之旅US$30～等行程。

土瓦的住宿
HOTEL

H Shwe Moung Than Hotel
MAP P.88

[住]665, Pakaukkukyaung St.　[☎](059)23764、23763　[E]shwemoungthan22@gmail.com
[費][AC][S][T]2萬K（冷水淋浴）、4萬K～
[CC]無　[室]36房

飯店整潔，工作人員也很親切，客房設計簡單，4萬K以上的房間會提供浴缸。

H Hotel Dawei
MAP P.88

[住]7A, Arzarni Rd., Byaw Taw Wa Qtr.
[☎](059)23923　[URL]www.hoteldawei.com
[費][AC][S]US$50、70、99　[T]US$79、99
[CC][J][M][V]　[室]123房

過往曾經是迎賓館的殖民時代建築，經過重新裝潢於2017年以4星飯店重新開幕，客房還有飯店內呈現著舒適氛圍，大型游泳池在炎熱的土瓦，可說是最棒的消暑綠洲。

通往丹老群島的玄關
丹老
Myeik

位在注入安達曼海的德林達依河河口處，因此繁榮發展起來的丹老，是以漁業為中心的地方城市，由於離泰國曼谷較近的邊境（茂當Mawtaung）預定將會開放外國人通行，使得丹老也成為備受矚目的城市。加上這裡是通往美麗島嶼遍布的丹老群島的玄關，觀光客人數可望會向上提升，以外國人為對象的跳島周遊之旅也相當受歡迎（→特輯P.17）。

作為德林達依省的最大城市，丹老是漁業盛行的殖民城市

▶ 前往丹老　　　　　　　　　　　　　　ACCESS

◆仰光出發
✈ 緬甸國家航空的直飛航班每日1～2班，所需時間約2小時，US$123～172。

🚌 仰光長途巴士總站（MAP P.39-C1）出發是1日5班車，所需時間約20～21小時，2萬3000K～，VIP是3萬3500K，路途相當顛簸。

◆毛淡棉出發
🚌 巴士與迷你巴士1日各有2班車，所需時間約14小時，2萬～3萬9000K。

◆土瓦出發
🚌 1日3班車，所需時間約6小時，8000K～，VIP是1萬5500K～。迷你巴士1日4班車，1萬2000K。

行駛於南部的小巴

◆高當出發
✈ 緬甸國家航空的直飛飛機每週3天各有1個航班，所需時間約45分鐘，US$99。

🚌 1日1班車，2萬3000K～；共乘迷你巴士1日2班車，2萬5000K，車程約13小時。

Information

燕窩館
在殖民時代建築的宅邸中，可以參觀到由燕子築成的無數鳥巢，還有販賣著燕窩精華5000K～、乾燥燕窩3萬9000K。

Ziwasoe Natural Bird's Nest House
MAP P.90
FB Ziwasoe Natural Bird Nest Drink
開 5:00～19:00
休 無
費 US$1

燕子利用天花板的樑柱縫隙，將鳥巢建構在這裡面

能養顏美容的燕窩

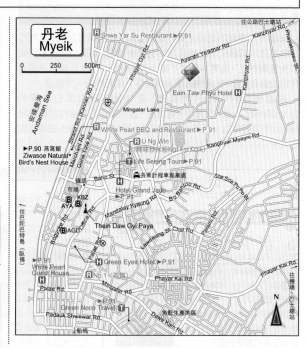

丹老
Myeik

0　250　500m

安達曼海
Andaman Sea

R Shwe Yar Su Restaurant ▶P.91

往公路巴士總站

Ayarshi Yeikthar Rd.
Phayar Gyi Rd.
Kanphyar Rd.
Phayahsawsi St.

魚場

Eain Taw Phyu Hotel H

Mingalar Lake

R White Pearl BBQ and Restaurant ▶P.91

▶P.90 燕窩館
Ziwasoe Natural Bird's Nest House

R U Ng Win
（魚味炒米粉Kat Kyi Kaik）

Kanphyar Myayni Rd.

Mandalay Rd. (Kanner Rd.)
Strand Rd.

Bane St.

Kite Seeing Tours ▶P.91

共乘計程車乘車處

鐘塔
市場

KBZ
AYA

Hotel Grand Jade
▶P.91

Bo Bamoue Rd.
Soe Soe Pe Rd.

Parami Rd.

B AGD

Mandalay Kyaung Rd.

Thein Daw Gyi Paya

Lawdaing St. Chat Rd.

往巴陀巴特島（臥佛）

Bogyoke Rd.
Palae Rd.

▶P.91
White Pearl Guest House

H Green Eyes Hotel ▶P.91
R No.1（炸雞）

Palae Rd.

Green Neco Travel T

Phayar Kai Rd.
Mingalar Rd.

魚乾生產地區

往機場、巴士總站
Phayar Kai Rd.

Padauk Shwewar Rd.
▶船塢

Dagye Kani Rd.

N

漫遊丹老　Exploring

由於主要景點都集中在海岸線附近，推薦可以將住宿選擇在靠海的區域，而保留有殖民時代古蹟建築的周邊地帶，也能夠靠徒步方式漫遊。

清晨時不妨來到擺出各種新鮮魚貨的市場逛逛，充滿在地氣息的海港一旁，有著1座仍使用手工來打造漁船的船塢，難得一見的作業流程非常有意思，市區裡還有將現撈上岸鮮魚處理成乾貨的魚乾生產地區，同樣也令人大開眼界。從Thein Daw Gyi Paya佛塔可以一覽整座城市風景，夕陽景致也相當美麗，要是時間足夠的話，可以搭乘渡輪來到對岸的小島巴陀巴特島Pataw Padet Island，好好見識全長74m的臥佛亦是樂事一樁。

木造漁船幾乎純以手工打造

Information

從機場、巴士總站前往市區

機場或巴士站前往市區，摩托計程車是2000K，三輪計程車是4000～5000K左右，所需時間5～10分鐘。

參加觀光團前往丹老群島

在地的旅行社提供有US$70～的1日來回之旅，或US$335～的3天2夜之旅等行程，還會安排包船出遊事宜。
- Life Seeing Tours
- www.lifeseeingtours.com
- Hotel Grand Jade內

丹老的住宿　HOTEL

H Green Eyes Hotel　MAP P.90

住164, Zay Haung Rd., Zay Dan Qtr.　☎09-4219-78051、（059）42028　FB Green Eyes Hotel　費AC 市景ⓈUS$39、海景ⓈⓉUS$45、家庭房US$65　CC J M V　室30房

2017年8月開幕，客房分成靠山或者是靠海兩種景色，而在視野絕佳餐廳所能享用的自助式早餐，以種類極多及美味獲得好評，距離市場或大海都很近，便捷的座落地點也是一大魅力。

H Hotel Grand Jade　MAP P.90

住28-30, Baho St., Myint Nge Qtr.　☎（059）42084、09-9624-41999　FB Hotel Grand Jade-Jade Flower Travels　費AC ⓈUS$40　ⓉUS$50～70　家庭房US$100　CC 無　室153房

佇立在海濱處，2014年開幕的大型飯店，Superior跟Deluxe的客房都有浴缸設備，而位在屋頂處的空中酒廊則因為擁有非常迷人景色，很值得推薦。

H White Pearl Guest House　MAP P.90

住Middle Strand Rd., Between Bogyoke & Strand Rds., Talaing Zu Qtr.　☎09-2528-88812、09-2528-88821　費FAN ⓈUS$12、ⓉUS$18（共用衛浴）AC ⓈUS$23 ⓉUS$28　CC 無　室34房

無論是客房還是共用衛浴都打掃得十分乾淨，不過淋浴只有冷水，預約訂房時不妨要求有窗戶的房間。飯店也有推出市區觀光或前往郊區海灘的旅遊行程。在沿海的Strand路上還有相同老闆經營的White Pearl BBQ and Restaurant。

丹老的餐廳　RESTAURANT

推薦到濱海處的餐廳用餐，以棕櫚樹汁（椰子樹的汁液）調味的炒米粉「辣味炒米粉Kat Kyi Kaik」則是丹老一地的名菜。

丹老的招牌菜，辣味炒米粉

R Shwe Yar Su Restaurant　MAP P.90

住Kanner Rd.　☎（059）41986、09-4509-03796　營15:00～23:00　休無　CC 無

想要用合理價格品嚐到新鮮海鮮，那就得到這裡來，備受在地民眾喜愛的餐廳，像是1萬5000K～就能吃到龍蝦，十分超值，附近還有姊妹店Master Bamboo。

與泰比鄰、緬甸最南端城市

高當
Kawthaung

高當是隔著一條河與泰國為鄰的緬甸最南端城市，原本以維多利亞角出名的國境最南地點，現在改採用東吁王朝的第二代國王莽應龍之名，更名為莽應龍角Bayint Naung Point，而高當還是前進在美麗藍海間散落著約200座大小島嶼的丹老群島Myiek Archipelago、愛心島Cocks Comb Island的交通據點。（特輯→P.17）

從莽應龍王雕像公園眺望緬甸國境最南端，河的彼岸就是泰國

▶ 前往高當　　　　　　　　　　ACCESS

◆仰光出發
✈ 緬甸國家航空1日有1個航班，所需時間2小時40分鐘，US$148～（票價依照季節而有不同）。
🚌 1日2班車，4萬5200K～，所需時間約32小時，雖然幹線道路都已經鋪設成柏油路，但是過度長時間的旅程還是非常辛苦。

◆丹老出發
✈ 1週3個航班，US$99～（票價依季節而異）。
🚌 1日2班車，2萬3500K，所需時間約13小時，共乘迷你巴士是1日2班車，2萬5000K。

◆拉廊（泰國）出發
從拉廊市區內Paknam港的渡輪乘船處，搭乘Long-tail Boat前往（5～10名乘客），每人100B。

移民局外國人事務處在越過棧道後的右邊平房
🕐6:00～18:00

位在郊外的Mariwun村Mariwun Village有著溫泉
💰50泰銖

漫遊高當　　　　　　　Exploring

城市中心就在泰國而來渡輪會停靠的棧道附近，而緬甸最南端的莽應龍角距離港口約700m遠，要是有更多時間的話，不妨前往Pyi Daw Aye Paya佛塔、莽應龍王雕像公園參觀，郊區也有著瀑布與溫泉。

高當
Kawthaung

高當機場、巴士總站、Mariwun瀑布、溫泉 NH8
H Garden、55 Hill
Pyi Daw Aye Paya
CB B
Kawthaung Hotel
H B
KBZ
ATM
ATM
NH8
Penguin Hotel ▶P.92 H
C S 換錢所
市場 H Honey Bear
紀念品店街 換錢所 Myanma Apex
ATM
鐘塔 移民局、海關
旅行社 換錢所 棧道
Myoma Jetty
S R 廟所
Shwe Nan Daw Plaza
莽應龍王雕像公園
Bayint Naung Statue Garden
莽應龍王雕像
安達曼海 Andaman Sea
莽應龍角（維多利亞角）
Bayint Naung Point (Victoria Point)
0 100 200m
H Grand Andaman

N

高當的住宿
HOTEL

H Penguin Hotel
MAP P.92

🏠339, Sabal St.　☎(059)51145
FB kawthaungpenguinhotel　E penguinhotelkt@gmail.com　💰FAN S2萬K T3萬K AC S2萬5000K T3萬5000K　CC 無　🛏32房

從機場往山丘上走就能看到，附近還有著市場、超級市場，相當方便，客房雖然不寬敞卻打掃得很整潔，並提供最基本的住房機能，接待大廳周邊有免費Wi-Fi，也能夠使用泰銖付款。

舉目所見只有大能形容的緬甸新首都

內比都
Nay Pyi Taw ⊛⊛⊛⊛⊛⊛⊛⊛⊛⊛

2006年10月正式從仰光遷都而來，內比都成為了緬甸新首都，位在仰光以北約350km遠，屬於人為有計畫建造的都市，Nay Pyi Taw就是Royal City（皇城、首都）的意思。城市劃分以北是行政區域，以南則是商業地帶，長年以來除了行政機構相關人員或以投資為目的的外國人以外，這座首都都不接受一般觀光遊客，當緬甸旅館觀光部正式宣布遊客可以造訪商業地區或觀光地時，是到了2012年的6月才開始。

旅館住宿幾乎全部集中飯店區，24小時供電，也能夠高速上網，能夠在這個硬體設備還很落後的國家獲得截然不同的舒適旅遊環境，隨著觀光客人數的增加，旅館也漸漸顯得不足起來。2013年內比都主辦了東南亞運動會SEA Games，2014年時緬甸還是東協ASEAN的主辦國等，內比都開始散發屬於一國之都的風采，躍然於世界舞台上。

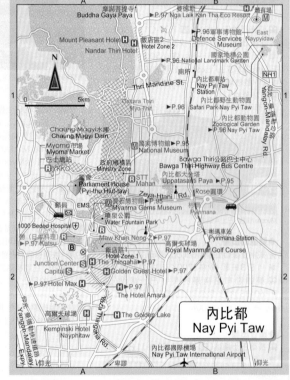

國會是在800英畝的土地上分布著31棟建築物

從內比都大金塔Uppatasanti Paya看出去一望無際

內比都市民的市中心就在Myoma市場

因為位在整個國家的中心，又是交通運輸網的轉運所在的內比都，因此無論是從東南西北哪一個主要城市，都能夠有鐵路還是巴士交通抵達。

◆仰光出發

✈ 緬甸國家航空每日1班，其他各航空每週飛行1～4班，US$100～110左右。

🚆 仰光出發前往內比都是1日2班車，8:00及20:30出發，臥鋪列車是7700K，軟座5600K，硬座2800K。另外還有1日3班前往曼德勒的車班，可中途下車，所需時間約8～9小時，因此搭乘巴士會比較輕鬆。

🚌 仰光長途巴士總站（MAP P.39-C1）也有多家公司推出車班，7:00～23:00間每個整點發車，所需時間約5～6小時，6500～9100K，E-Lite公車或JJ Express公司的VIP巴士最受歡迎，雖然車班相當多，但也因為乘客多而需要提早預約。

Myoma市場的巴士乘車處

◆曼德勒出發

🚆 搭乘曼德勒出發前往仰光的車班並在中途下車，1日3班車，軟座3700K，硬座1850K。

🚌 曼德勒市區南邊的長途巴士總站（MAP P.160-B5）有多家公司提供車班，所需時間約4小時，5500～9800K。

◆蒲甘出發

🚌 長途巴士總站（MAP P.127-C3外）1日有3班車，所需時間約8小時，1萬1000～1萬5000K。

◆其他地區出發

搭乘火車或巴士，可由勃固、毛淡棉、卑謬、娘瑞前來，巴士的話則可與東枝、蒙育瓦銜接。

◆內比都的交通起點
內比都國際機場（MAP P.93-B2）

從飯店區搭乘計程車約30分鐘，2萬～2萬5000K。

內比都車站（MAP P.93-B1）

距離飯店區1有點遠，搭乘計程車約30分鐘，飯店區出發的價錢是1萬2000～1萬5000K，但沒有外國遊客專屬服務櫃台，也幾乎不能講英語，必須要跟當地民眾一起排隊購買車票，因此記得要多留一點時間。也會有不經內比都，僅通往彬瑪車站（MAP P.93-B2）的列車，到了當地要記得再做確認。

擁有現代化外觀的內比都車站

內比都的巴士總站

停靠內比都的巴士都是以Bawga Thiri公路巴士中心Bawga Thiri Highway Bus Centre（MAP P.93-B2）作為起迄點，並會經過Myoma市場Myoma Market（MAP P.93-A2）的乘車處（也有車班從Myoma市場出發）。Bawga Thiri公路巴士中心佔地非常廣，想要邊走邊問會相當不方便，反觀Myoma市場售票櫃台就集中在市場前方非常便利，山丘上還有餐廳街，在等待巴士發車時還可以用餐喝飲料。從飯店區搭乘計程車是6000～7000K，基本上無論在哪裡購票都可以自由上車，但是要注意的是，唯有由政府經營的Shwe Man Thu公司巴士車班，在哪裡購票就必須在哪裡乘車。從仰光而來的巴士，在前往Myoma市場之前會經過飯店區，但白天的飯店區禁止停車，如果是在夜間抵達，只要事先告訴服務人員下榻飯店名稱，就能夠讓人在最靠近的地點下車。

市區代步工具是計程車

漫遊內比都　　　　　　　　　Exploring

　　內比都整個城市從飯店與購物中心所在的飯店區，到政府機構匯聚的行政區為止，南北長約20km，相當的廣，而且北部還有新規劃的飯店區及街道正在興建中，城市範圍將會再繼續擴大。即使只是在飯店區，與隔壁飯店之間的距離都是超過了500m遠，加上觀光景點相當分散，不妨包租計程車才能有效率地遊逛。

國會前的馬路多達20線道

主要景點　　　　　　　　　Sightseeing

從高處看出去的風景無與倫比	MAP P.93-B1～B2

內比都大金塔　ဥပ္ပါတသန္တိဘုရား
Uppatasanti Paya

與大金寺非常相似

　　內比都大金塔就佇立在前往彬瑪那Pyinmana途中的高地上，散發著金黃光芒的佛塔也是整座城市的地標象徵，站在天台可以飽覽四面八方的街道。佛塔高99m，是依照相同比例模仿位於仰光的大金寺（→P.46）而建，內部的裝飾也十分奢華，妝點著相當多描繪佛祖一生的浮雕，在東側入口對面的房舍，則飼養著自古以來就被視為國家和平與繁榮象徵的白象Albino，並且開放給一般遊客參觀。

以國內首屈一指的規模與展覽內容自豪	MAP P.93-A1

國家博物館　အမျိုးသားပြတိုက်
National Museum

完全不怕擁擠而能好好地參觀

　　從化石開始的史前時代，驃國古代城市遺跡群、蒲甘王朝的佛像佛塔等歷史展覽，到緬甸國內目前擁有的多個不同民族文化，展示水準之高堪稱是緬甸的先驅，可說是非常值得一看的博物館。

全國最大翡翠與紅寶石必看！	MAP P.93-A2

寶石博物館　ကျောက်မျက်ရတနာပြတိုက်
Myanma Gems Museum

庭園裡展示著裸露的翡翠原石

　　無論是6萬3000克拉、約12kg重的全世界最大星光藍寶石，還是緬甸最大顆珍珠等，過去仰光寶石博物館最吸睛的焦點，現在全都在這裡，另外還展示有紅寶石、翡翠、礦物等的原石，至於每年會推出數次的寶石展Gem Emporium，登場期間則僅限接受招待的客人才能進場。

Information

要注意禁止拍攝
　　政府相關機構建築還有軍人都禁止攝影，要注意相機鏡頭別拍到這些目標。

內比都大金塔
交通 從飯店區1搭乘計程車，5000～6000K。
開5:30～21:00
休無
費 免費

在緬甸能夠看得到白象的地方，只有仰光與內比都而已

Information

參觀佛教建築記得穿著合宜
　　內比都大金塔或摩訶菩提寺等地，對於入場遊客的服裝有嚴格管制，絕對嚴禁短褲或清涼衣著。

國家博物館
交通 從飯店區1搭乘計程車，7000K。
開週二～日9:30～16:30
休週一・節日
費5000K
　　館內禁止攜帶相機或包包，必須寄放在門口的寄物櫃，不過可以使用行動電話或智慧手機拍攝。

石博物館
交通 從飯店區1搭乘計程車，5000～6000K。
住Yaza Thingaha Rd.
電（067）484859
開週二～日9:30～16:30
休週一・節日
費 US$5（6800K）
　　博物館內禁止攝影，隨身包包要寄放在寄物櫃。

Information

包租計程車

內比都並沒有可讓外國遊客利用的大眾運輸工具，因此必須要包租計程車，車資行情是1小時1萬5000K、1日6萬K，可以將想造訪的景點全部告知司機後再來議價。

內比都動物園

📍 Yangon-Mandalay Rd., Tatkone T/S
☎ 09-4931-7676
🕐 8:00～17:00
休 無
💰 US$10（1萬3000K）

內比都狩獵旅行公園

📍 Yangon-Mandalay Rd., Tatkone T/S
☎ (067) 416571、420754
🕐 8:00～17:00
休 無
💰 US$20（2萬6000K）
※包含園區內巴士

國家地標公園

📍 1 Mile East of Milestone, 257/2 in Yangon-Mandalay Rd.
☎ 09-4920-7984～7
🌐 www.nationallandmarkgarden.com
🕐 8:00～17:00
休 無
💰 US$10（1萬3500K）
※包含接取車費用

軍事博物館

📍 Zeyathiri T/S
🕐 週二～日9:00～16:00
休 週一‧節日
💰 免費

郊區景點　　　Excursion

位於內比都市區的內比都大金塔（→P.95）以及噴泉公園（MAP P.93-A2），加上郊區的動物園、內比都野生動物園及國家地標公園這5處景點，一般都會包租計程車在1天裡逛完。

看得到緬甸稀有的企鵝　　MAP P.93-B1
內比都動物園　　　နေပြည်တော်တိ၇စ္ဆာန်ဥယျာဉ်
Zoological Garden Nay Pyi Taw

從市區驅車約1小時能來到內比都動物園，飼育展示著超過400種以上動物，都是從仰光動物園遷移而來，廣闊園區內採取善用大自然的設計，像是鹿群就自在地行走到草原上，週末時還會有海獅表演登場。

噴泉的雕像是白象

與獅子、孟加拉虎無比接近？！　　MAP P.93-B1
內比都野生動物園　　　နေပြည်တော်ဆာဖာရီဥယျာဉ်
Safari Park Nay Pyi Taw

搭乘窗戶有安裝鐵網的迷你巴士，暢遊園區來欣賞生活於草原或山丘上的動物們，繞行一圈約40分鐘，長頸鹿將頭伸到車門前打招呼，或者是有不怕生的鹿群靠近，像這些友善動物出現時，工作人員都會想辦法製造讓遊客盡情拍照的機會。

巡迴園內的吉普車

將各地觀光景點、遺跡匯聚一地　　MAP P.93-B1
國家地標公園
National Landmark Garden

無論是大金寺、曼德勒皇宮，還是大金石的黃金岩石及茵萊湖等，國家地標公園將緬甸各地知名景點全都複製，能一次看個夠，繞完一圈約需1小時。儘管這些複製品多少有一點廉價感，卻能夠讓人有制霸緬甸全國觀光景點的快感。

重現緬甸國內各地知名觀光景點

非軍事迷也很值得一訪　　MAP P.93-B1
軍事博物館　　　တပ်မတော်စစ်သမိုင်းပြတိုက်
Defense Services Museum

軍事博物館就設置在國防部裡，透過軍事用品來介紹緬甸的獨立史，另外也能看到翁山將軍的私人物品以及日本天皇贈與的動章等文物，在戶外展示區裡還有著英國戰機Spitfire、俄羅斯米格戰機等，展示著眾多的戰鬥機、直升機。

一整排的世界知名戰機

內比都的住宿
HOTEL

　沒有收費便宜的民宿，僅有中等級～高級飯店而已，都集中位於飯店區1～3的3區域，不過飯店之間距離相當遠，卻經常是會客滿，現在包括Kempinski等外資高級飯店也開始進駐。

■飯店區1（市區南部）的住宿

H The Hotel Amara
MAP P.93-A2

住11, Yaza Thingaha Rd., Hotel Zone 1
☎（067）422201～422213　FAX（067）414514
URL www.thehotelamara.com
費AC⑤⑦US$100～　CC M V　室131房

　內比都最高級的飯店，全為套房的客房共有4種房型，天然木材帶來了舒適自在的氣息，而充滿個性的裝潢卻又十分地具

有都會品味，工作人員的應對也非常完美。

H The Thingaha
MAP P.93-A2

住Yaza Thingaha Rd., Hotel Zone 1
☎（067）414123～8　FAX（067）420728
URL www.thingaha.com
費AC⑤⑦US$85～250　CC M V　室118房

　提供有會議中心的現代化飯店，因此商務旅客相當多，全區都有免費Wi-Fi，新大樓與SPA在2014

年完成，另外還有著游泳池與健身房設備。

H Hotel Max
MAP P.93-A2

住Yaza Thingaha Rd., Hotel Zone 1
☎09-7885-44857、09-9777-27999　FAX（067）414192　URL www.maxhotelsgroup.com
費AC⑤⑦US$40～150　CC J M V　室86室

　屬於Max Hotels Group的一員，分成大樓客房與環繞泳池的Villa，Superior客房是US$40～

起，無論設備或服務都相當物超所值，因此人氣很高。

H Golden Guest House
MAP P.93-A2

住5, Yaza Thingaha Rd., Hotel Zone 1
☎（067）420771～2　FAX（067）414263
E ggh.npthotelzone@gmail.com　費AC⑤⑦
US$25、37、63、137　CC無　室35房

　位在飯店區1的中心地帶，Deluxe客房只要US$37，可說相當超值，客房十分寬敞且設

備齊全，非常舒適。

H Nga Laik Kan Tha Eco Resort
MAP P.93-B1外

住Kywe Shinn Village, Ottara Thiri T/S
☎（067）8430027　FAX（067）8430026
URL www.ngalaikkantha.com　費⑤⑦Deluxe客房
US$25、Chalet客房US$35～70　CC無　室20房

　位在離市區約20km北郊的度假村飯店，面對河川而建，環境清幽，設施齊全房價也很划算，相

當受到駐外人士的喜愛。

內比都的餐廳
RESTAURANT

R Maw Khan Nong 2
Maw Khan Nong 2　MAP P.93-A2

住9A-B, Tha Pya Gone Market Hill Top
☎（067）414537、09-8302-159
營6:00～22:00　休無　CC無

　供應撣族料理的餐廳，入口處總是會擺滿十多種熟食讓顧客挑選，選3樣

是1500K～。

R 勝
Katsu　MAP P.93-A2

住164, Theriyadanar Shopping Complex, Nearly Hotel Zone1, Zubutheri T/S　☎（067）421368、09-2612-61599　營週一～六10:00～14:00、17:00～21:00　休週日　CC無

　薑燒定食或豬排丼等簡單午餐（8000K～），還有可以點燒烤、生魚片等，再一邊喝

酒享受晚餐，非常值得利用的日本料理店。

以製傘出名並繁盛的貿易城市

勃生
Pathein

ပုသိမ်

不僅是伊洛瓦底江流域一帶的首府，勃生同時也是緬甸第4大城，位於仰光以西約190km處，幾乎就在緬甸最大米倉地帶的伊洛瓦底江三角洲中心，並且也是三角洲內水上交通一大要衝，自古以來還擔任著勃生河東岸極為重要的交易城市一角。所謂的「Pathein」是從緬甸語「Pathi（Muslim）」變化而來，因為勃生不僅僅只是三角洲內的交通重鎮，更是銜接東南亞與印度的貿易中繼點，從地名就能夠看得出來曾有無數阿拉伯人、印度穆斯林的貿易商人進出這座城市，至於郊區則是呈現一派悠閒的田園風光。

勃生名產就是傳統工藝的手工傘

▶ 前往勃生　　　　　　　　　　ACCESS

◆仰光出發
🚌 Dagon Ayar長途巴士總站（MAP P.38-A3外）可以搭到前往勃生的巴士，6:30～14:00間有多家公司營運，幾乎每隔1小時就會發車，上午的車班會比較多，所需時間約4～5小時，5500～1萬1000K。

勃生前往各地：長途巴士總站出發前往仰光的巴士，在7:00～16:00間每個整點發車，7000K。在Shwezedi街上的商店裡，能夠買得到經由仰光前往曼德勒的巴士車票（1萬6800K）。

勃生的巴士總站：長途巴士總站（公路巴士總站）遠離市中心，不過在巴士總站與市區之間有稱為Ferry的免費接駁嘟嘟車可搭乘（所需時間約10分鐘），想要返回仰光的話，在

Shwezedi街上或周邊林立的巴士公司服務櫃台購票的話，都可以搭乘免費接駁嘟嘟車前往長途巴士總站，免費接駁嘟嘟車的乘車處，就在各巴士公司的服務櫃台前，每家公司的嘟嘟車都不一樣，上車前記得再確認清楚。

巴士公司匯聚的Shwezedi街

Information

包租摩托計程車
　市區中心靠徒步就能逛得完，不過觀光景點因為分布在南北兩地，有一定距離，包租摩托計程車代步會更加方便。市區內主要景點，半天時間就能逛完，費用大約是1萬K左右，委託下榻處安排或幫忙講價會輕鬆許多。

漫遊勃生　　　　　　　　Exploring

　城市就座落在勃生河的東岸，市中心則發展於瑞莫多佛塔周邊，瑞莫多佛塔南側的Shwezedi街Shwezedi St.、以東的Merchant街Merchant St.附近都十分熱鬧，商店、餐廳、茶館等櫛比鱗次，還能看到好幾間販售勃生在地名產手工傘的店鋪，而在佛塔正南方的街區裡也有著市場，販售各種生鮮食品。由於觀光景點都分布在郊區，不妨多加利用三輪車或摩托計程車前往。

主要景點　　　　　　　　　　Sightseeing

聳立在勃生的市中心　　　　　　MAP P.99
瑞莫多佛塔
ရွှေမှော်တောင်ဘုရား
Shwe Maw Taw Paya

　瑞莫多佛塔據說是西元前305年，由印度孔雀王朝的阿育王所創建，之後經過歷代蒲甘國王下令重建、改變裝潢，而成為了今日所看到的外貌。佛塔高46.6m，一共分為3層，最頂層是以黃金打造，中層為銀、底層則是銅製，並在整座佛塔表面飾以金箔，使用的黃金總重量有約20kg，還有829顆鑽石與843顆紅寶石妝點，顯得富貴華麗無比。在佛塔南面的黃金佛像，據說是遠從斯里蘭卡而來。

鎮守在市中心的華麗佛塔

位在寧靜住宅區裡　　　　　　　MAP P.99
Twenty-Eight Paya 佛塔
နှစ်ကျိပ်ရှစ်ဆူဘုရား
Twenty-Eight Paya

　長方形的建築物裡分別安置著28尊佛立像與坐像，在尾端還有一尊正向弟子們講解體態之美的佛祖雕像。

勃生
Pathein

瑞莫多佛塔
交通 市中心。
開 5:00～21:00　**休** 無
費 免費，攝影拍照費500K

Twenty-Eight Paya 佛塔
交通 Maha Bandoola路往北一個街區，徒步約15分鐘。
開 6:00～17:00　**休** 無
費 免費

祠堂裡羅列著無數的佛像

各種勃生名產

● 傘
　在市區北部分散著許多製傘工作坊，但在Twenty-Eight Paya佛塔附近也有，可以就近前往參觀，編織竹枝再糊上紙面，最後塗上各種美麗花樣的整個製傘過程，都能一一看到。

Ⓢ **Shwe Sar**
MAP P.99
住 653, Taw Ya Kyaung Rd.
電 (042)25127、09-9615-65166
E myanmarhteesar@gmail.com
營 24小時　**休** 無　**CC** 無
　有能說英語的工作人員。

價格依大小在4000～2萬K，可以訂做，也能寄送到海外

● 糕餅
　以名為「Pathein Halawa」的米糕，或使用椰子做成的甜點等著稱，位在Merchant街的Shwe Myin Pyan店舖是老字號糕餅店，另外在瑞莫多佛塔東門前的Ⓢ Mya Nandar（**MAP** P.99）也很值得推薦。

Ⓢ **Shwe Myin Pyan**
MAP P.99
住 49B, Merchant St.
電 (042)24354、09-3611-4671
營 6:00～21:00　**休** 無
CC 無
　新鮮米糕2500K、5000K，乾式米糕2500K，至於賞味期限新鮮米糕是1星期、乾式米糕則為2～3星期。

Set Taw Ya Paya佛塔

交通 從市區沿著Maha Bandoola路，往長途巴士總站方向前行約2km，在左手邊就會看到拄著枴杖的老夫婦雕像，沿著街道往左轉，在右手邊就能夠看到通往Set Taw Ya Paya佛塔的朝拜大道。
開 6:00～21:00 **休** 無
費 免費

德貢佛塔

交通 從市區沿著Maha Bandoola路往南前行700m左右，路就會分成左右兩條，沿著左邊街道繼續走上約700m，眼前就能看到德貢佛塔，而右邊道路則是會經過摩訶菩提明加拉佛塔前方，兩邊都是徒步約25分鐘就能到，也都同樣位在東西走向的街道上，距離約300m遠。
開 6:00～20:00左右 **休** 無
費 免費

松鼠也雙掌合十

摩訶菩提明加拉佛塔

開 6:00～21:00左右 **休** 無
費 免費

Ye Zyi Oo Paya佛塔

交通 摩訶菩提明加拉佛塔右側轉角處左轉，直行約1km後就看到入口。
開 6:00～21:00 **休** 無
費 免費

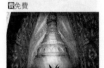
佛塔內還有小佛塔

竹佛像

交通 從市區搭乘摩托計程車約20分鐘，5000K。也可以從內維桑海灘或昌塔海灘搭乘摩托計程車前來途中，順道造訪。
開 6:00～21:00 **休** 無
費 免費

雖然全以金泥所覆蓋，本體卻是竹子製成

彷彿1座小型遊樂園　　　　　　　　　　　MAP P.99

Set Taw Ya Paya佛塔
စက်တော်ရာဘုရား

Set Taw Ya Paya

　　彷彿俯瞰著眾生般聳立的大佛像四周，還林立著蛇、動物、祈禱的百姓等各式雕像，而在大佛後方還有1座小塔，這是能夠從地獄直接進入極樂世界的造福升天塔。首先從1樓有著蛇雕像的地獄殿進入，沿著僅容成年人1人通過的狹窄黑暗階梯往上走，最終就能抵達有著佛像的最頂層極樂殿(至2018年6月為止關閉中)。在後方的寺院裡也有著大型立像，Set Taw Ya是指佛祖的足跡之意，不過現在僅能看得到小型的佛足石而已。

氣氛就像是遊樂園般的寺院

擁有柔和外觀的佛塔　　　　　　　　　　MAP P.99

德貢佛塔
တကောင်းဘုရား

Tagaung Paya

　　德貢佛塔就在圍牆環繞的草地中佇立著，一般認為是與瑞莫多佛塔興建於相同年代，但至今沒有定論。從佛塔西邊的正中央地點抬頭往上看，即可發現相傳是佛祖前世的黃金松鼠雕像。

四周的農田帶來悠閒氣息　　　　　　　　MAP P.99

摩訶菩提明加拉佛塔
မဟာ�‌ဗောဓိမင်္ဂလာ‌စေတီ

Mahabodhi Mingala Zedi

　　所謂的Mahabodhi，指的正是佛陀當年在樹下悟道的那棵菩提樹，超過30m高的佛塔與圍繞在四周的木造寺院建築無比諧和，並且散發出神祕的氣息，而在尖塔下方還有1座小型鹿的雕像。

擁有小型展望台　　　　　　　　　　　MAP P.99外

Ye Zyi Oo Paya佛塔
ရေကြည်ဦးဘုရား

Ye Zyi Oo Paya

　　1989年由緬甸政府重新裝修，內部收藏著建造於蒲甘王朝年代的小型黃金佛塔，周邊還有著自古流傳下來的7尊像，廣闊的佛塔寺院境內還有著涅槃佛祖、商店等。

名人製作的賜福佛像　　　　　　　　　MAP P.99外

竹佛像
နီးဘုရား

Bamboo Buddha Image

　　在勃生河鐵橋橋墩處的寺院裡，有著完成於2007年12月的竹佛像，由打造竹佛像最厲害的高僧，所製作出來的第28尊作品，高達3m44cm。

郊區景點　　　　　　　　　　　　　Excursion

整個建築都有著細膩的裝飾　　　　MAP P.99外

Kan Gyi Daunt Paya 佛塔

ကန်ကြီးထောင်ဘုရား

Kan Gyi Daunt Paya

Kan Gyi Daunt Paya 佛塔是形似蒲甘阿難陀寺的壯麗建築，1902年安置其中的小尊黃金佛像千萬別錯過，而在佛塔內的大型柚木拉門上，還能夠見識到細緻裝飾，無比豪華。佛塔所在腹地內的僧院，還保留著得到高僧 Upinut Tuta 曾經的臥室，並且還會有相關介紹，至於正殿入口處的柱子上則雕刻著好幾尊充滿幽默的趣味雕像。

具有和諧色調的外觀

Kan Gyi Daunt Paya 佛塔

交通 從勃生往仰光方向約25km，Kan Gyi Daunt 村莊入口處的岔路左轉，再前行約3km可到。勃生搭乘摩托計程車來回1萬K，計程車來回是1萬5000K左右，單程所需時間約40分鐘。
開6:00～21:00　休無
費免費

小小的黃金佛

勃生的住宿

HOTEL

Maha Bandoola 路周邊出現越來越多的中等級飯店，但要注意的是許多飯店都不收外國遊客。

H Pathein Hotel

MAP P.99外

住 Pathein-Monywa Rd.　☎(042) 24323、25138、09-2631-44446　E hotel.patheinhotel@gmail.com
費 AC S T US$45～140　CC 無　室34房

緊鄰郊區的高爾夫球場，建築雖然老舊但客房洋溢著整潔感，設備也是應有盡有，不過僅有 S T US$140 的客房才提供浴缸設備，至於工作人員的應對也非常好，周邊雖然什麼都沒有，但是在飯店裡設有餐廳。

H Htike Myat San Hotel

MAP P.99

住 8, Maha Bandoola Rd.
☎ FAX (042) 22742　☎ 09-4225-21866
FB Htike Myat San Hotel
E htikemyatsan@gmail.com　費 AC S T US$25（共用衛浴）US$30、35　家庭房（3～4人）　AC S T US$30～（共用衛浴）US$45～
CC 無　室26房

客房的陳設除了有無浴缸以外都一樣，在屋頂品嚐的早餐是每天更換菜色自助餐，午晚餐還能夠叫附近餐廳外送，工作人員都很友善而親切無比。

H La Pyae Wun Hotel

MAP P.99

住 30, Mingyi Rd.　☎(042) 24669、21686、25151
費 AC S US$20　T US$30　CC 無　室31房

位在市中心，被列為高級飯店。飯店內十分整潔，1樓與2樓的客房設有浴缸還供應熱水。

仰光的餐廳

RESTAURANT

R Kha Kha Gyi Myanmar Restaurant

MAP P.99

住 68, Mingalar St.　☎(042) 25190、09-2602-05188　費 9:00～20:00　休無
CC 無

城市中最為出名的緬甸料理餐廳，店裡頭的牆壁上，盡是曾經來到勃生周邊拍攝時進店用餐的電影明星照片。咖哩會附上白飯，豬肉是3000K、明蝦5000～6500K，價格相當實惠，無論是味道還是服務都很好。

R Moe Parel

MAP P.99

住 52, Merchant St.　☎09-5201-252、09-5202-786　費 7:00～19:00　休無　CC 無

印度、緬甸料理餐廳，雞肉與牛肉各為2300K，並都會附上辣味蔬菜湯，咖哩則有雞、羊、牛肉，各是1600K。

離仰光最近的海灘度假勝地

昌塔
Chaungtha
ချောင်းသာ

昌塔就位處在勃生往西約40km處，面對著孟加拉灣的一處度假勝地，在總長約3.2km的海灘沿途林

市場周邊的街道

立有中等級～高級飯店，作為距離仰光最近的度假勝地而擁有高人氣，蔚藍大海與連綿椰林結合亮麗海灘，還有便宜又新鮮的海產成為這座城市的最大魅力，在旅遊旺季的10～4月間會吸引來自緬甸全國各地的遊客湧入，簡單純樸的海灘最適合悠閒自在地隨性度過，而站在海灘上所能欣賞到的夕陽景色同樣非常迷人。

廣闊沙灘最適合享受海水浴

| Hill Garden Hotel ►P.103 |
| Shwe Hin Tha Hotel H |
| The Akariz Resort H ►P.103 |
| Diamond H ►P.103 |
| ►P.103 Belle Resort H Shwe Ya Minn Guesthouse |
| Grand Hotel |
| 孟加拉灣 Bay of Bengal Thiri |
| Golden Beach H Resort Hotel ►P.103 |
| Alliance Resort H |
| Breeze Hotel H |
| New Chaung Tha |
| Azura Beach Resort |
| Kyauk Pa Hto Paya 巴士總站 |
| Beach Paradise $ 餐廳、紀念品店 Bogyoke Rd |
| Amazing Chaunthă 往Thae Phyu島、Phoe Kalar島乘船處 Toā Tet Aung |

昌塔海灘
Chaungtha Beach

▶ 前往　　　　ACCESS

◆仰光出發
🚌 Dagon Ayar長途巴士總站（MAP P.38-A3外）有多家公司提供車班，7:00或7:30發車，所需時間約6小時，1萬K。旺季時從市區的長途巴士售票處（MAP P.33-C1）也還會在20:30、21:00出發，1萬K（來回票有折扣）。

◆勃生出發
🚌 就在市區的前往昌塔方向巴士乘車處（瑞莫多佛塔以北的運動場附近，☎(042)22216、09-5201-458 MAP P.99），6:00、8:00、10:00、12:00、14:00、16:00出發，1日共有6班車，所需時間約3小時，普通巴士是4000K。

Thae Phyu島
交通 搭乘渡輪約30分鐘，來回3000K，至於前往Phoe Kalar島的船隻單程所需時間約10分鐘，船費來回是1000K，不過想要上島僅限於旺季而已。

主要景點　　　Sightseeing

同時享受美麗海灘與海鮮	MAP P.102
昌塔海灘	ချောင်းသာကမ်းခြေ
Chaungtha Beach	

　　面積十分廣闊的海灘，非常適合在這裡享受海水浴樂趣，附近的小島還能夠體驗浮潛，距離外海不遠處的Thae Phyu島與Phoe Kalar島，同樣擁有著美麗的白色沙灘與珊瑚礁。

備註：搭乘從仰光出發的夜間巴士時，會是在深夜時間抵達，因此一定要事先預約好住宿地點，而且因為沒有銀行或ATM，記得先在仰光或勃生就先換好錢。

昌塔的住宿
HOTEL

隔著Pathein Chaungtha Main路Pathein Chaungtha Main Rd.，靠海一側為度假飯店，內陸一帶則為民宿聚集，雨季（5～9月）時會有住宿折扣，而除了高級飯店以外，僅在18:00～清晨6:00左右會提供電力，部分廉價住宿則是只在18:00～24:00左右供電。

H The Akariz Resort

🍴🏖📺 NHK 🔲💻🏧 WiFi
住Pathein-Chauntha Main Rd.
☎09-7319-1435、09-4921-4481
預仰光服務處 ☎09-4931-4434
URL www.theakarizhotel.com
費 AC S T US$80 SuiteUS$160、530、Quad（4人房）US$150 CC M V 室59房

腹地廣達4.1英畝的海灘度假村，寬敞客房設備應有盡有，十分舒適，能夠眺望大海的無邊際泳池更是浪漫，自助式早餐供應緬甸印度料理、炸物、水果等40～50種餐點，2017年時落成了擁有50間客房的新棟，Wi-Fi在公眾區域免費。

H Belle Resort

🍴🏖📺 NHK 🔲💻🏧 WiFi
住Pathein-Chaungtha Main Rd.
☎（042）42112～4 預仰光服務處
☎（01）510117 FAX（01）539258
URL www.belleresorts.com
費 AC S T US$80～140 三人房US$170 套房US$280 CC無 室80房

時尚的飯店，Villa客房寬敞又舒服，Wi-Fi僅在接待大廳周邊提供（免費），按摩（90分鐘US$15～）非房客也能預約利用，不過卡拉OK的音樂聲響太過吵鬧。

H Golden Beach Resort Hotel

🍴🏖📺 NHK 🔲💻🏧 WiFi
住Pathein-Chaungtha Main Rd.
☎（042）42350～2、09-5200-565 預仰光服務處 ☎（01）381650
URL www.goldenbeachchaungtha.com
費 AC S T 8萬8000K～ CC無 室102房

小木屋就面對著海灘而建，儘管房價低廉但是客房都很整潔，而且設備應有盡有，相當超值，大海就在眼前的游泳池更是讓人身心愉悅，另外也提供撞球、SPA。

H Hill Garden Hotel

🍴🏖📺 NHK 🔲💻🏧 WiFi
住1, Shwe Thaungyan Rd.
☎09-2509-38008 FB Hill Garden Chaung Tha Beach 費 FAN S T US$30
AC S T US$45 CC無 室28房

位在昌塔海灘以北山丘上，彷彿祕密之家般的住宿選擇，盎然綠意中散布著小木屋建築，從市中心過來雖然有點距離，但走下山丘就是未經人為破壞的海灘，可以好好地放鬆身心。接待櫃台周邊的Wi-Fi免費提供，至於電視與冰箱則只在有冷氣的房間裡供應。

H Shwe Ya Minn Guesthouse

🍴🏖📺 NHK 🔲💻 WiFi
住Pathein-Chaungtha Main Rd.
☎09-9767-98967、（042）42126～7
費 AC S US$26 T US$32 三人房US$45
CC無 室34房

徒步到海灘只要3分鐘，相當近，客房雖然陳設簡單卻很乾淨整潔，溫馨卻又有飯店應有的貼心服務，因此吸引許多老顧客來住，2016年11月還落成了新棟建築，單人房的淋浴只有冷水可用，就算不住房這裡的餐廳也值得前來，還能夠幫忙安排巴士、船艇等觀光行程。

昌塔的餐廳
RESTAURANT

在市中心有著多間的緬甸料理、中華料理、海鮮餐廳，從7:00左右至22:00左右營業（多數店家雨季不營業），旺季時還會有在地婦女提著水桶，兜售新鮮現撈的蝦、螃蟹、貝類等，雖然還能幫忙烹煮後送至飯店，不過衛生部分讓人比較不放心，最好還是在餐廳品嚐比較安心。

新鮮的海鮮

散發著銀色光輝的美麗海灘

內維桑
Ngwe Saung

內維桑這處度假勝地就在勃生往西約48km，綿延長達15km的海灘因為其美麗迷人光芒而被稱為Silver Beach，從開發至今才10多年時間，作為度假勝地的歷史還相當的短，但是比起緬甸人匯聚、散發庶民氛圍的昌塔海灘，內維桑這裡擁有較多歐美遊客下榻的高級飯店，物價自然也比較昂貴。海灘北部的小聚落靠徒步方式就能夠遊逛完，沿著主要街道延伸的Myoma路Myoma Rd.兩旁餐廳並立，可以品嚐到新鮮的海產。

今後知名度應該也會持續上升

內維桑海灘
Ngwe Saung Beach

▶ 前往內維桑海灘　　　　　　　　　　ACCESS

◆仰光出發

🚌 從Dagon Ayar長途巴士總站（MAP P.38-A3外）6:30、7:30出發，所需時間約6～7小時，旺季時還會在7:30、8:00增加出發車班，另外從市中心的長途巴士售票處（MAP P.33-C1）也會在20:30、21:00發車，1萬5000K（提供來回車資折扣）。

◆勃生出發

🚌 市區前往昌塔方向巴士乘車處（MAP P.99），有巴士及迷你巴士停靠，7:30～15:00間每2小時會有1班車，淡季時依照需求發車，會減少1～2個車班，4000K。

🚕 摩托計程車是1萬2000K，所需時間約1小時30分鐘～2小時。

🚗 所需時間約1小時30分鐘～2小時，3萬K。

◆昌塔海灘出發

🚤 從船舶碼頭包租摩托計程車出發，中途需要搭船3趟渡河，船隻1趟800K左右，費用依照乘客人數而定，所需時間約1小時30分鐘，包含船資是1萬5000K，這樣的總移動距離約12km，如果是以陸路方式移動的話，包含山路在內的移動距離約要66km，所需時間約2小時30分鐘，2萬～2萬5000K，如果有包含觀光活動的話，費用會依照地點與所需時間而有不同。

備註：內維桑沒有巴士總站，與仰光之間的巴士會停靠在學校周邊，想要搭車的時候，不妨跟在地人確認清楚乘車地點。

主要景點 — Sightseeing

全國最長的15km海灘 — MAP P.104

內維桑海灘
Ngwe Saung Beach ငွေဆောင်ကမ်းခြေ

內維桑海灘沒有淺灘因此並不適合下水游泳，但可以體驗浮潛樂趣，而在海灘南端有著名為情人島Lovers Island的小島，可以利用退潮時才會出現的沙洲徒步上島，黃昏時分的景色也特別的浪漫迷人。

退潮時可以徒步走來的情人島

Information

Myanmar Dive Center
MAP P.104
11, MICT Park, Hlaing University Campus, Between Sunny Paradise Hotel & Ocean Paradise Hotel
09-9774-41611
FB MyanmarDiveCenter
舉辦前往近海小島浮潛或潛水的旅遊行程，僅在10月中旬～4月的旺季期間營運。

內維桑的住宿
HOTEL

沿著海灘可以看到中等級以上的度假村林立，至於廉價民宿則是以緬甸在地客為主，不收外國遊客，由於5～9月（部分時候會到10月中旬）屬於雨季，海象不佳，許多住宿都不會營業。

H Ngwe Saung Yacht Club & Resort
MAP P.104外

🍴🚲📺 NHK 🛏💺💧 WiFi
59/63/64, Ngwe Saung Beach
(042) 40100～19 FAX (042) 40120
URL www.ngwesaungyachtclub.com
E reservation@ngwesaungyachtclub.com
費 AC ⑤①US$70～300 CC MV 室134房

為了2013年東南亞運動會SEA Games而建的大型度假村，提供最高等級的設備，客房採海洋風的內部裝潢，十分時尚。

H Eskala Hotels & Resorts Ngwe Saung
MAP P.104

🍴🚲📺 NHK 🛏💺💧 WiFi
住Ngwe Saung Beach (01) 2300079、(042) 40343、09-9778-33334
URL www.eskalahotels.com
E reservation@youreskara.com
費 AC ⑤①US$120～190 CC 無 室60房

位在海灘中段處的精品度假村，內部非常時尚且客房都有陽台，在內維桑規模最大的游泳池所眺望的夕陽更是絕美無比，豐富的自助式早餐也同樣是受歡迎的理由。

H The Emerald Sea Resort
MAP P.104

🍴🚲📺 NHK 🛏💺💧 WiFi
住Ngwe Saung Village (042) 40247、09-5200-890～1、09-5200-740
URL www.emeraldseahotel.com
費 AC ⑤①US$100～185
CC MV 室23房

熱帶花園裡分布著小木屋建築，洋溢度假氛圍，亞洲風格的客房採用木地板也打掃得非常乾淨。

H Shwe Hin Tha Hotel Ngwe Saung Beach
MAP P.104

🍴🚲📺 NHK 🛏💺💧 WiFi
住Ngwe Saung Village (042) 40340、40264、09-5200-618 E tam.tunlin@gmail.com
費 FAN ⑤①US$30～40 AC ⑤①US$60～72 CC 無 室34房

客房形式非常多種，在昌塔海灘也有姊妹飯店（→P.102），兩者都是全年無休經營。

H Soe KoKo Beach House
MAP P.104

🍴🚲📺 NHK 🛏💺💧 WiFi
住Myo Pat Rd., 2nd Qtr. 09-5001-025、09-5132-440 URL www.soekokobeachhousengwesaung.com E kosoetourguide@gmail.com
費 FAN ⑤US$18、32 ①US$20、35
CC 無 室10房

位在市區、氣氛溫馨的民宿，以木材與竹子打造的小木屋非常乾淨，餐廳的料理也很美味，淋浴只有冷水。

※5～9月的雨季期間，以觀光客為對象的餐廳多數都不營業。

作為殖民年代貿易中繼站而繁榮

卑謬
Pyay

在仰光西北方約300km處,大約是仰光與蒲甘正中央位置的就是卑謬這座城市,古代驃族所建立的室利差呾羅王國首都,地點就正在卑謬附近。現在所看到的卑謬,整座城市是在蒲甘王朝年代作為伊洛瓦底江畔貿易之都而建,等到英國開始殖民以後,更是銜接上緬甸與下緬甸河川運輸的重要中繼站,而1877年開通的第一條緬甸鐵道,其路線就是往來於仰光與卑謬之間。時至今日,卑謬依舊是水運交通要衝而十分繁盛。

疊立在瑞山都佛塔東朝拜大道前的佛塔

前往卑謬　　　　　　　　　ACCESS

◆仰光出發
🚆 快速列車1日1班,13:00出發,所需時間約8小時30分鐘,硬座1950K。因為很容易客滿,最好盡可能提早購票才能安心。
🚌 仰光長途巴士總站(MAP P.39-C1)有New Generation(Myo Sat Thit)等公司經營,6:30〜22:30間幾乎每小時發車,所需時間約6小時,5000K,長途巴士總站是終點。

位於市中心的卑謬車站

前往仰光:巴士在6:30〜13:00間幾乎每小時發車,之後在16:00〜17:00左右有3班車,夜車是21:00、22:00出發,所需時間約7小時,5000K。

◆曼德勒出發
🚌 長途巴士總站(MAP P.160-B5)在17:00、18:00、19:00發車,所需時間約12小時,1萬〜1萬500K。

略微郊區的卑謬長途巴士總站

◆蒲甘出發
🚌 行駛有夜行巴士,15:30與18:00出發,所需時間約8小時,1萬6000K。

◆內維桑出發
🚌 搭乘迷你巴士,所需時間約12小時,1萬6000K。

卑謬的巴士總站:巴士公司的服務處不在市區內,車票要在市中心以東約3.5km處的長途巴士總站購買,從市區搭乘摩托計程車1000K,三輪計程車2000K。長途巴士總站與矗立著翁山將軍雕像的圓環之間可靠嘟嘟車往來,所需時間約10分鐘,200K。

漫遊卑謬 Exploring

　　卑謬屬於伊洛瓦底江東岸較為大型的城市，能夠俯瞰市區街道的山丘頂端，還聳立著黃金瑞山都佛塔，而有著商店、食堂林立的熱鬧地帶是有著翁山將軍雕像、呈南北而走的Lanmawdaw街Lanmawdaw St.以及Yangon Pyay路Yangon Pyay Rd.，在車站前也有食堂及茶館，至於沿著河川而走的史丹德路Strand Rd.，一到傍晚時分就會湧入來納涼的在地人，河岸邊還會有茶攤的服務。

卑謬市區的中心地帶，就在擁有翁山將軍雕像的圓環

主要景點 Sightseeing

從山丘守望著卑謬的聖地	MAP P.107
瑞山都佛塔	ရွှေဆံတော်ဘုရား
Shwe San Daw Paya	

　　瑞山都佛塔與仰光大金寺、勃固瑞摩屠佛塔一同並列為緬甸三大佛塔，同時也是神聖的朝聖聖地之一，因為位在山丘之上而擁有絕佳視野，能夠將伊洛瓦底江與卑謬市區盡收眼底。佛塔中祭祀有佛祖的頭髮，在四周圍還能看到包括東朝拜大道口的大佛在內，分散著不少的佛像與寺院。

Information

郵局
MAP P.107
開 週一～五9:30～16:30
休 週六、日

卑謬的馬哈牟尼佛
　百姓深信「擁有著靈魂」的馬哈牟尼佛雕像，在緬甸國內一共有4尊，其中1座就在卑謬的伊洛瓦底江對岸，可以包租三輪計程車等交通工具前往，只說「Mahamuni」也能通。

卑謬的夜市
　在翁山將軍雕像西側，鐵軌與伊洛瓦底江之間的巷弄裡有著非常多攤販匯聚，從黃昏後開始熱鬧起來。除了能夠簡單地用餐以外，也有販售點心及水果。

像是參加慶典一樣熱鬧的夜市

瑞山都佛塔
開 5:00～21:00
休 無
費 3000K（外國人門票）
　面對北朝拜大道口的右側有電梯，可到緊鄰在旁邊的櫃台支付門票費用。

瑞山都佛塔就在能俯瞰卑謬市區的山丘上

從寺院院落來眺望市區

（地圖標示）

橫濱 Yokohama ▶ P.1/10、往Hton/Bo村的嘟嘟車乘車處
Hline Ayar Stage Restaurant
Strand Rd.
Merchant St.
翁山將軍雕像
Pan Ga Ba Guest House ▶ P.110
Myat Lodging House
High St.
郵局
My Cow
Kan St.
▶ P.110 May Ywet War Restaurant
消防署
印度寺院
夜市
Lucky Dragon Hotel ▶ P.110
Hotel 3D ▶ P.110
Pyay Strand Hotel
往Shwe Doung村的嘟嘟車乘車處
IWT服務處
IWT渡輪乘船處
伊洛瓦底江 Ayeyarwady River
Yangon Pyay Rd.
卑謬車站
翁山將軍雕像 Bogyoke Aung San Statue
往長途巴士站的嘟嘟車乘車處
Smile Motel
Bogyoke St.
UAB
CB
ATM
電梯搭乘處、外國遊客門票費支付櫃台
來自仰光的巴士會停靠在這一帶
Yoma Royal Hotel
往Shwe Doung村
Au Kouk Taung石窟
▶ P.107瑞山都佛塔
Shwe San Daw Paya
AGD
警署
ATM
ATM
Mingalar Garden Resort▶ P.110
長途巴士總站、
卑謬
Pyay
N
0　50　100m

室利差呾羅城

交通 從卑謬來到室利差呾羅城所在的Hmawzar村，搭乘嘟嘟車是200K，所需時間約30分鐘。不過一般最常見的方式，就是在卑謬包租摩托計程車周遊主要景點，包租3～4小時約需8000K左右，在遊客中心租牛車的話，所需時間是2～3小時，7000K。

室利差呾羅城考古博物館

MAP P.108
開 週二～日9:30～16:30
休 週一、節日
費 5000K，遺跡門票費5000K

展示來自遺跡的出土古文物，只要大約15分鐘就能夠逛得完的小型博物館。

大約位在室利差呾羅城中央處，Hmawzar村的博物館

Information

世界遺產

2014年6月，緬甸擁有了第一個正式登錄的世界遺產「驃國古城」。西元2～9世紀間於緬甸中部伊洛瓦底江流域繁盛發展的驃國，將其要塞城市的室利差呾羅城、罕林(→P.193)、毗濕奴城3地列入名單中。

室利差呾羅城的稱謂

在地民眾都是直接以村落名稱，也就是「Hmawzar」來稱呼，比較易懂。

四角造型的Lemyatnha Temple寺院

郊區景點　　　　　　　Excursion

保留著驃族的歷史遺跡　　　　　**MAP拉頁-C6**
室利差呾羅城(達耶其達亞)
Sri Ksetra (Thayekhittaya)

室利差呾羅城(達耶其達亞城)是緬甸第一個世界遺產「驃國古城」的其中一處，建造於3～9世紀間，為驃國最大的要塞城市遺跡，地點就在卑謬東北方約9km，遺跡範圍東西寬4km、南北達5km之廣，城牆外圍還保留著Paya Gyi Paya佛塔、Paya Ma Paya佛塔、Baw Baw Gyi Paya佛塔，這3座超過45m高、造型如同砲彈的獨特巨大佛塔(據說最早是有著4座佛塔)，由此可以得知當年整個王國所管轄的土地範圍面積。城牆以內的中央位置有著皇宮遺跡，緊鄰一旁的是遊客中心與考古博物館，能夠一睹遺跡中出土的各種古文物。在遺跡之內的觀光景點，還包括曾有過聯盟關係的毗濕奴女王陵墓Cemetery of Queen Beikthano、Bebe Paya佛塔及Lemyatnha Temple寺院等。遺跡範圍非常廣闊，想要靠徒步方式逛完相當困難，由於道路幾乎都已經鋪設成柏油路，可以包租摩托計程車遊逛，如果想更悠閒地欣賞的話，也能夠在遊客中心租到牛車。

呈現粗厚圓筒造型的Baw Baw Gyi Paya佛塔

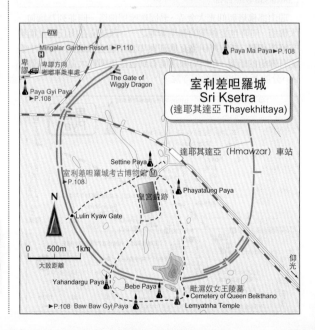

室利差呾羅城
Sri Ksetra
(達耶其達亞 Thayekhittaya)

擁有戴眼鏡佛像的寺院

Shwe Myeth Man Paya佛塔

`MAP拉頁-C6`

ရွှေမျက်မှန်ဘုရား

Shwe Myeth Man Paya

戴著眼鏡、風格獨特的佛像

Shwe Myeth Man Paya佛塔就在卑謬往南14km，Shwe Daung村中的寺院裡，原本是這一地的地主為了增加人們的信仰，故意讓佛像戴上眼鏡好引起眾人的好奇心，曾幾何時開始流傳成這尊大佛可以治百病，特別是能夠治癒眼疾。第一副眼鏡毀損，第二副眼鏡遭盜，現在大佛戴著的是第三副，在正殿入口處的大箱子裡，就擺滿了因為信眾朝拜過大佛而眼睛恢復視力後，親自將不再需要的眼鏡貢獻出來並保管在箱子中。

就在風光明媚的環境中

Shwe Nat Taung Paya佛塔

`MAP拉頁-C6`

ရွှေနတ်တောင်ဘုရား

Shwe Nat Taung Paya

一望無際的開闊田園土地間，Shwe Nat Taung Paya佛塔就與濃蔭綠樹齊高地威風凜立著，擁有「黃金靈魂的高山」之名。據信佛塔創建於室利差咀羅城年代，不過現在所看到的則是蒲甘王朝後期樣式，穿越過拱門後的左手邊即是蓮花池，高聳於後方的建築正是Shwe Nat Taung Paya佛塔，在右側的則為Shwebonthar Muni Paya佛塔，能夠一睹除了臉部以外全都用黃金包覆的絢爛華麗大佛，至於位於Shwe Nat Taung Paya佛塔後方的Ma Sin Paya佛塔，則慎重地收藏有1尊使用珠寶裝飾的小佛像。

峭壁上雕刻著500尊以上的佛像

Au Kouk Taung石窟

`MAP拉頁-C7`

အနောက်တောင်

Au Kouk Taung

河畔岩石峭壁上雕刻著無數尊的佛像，Au Kouk Taung石窟可說是在地最具代表的名勝，地點就在勃固省與伊洛瓦底江流域間邊界的Hton Bo村。座落在伊洛瓦底江江畔的這一處村子，自古以來就是銜接上緬甸與下緬甸的貿易重鎮，過去還曾經設置過關卡，而在距今約100年前，停留在村莊中的商人為了打發時間，於是在石壁沙岩上開始雕琢佛像並因此帶起了風氣，隨後更招攬了來自蒲甘、曼德勒的雕刻工匠，接二連三完成出水準更高、更為莊重的石刻佛像，而在山上還設有佛塔與寺院，對於朝拜香客會供應免費齋食。

臨著伊洛瓦底江的岩石峭壁上雕刻著無數佛像

Shwe Dawn村

交通 從卑謬的翁山將軍雕像處沿著Yangon Pyay路往南行進2個街區，右手邊（MAP P.107）就有嘟嘟車於7:00～18:00間，每隔15分鐘會發車，300K，所需時間約45分鐘。到了終點站下車，朝卑謬方向稍微往回走一段，在第一個左邊轉角處就看得到招牌了，在那裡往左右邊進入直走，從巴士站過來徒步約10分鐘，右手邊就是Shwe Myeth Man Paya佛塔了。

Shwe Myeth Man Paya佛塔

開5:00～21:00
休無
費免費

Shwe Nat Taung Paya佛塔

交通 距離Shwe Dawn村的巴士站往西南6～7km，徒步約1小時30分鐘。
開6:00～18:00
休無
費免費

在空無一物的丘陵地帶間，僅有華麗萬分的佛塔聳立著，這也正彰顯著佛教大國的底蘊

Information

周遊郊區時，包租摩托計程車最方便

想前往Shwe Myeth Man Paya佛塔或者是Shwe Nat Taung Paya佛塔的話，不妨包租1輛摩托計程車，周遊這兩處寺院需要2～3小時時間，租金行情大致是1萬～1萬2000K左右。不過從Shwe Dawn村 前 往Shwe Nat Taung Paya佛塔的路途並不十分平坦，要有心理準備。

Au Kouk Taung石窟

交通 從卑謬的長途巴士總站，搭乘前往堅景Kyan Gin或緬昂Myanaung的巴士，到途中的Hton Bo村轉運站下車，所需時間約2小時，車資2000～3000K；從這裡到Hton Bo村約2.5km。卑謬也有直達的嘟嘟車在史丹德路Strand Rd.上載客，但是車班非常少。需要在Hton Bo村的碼頭租船，1艘船1萬5000K。從卑謬包計程車來回約5萬K，摩托計程車則是2萬K。

H Mingalar Garden Resort

MAP P.108

🍴🛏️📺NHK🔌💼🧺 WiFi

住Flying Tiger Garden, Aung Chan Tha Qtr.
☎（053）28661～5
URLwww.mingalargardenresort.com
費AC Superior⑤US$70　①US$80
CC無　室43房

　　位在卑謬的郊區，鄰
近室利差呾羅城的Paya
Gyi Paya佛塔的度假飯
店，小屋就圍繞著人工
水池而建，能讓人放鬆
身心。每間客房都有陽台而非常舒適，另外
也有便宜的標準客房，但是外國遊客無法預約
住宿，而且客房種類中又以Superior房型較新
而舒服。

H Lucky Dragon Hotel

MAP P.107

🍴🛏️📺NHK🔌💼🧺 WiFi

住772, Strand Rd.　☎（053）24222、24654
E luckydragonpyay@gmail.com
費AC⑤US$45　①US$50　CC無　室30房

　　這間中等級飯店就在
沿著伊洛瓦底江而設的
Strand路上，開幕於
2008年12月，屬於卑謬
一地較為新穎的飯店，
除了在中庭有著游泳池之外，每間客房都提
供熱水淋浴，有衛星頻道的電視及迷你吧，
Superior客房還有浴缸設備，施以白牆與茶褐
色調的典雅內部裝潢，亦是時尚無比。

H Hotel 3D

MAP P.107

🍴🛏️📺NHK🔌💼🧺 WiFi

住1448, Shwe The Tann St.
☎（053）24044、27700、09-9739-39395
E hotel3dmyanmar@gmail.com
費AC⑤US$25　①US$40～50　CC無　室27房

　　就在翁山將軍雕像附
近，開幕於2015年，因
此設備都很新穎，工作
人員也十分親切，送洗衣
物也相當便宜，不過單人客房面積非常狹窄，
而浴缸僅在家庭客房才有供應。

H Pan Ga Ba Guest House

MAP P.107

🍴🛏️📺NHK🔌💼🧺 WiFi

住342, Merchant St.　☎（053）26543
費FAN⑤9000K～　①1萬8000K～　AC⑤1萬2000K～
①1萬8000～2萬2000K　CC無　室11房

　　運用緬甸古老民宅建
築模式，簡單結構的民
宿，因為老闆友善的性
格而吸引許多回頭客住，
還會幫忙安排訂購巴士或渡輪票券，也出租
腳踏車（2000K），同時美味的早餐更是深
受好評。

　　卑謬的食堂或茶館多數都在Lanmawdaw街以
及翁山將軍雕像前的翁山將軍街上，由翁山將軍
雕像往南1、2個街區的西邊小路，則有許多平價
食堂。

R May Ywet War Restaurant

MAP P.107

住767A, Kan St.　☎（053）25338
營10:00～21:00　休無　CC無

　　提供中華料理與
緬甸菜的大眾化餐
廳，售價3500K、
帶出洋蔥甜味的白
肉鰣魚Hilsa咖哩最
值得推薦，炒飯則
是2000～2500K，
其他各種口味咖哩
是3500K～。

R 橫濱

Yokohama　MAP P.107外

住417, Kannar St.　☎09-4236-70456
營11:30～14:00、17:00～22:00　休無　CC
無

　　由伊洛瓦底江畔的
Strand路往北徒步約6～7
分鐘，河川對岸處就有這
麼一處能夠眺望夕陽的絕
佳位置的日本料理餐廳，餐點以令人懷舊的家
常口味為中心，豬排丼4000K、蛋包飯3000K
等都是相當在地的價位，不僅受到當地外國人
的喜愛，也很獲得當地民眾的支持。推薦這裡
烤得恰到好處的烤雞腿3000K。

面對著孟加拉灣的額布里海灘，是在英國殖民年代由義大利人所命名、深具歷史傳統的一處海灘度假勝地，因為這裡與義大利拿坡里的海灘極為相似而稱之為拿坡里海灘，但其發音添加了緬甸口音以後就轉變成為了Ngapali。儘管在1960年代有政府經營的Ngapali Beach Hotel落成，但是真正發展成為海灘度假勝地卻是進入1990年代才開始，自1998年高級飯店Bay View Beach Resort開幕以來，世界各大高級飯店紛紛進駐，現在整個海灘度假勝地也依舊在不斷地開發當中，不過海灘上還是保留著悠閒自在的氛圍，可以前進無人島浮潛或參加釣魚之旅等，盡情地享受安靜祥和海洋的樂趣。

來好好地感受緬甸的海灘度假勝地

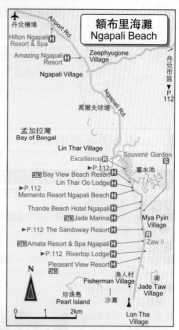

額布里海灘
Ngapali Beach

丹兌機場　Airport Rd.
Hilton Ngapali Resort & Spa
Amazing Ngapali Resort
Zeephyugone Village
Ngapali Village
丹兌市區 ►P.112
Ngapali Rd.
高爾夫球場
孟加拉灣 Bay of Bengal
Lin Thar Village
Excellence
Souvenir Garden
蓄水池
ATM Bay View Beach Resort
►P.112
Lin Thar Oo Lodge
►P.112 Memento Resort Ngapali Beach
Thande Beach Hotel Ngapali
ATM Jade Marina
Mya Pyin Village
►P.112 The Sandoway Resort
Zaw II
ATM Amata Resort & Spa Ngapali
►P.112 Rivertop Lodge
潮
Pleasant View Resort
ATM
漁人村 Fisherman Village
Jade Taw Village
珍珠島 Pearl Island
沙灘
0　1　2km
Lon Tha Village

➡ 前往額布里　　　　　　　　　　　ACCESS

◆仰光出發

✈ 可以飛往最為接近的丹兌機場，10～5月的旺季有KBZ航空、金緬航空、Mann Yadanarpon航空等每日5個航班，仰光航空則是在每週一·五有2班，淡季時會減少航班，所需時間約55分鐘，US$95。從機場來到丹兌市區Thandwe，搭乘計程車約15～20分鐘，1萬8000～2萬K，共乘計程車是5000～6000K。

🚌 仰光長途巴士總站(MAP P.39-C1)至丹兌，每日

8:00發車，所需時間約22小時，2萬500～2萬1000K；卑謬出發所需時間約9小時，2萬6500K，途中會經過多處檢查崗哨，一定要記得隨身攜帶護照。從丹兌再到額布里海灘，搭乘共乘巴士是3000～3500K左右。

注： 額布里海灘的飯店只要有預約住房，就會提供丹兌機場的接送服務。

主要景點　　　　　　　　　　　Sightseeing

緬甸最具代表的正港海灘度假地	MAP P.111
額布里海灘	ငပလိကမ်းခြေ
Ngapali Beach	

全長約5km的白沙海灘，沿著海灘而走的單一道路上，靠海一側林立著多家中級～高級的飯店，而且在飯店附近新鮮盡是能夠

Information
船舶之旅
最經典的自然就是前往近海處無人島的珍珠島之旅了，包含浮潛等套裝行程在內，1日行程3萬～4萬5000K，另外也有半日之旅及釣魚之旅。

Information

值得推薦的餐廳＆商店

ⓇZaw II

散發清新酸味的若開咖哩魚（5000K）十分美味。

ⓇExcellence

招牌菜是蝦、螃蟹，值得推薦的是椰汁咖哩蟹（6000K）。

ⓈSouvenir Garden

想購買織籃、貝殼工藝品等簡單紀念品的話可以到這裡來，既便宜又有許多選擇。

大啖新鮮海鮮的在地餐廳。在這裡的飯店或者餐廳，甚至會推出前往珍珠島Peral Island等無人島，體驗浮潛或出海釣魚的觀光船之旅。

郊區景點 Excursion

丘陵環繞的小城市 MAP 拉頁-B7
丹兌
Thandwe

搭乘巴士造訪額布里海灘時，就會來到丹兌這處交通轉運城市，以市區為中心的三面小丘陵上，還分別矗立著Shwe San Daw、Shwe Nan Daw及Shwe An Daw這3座佛塔。

額布里海灘的住宿
HOTEL

Ⓗ The Sandoway Resort
MAP P.111

🍴🏊📺NHK 🈳💻🈺WiFi

住Mya Pyin Village, Thandwe ☎（043）42233
仰光服務處☎（01）298934、201271
FAX（01）203497 URLwww.thesandowayresort.com
Ｅfo@thesandowayresort.com 費AC
Deluxe⑤①US$150～ Villa Beach FrontUS$280
CCMⓋ 室59房

額布里首屈一指的高級度假村，Villa Beach Front是擁有120m²的寬敞客房，並且配置了大理石浴缸及能夠飽覽海洋的陽台，非常值得推薦，而游泳池等遊樂設備也是應有盡有，Deluxe客房僅提供淋浴設備。

Ⓗ Bay View Beach Resort
MAP P.111

🍴🏊📺NHK Ⓕ🈳💻🈺WiFi

住Lin Thar Village, Thandwe ☎（043）42300
仰光服務處☎（01）504471 FAX（01）539348
URLwww.bayview-myanmar.com
費AC⑤US$130～ ①US$180～
CCMⓋ 室45房

從設備、服務到餐廳都擁有一定好評的飯店，客房是水泥小屋風格，搭配上自然時尚的裝潢用具而顯得非常優雅，提供冰箱的客房並不多，有需要的話得在預約或登記住房時，直接提出要求。

Ⓗ Rivertop Lodge
MAP P.111

🍴🏊📺NHK 🈳💻🈺WiFi

住Mya Pyin Village, Thandwe
☎（043）42060、09-2503-54659
費AC標準房⑤①US$95 Superior房⑤①US$120
CCMⓋ 室52房

時尚又悠閒的度假村，客房裝潢陳設採木質調而顯得非常舒適，也相當乾淨，工作人員的服務態度同樣很好，儘管沒有面對著大海，房價卻也因此相當划算，徒步至海灘只要1分鐘，還會幫忙準備好防曬的海灘帽。

Ⓗ Memento Resort Ngapali Beach
MAP P.111

🍴🏊📺NHK 🈳💻🈺WiFi

住Lin Thar Village, Thandwe
☎（043）42441、42023 FAX（043）42021
Ｅngapalimementoresort@gmail.com
費AC⑤①US$60～ CCMⓋ（刷卡＋3%）
室30房

也備有花園景色客房的超值度假村，而且每間客房都有冷氣及熱水淋浴、電視，不過浴缸設備僅在Superior房才有。

前進古都妙烏的玄關城市

實兌
Sittway

有著漁船張揚著白色風帆緩行的加叻丹河,最終注入孟加拉灣的河口處城市就是實兌。這裡不僅是緊鄰孟加拉的若開邦首府,更是前往古都妙烏的玄關城市。這一地過去經歷Dhanyawadi、Waithali到謬烏這3個王國,長達2000年的統治之中,在謬烏王朝時更作為亞洲與中東、歐洲的海洋貿易中繼站之一而繁榮,保留有融合印度教與佛教後開創出來的

獨有文化。時至今日,實兌依舊擁有著眾多印度教、穆斯林居民,將來自印度的鋁製水桶頂在頭上,身上纏著色彩繽紛的特敏的婦女們在街上行走,也成為了若開邦獨有的街頭風情。來自三角洲的優良海蜇、螃蟹、蝦等海鮮,則是會出口至馬來西亞、台灣與中國。

加叻丹河有著各式船隻錯往行來

▶前往實兌　　　　　　　　　ACCESS

前往實兌的交通時間、費用經常會有變動,需要確認清楚,而且陸路前往實兌相當耗費時間,並不推薦。

◆仰光出發

✈ 曼德勒航空每日都有航班,KBZ航空則是1日兩班飛機,US$90～125,所需時間約55分鐘,部分航班還會經過丹兌。抵達機場之後,會在入境大廳接受海關人員的審查,記得準備好護照。從機場前往市區,計程車是6000K,三輪計程車ThoneBane是1500K,所需時間約15～20分鐘。

🚌 從仰光的仰光長途巴士總站（MAP P.39-C1）出發,所需時間約22小時,2萬500～2萬1000K,另外也有從曼德勒、馬圭出發。

🚌＋🚢 從仰光的仰光長途巴士總站（MAP P.39-C1）出發,來到中繼點的洞鴿後,再轉乘渡輪前往實兌。前往洞鴿方向巴士是每日14:30～15:00間發車,所需時約14小時,1萬3000K。要注意的是由於道路狀況惡劣,特別是在雨季期間經常會不事先通知就停駛。洞鴿

到實兌之間也有民營的快速船可以利用,洞鴿～妙烏所需時間約10小時。Malikha公司的船班是週三・六6:00從洞鴿出發,17:30抵達實兌（實兌是週一・四的6:00出發,16:00抵達洞鴿）,US$35;Shwe Pyi Tan公司的船班是週二・五・日6:00從洞鴿出發,16:00抵達實兌（實兌是週三・五・日的6:00出發,17:30抵達洞鴿）,US$35,所需時間會根據天候而有差異。

妝點得十分有緬甸風情的實兌機場

實兌
Sittway

N

民間粗船乘船處
往妙烏、洞鵡碼頭
IWT服務處

妙烏 ▶P.116

The Buddha Museum M

Malikha公司售票處

Shwe Pyi Tan公司售票處

Prince Guest House ▶P.115

▶P.115
Atulamarazi Pyelon Chanta Payagi

U Ottama St.

曼德勒航空服務處

KBZ

Main Rd.

Strand Rd.

加叻丹河
Kaladan River

Kiss Internet Cafe
（網路）

MESL服務處

舊鐘塔

市場

碼頭

Yae Twinn St.

▶P.115 Noble Hotel
Cafe Mopulle

清真寺

若開邦文化博物館 ▶P.114
Rakhaing State Cultural Museum

緬甸料理餐廳林立

Akauk Yone St.

實兌大學

Aung ▶P.115

電信局

RV Seafood Restaurant

May Yu

Shwe Mint Mho

Gisspanadi Seafood Restaurant

市政廳

新鐘塔

Shwe Tha Zin Hotel ▶P.115

釋迦摩尼像
Sa Kyamuni Images

May Yu Rd.

River Valley Seafood Restaurant

501 Restaurant

▶P.115
Lowkananda Paya

機場

Baw Dhi Rd.

0   250   500m

Sittway Hotel ▶P.115

舊鐘塔與市中心所在的主要大街

這座是新鐘塔

漫遊實兌　　　　　　　　　　　Exploring

　　機場到實兌市區之間的距離約1.5km，路途中右手邊就能看到非常壯觀的Lowkananda Paya佛塔，繼續往前就是貫穿城市南北的主要大街Main Rd.，接著朝北行進約500m，當右側出現了若開邦文化博物館時，就屬於商店、廉價食堂林立稍稍熱鬧一點的地帶。持續前行150m左右，右邊即聳立著木造的鐘塔，下方是警察局，從這裡往東2個街區則是與主要大街平行的Strand路，站在此地所眺望到的加叻丹河彷彿大海一樣壯觀，街道邊有著多間小而美的餐廳，而保留著英國殖民年代風韻的碼頭周邊是市場所在，白天時相當熱鬧，另一方面主要大街的西側屬於寧靜住宅區。

主要景點　　　　　　　　　　　Sightseeing

展示著豐富的在地文化相關文物

MAP P.114

若開邦文化博物館　　ရခိုင်ပြည်နယ်ယဉ်ကျေးမှုပြတိုက်
Rakhaing State Cultural Museum

　　1樓主要是展示興盛於5～7世紀Waithali王朝、15世紀左右的謬烏王朝年代錢幣、浮雕等出土文物，並且利用古代城市模型讓遊客可以對整個若開邦到18世紀為止的歷史，能夠有個概略認識。2樓則為樂器、日常用品、婚禮服飾、紡織機、傳統民宅模型等，以民俗相關文物為中心展出。在佛教美術展區中，除了出土古文物以外，還看得到位於妙烏的佛教遺跡模型，3樓是圖書館。

展示著若開邦的文化、歷史相關文物

若開邦文化博物館
住 Main Rd., Maw Leik Qtr.
☎（043）23465
開 週二～日9:30～16:30
休 週一、節日
費 2000K

114

擁有超過100年歷史的大佛
Atulamarazi Pyelon Chanta Payagi佛寺
MAP P.114
အတုမရှိပြည်လုံးချမ်းသာဘုရားကြီး
Atulamarazi Pyelon Chanta Payagi

通常直接稱為Payagi，雖然擁有著僧院一般的樸素外觀，不過建築物的柱子用了金、綠2種顏色裝飾，而散發著金色光芒的大佛，則是以金、銀、銅所鑄成，據信完成於1900年。

古老佛像安置於新建物內
Lowkananda Paya佛塔
MAP P.114
လောကနန္ဒာဘုရားနှင့်စကြာမုနိဘုရား
Lowkananda Paya & Sa Kyamuni Images

佛塔建立於1995年，屬於年代比較新的1座佛塔，不過在佛塔後方有1座以不透光玻璃覆蓋的寺廟，放置著相傳製作於西元前11世紀的釋迦牟尼佛像，而且這尊小佛像的表面還貼上了多達1162尊的迷你佛像。

Atulamarazi Pyelon Chanta Payagi佛寺
🚃 從主要大街往U Ottama街朝西徒步約15分鐘，三輪車是1000K。

Lowkananda Paya佛塔
🚃 從舊鐘塔周邊搭乘三輪車約15分鐘，1000K。
佛像會使用到1162尊，這個數字據信是擁有著全部合而為一的意涵，因為數字一一加總起來為10，而1與0加起來又成為了1。

實兌的住宿
HOTEL

提供外國人下榻的飯店或民宿相當少，因此即使不在旺季也最好事先預約才能安心。

H Noble Hotel
MAP P.114

🍴🚻📺NHK📶🚿🛁WIFI

🏠45, Main Rd., Maw Leik Qtr.
☎（043）24050、23558　FAX（043）23559
🌐www.noblehotelsittway.com
✉anwnoble@gmail.com
💰AC⑤US$45　①US$50　CC無　🛏20房

商務風的客房乾潔舒適，工作人員應對也很完善，24小時供電，Wi-Fi雖然免費，但客房訊號不佳。

H Shwe Tha Zin Hotel
MAP P.114

🍴🚻📺NHK📶🚿🛁WIFI

🏠250, Main Rd., Kyaebingyi Qtr.
☎（043）22319、22314、09-4966-0399
☎FAX（043）23947
✉sittwe@shwethazinhotel.com
💰AC Superior房⑤US$45　①US$50　Deluxe房⑤US$50　①US$60　CC V　🛏30房

僅有Deluxe房提供浴缸設備，可在視野絕佳的屋頂享用早餐，電力24小時供應，不過飯店稍嫌老舊。

H Sittway Hotel
MAP P.114外

🍴🚻📺NHK📶🚿🛁WIFI

🏠7, Beach, West Sanpya
☎09-4505-66516、09-2639-27808
FAX（043）21328
🌐www.royalsittwresort.com
✉royalsittwresort2011@gmeil.com
💰AC標準房⑤US$80～90　①US$85～90
Junior套房⑤①US$100～120
CC無　🛏40房

位在市區外圍海灘前，由政府經營的飯店，稍嫌老舊的外觀卻很氣派，客房設備也是應有盡有。

H Prince Guest House
MAP P.114

🍴🚻📺NHK📶🚿🛁WIFI

🏠27, Main Rd., Maw Leik Qtr.
☎09-2607-01079
FAX（043）50174　✉myaukprince@gmail.com
💰AC⑤①US$30～50　CC無　🛏9房

木造建築老舊，客房空間大小也都不一致，小型客房中只有床鋪而已，提供緬甸風味的早餐，而淋浴還有供應熱水。

實兌的餐廳
RESTAURANT

博物館後方有條緬甸料理餐廳林立的巷弄，提供有英語菜單，比較方便外國遊客點餐的是Aung（MAP P.114）。

遺留著阿臘干王朝佛塔的美麗古都

妙烏
Mrauk-U

位在若開邦的古都妙烏，1433年國王彌修牟將首都定在此地，直到1785年被緬甸王朝合併為止之前約350年間，從西緬甸直到孟加拉灣一帶都是由阿臘干王朝Arakan所統治，16世紀Min Bin王在位時迎來王朝最鼎盛時代，當時作為亞洲一大貿易往來重地，最遠自荷蘭、葡萄牙到中東國家都有所交易，使得妙烏繁華無比。當時葡萄牙所記述的歷史文獻中就以「黃金都市」來形容妙烏，包含紅寶石、藍寶石等大量珠寶都在這裡進行買賣，傳說因為天主教禁教令逃往緬甸的日本武士，還因此被聘僱為國王的護衛。

綠意環繞中的美麗街道

➡ 前往妙烏　　　　　　　　　　　　　　ACCESS

◆**實兌出發**

🚢 從實兌碼頭出發的慢船，所需時間約4小時30分鐘，US$10，實兌是在週二・四・六7:00出發（妙烏是週二・五・日出發）；快船所需時間約3小時，US$20，實兌的週一・四7:00出發。雨季時通常都會停駛，這種時候就是包租民營船（→P.118邊欄），船資來回US$100～120並不便宜，會需要在妙烏下榻2晚，靠著交涉，每日運輸貨物或人的船隻也能載人，行情大致是US$20～30左右。從實兌市區到碼頭，可乘坐三輪車（3000K）、三輪計程車ThoneBane（5000K）前往。

◆**其他城市出發**

🚌 外國遊客在特定城市之間有VIP巴士可以搭乘，仰光的仰光長途巴士總站（MAP P.39-C1）出發所需時間約20小時，2萬5000～3萬K；曼德勒出發所需時間約18小時，2萬5000～3萬K；馬圭出發所需時間約11小時，2萬5000～3萬K（有計畫前往蒲甘的話，由馬圭出發會比較近，馬圭～蒲甘間交通所需時間約4～5小時，2800K）。妙烏的巴士總站距離市區約3km遠，從妙烏搭乘巴士前往的話，在售票處前有嘟嘟車接駁，部分公司的巴士還能夠從售票處上車。

漫遊妙烏　　　　　　　　　　　Exploring

　　主要景點都集中在皇宮遺跡以北一帶，街道也都鋪設有柏油，因此只要租輛腳踏車等，花上半天時間就能逛得完。銜接船舶碼頭與皇宮的街道沿途是市場，周邊是市區最為繁華熱鬧的區域，食堂、商店林立，在南部還有為了抵禦外敵入侵而開鑿的人工湖泊，現在是人們的日常休憩場所。

妙烏觀光費
💰 5000K
　　會在錫當寺的院落內或碼頭處收取。

考古博物館
🕘 週二～日9:00～16:30
🚫 週一
💰 5000K
　　位於皇宮遺跡之內，也有可能在這裡收取妙烏觀光費。

主要景點　　　　　　　　　　Sightseeing

傳遞著若開邦的豐富歷史　　　　　　MAP P.117-B2

皇宮遺跡與考古博物館
Palace Excabate Site & Archeological Museum

　　建於15世紀的Min Bin國王皇宮，曾經是座以黃金、珠寶妝點得美輪美奐的奢華木造建築，如今只剩下被雜草所覆蓋的城牆遺

跡而已。考古博物館除了收藏有小型青銅佛塔、佛像以外，還有濕婆神神像、石頭星象盤、阿拉伯文鐫刻碑文、葡萄牙人的墓碑等，展示著眾多的出土文物，也傳遞著若開邦這一地曾擁有的豐富文化歷史。

妙烏的博物館

迴廊間的佛像散發奇特震懾�力	MAP P.117-B1
錫當寺	သျှစ်သောင်းဘုရား
Sittaung Temple	

錫當寺
交通 從皇宮遺跡徒步約15分鐘，騎自行車則約5分鐘，也有可能在這裡收取妙烏觀光費。

錫當寺是鐘型大佛塔被33座小佛塔環繞的1座寺院，1535年由Min Bin王下令建造，寺名擁有著8萬佛寺的意涵，也就是這裡有著8萬尊佛像並供奉著相同數量的遺物，利用靠著船舶運輸而來的大岩石打造的寺院內，由5座迴廊組成，從外側依照順序分別可以觀賞到坐佛浮雕、描繪若開邦特有風俗的典雅浮雕、敘述佛祖前世的浮雕等亮點。而佛塔高約有26m。

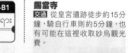
朝拜大道旁，有著號稱全緬甸最古老碑文的石柱

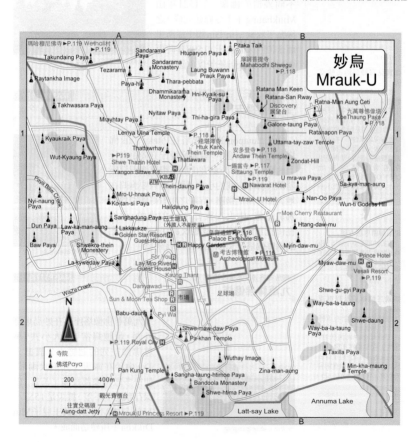

妙烏
Mrauk-U

瑪哈穆尼佛寺▶P.119 Wethali村
▶P.119
Takundaing Paya
Sandarama
Paya
Sandarama
Monastery
Htuparyon Paya
Pitaka Taik

Raytankha Image
Tezarama
Laung Buwann
Prauk Paya
摩訶菩提寺
Mahabodhi Shwegu
▶P.118

Takhwasara Paya
Paya-hla
Thara-pebbata
Dhammikarama
Monastery
Hni-Kyaik-su
Paya
Ratana Man Keen
Ratana-San Rway
Ratna-Man Aung Ceti
Discovery
展星台
九萬尊憧偉塔
KoeThaung Paya
▶P.118

Mrayhtay Paya
Nyitaw Paya
Thi-ha-gira Paya
Galone-taung Paya
Ratanapon Paya

Kyaukraik Paya
Lemya Ulna Temple
達提澤寺
Htuk Kant
Thein Temple
安多登登寺
Andaw Thein Temple
▶P.118
Uttama-tay-zaw Temple

Wut-Kyaung Paya
Thattawrhay
▶P119
Shwe Thazin Hotel
Yangon Sittwe Rd.
Thattawara
錫當寺▶P.117
Sittaung Temple
▶P.119
Nawarat Hotel
Zondat-Hill
U mra-wa Paya
Sa-kya-man-aung

Nyi-naung Paya
ATM
Thein-daung Paya
KBZ
Mro-U-hnauk Paya
Ko-tan-si Paya
Handaung Paya
Mrauk-U Hotel
Nan-Oo Paya
Wun-ti Godess Hill

Dun Paya
Law-ka-man-aung
Paya
Sanghadung Paya 巴士總站
（外國人不能使用）
Lakkaukze
Golden Star Resort
Guest House
皇宮遺跡▶P.116
Palace Excabate Site
Moe Cherry Restaurant
Htang-daw-mu

Baw Paya
Shwekra-thein
Monastery
La-kywedaw Paya
Happy Garden
For You
Lay Mro River
Guest House
Kaung Thant
考古博物館▶P.118
Archeological Museum
Myin-daw-mu
Myaw-daw-mu
Prince Hotel
Vesali Resort
▶P.119

Daniyawadi
Sun & Moon Tea Shop
市場
足球場
Shwe-gu-gyi Paya
Way-ba-la-taung

Babu-daung
Pyi Wa
Shwe-maw-daw Paya
Pa-khan Temple
Way-ba-la-taung
Paya
Shwe-daung

▶P.119 Royal City
Wuthay Image
Taxilla Paya
Min-kha-maung
Temple

Pan Kung Temple
Sangha-taung-htimoe Paya
Bandoola Monastery
Shwe-htima Paya
Zina-man-aung
Annuma Lake

N
0 200 400m
▲ 寺院
▲ 佛塔 Paya

往賣兌碼頭
Aung-datt Jetty
觀光費櫃台
Mrauk-U Princess Resort ▶P.119
Latt-say Lake

Paya Baw Creek
Waze Creek

達堪澤寺
交通 從錫當寺徒步就到。

安多登寺
交通 從錫當寺徒步就到。

摩訶菩提寺
交通 從錫當寺徒步約5分鐘。

九萬尊佛像塔
交通 從皇宮遺跡騎自行車約15分鐘。

陳列著眾多佛像

MAP P.117-B1

彷彿祕密基地般的建築
達堪澤寺
Htuk Kant Thein Temple

ထုက္ကန့်သိမ်ဘုရားကျောင်း

　　錫當寺對面猶如碉堡一般的建築物，是由Min Phalaung國王在1571年下令建造的達堪澤寺，繞著內部而建的迴廊裡共有146尊佛像。

擁有獨特造型的美麗達堪澤寺

MAP P.117-B1

據信收藏有著佛牙
安多登寺
Andaw Thein Temple

အံတော်သိမ်ဘုရား

　　在厚實磚塊打造的佛塔，加上周邊由等間分隔開來的8座佛塔環繞，比較小一點的建築就是安多登寺，中央的佛塔內部由八角形迴廊所串成，牆上陳列著擁有不同表情的佛像。在1521年由Minkhaung王下令修建完成，之後為了收藏Min Bin國王從斯里蘭卡帶回來的佛牙，1598年時再由Min Razagyi王予以重建。

具有柔和曲線的優美安多登寺佛塔

MAP P.117-B1

隱藏在小山丘上佇立著
摩訶菩提寺
Mahabodhi Shwegu

မဟာဗောဓိရွှေဂူ

　　從Ratanapon Paya佛塔往Pitaka Taik佛塔方向的巷弄途中，就能發現佇立於小山丘上的摩訶菩提寺，站在山腳下很難發現這座隱藏於林木之間的小型寺院，但只要詢問在地人都會幫忙指路。寺院之中看得到別緻的佛教繪畫，中央安置著約2m的佛像，另外從山丘頂端能夠清楚地欣賞到一旁山丘上的兩座佛塔及Ratanapon Paya佛塔。

靜靜佇立著的佛像

MAP P.117-B1 外

擺放有多達9萬尊的佛像
九萬尊佛像塔
Koe Thaung Paya

အံတော်သိမ်ဘုရား

被眾多小佛塔圍繞起來

　　九萬尊佛像塔座落在妙烏東側外圍，超越錫當寺、大小共9萬尊佛像並列的迴廊十分震撼人心，由於在露天受到風吹雨淋，使得多數佛像都長滿了苔蘚，但保存狀態並不差，據說是1553～1556年由Min Bin國王兒子Min Dikkha王所建造而成。

Information

從實兌到妙烏的渡輪交通
　　從實兌到妙烏的交通，只要能夠搭得上慢船就沒有任何問題，但要是乘坐民營船或租船的話就會有些麻煩。會這麼說是因為通常飯店都會與船東合作，特別是在遊客較少的雨季期間，兩邊雙雙提高傭金，使得租船費用會高漲到接近US$100。因此有很多飯店工作人員都會說謊，表示沒有大眾船舶而要遊客租船，因此務必要確實地掌握慢船的營運狀況。

租借腳踏車很方便
　　由於妙烏是座小城市，租輛腳踏車就非常方便，租金行情是1日2000K，可在民宿或 H Royal City 附近的腳踏車行借到車。

搭乘三輪車或計程車來觀光
　　搭乘三輪車或計程車觀光也很方便，1天中大約可以周遊10個左右的景點，預約計程車可在出發前一天委託飯店幫忙，租金會依照油錢而變動，導遊費則另外計算，半天US$20～25，1日US$45。

費 計程車－1日　US$25
　　　　　半日　US$15
　　三輪車1日
　　　　1萬～1萬5000K

郊區景點　　　　　　　　　　　　Excursion

整座佛寺都施以細緻裝飾　　　　　　　MAP P.117-A1外

瑪哈穆尼佛寺與Wethali村

Mahamuni Paya & Wethali

မဟာမုနိဘုရားနှင့်ဝေသာလီ

瑪哈穆尼佛寺
交通 從妙烏包租計程車或三輪計程車ThoneBane前往最方便，周遊瑪哈穆尼佛寺與Wethali村大致是US$30左右。

位處妙烏以北約30km的瑪哈穆尼佛寺，流傳著西元前554年佛陀曾經造訪過的傳說，可說是座歷史悠久的寺院，曼德勒的瑪哈穆尼佛寺（→P.167）內的佛像據稱就是來自於這裡，1784年波道帕耶王攻陷妙烏時帶走了這裡的佛像，現在

這才是本尊

則是由當時一同祀奉的釋迦牟尼佛像作為鎮寺本尊，只不過並非在正中央的大型佛像，一旁的小佛像才是本尊，在寺院附近還有博物館。

Wethali村是在妙烏以北8km處，保留著若開王朝遺跡的村落，村子裡到處散落著城牆遺跡及印度教神像等，位於中心位置的寺院認為是興建於327年，歷史久遠的佛寺，甚至還流傳著大型石佛是從印度千里迢迢運送而來的傳說。

Information

拜訪欽族聚落之旅
　妙烏的Vesali Resort或Mrauk U Princess Resort，都有舉辦造訪欽族村莊的觀光之旅，會是搭乘車輛與渡輪的1日行程，車與渡輪費用是US$35（依照參加人數來分攤），另外還會需要支付US$15的導遊費。

妙烏的住宿

HOTEL

H Shwe Thazin Hotel

MAP P.117-A1

🍴🛁📺NHK🔌💻🛏WiFi

住Yangon Sittwe Rd.
☎（043）50168、09-2629-78126
URLwww.shwethazinhotel.com
費ACSuperior房⑤US$55　①US$65　Deluxe房①US$80　**CC**MV　**室**48房

位於流經妙烏市區的河川旁，小木屋形式的飯店，冷氣、冰箱、浴缸都有且很乾淨整潔，即使是Superior房也相當寬敞，還有餐廳，電力也是24小時供應。

H Nawarat Hotel

MAP P.117-B1

🍴🛁📺NHK🔌💻🛏WiFi

住Nyaung Pin Seik Qtr.　☎（043）50203
仰光服務處☎（01）298943
費AC標準房⑤US$38　①US$48　Superior房⑤US$46　①US$60
CCMV　**室**30房

無論是清潔度還是設備都很良好，標準房供電是在18:00～24:00，Superior房則是24小時有電。

H Vesali Resort

MAP P.117-B2

🍴🛁📺NHK🔌💻🛏WiFi

住Mrauk-U
☎（043）50008　仰光服務處☎（01）526593
FAX（01）526325　**E**vesaliresort@gmail.com
費FAN⑤①US$65～　**AC**⑤US$75
①US$80　**CC**無　**室**21房

緬甸風的小木屋，每間客房都有熱水淋浴。

H Royal City

MAP P.117-A2

🍴🛁📺NHK🔌💻🛏WiFi

住Minbar Gyi Rd., Aung Dat Qtr.
☎（043）50257、09-4307-3323
URLwww.rivervalleymraukoo.com
費民宿⑤US$10　①US$30　小木屋**AC**⑤①US$40～　**CC**無　**室**15房

奢華小木屋提供熱水淋浴。

H Mrauk U Princess Resort

MAP P.117-A2外

🍴🛁📺NHK🔌💻🛏WiFi

住Aung Tat Yat
☎（043）50232、50235、09-8500-556～7、09-2520-83225～7
URLwww.mraukuprincess.com
費AC⑤①US$320　**CC**MV　**室**23房

高級SPA度假村，設置在河畔、能夠一覽悠閒美景的Village House，設備也十分周全。

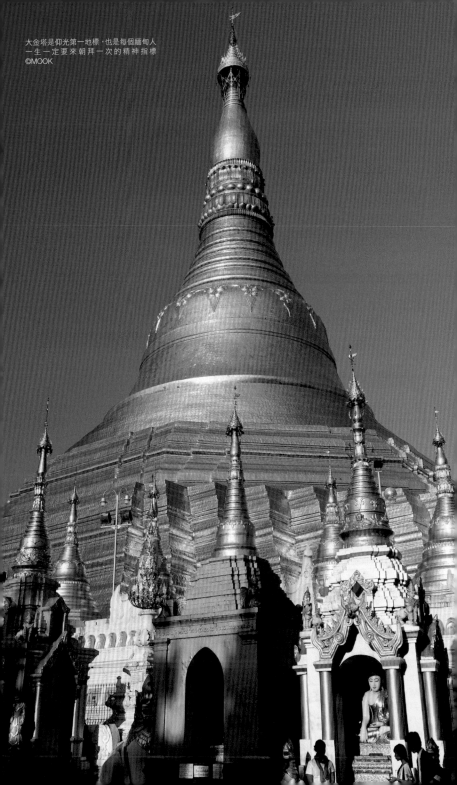

BAGAN

蒲甘與周邊

遠眺蒲甘一景（蒲甘→P.124）

蒲甘與周邊的
區域導覽

作為緬甸最重要的觀光景點,擁有著世界級珍貴佛教建築群,蒲甘Bagan是在1044年時由緬族開創的緬甸第一個大一統王朝,所開發出來的土地,沿著伊洛瓦底江河岸分布開來的乾燥平原上,散落著成千上萬的佛教建築物,形成了夢幻無比的美麗景致。

從蒲甘往東南方前進約50km,平緩丘陵地連綿不絕的一頭卻忽然聳立著高山,這就是波巴山了,獨特景觀所交織出來的神祕氛圍,被視為祭祀著緬甸本土信仰的納神靈Nat(→P.144)聖地,成為了最受緬甸百姓熱愛的朝聖之地。在本書中列為此區的密鐵拉Meiktila,則曾在第二次世界大戰中是戰事最為激烈的地區,大戰末期日軍與聯軍在這裡猛烈交火,此時已經呈現敗相的日本軍遭到英國坦克部隊痛擊,造成了大量死傷的場所,如今是緬甸通往東西南北的道路交通要衝,往來於仰光與曼德勒的巴士幾乎都會經過這座城市。

蒲甘無比夢幻的日落時刻(→P.124)

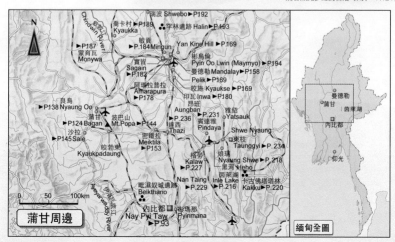

景點　Tourist attraction

這一區的觀光景點，自然就是在蒲甘平原上高低連綿不斷的佛教建築群了，但是想要1天時間就領略全部風貌是不可能的事情，可以的話最好多停留幾天，細細地體會此地之美。籠罩在晨曦之中閃亮無比的佛塔，夕陽映照下寺院的朦朧剪影，依照不同季節、不同時間，分別能欣賞到各式各樣迷人的美麗風景。在波巴山四周圍也保留有豐富自然景色，下榻在Popa Mountain Resort裡將有機會參與登山健行、賞鳥等多種戶外活動。

為了慶典而大肆裝扮的牛車

活動、慶典　Event, Festival

●阿難陀節慶

1月的滿月日　從1月滿月日前6天開始舉行，蒲甘規模最盛大的慶典，街頭還會有傳統舞蹈與攤販出現而十分熱鬧，主要的慶典期間是2020年1月1～17日，另外在滿月日前後也會有慶典登場，像是馬努哈節慶（2019年為9月12～13日）、羅迦南達節慶（2020年8月25～26日）、瑞西貢節慶（2020年11月26日～11月29日）等。

●波巴山祭禮

4月　對祀奉於波巴山納神靈Nat信仰的一大祭典，匯聚來自全國各地的信徒與靈媒，2019年是在4月18日登場，2020年預定在4月6日。

展示珍貴佛教典籍的沙拉（→P.145）一地僧侶

季節　Season

蒲甘周邊是全緬甸降雨量最少的地區，全年降雨量在750mm以下，甚至不到仰光雨季2個月的總雨量，正因如此，一年到頭雖然不必擔心雨下得太多，但相反的在暑季時，特別是3～4月左右的天氣熱得讓人難以忍受。不過蒲甘還是會根據季節而有氣候上的明顯變化，雨季時盎然的綠意與紅褐色佛塔交織成美麗的對比色彩。

雨季時會有一整面綠意覆蓋著蒲甘大地

旅行小訣竅　Hint

●交通

想要暢遊蒲甘的佛教建築時，包租馬車會是最方便的代步工具，另外只要不是在酷暑時節造訪，租借電動自行車E Bike或一般自行車也是樂趣十足，不過千萬別忘記隨身攜帶飲用水。從蒲甘前往波巴山、密鐵拉、茵萊湖方向的大眾交通工具相當不便，不僅班次少，而且大多都是清晨就出發，務必事先確認清楚，如果有3～4人一同旅行建議包租計程車，雖然要多花一點旅費卻能讓旅途輕鬆無比。

●住宿選擇

作為緬甸首屈一指的人氣觀光景點，蒲甘的住宿選擇也很多，從設備齊全的高級飯店到CP值超高的民宿等，各式各樣的住宿任人挑選。中等級～高級飯店集中在佛教建築匯聚的舊蒲甘一地，而民宿則多數集中在良烏，而由舊蒲甘往南的新蒲甘這裡同樣也有著多間中等級～高級飯店，但是想要參觀佛教建築，交通就會比較不方便。波巴山附近還有著緬甸少見的山岳度假飯店Popa Mountain Resort，能夠參與到豐富的戶外活動，例如運用周圍自然環境規劃出來的登山健行之旅等。

波巴山的納神靈Nat（→P.144）

123

如林佛塔是遊人最愛的美景

蒲甘
Bagan

伊洛瓦底江Irrawaddy的中段流域一帶，在東岸約40km²面積的開闊平原之間，林立著大小無數佛塔與寺院的地點正是蒲甘，這裡亦是緬甸首屈一指的佛教聖地。目前所遺留下來的建築物，幾乎都是從11世紀到13世紀蒲甘王朝鼎盛年代起，一直到元世祖忽必烈攻打過來為止的250年歲月中興建而成。「蒲甘」是這一大片廣闊地區的統稱，一部分還被指定為考古保護區，而保護區即是由城牆所環繞起來的舊蒲甘，通常所謂狹義的「蒲甘」指的正是這塊區域。

四處散落的佛塔、寺院有的規模極大有的卻相當迷你，外觀色彩更是從耀眼閃亮的白色到彷彿與大地相同的紅褐色皆有，高闊寬廣的藍空之中偶有幾朵浮雲掠過，一整片土地之間毫無行走人跡，僅有著椰林與佛塔倒映的影子，但就在這樣似乎彷彿渺無人煙的大地之上，仔細觀察還是能看到細心耕種的農作物，而當靠近叢生的荊棘時又能夠發現農田柵欄，充滿著歷史古韻的佛教建築群與平凡人們的日常營生，在蒲甘毫無違和感地完美融為一體。

上／聚集著人們信仰的阿難陀寺佛像
下／部分佛塔為了維護古蹟安全而禁止攀登

▶ 前往蒲甘　　　　　　　　　　　ACCESS

交通運輸地在良烏

蒲甘周邊的交通據點，就在離佛塔群所在區域稍遠的良烏村（Nyaung Oo或Nyaung U **MAP** P.127-B1～C1），因此前往蒲甘的巴士，有時目的地都會直接標示著「良烏」，至於機場與巴士總站在良烏村繼續往東南方約8km處。

蒲甘機場前往市區

從蒲甘良烏機場（**MAP** P.127-C2）搭乘計程車至良烏村，所需時間約10分鐘，5000K；到舊蒲甘所需時間約20分鐘，6000K；到新蒲甘所需時間約20分鐘，7000K。

長途巴士總站前往市區

從搬遷至內陸地區的新長途巴士總站（**MAP** P.127-C3外）搭乘計程車至良烏，所需時間約10分鐘，5000K；到舊蒲甘所需時間約20分鐘，7000K；到新蒲甘所需時間約20分鐘，8000K。如果是從蒲甘出發的話，大多數巴士

公司都會提供嘟嘟車的接駁服務，也會接送至飯店。

■仰光出發

✈ 蒲甘航空、曼德勒航空、Asian Wings Airways航空、KBZ航空、仰光航空等都有提供航班，各家航空公司1日1班車左右，所需時間55分鐘～1小時20分鐘，機票是US$120上下，時間或航班會依照季節、星期而有異動，而且經常會有所變更，一定要事先確認清楚（要注意有些航班會經由黑河與曼德勒，導致總飛行時間會拉長）。

🚆 有直達的特急列車可以搭乘，仰光21:00出發、1日1班車，所需時間約12小時，車資部分在特別臥鋪（4人隔間）是1萬6500K，軟座6000K，硬座4000K，從3日前開始賣票，不過行車間上下左右搖晃得很厲害，加上很容易遲到好幾個小時，因此並不推薦搭乘。

🚌 仰光長途巴士總站（**MAP** P.39-C1）有多家巴

士公司會提供帶冷氣的夜行巴士，車資都一樣，但是每家公司在車款、服務上卻有著極大差別。仰光20:00出發，抵達蒲甘（良烏）已經是隔天清晨4:00～5:00左右，1萬3000～1萬9000K。蒲甘出發的白天車班是8:00發車，19:00左右抵達仰光，夜班車是18:00、18:30、19:00發車，抵達仰光是隔天清晨4:00～5:00左右。3排座位的VIP巴士「JJ Express」（US$19）坐起來十分舒適，因此非常受歡迎，需要及早預約。

翻新的蒲甘長途巴士總站

■曼德勒出發

✈ 所有航空公司加起來，每日在上午會有6～7個航班，所需時間30分鐘，US$70～76左右。

🚆 急行列車1日1班車，8:30出發，抵達蒲甘是14:00，1900K。

🚌 長途巴士總站出發所需時間約5～6小時，9000～1萬1000K，由多家公司提供服務，不過都是以清晨7:00～8:00間的晨班車為主，但也有21:00出發的夜車，其中最方便的就是OK公司迷你巴士的服務，不但1日有5班車相當多，還能夠將人從蒲甘的飯店直接載送到曼德勒的飯店（在蒲甘有時會使用嘟嘟車載客），所需時間約5小時，9000K。

🚢 曼德勒與蒲甘之間有渡輪航行於伊洛瓦底江上，有足夠時間的話，一定要來體驗看看，由RV Shwekeinnery、Alliance Myanmar、Pioneer這3間公司負責，10～3月間幾乎每日有船，所需時間約10～11小時，其他時間則會根據預約狀況或水位高低等問題而停駛。6:00～7:00間從曼德勒出發，17:00左右抵達蒲甘。服務項目依照船公司而有不同，不過大多數都會包含船上用餐並供應飲水，船費是US$32～42，可在飯店或旅行社購買船票。

RV Shwekeinnery

URL www.rvshwekeinnery.com

Alliance Myanmar

URL www.alliancemyanmarrivercruise.com

Pioneer

URL www.mgrgexpress.com

曼德勒的Pioneer渡輪乘船處

■茵萊湖出發

🚌 Shwenyaung Junction轉運站或娘瑞的市場，都會分別在7:30及19:00，1日有2班車，所需時間約7～8小時，1萬1000～1萬5000K。

■蒙育瓦出發

🚌 因為從2012年1月開始，銜接Pakokku與良烏的大橋開通，而讓巴士往來交通變得可行，所需時間約4小時，4000K。

■內比都出發

🚌 內比都5:00出發、15:10抵達蒲甘，所需時間約10小時，軟座2700K。距離雖然不算太遠卻很花時間，因此並不建議搭乘。

🚌 Nyaung U Mann公司的冷氣車1日3班，6:00及19:00出發是1萬2000K，10:00出發是1萬5000K，所需時間約8小時。

■卑謬出發

🚌 Tun Ayar公司的巴士在8:00、9:00、9:30、12:30、17:30發車共有5班，費用是1萬3000～1萬4000K，所需時間約8小時，從蒲甘出發的話，有時還會有提供外國遊客乘坐的共乘計程車，到卑謬US$30，到額布里是US$35。

觀光蒲甘時最便利的出租電動自行車E Bike

Information

蒲甘參觀費

搭乘飛機來到蒲甘的話是在機場支付，乘坐巴士則是在途中的檢查崗哨，渡輪就是碼頭處付款，即使這些地點的服務台關閉來不及付款，在頭一天下榻的住宿地點也會被檢查。

圖2萬5000K（5日內有效）

參觀費的票根

●MTT

新蒲甘服務處
MAP P.127-A4
☎(061)2465040
圖9:30～16:30　休無

舊蒲甘服務處
MAP P.128
☎(061)2471512
圖9:30～16:30
休無

良烏服務處
MAP P.137-B1
☎無
圖9:30～16:30　休無

因為可以拿得到計程車車資對照表，有計畫長途搭乘的話，不妨先到這裡確認車資，還可以委託幫忙派車。新蒲甘的服務處還可以幫忙安排導遊（英語1日US$35）、訂購機票，也能免費提供地圖，只是經常會缺貨。

郵局
MAP P.137-B2
住Anawrahta Rd.
營週一～五9:30～16:00
休週六‧日

租行車＆電動自行車 E Bike

圖普通自行車是1日1500～2500K，越野車是5000K左右的行情，不過最方便的還是稱為E Bike的電動自行車。在緬甸被視為一般自行車，不需要持有駕照就能騎乘，實際感受就像是時速僅有20～30km速度的速克達，1日租金6000～8000K，不過要注意的是越接近黃昏，通常車都會沒電，撥電話給租車店就會幫忙想辦法。

蒲甘很少有能夠躲陽光的地點，大晴天下會非常辛苦，因此一定要記得戴上帽子，不斷補充水分並適度休息，入夜後會變得相當昏暗而危險，最好不要騎車以保安全。

蒲甘地區的入口城鎮
良烏

來自各地的長途巴士都會抵達這裡，貫穿整個城鎮的街道兩旁廉價住宿、食堂、商店櫛比鱗次，特別是在市場附近人潮最多而十分熱鬧。

良烏的市場

城牆環繞的考古保護區、舊蒲甘

良烏西南方約5km處是舊蒲甘，這裡基本並非百姓的住宿地區，因此只有5間中等級～高級飯店及紀念品店而已，看不到任何商店或市場。過去其實曾經是民宿、餐廳林立而相當熱鬧，但隨著政府將此地劃定為考古保護區後強制居民搬離，建築也一一遭到破壞，民眾不得不遷居到南邊的新蒲甘，雖然有提供飯店、食堂，但是物價比起良烏還要高。

以觀光客為對象的新設展望台

寺院、佛塔分散在極廣範圍中

良烏、舊蒲甘還有新蒲甘3座城鎮交通都有柏油路銜接起來，但步行的話距離太過遙遠，利用自行車、電動自行車E Bike或馬車就能夠輕鬆移動。如果只是主要景點部分，1～2天時間就能逛得完，但在內陸開闊的平原地帶上還有著眾多的村莊與佛塔遍布，只要時間允許，不妨多停留幾天來好好地遊逛。蒲甘一帶是全年降雨量極少的內陸性氣候，就算是雨季也幾乎不太下雨，也因此日照十分強烈，酷熱氣溫超乎想像，特別是下午赤腳走在佛塔或寺院境內範圍時，會感覺到彷彿要燒起來的灼熱，幾乎是寸步難行，想要一覽遺跡風光的話，最好清晨就出門。

一覽夢幻的佛塔林立景致

租輛馬車吧

光只是欣賞觀光焦點，行程安排相當緊迫的話就能在1天內達成，但是絕對無法靠徒步方式逛完，一定要有代步的交通工具，租自行車或電動自行車E Bike都很方便，但想要在佛塔周遊行程

搭馬車參觀佛塔，很受到外國觀光客的喜愛

中增添風情的話，不妨包租馬車一整天，悠閒地走走逛逛才是蒲甘的最佳玩法。接待外國遊客的住宿地點都能幫忙安排，也可以直接找停在街頭的馬車議價(→邊欄)。

在蒲甘用餐

舊蒲甘的食堂就分布在主要大街Main Rd.往伊洛瓦底江沿岸的卜帕耶佛塔的分岔路口周邊，在卜帕耶佛塔附近也有幾間餐廳，至於在泰拉巴之門外，主要大街上有著1間中華料理餐廳，阿難陀寺北側則匯聚著好幾間的素食料理、緬甸菜餐廳及餐酒館等，另外可以用餐的地點除了飯店的餐廳以外，不然就是要自備食材。飲料在紀念品店或街邊攤販都有販售，但不管怎麼說，在蒲甘觀光時一定要隨時隨身攜帶1瓶飲水。

Information

租馬車逛1天

🐎1日3萬K左右，半天也要2萬5000K上下，如果只在舊蒲甘地區內是1小時30分鐘、1萬5000K就能租到，但參觀景點位置及多寡都會影響到租金，因此租馬車前一定要將行程交代清楚，議定好價錢。塔馬車的好處除了充滿旅遊風情之外，有時候駕車司機還能帶往當地人才知道的景點。

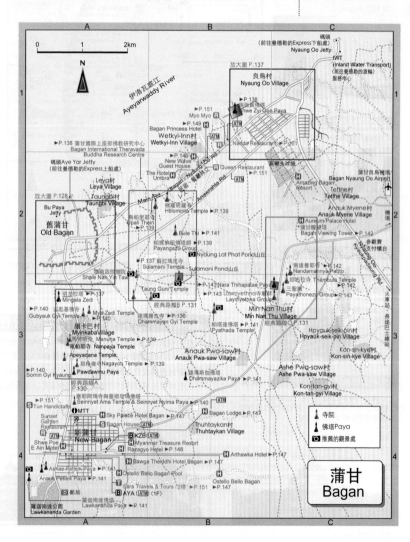

蒲甘
Bagan

舊蒲甘遺跡周遊 MAP

おすすめ度	
★★★	絕對要看！
★★	招牌景點
★	有時間的話

如果單純只說 Bagan 的話，一般就是指舊蒲甘這裡，蒲甘王朝建築的精華幾乎都集中在城牆周邊，加快腳步的話半天時光就能逛完，就算悠哉地邊走邊看，1 天時間也很足夠。

①卜帕耶佛塔　★★

早在蒲甘王朝建立前就存在的佛塔，從這裡欣賞到的夕陽也萬分迷人。

P.136

②漆器博物館　★★

收集著來自緬甸各地的知名漆器作品。

P.133

③摩訶菩提寺　★★

印度風格的寺院，設置於塔樓表層的佛龕非常壯觀。

P.135

④葛道帕林寺　★★

蒲甘一地第二高的寺院，從距離稍遠一點的瑞古意寺等地看過來，就能夠對這座寺院所具有的外觀看得更加清楚。

P.135

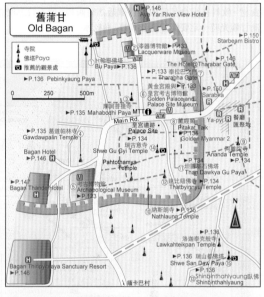

舊蒲甘
Old Bagan

寺院
佛塔 Paya
推薦的觀景處

► P.146 Aye Yar River View Hotel
► P.150 Starbeam Bistro
②漆器博物館 ►P.133 Lacquerware Museum
①卜帕耶佛塔 ►P.136 Bu Paya
The Hotel@Tharabar Gate
► P.136 Pebinkyaung Paya
►P.133 泰拉巴之門 Tharabha Gate
0　250　500m
黃金宮殿與 ►P.133
⑥皇宮考古博物館 Golden Palace and Palace Site Museum
Sarabha
③摩訶菩提寺 ►P.135 Mahabodhi Paya
皇宮遺跡 Palace Site
► P.135 葛道帕林寺 Gawdawpalin Temple
⑧蓖壁臺 Pitakat Taik
► P.136 Golden Myanmar 2
④瑞古意寺 Shwe Gu Gyi Temple
Ananda Temple
Bagan Hotel ► P.146
Pahtothamya Temple
► P.134
⑪坦醯多古佛塔 Than Dawkya Gu Paya
► P.147 Bagan Thande Hotel
考古博物館 Archaeological Museum ►P.133
⑫瑞比紐寺 ►P.134 Thatbyinnyu Temple
⑩纳斯朗寺 ►P.136 Nathlaung Temple
►P.136 洛迦泰克般寺 Lawkahteikpan Temple
►P.136 瑞山都佛塔 Shwe San Daw Paya ⑮
► P.136 Shinbinthahlyaung 臥佛 Shinbinthahlyaung
Bagan Thiripyitsaya Sanctuary Resort ►P.146
緬卡巴村

⑤考古博物館　★★★

藏有無數蒲甘出土文物，並展出世界記憶項目的 Mya-Zedi 石碑真品。

⑥黃金宮殿與皇宮考古博物館　★

也會有舞蹈表演登場，但因為只是複製品而沒有太高人氣。

View Points! 傳說即將重新登場

截至到2018年7月為止，蒲甘所有的佛塔都還是禁止遊攀登（→ P.141 專欄），但是因為觀光客還有在地民眾都希望以重新恢復開放登上佛塔，在這樣的強烈要求下，緬甸有關局正在聯繫各單位研討可能性，一旦確定可以重新開放，能攀登的佛塔與寺院一共有5處。

⑦泰拉巴之門 ★★★

P.133

9世紀城牆是蒲甘最主要的大門，當馬車從這裡進入以後，就讓人彷彿走進時光隧道一般。

⑧藏經閣 ★★

P.135

收藏著佛教典籍的書庫，11世紀中葉建成的建築物與18世紀的屋頂組合出混和風格，從一旁經過時就能見到這處建築的存在。

⑨阿難陀寺　必看！ ★★★

「沒有到過阿難陀寺，就不能說自己來過了蒲甘」，這裡正是蒲甘最重要的觀光景點，以散發著金黃光芒佛塔為中心的建築非常精采，向四方延伸約34m長的迴廊中心，還聳立著高達9.5m的四方四佛，十分地震撼人心，為了想要看清楚這些立體佛像的臉部表情，總會不由自主地抬高脖子向上望，另外在牆上還看得到佛龕，以及號稱蒲甘最美麗的悉達多王子誕生的黃金浮雕，阿難陀寺擁有許多祕密景點，不妨好好地一一尋訪。

P.134

東	西	南	北
拘那含牟尼佛 Konagamana	釋迦牟尼佛 Gotama	迦葉佛 Kassapa	拘留孫佛 Kakusandha

⑩納斯朗寺 ★

蒲甘唯一的印度寺院，可以瞭解這裡在過去曾有過的各種文化交流。

P.135

⑪坦圖基石佛塔 ★

因為是用石塊堆疊起來，表面線條看起來就像是木乃伊一樣的佛像。

P.134

⑫達比紐佛寺　必看！ ★★★

共有4層、約65m高，也是蒲甘最高的寺院。與阿難陀寺等地常見的圓錐狀佛塔不同，僅有東側柱廊突出的四角造型的達比紐佛寺，獨特的風格也被之後建造的葛道帕林寺、蘇拉瑪尼寺等佛寺繼續沿用。

P.134

蒲甘觀景處

在舊蒲甘裡可以賞景的地點有瑞古意寺（→P.134）及瑞山佛塔（→P.136），另外像是瑞南因他僧院（MAP P.127-A2）、aung Guni寺院（MAP P.127-B3）、帕塔達佛塔（MAP P.127-B3）也都是，特別是舊蒲甘裡的瑞山都佛塔，堪稱是蒲甘首屈一指賞景處。

⑬ Shinbinthahlyaung 臥佛 ★★

建造於11世紀的涅槃佛祖全長有18m。

P.136

聰明樂遊幅員遼闊的蒲甘！

蒲甘寺廟巡禮
經典路線

蒲甘佔地幅員遼闊，寺院景點四散於平原之間，想隨興到處走逛感興趣的佛塔寺院，恐怕會浪費許多力氣，不如將此地劃分為3大區，可以省時省力地盡情暢遊。

廣域MAP ▶ P.127

ADVICE

蒲甘面積十分遼闊，不可能在1天之中逛完所有景點，如果只有1天觀光時間的話，不妨清晨出發前往蒲甘遊覽主要景點，下午再到良烏的瑞西貢佛塔觀光並走路線B，要是還有足夠時間，路線A的Mya-Zedi Temple寺和馬努哈寺也都別錯過。

路線A
所需時間 2小時

緬卡巴村
周邊路線

從舊蒲甘出發往南前進，周遊在通往新蒲甘的街道沿途上的寺院，囚禁君王的馬努哈寺還有世界記憶遺產的Mya-Zedi石碑碑文，都是觀光焦點。

0　　　500m　　N

↑ 舊蒲甘

🚕5分鐘

1 明加拉塔

Mya-Zedi Temple寺

2 古彪基佛寺 3

🚕1分鐘

有著漆器工作坊

🚕8分鐘

🚕1分鐘

5 4
Nanpaya 馬努哈寺
Temple寺

🚕5分鐘

6 那格雍寺

🚕3分鐘

7
Somin Gyi Kyaung僧院

↓ 新蒲甘

🚕 搭乘計程車的所需時間

1　明加拉塔　　P.137

宣告蒲甘王朝結束的佛塔

2　古彪基佛寺　　P.140

寺院之中的壁畫無比壯觀

世界記憶遺產

Mya-Zedi Temple寺　　P.140

鐵柵欄內的碑文是真品

焦點

馬努哈寺
P.139

看起來很擁擠的黃金佛像是必看焦點

Nanpaya Temple寺

P.139

牆面上的梵天神雕刻非常罕見

那格雍寺

P.139

看得到在後方有蛇環繞的佛像

7

Somin Gyi Kyaung僧院　　P.140

殘破遺跡令人遙想起蒲甘曾有的風華

在緬卡巴村購買漆器

馬努哈寺所在的緬卡巴村，同時也是漆器工作坊匯聚之地，來到這裡千萬別錯過進去參觀的機會，當然也能夠直接購買。

路線B
所需時間2小時

暢遊大型寺院路線

這是一條暢遊分布在平原上大型寺院的焦點路線，可以親自感受到蒲甘一地的雄偉壯闊，不過寺院與寺院之間距離相當遙遠，路況也不好而需要注意。

🚲3分鐘

帕雅納租佛塔群 ⑫

梯羅明羅寺

良烏

🚲15分鐘

舊蒲甘

Nyaung Lat Phat Pond ⑩
山丘

🚲5分鐘

⑨ 蘇拉瑪尼寺

🚲8分鐘

達瑪揚吉寺 ⑧

騎乘自行車的所需時間

⑧ 達瑪揚吉寺 P.136

在地相當知名的心靈寄託所在

焦點

⑨ 蘇拉瑪尼寺 P.137

擁有著優美外觀與壯觀震撼的壁畫

拍照攝影處

⑩ Nyaung Lat Phat Pond山丘 P.141

少數能夠登高望遠的山丘。欣賞晨曦落日的祕密地點

⑪ 梯羅明羅寺 P.139

蒲甘建築中首屈一指的美麗寺院

⑫ 帕雅納租佛塔群 P.139

色彩繽紛的壁畫值得一看

要注意事故與迷路

這條路線的馬路還沒有鋪設柏油，幾乎全都是泥巴路，就曾有人騎乘自行車或電動自行車E Bike不小心擇跤，還有就是蘇拉瑪尼寺周邊都是狹窄巷弄，要小心別在裡面迷了路。

路線C
所需時間2小時

Min Nan Thu村周邊路線

觀光客較少，適合蒲甘熱愛者的專屬路線，千萬不要以為路線上的佛塔規模不大就沒有看頭，蒲甘首屈一指的壁畫、最棒的景色、淳樸的村落組成了視覺上不斷的驚喜。

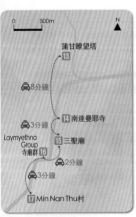

蒲甘瞭望塔 ⑬

🚗8分鐘

⑭ 南達曼耶寺

🚗3分鐘

Laymyethna Group 寺廟群 ⑯

⑮ 三聖廟

🚗2分鐘

🚗3分鐘

⑰ Min Nan Thu村

🚗搭乘計程車的所需時間

景色最美

⑬ 蒲甘瞭望塔 P.142

能夠將蒲甘一覽無遺的觀景處

⑭ 南達曼耶寺 P.142

名畫《魔王的誘惑》就在進去後的左手邊

⑮ 三聖廟
P.143

焦點

無論外觀還是內部都與其他寺院截然不同

⑯ Laymyethna Group寺廟群 P.143

堪稱此區地標的佛教綜合建築群

⑰ Min Nan Thu村 P.142

看累了的時候可以到這座村落休息一下

來參觀Min Nan Thu村

要是有多餘的時間，不妨拜託村人導覽，徒步漫遊這一處村莊。有村人在照顧牛隻、織布，能夠見識到傳統的鄉村的生活景象，可以給予導遊大約3000K的小費。

蒲甘的佛教建築年表

分布於蒲甘難以計數的眾多佛塔、寺院，其建築風格會隨著時代演進以及統治國王的喜好而改變，不妨參考下列表格，可以一邊對照哪位國王在什麼年代打造出哪種建築，相當有意思。

建造年	名稱	介紹頁數		國王（在位時間）
849	泰拉巴之門	133		Pyinbya 王 (846〜878)
850	卜帕耶佛塔	136		
931	納斯朗寺	135		Taungthugyi 王
10C	Ngakywenadaung Paya 佛塔	沒有介紹		
11C	Myinkaba Paya 佛塔	沒有介紹		阿奴律陀王（征服直通王國前）
1057	瑞山都佛塔	136	第 1 代	阿奴律陀王（1044〜1077）
1058	藏經閣	135		
1059	羅迦南達佛塔	141		
11C	塞耶阿瑪寺	140		Seinnyet 王妃
	塞耶尼瑪佛塔	140		
1059	馬努哈寺	139	直通王國	馬努哈王
1087	瑞西貢佛塔	138	第 1 代	阿奴律陀王
1090	阿難陀寺	134	第 3 代	Kyanzittha 王（1084〜1113）
1102	皇宮	133		
1113	那格雍寺	139		
1113	古彪基佛寺、Mya-Zedi Temple 寺	140		Yazakumar（Rajakumara）王子
1131	瑞古意寺	134	第 4 代	Alaungsithu 王（1113〜1163）
1144	達比紐佛寺	134		
1165	達瑪揚吉寺	136	第 5 代	Narathu 王（1163〜1165）
1204	Somin Gyi Kyaung 僧院	140		王妃或皇太后等地位極高的女性
1285	薩帕達佛塔	138	第 7 代	Narapatisithu 王（1174〜1211）
1183	蘇拉瑪尼寺	137		
1196	達瑪斯伽佛塔	141		
1203	葛道帕林寺	135		
1215	梯羅明羅寺	139	第 8 代	Nantaungmya 王（1211〜1234）
1215	摩訶菩提寺	135		
13C 中葉	烏帕里耶寺	沒有介紹		烏帕里和尚
1284	明加拉塔	137	第 11 代	Narathihapati 王（1255〜1287）
1284	坦圖基石佛塔	134		

███ 佛塔　███ 寺院　　其他僧院等

佛塔建築風格的變遷

佛塔的設計總是隨著時代而改變，古早時是流傳自斯里蘭卡的吊鐘型（僧伽羅型 Sinhala），這是依據驃族的球根型樣式變化而來，等到了蒲甘王朝阿奴律陀王年代時，佛塔進化為更加洗鍊的圓筒型，或者是能夠象徵盛盛國力，添加上莊嚴肅穆的階梯金字塔型天台的造型。

斯里蘭卡復興式	球根型	圓筒型＋天台	圓筒型＋階梯金字塔
薩帕達佛塔	卜帕耶佛塔　Ngakywenadaung Paya佛塔	羅迦南達佛塔　Myinkaba Paya 佛塔	瑞山都佛塔　瑞西貢佛塔

舊蒲甘與周邊

斥資興建的複製皇宮

黃金宮殿與皇宮考古博物館　　　★　MAP P.128

သီရိဇေယျဘူမိနန်းတော်နှင့်ပုဂံရေးဟောင်းသုတေသနပြတိုက်(နန်းတော်ရာပြတိုက်)

Golden Palace and Palace Site Museum

　緊鄰在泰拉巴之門一旁，重現蒲甘王朝年代、散發金黃光芒的皇宮宮殿，耗費了5年工程時間才終於在2008年1月竣工，以皇室接待貴賓的Pyinsapathada Hall大廳為中心，另外還有3座如接待外國大使或舉辦各種儀式等的宴會廳。在主要的大街的斜對面，還有著阿奴律陀王與Kyanzittha王年代的皇宮遺跡。

黃金宮殿與皇宮考古博物館
交通 泰拉巴之門旁邊。
住 Near The Tharabha Gate
電 09-6812-931
開 6:00〜20:00
休 無
費 5000K

建築物雖然很美，可看之處卻很少

展示著蒲甘王朝的文化

考古博物館　　　　　　★★★　MAP P.128

ရေးဟောင်းသုတေသနပြတိုက်

Archaeological Museum

　1樓看得到從蒲甘的寺院等地挖掘出土各項古文物，以及皇宮、各處遺跡模型，古代文字相關展覽，甚至還有55種假髮是依照寺院壁畫，重新複刻出當年蒲甘王朝人們的髮型。2015年登錄成為聯合國世界記憶項目的「Mya-Zedi石碑碑文」真跡之一，就收藏在博物館中。

收藏物實在太過豐富，而被要求要有更多展出

考古博物館
交通 舊蒲甘的主要大道上。
開 週二〜日9:30〜16:30（最後入場至16:30為止）
休 週一　費 5000K
※相機和隨身包包都需要寄放，館內雖然禁止拍照攝影，但是可以攜帶手機入內使用。

認識蒲甘的名產

漆器博物館　　　　　　★★　MAP P.128

ယွန်းပြတိုက်

Lacquerware Museum

　漆器博物館這座小型博物館，就位在傳授漆器工藝的藝術專門學校校園裡，從學校大門口進入以後在右手邊的建築物，這裡有著紀念品店所看不到的精緻生活漆器用品，非常值得前來觀賞。後方的建築物則是依照製作漆器的工法順序來一一展示，同樣非常有意思。

漆器博物館
交通 Aye Yar River View Hotel的前方。
電 (061) 2460267
開 週一〜五9:30〜16:30
休 週六・日・節日
費 2000K
　參觀的時候會由工作人員導覽，隔壁的建築物裡會有間小商店，能夠買到如桌墊、飾品盒等物美價廉的商品。

館內禁止拍照攝影

曾是古老街市的入口

泰拉巴之門　　　　　　★★★　MAP P.128

သရပါ၀ါ‌ခါး

Tharabha Gate

　泰拉巴之門是9世紀時，Pyinbya王為了加強蒲甘的軍事防備所修築的城牆遺跡，城門兩側的左右凹洞中則分別祭祀著蒲甘守護神，兄妹精靈的Mahagiri Nats。而在城門旁邊還遺留著沿城牆挖鑿的壕溝遺跡。

泰拉巴之門
交通 舊蒲甘城牆的東城門，從良烏方面出發來到舊蒲甘的車輛，一定會通過這道城門。
開 24小時

前方就是舊蒲甘

有著祭祀納神靈Nat的小房間，非常多人前來朝拜

阿難陀寺

交通 從良烏出發的話，就在泰拉巴之門前方的左側。

開7:00～21:30 休無

均衡齊整的外觀

Ananda Okkyaung 僧院

這是緊鄰在阿難陀寺北側朝拜大道入口處的前僧院，建於12世紀的建築物內部，擁有著描繪國王與佛祖生活的18世紀繪畫，比起其他寺院的畫作要清晰許多，但為了保護這些古蹟，內部禁止拍照攝影。僧院平常都會上鎖，不過只要一有觀光遊客出現，管理員大叔就會自動出現來開門並幫忙開燈，這時候別忘了給予100～200K的小費致謝。

內部保留著古老壁畫

達比紐佛寺

交通 位在舊蒲甘的內側，從泰拉巴之門過來就在左側前方，不過2樓禁止進入。

開7:00～18:00 休無

日本陣亡將士紀念碑

在達比紐佛寺對面的達比紐佛僧院，有1座日本陣亡將士紀念碑，由僧侶進行著妥善的照顧，因此有機會造訪的話，不妨可以捐出善款。

瑞古意寺

交通 從泰拉巴之門沿著主要大街朝西南行，就在通往 H Aye Yar River View Hotel 的分岔路口處的南面。寺院前方還能夠看得到遺跡的考古挖掘現場。

開8:00～18:00 休無

坦圖基石佛塔

交通 瑞古意寺的對面。

開24小時

阿難陀寺
အာနန္ဒာဘုရား

Ananda Temple

阿難陀寺可說是蒲甘歷史遺跡的代表作，不僅規模最大也是最為勻稱的美麗寺院，在1090年時由 Kyanzittha 王下令建造而成。正殿是每邊63m的正方形，擁有4處入口，而高聳於中央、高50m的塔樓更是讓人驚嘆，寺院外觀雖然全塗上了鈍白色，但傳說在下方其實還隱藏著歷史更古老的裝飾。阿難陀寺在1975年的地震中遭到極大損壞，不過現在都已經全部修復完畢，正殿中央有4尊9.5m高的佛像分別朝向四方，相當震

4尊佛像代表著四方四佛，圖中是釋迦牟尼佛

撼以外，還能夠一窺蒲甘王朝曾擁有過的繁華風雲，南、北2座佛像都是寺院創建當時所完成的古蹟，站遠一點眺望時會覺得佛像正面帶著微笑，剩下2座都因為祝融燒毀而重建，在西側入口還可以看到大型佛足石。

達比紐佛寺
သဗ္ဗညုဘုရား

Thatbyinnyu Temple

達比紐佛寺是 Alaungsithu 王在1144年下令打造出來的美麗寺院，擁有61m的驚人高度，成為全蒲甘最高的寺院，「Thatbyinnyu」指的是全知者，也就是佛祖的意思，1樓還有尊貼滿了金箔的佛像鎮守。

高聳入天的達比紐佛寺

瑞古意寺
ရွှေဂူကြီးဘုရား

Shwe Gu Gyi Temple

依照 Alaungsithu 王的指示，1131年時完成了瑞古意寺。Shwe Gu Gyi 是偉大的黃金洞窟之意，位居中央的高塔造型與阿難陀寺有些相像，目前僅剩下入口處木製大門是寺院創建當時的原有古物，其他大部分都在1551年進行大型整修，包括山牆在內許多地方都看到以灰泥裝飾的遺跡，而在寺院內的石板上，則記錄著當年至竣工為止的7個月期間發生的各項重要大事。

少數能夠從天台眺望四周的寺院

坦圖基石佛塔
သံတော်ချ�édుဘురား

Than Dawkya Gu Paya

看起來猶如木乃伊的這尊佛像高達6m，使用從波巴山切割出來的凝灰岩堆疊造成，可說是蒲甘相當少見的佛像，原本受損得相當嚴重，不過已經完全修復好。

134

建造在大象指引的聖地上 ★★ MAP P.128

藏經閣

ပိဋကတ်တိုက်

Pitakat Taik

蒲甘王朝的阿奴律陀王在征服直通王國Thaton Kingdom時，也順便帶回了各式各樣的文獻典籍，其中也包含了由30頭大象所運送的佛教法典，但是象群來到此地時卻全部停了下來，怎麼樣都不肯離開。在由大象停下腳步、指引應該將佛教典籍在此收藏的地點，蓋出來的就是藏經閣了。藏經閣建造於1058年，之後再於1783年由阿瑪拉普拉（貢榜王朝）的波道帕耶王修復。共有5層的藏經閣屋頂邊緣，各有著傳統緬甸風格的裝飾。

曾保管著重要佛典的藏經閣

蒲甘唯一、亦是周邊罕見的印度寺院 ★★ MAP P.128

納斯朗寺

နတ်လှောင်ကျောင်းတော်ဝ

Nathlaung Temple

納斯朗寺是目前遺留在蒲甘一地唯一的印度寺院，據信建造於西元931年。中央處奉祀著印度教的濕婆神，外側再安置有10尊毗濕奴神化身的雕像，依照印度教教義，喬達摩・悉達多（佛祖）正是毗濕奴的十化身之一。

與印度之間的羈絆 ★★ MAP P.128

摩訶菩提寺

မဟာဗောဓိဘုရား

Mahabodhi Paya

成正方形的正殿頂端有著無數層以浮雕裝飾的高塔，接著又在周邊四角設置3層小窗，這樣的摩訶菩提寺就是模仿印度聖地菩提伽耶的寺院所蓋成，外圍再栽種著孟加拉菩提樹，而祠堂裡則擺放著1尊坐像，在佛塔周邊還有模仿佛教聖地Satta Htana打造的模型。

寺院入口的裝飾極美 ★★ MAP P.128

葛道帕林寺

ဂေါတော့ပုလင်ဘုရား

Gawdawpalin Temple

葛道帕林寺是蒲甘第2高的建築物。在1174～1211年間建造的這座2層樓寺院，原本是Narapatisithu王在完成蘇拉瑪尼寺後開始興建，卻沒想到工程期間國王逝世，最後是在兒子Nantaungmya王在位時竣工。1975年地震導致寺院頂層與其上的部分塔樓被震垮，現在已經完成整修作業，重新讓世人一睹其55m的美麗高塔模樣，是足以代表蒲甘的寺院之一。

藏經閣
交通 瑞古意寺的附近。
開 24小時

納斯朗寺
交通 位在達比紐佛寺的西南方。
開 24小時

能夠見識到印度神祇的浮雕

摩訶菩提寺
交通 穿過泰拉巴之門後，沿著右手邊 通向 H Aye Yar River View Hotel的街道前進，就在左手邊。
開 24小時

中央筆直聳立的高塔，是模仿菩提伽耶的塔樓所建成的佛塔

葛道帕林寺
交通 穿過泰拉巴之門後沿著街道前行，就在考古博物館的前方
開 7:00～20:00
休 無

入口處上方的精緻裝飾極美

卜帕耶佛塔

卜帕耶佛塔
★★ MAP P.128
Bu Paya ဗူးဘုရား

左圖 沿著泰拉巴之門後的街道走，途中街道會朝左轉彎，這往右邊會看到有條延伸至河邊的小徑，前行到底就有到卜帕耶佛塔，路途中會有幾間食堂，在卜帕耶佛塔前方也有紀念品店、食堂，而佛塔下方就是渡輪碼頭，能夠由良烏搭船來到這裡。

開 24小時

瑞山都佛塔

左圖 就位在達比紐佛寺與達瑪揚吉寺中間一帶，可順著階梯一路往上走，成為欣賞夕陽的最佳景點；除了太陽下山這一幅景色動人外，另一頭低垂的夜幕同樣動人心魂。

開 24小時

洛迦泰克般寺

開 8:00～11:00、16:00～18:00左右
休 無

達瑪揚吉寺

左圖 在前往蘇拉瑪尼寺途中，右前方高聳入天的圓形建築物就是。

開 24小時

卜帕耶佛塔是建造在河岸邊的圓筒造型小佛塔，在7～8世紀左右由驃族所興建而成，這座佛塔同樣在1975年的地震中受到極大毀損，石塊碎裂並落入伊洛瓦底江裡，不過現在已經是完全修復如初的模樣，站在這裡所眺望到的夕陽極美。在卜帕耶佛塔的正南方還有著Pebinkyaung Paya佛塔（**MAP** P.128），具備有斯里蘭卡僧伽羅人Sinhala建造的佛塔特色，一般相信是完成於12世紀，有如細長大鐘般的雙層圓形佛塔。

收藏著佛祖的頭髮
★★★ MAP P.128

瑞山都佛塔
Shwe San Daw Paya ရွှေဆံတော်ဘုရား

瑞山都佛塔是蒲甘王朝在征服了直通王國以後，立刻興建的佛塔建築之一。建於1057年，相當於蒲甘王朝黃金年代的初期，屬於擁有5層天台而十分壯觀的佛塔，也直接傳達出阿奴律陀王在統一整個國家後所展現的實力。高聳佛塔底部是2層八角形基座，與其他佛塔不太一樣。「San Daw」在緬甸語中代表著「聖髮」的意思，因為在這處佛塔中收藏著曾屬於孟族（直通王國）的釋迦牟尼的頭髮。在瑞山都佛塔以北還看得到洛迦泰克般寺Lawkahteikpan Temple（**MAP** P.128），儘管只是座小寺院，內部的濕壁畫卻保存得相當完整，正南方處還有著稱為Shinbinthahlyaung臥佛（**MAP** P.128）的建築，狹窄磚造建築物裡橫躺著11世紀建造、全長18m的臥佛。

Information

渡輪之旅

　　從卜帕耶佛塔下方的渡輪碼頭，有能夠遊覽伊洛瓦底江的觀光船，卜帕耶佛塔出發至Leya Village村古老僧院下船，接著再返回卜帕耶佛塔約1小時的包租來回渡輪之旅，費用是一艘船1萬2000～1萬5000K左右，在觀光客較多的乾季時，租金有可能翻倍成長，反之遊客少時就會降價，需要跟船東議價。因為黃昏時分過後變得涼爽，有機會看到當地人來玩水的身影。

修復的佛塔與寺院

　　位在蒲甘的佛塔或寺院並非歷史遺跡，而是都還有人朝拜的宗教設施，因此會不停地進行各項修復。

佛塔與寺院的分別

　　所謂的「Paya」就是緬甸語中的「佛塔」意思，英語則稱之為「Pagoda」，如果在正殿裡安置有佛像就是「寺院」，以此來作為區分，不過在佛塔與佛像之間，作為「佛祖化身的信仰崇拜對象」，有時候卻沒有這麼清楚的區別，例如曼德勒出名的佛像雖非佛塔，卻稱作Mahamuni Paya（瑪哈穆尼佛寺→P.167）。

篤實而美麗的設計
★★ MAP P.127-A3

達瑪揚吉寺
Dhammayan Gyi Temple ဓမ္မရာဇကာဘုရား

12世紀Alaungsithu王的二兒子Narathu，為了自立為王而殺死了父親與其他兄弟，Narathu在1167年（有一說是1160年）時即位成為蒲甘王朝第5代國王，因為受到良心苛責，決定要興建有史以來最大、裝飾最為細膩、造型最特殊的寺院作為贖罪。但是Narathu王在1170年（另一說是1165年）遭到不明人士暗殺身亡（傳說是因為他處死了眾多妻子中1名印度王子的女兒，憤怒的王子於是派遣殺手殺人），建造工程也因此中斷。由於Narathu王活著時名聲實在太壞，即使死後也沒有人願意恢復動工，寺院就這樣直接被棄置，因此現在看到的達瑪揚吉寺只蓋了一半，不過作為本尊的佛像已經安置好，牆壁上還能看得到準備在寺院完成後繼續放入其他佛像的佛龕，散發出一股獨特的氛圍，當地人甚至傳說這裡入夜後會有鬼魂出沒。

或許因為遠離其他遺跡，看起來格外地雄偉沉重

| 這裡的濕壁畫保存得最好 | ★★★ MAP P.127-B2～B3 |

蘇拉瑪尼寺

ဆူဠာမဏိစေတီ

Sulamani Temple

1183年由Narapatisithu王下令建造而成，寺院的造型在進入這個年代開始變得越加精簡洗鍊，蘇拉瑪尼寺採上下2層結構，1樓是朝向著東西南北各有4尊佛像，東側入口處有座類似木製的祠堂，裡面安置著1尊佛像，內部的牆面上還看得到佛像、乘船的人們、大象等等主題的11世紀濕壁畫，非常生動地傳達過往民眾的生活風俗而令人看得津津有味，蘇拉瑪尼寺也是蒲甘所有寺院中保存狀態最好的建物之一。

| 蒲甘王朝最後建造的佛塔 | ★★ MAP P.127-A3 |

明加拉塔

မင်္ဂလာစေတီဘုရား

Mingala Zedi

明加拉塔是Narathihapati王在1284年下令興建的佛塔，在此約10年以後開始遭遇蒙古軍隊的進攻，也使得這裡成為了蒲甘王朝最後完成的佛塔。正方形的3層底座上方豎立著吊鐘造型高塔，不僅以整體建築營造出來的均衡美感出名，由紅磚一一堆疊出來的磚塊天台也漂亮得名聞各地。不過因為建築毀壞得相當屬害，已經不開放給遊客登上天台。

蘇拉瑪尼寺

交通 搭乘馬車從阿難陀寺往東前行約15分鐘，途中會在右手邊看到達瑪揚吉寺吉。
開 7:30～18:00 **休** 無

由窗戶流洩而下的日照，讓濕壁畫的佛像彷彿浮在空中

明加拉塔

交通 位在舊蒲甘以南，沿著街道往河川方向不用走太遠就到。
開 24小時

Information

在良烏購物

Thiripyitsaya 4街上有著深受外國觀光客喜愛的人氣雜貨店Yangoods及Pomelo等眾多商店，店鋪都很小，但對於在仰光沒有時間購物的人，不妨可以在這裡補齊。

良烏 Nyaung Oo

N

0　　250　　500m

伊洛瓦底江
Ayeyarwaddy River

The Beach Bagan Restaurant & Bar

往Nyaung Oo Jetty碼頭（前往曼德勒的渡輪停靠處）約1km

▶P.149
Golden Myanmar Guest House

ATM
CB
旅行社

KBZ

良烏市集 Market ▶P.138

▶P.150
Shwe Moe Restaurant
民宿・餐廳極多

曼德勒航空
Air Mandalay

Pyinsa Rupa Guest House ▶P.149

Inn Wa Guest House ▶P.149

Cheri Land
▶P145
TUN (旅行社)

AYA ATM

MTT

Shwe Na Di Guest House ▶P.148

警察

Eden Motel 2
Eden Motel 3

Eden Motel

仰光航空
Yangon Airways

Pan Cherry

Aye Nyein Thaya Park公園
Aye Nyein Thaya Park

主要大街

學校

Oriental Ballooning

金緬航空
Golden Myanma Airlines

Thante Bakery House
▶P.148
Thante Hotel

瑞西貢佛塔
Shwe Zyi Gon Paya ▶P.138

地方路線巴士站
Shwe Pyi Nan Thanakha Gallery ▶P.151

Thiripyitsaya 1街
Thiripyitsaya 1 St.

KBZ ATM

蒲甘達佛塔 ▶P.138
Sapada Paya

Sanon ▶P.150

OK巴士（前往曼德勒方向）停靠站・售票處

Main Rd.

Weather Spoon's ▶P.150

The Black Bamboo ▶P.150

Anawrahta Rd.

郵局・電信局

Nation

Novel
Pomelo
Yangoods

New Park Hotel ▶P.148

Sharky's ▶P.150

ATM(KBZ)

餐廳極多

AGD ATM

蒲甘航空
Air Bagan

Aungmingalar Boutique Hotel ▶P.148

Nat Taw Kyaung僧院
Nat Taw Kyaung ▶P.138

Prince

Kyansittha Umin石窟寺
Kyansittha Umin ▶P.138

Zfreeti Hotel ▶P.148

ATM

舊蒲甘

Anawrahta 18街

▲ 寺院
▲ 佛塔Paya

高爾夫球場

長途巴士總站・機場

137

良烏市集
關 7:00～16:00
休 新月與滿月日

薩帕達佛塔
交通 位在**H**Thante Hotel南邊
的圓環上。
關 24小時

佇立在圓環正中央

Information

包租計程車
費 標準的收費是半天2萬
2000K、1天3萬5000K，如
果想前往波巴山與沙拉的
話，1日是7萬～8萬5000K。

冥想體驗
　2010年8月開幕的冥想
中心，每個月有1次、2
天的機會聆聽來自明光、曼
德勒高僧的講釋，時間能夠
配合的話不妨可以來體驗
看看。
**蒲甘國際上座部
佛教研究中心**
**Bagan International
Theravada Buddha
Research Centre**
MAP P.127-A2
住 Bagan-Nyaung Oo Rd.
電 (061) 2460984
關 8:00～16:00 休 無
費 免費

來到蒲甘體驗冥想

瑞西貢佛塔
交通 良烏的西側外圍。
關 4:00～22:00 休 無

Kyansittha Umin石窟寺
MAP P.137-A2
關 6:00～16:00 休 無
　內部十分昏暗，可向管理員
兼紀念品店員工借手電筒。石
窟寺內禁止拍照攝影，在
Kyansittha Umin石窟寺對面的
Nat Taw Kyaung僧院（MAP
P.137-A2 關 7:00～18:00 休 無
休），這裡的佛塔也遺留有距今
約500年前的濕壁畫。

良烏與周邊

充滿活力的蒲甘在地最大市場　★ MAP P.137-B1
良烏市集　ညောင်ဦးဈေး
Market

　良烏不但是一大交通重地，同時還是蒲甘周邊交易中心所在，
因此市場的規模也相當龐大，服裝衣物、日常生活雜貨之外，還
看得到許多販售調味料、蔬菜、水果、魚、肉等新鮮食材的店
家。

四周圍都是馬路　★ MAP P.137-B2
薩帕達佛塔　ဆပဒဘုရား
Sapada Paya

　12世紀蒲甘王朝第7代國王Narapatisithu治世下，由僧侶薩
帕達建造出了這座佛塔，薩帕達原本是居住在勃生的僧侶，後
來遠渡重洋前往斯里蘭卡（Ceilao）學習，因此這座佛塔採用的
是細長吊鐘、斯里蘭卡僧伽羅式Sinhala（→P.132）的特色，外
觀看起來與Pebinkyaung Paya佛塔（MAP P.128）非常相仿，不過
薩帕達佛塔規模更大一些。

蒲甘最具代表的黃金佛塔　★★★ MAP P.137-A1～A2
瑞西貢佛塔　ရွှေစည်းခုံဘုရား
Shwe Zyi Gon Paya

　瑞西貢佛塔是與
阿難陀寺齊名，蒲
甘最具代表的佛塔。
當年阿奴律陀王征
服直通王國後就開
始著手命人興建佛
塔，但因為規模太
過龐大，最後無法
在阿奴律陀王活著
時完成，直到下一
任國王Kyanzittha

不僅蒲甘，也是整個緬甸最具代表的佛塔之一

年代才竣工。佛塔最早其實是建造在伊洛瓦底江江畔，因為經
常遭到嚴重的水患侵襲而搬遷到了現址。佛塔的「Shwe」是指
黃金，「Zyi Gon」則是巴利語的「勝利、光榮、祝福的土地」之
意。寺院境內面積相當廣闊，佛塔更是宏偉又壯觀，咖啡色底座
與上方黃金佛塔的對比也十分美麗，除了傳說收藏有佛祖的頭
頂骨及牙齒外，佛塔四個角落的小塔內還祭祀有高約4m左右的
佛像。

　流經瑞西貢佛塔的小溪對岸，矗立著Kyansittha Umin石窟
寺，這是與瑞西貢佛塔幾乎在同一時期所建造的建築，在石窟
寺院中有擺放著佛像、能夠進行打坐冥想的空間，石壁上還有
描繪著濕壁畫，原始圖案在蒙古軍隊攻打過來時，因為緬人逃
難躲進石窟寺，並以內部為家、生火煮飯而造成壁畫消失，後來
才由蒙古人重新補上。

最能代表蒲甘印象的建築	★★★ MAP P.127-B2
梯羅明羅寺	ထီးလိုမင်းလိုစေတီ
Htilominlo Temple	

1215年，為了紀念蒲甘國王Nantaungmya被選為此地的王位繼承者而建的寺院。甚至還流傳著這麼一段故事，當上一任國王Narapatisithu準備從5名王子當中選出接班人，用的方式就是看雨傘倒向哪一個王子的座位，也因此Nantaungmya王又被稱為雨傘王Htilominlo，也成為了寺院名稱的由來（另一說是來自孟族語「Thiloka Mingala＝橫跨三界的幸福」的不正確發音）。寺院一共有2層，1樓收藏有4尊表情各異的佛像，雖然已經有部分的表層十分斑駁，卻依舊可以看得出來的精緻細膩裝飾，在2樓同樣也擺放有4尊佛像。

與這座寺院隔著馬路的就是烏帕里耶寺Upali Thein（MAP P.127-B2），依據13世紀高僧烏帕里耶來命名，中央的小塔從旁邊觀察會發現變成了長方形，非常獨特的結構，內部還有描繪於17～18世紀的濕壁畫，彩繪的顏料保存得較為完整，很值得一看。

緬卡巴村與周邊

被囚君主所修建寺院	★★ MAP P.127-A3
馬努哈寺	မနူဟာဘုရား
Manuha Temple	

馬努哈是直通王國的國王，當國家遭到阿奴律陀王攻陷之際，本身也被俘虜並帶到了此地。1059年時馬努哈獲得許可興建這座寺院，也因此寺院到處都能看得到這位被囚禁君主的鬱悶情緒。馬努哈寺為2層結構再加上1座高塔，但外觀十分平凡並不特別美麗，內部則有著3尊坐像及1尊臥佛，但都建造得讓建築物內空間十分擁擠，充滿壓迫感，而坐像的臉部表情從下往上眺望像是在生氣一般，但只要漸漸拉開距離就會感到表情越來越溫和，至於寺院後方更能夠發現碩大無比的涅槃佛。至於座落在馬努哈寺西南方的Nanpaya Temple寺也很值得一訪，內部擁有著印度教梵天神的浮雕裝飾。

擁有緬甸人喜愛的樣式而人氣很旺	★★ MAP P.127-A3
那格雍寺	နဂါးရုံဘုရား
Nagayon Temple	

在緬卡巴村中的眾多寺院裡，那格雍寺絕對是最美麗的1座，這座寺院是由後來的蒲甘王朝第44代國王Kyanzittha所興建，在寺院正南方還有1座Pawdawmu Paya佛塔，擁有彷彿雨傘倒立於鐘上的趣味造型，至於隔著馬路的右斜前方是Apeyadana Paya佛塔，內部遺留著深受印度強烈影響的壁畫。

梯羅明羅寺
交通 就在Bagan-Nyaung Oo路的中間南側，可說是附近一帶最為醒目高聳的建築。
開 7:30～18:00
休 無

Information
來一睹色彩鮮豔的壁畫
梯羅明羅寺附近匯集有5間小型寺院，這些就是所謂的帕雅納租佛塔群Payangazu Group，內部都還保留著使用不同顏料繪製的壁畫，其中最值得關注的就是「綠色寺院」。一旁還有1899年挖下這珍貴壁畫還得意洋洋留名的德國人姓名，現在則是以圍籬及玻璃好好地保護著壁畫。

帕雅納租佛塔群
MAP P.127-B2
交通 梯羅明羅寺附近。
開 8:00～18:00左右
休 無

色彩依舊鮮明的壁畫

馬努哈寺
交通 緬卡巴村的南側，就在街道旁，而左後方就是Nanpaya Temple寺。
開 8:00～18:00 休 無

祠堂內藏有無數的佛像

那格雍寺
交通 位在緬卡巴村的南面外圍處，寺院建築內部雖然也有壁畫，但非常昏暗而需要攜帶手電筒。
開 8:00～18:00 休 無

十分勻稱的美麗外觀

古彪基佛寺

古彪基佛寺
交通 位在緬卡巴村北側外圍。
開8:00～17:00 **休**無
建築物內禁止拍照攝影。

擁有緬甸最古老壁畫 ★★ MAP P.127-A3

古彪基佛寺
Gubyauk Gyi Temple

1113年，Kyanzittha王的兒子Yazakumar王子（Rajakumara）在他父王過世後，為了追悼父親，而修築出古彪基佛寺這座以磚塊疊成的寺院，內部有著坐佛像以及550幅壁畫，尤其是祈禱廳內部的壁畫更是描繪著過去二十八佛的佛傳圖。不過寺院內部相當暗，記得攜帶手電筒前往。

可惜的是古彪基佛寺內的壁畫正在逐漸消失中

Mya-Zedi Temple寺
交通 緊鄰在古彪基佛寺的東邊
開8:00～17:00
休無

Mya-Zedi石碑文就在從參拜大道上來後的右側

擁有登錄為世界記憶的石碑文 ★★ MAP P.127-A3

Mya-Zedi Temple寺
Mya-Zedi Temple

緊鄰著古彪基佛寺的是同一時期，由Yazakumar王子（Rajakumara）所建造的Mya-Zedi Temple寺，這裡所發現的石碑又被稱為「Mya-Zedi石碑文」，四面分別刻上緬甸文、孟族文、巴利文、驃族文，也因為這一處石碑的發現成為解開驃族文字奧祕的契機，被登錄成為聯合國的世界記憶項目。石碑一共出土了2塊，一塊在這座寺院，另一塊則展示於舊蒲甘的考古博物館（→P.133）內。

Somin Gyi Kyaung僧院
交通 隔著那格雍寺前方馬路，就在斜左方。面積南北24m、東西36m，規模非常大。
開24小時

有部分建築已經崩塌的Somin Gyi Kyaung僧院

大規模僧院的廢墟 ★ MAP P.127-A3

Somin Gyi Kyaung僧院
Somin Gyi Kyaung

採行蒲甘王朝統一年代的經典造型僧院，一般僧院都是木造所以很難長時間保留下來，不過這裡用的是磚瓦建造，雖然在漫長歲月中有著嚴重損毀，但還是大致地保留了下來。

被稱為是姊妹佛塔 ★ MAP P.127-A4

塞耶阿瑪寺與塞耶尼瑪佛塔
Seinnyet Ama Temple & Seinnyet Nyima Paya

塞耶阿瑪寺與塞耶尼瑪佛塔
交通 由那格雍寺塔乘馬車往南約5分鐘。
開24小時

並立而建的寺院與佛塔是11世紀由Seinnyet王妃所興建，Ama是姐姐的意思，至於Nyima就是妹妹了，塞耶阿瑪寺屬於四角造型的寺院，而塞耶尼瑪佛塔的四角處都立有小型佛塔，裡面再分別收藏著1尊小佛像。

左邊是姐姐的塞耶阿瑪寺

Information

散發蒲甘特色的新蒲甘與Anauk Pwa-saw Village村

Anauk Pwa-saw Village村周邊的佛塔特別多，呈現出十足十的蒲甘景觀。

新蒲甘與Anauk Pwa-saw Village村

新蒲甘是蒲甘這一帶最南邊且鄰近伊洛瓦底江的一處村莊，至於Anauk Pwa-saw Village村則是座落於舊蒲甘東南方約3km地點，無論哪一座村落村都遠離觀光路線，但其實兩地都曾經是王朝的一國之都，具有相當歷史。

蒲甘王朝最古老的建築　★★　MAP P.127-A4

Petleik Paya佛塔（Ashae Petleik Paya佛塔 & Anauk Petleik Paya佛塔）

ဖက်လိပ်ဘုရား

Ashae Petleik Paya & Anauk Petleik Paya

阿奴律陀王統治年代（1044～1077年）所興建的佛塔，東西各有一座並立，從入口處進來後的左手邊是Anauk Petleik Paya佛塔，右手邊則為Ashae Petleik Paya佛塔。仔細欣賞就會發現這裡是在迴廊之上設有佛塔，非常獨特的造型，不過迴廊直到1905年以前都被掩埋在土裡，因此以為佛塔與其他地點一樣都是建造在底座之上，經過考古挖掘才發現了這不同的建築方式，而且因為一直埋在土中，所以迴廊部分保存狀態非常良好，還能夠看得到本生經的浮雕。

成為河中行舟的一大指標　★★　MAP P.127-A4

羅迦南達佛塔

လောကနန္ဒာဘုရား

Lawkananda Paya

羅迦南達佛塔是在1059年由阿奴律陀王下令興建，因為就設立在河岸旁，也成為了蒲甘王朝最鼎盛時期船隻航行的指標，當時的船隻貿易以若開邦為首，最遠甚至有來自Ceylon（現在的斯里蘭卡）的貨船前來。貼滿了金箔、筆直聳立的造型，氣派無比的佛塔至今依舊吸引在地民眾前往朝拜，而且因為整座佛塔散發著金黃光芒，即使從遠處眺望也十分引人矚目。

溫和的剪影令人印象深刻

令觀者見之安心的風格　★★★　MAP P.127-B3

達瑪斯伽佛塔

ဓမ္မရာဇကဘုရား

Dhammayazika Paya

Narapatisithu王在1196年所興建的達瑪斯伽佛塔，擁有與瑞西貢佛塔（→P.138）非常相似的沉穩外型，高塔部分還散發著金色光輝。底座由3層五角形所組成，也成為這座佛塔的一大特色，每一邊都各有一處能夠往上走的入口，五個邊角同樣設有塔樓，另外在往上的路口附近還設有祠堂，每座祠堂中都放置著4尊過去佛與1尊彌勒佛。

原本可以往上走，但很可惜的是現在已經禁止通行

Petleik Paya佛塔

交通 位在新蒲甘的河畔聚落之內，想要進入迴廊就必須請管理員開門。

開 7:30～18:00左右　休 不固定

原本被掩埋的底座部分，因為挖掘作業而重見天日

羅迦南達佛塔

交通 位在新蒲甘南端的河川旁。

開 24小時

達瑪斯伽佛塔

交通 距離阿難陀寺東南方約3km。

開 7:30～日落左右　休 無

Information

周遊4座佛塔

　分別位在蒲甘地區四個角落的佛塔，Tankyitaung佛塔、瑞西貢佛塔（→P.138）、羅迦南達佛塔（→P.141）及Tuyin Taung佛塔據說只要能在1天中走過就能實現心願。Tankyitaung佛塔位在伊洛瓦底江的對岸處，搭乘渡輪前往約1小時可到，有興趣的人不妨靠搭車來挑戰看看。

Tankyitaung

交通 從Aye Yar Jetty或Bu Paya Jetty（都在MAP P.127-A2）搭乘渡輪，2萬～2萬5000K，碼頭處轉換摩托計程車是1萬K，吉普車2萬K。

眺望壯闊日出&日落的山丘

旅行小幫手
Hints

　到2018年7月為止，以保護遺跡等原因而禁止遊客登上佛塔，因此能夠讓大家從高處且是免費欣賞蒲甘美景的地點，就只有由JICA負責打造的觀景山丘了。觀景山丘一共有3處，其中人氣最高的是蘇拉瑪尼寺正南方的Sula Mani Pond山丘（MAP P.127-B3），以及也是從蘇拉瑪尼寺出發但稍微往北的Nyaung Lat Phat Pond山丘（MAP P.127-B2）這兩處，剩下一處是在帕塔達佛塔Pyathada Gyi南方的Ko Mauk Pond山丘，但因

為交通不方便且景致沒有太特別，並不推薦前往。

務必要親臨觀賞的夢幻景色

Information

由誰拿著寺院的鑰匙？

蒲甘一地的寺院內部平常都會上鎖，許多地方根本無法入內參觀，但要是在寺院附近多晃幾圈，就會有拿著鑰匙的人出現。這些擁有鑰匙的人多半是寺院周邊的紀念品店業者，或者是幫人製作沙畫的畫家，就算不購物也都會很親切地幫忙介紹，只是通常到最後都還是會向遊客推銷漆器或畫作。

蒲甘瞭望塔
交通 從 Laymyethna Group 寺廟群乘車約8分鐘，就在 H Aureum Palace Hotel 正前方。
地址 Near Min Nan Thu Village
電話 09-2502-83820
開 6:00～22:00 休 無
費 US$5

南達曼耶寺
交通 從 Laymyethna Group 寺廟群徒步約3分鐘。

坦布拉寺
交通 從 Laymyethna Group 寺廟群徒步約2分鐘。

Information

順道前往 Min Nan Thu 村逛一逛

Min Nan Thu 村是目前還有120戶、約600人生活的悠閒村莊，到現在依舊保留著傳統生活方式，可以參觀如何紡織布料、製作雪茄，還有提供飲品以及輕食的餐廳、販售有籠基等布料或古董的店鋪等，在這些店內只要提出想參觀村子的請求，村民都會很開心地導覽，非常適合作為蒲甘觀光時的歇腳處。

Min Nan Thu村與周邊

Min Nan Thu 村就位在良烏以南約8km處，是個十分悠閒的村落，在村子裡能夠參觀如何以手工從絲線到紡織出籠基，並且能以划算價錢購買到手工籠基、上衣或提包。另外，這座村落附近屬於蒲甘後期建造的寺院集中地，但有一部分建築在1975年的地震中毀壞。

能夠擁有360度無敵視野 ★★ MAP P.127-C2

蒲甘瞭望塔

ပုဂံရွှေခင်းသာမျော်စင် (နန်းမြင့်မျော်စင်)

Bagan Viewing Tower

聳立在 H Aureum Palace Hotel 門口處、高約60m的瞭望台，能夠將蒲甘一帶一覽無遺，9～10樓處還設有景觀絕佳的餐廳，剛開始開放時會收費US$10結果乏人問津而降到半價，現在雖然依舊算不上什麼人氣設施，但能夠眺望到的景色絕對是無可挑剔。門票

底層部分採寺院風格，塔樓則是以皇宮等地的瞭望塔為靈感來源

費用還包含餐廳的1杯迎賓飲料，而瞭望塔又名為 Nann Myint Tower。

《惡魔的誘惑》必看 ★ MAP P.127-C2～C3

南達曼耶寺

နန္ဒာမညာ (အနန္ဒပညာ)ဘုရား

Nandamannya Phato

南達曼耶寺是在1248年由 Kyaswa 王建造的小寺院，因為座落在狹窄砂石路盡頭，很容易不小心就錯過，不過這座寺院內部可是擁有著無比知名的壁畫，就是被稱為《惡魔的誘惑》的畫作，描繪著年輕女子企圖誘惑打坐中的佛陀

外觀看起來只是小小寺院，內部卻極其精彩

的知名佛教故事，另外像是佛陀誕生一幕的畫也同樣精采絕倫，不過寺院內部禁止拍照攝影。

為了遭暗殺的國王而建造 ★ MAP P.127-C3

坦布拉寺

သမ္ဗုလဘုရား

Thambula Temple

1255年由 Uzana 王的 Thambula 王妃所創建寺院，Uzana 王在即位5年後就突然遭到暗殺身亡，相當不幸，為了祭祀他而建造出了坦布拉寺，內部還保留有非常細膩的壁畫，不過經常上鎖而無法入內參觀。

原本擁有的尖塔與梯羅明羅寺極為相像（→P.139），是其特徵

三聖廟

ဘုရားသုံးဆူအုပ်စု

Payathonezu Group

依據在地語言，擁
有著「3座佛塔」之名
的這處寺院，最大特
色就是由3間寺院連
結而成的獨特設計。
內部的壁畫也同樣具
有特色，這對以南方
上座部佛教為主流的
蒲甘寺院來說相當罕
見，描繪有大乘佛教

內部描繪著滿滿的壁畫

的菩薩像或者是密宗圖案，以及毗濕奴、濕婆、梵天等印度教神
祇，而且將3座佛塔並立的建築樣式在佛教寺院中也幾乎是首次
出現，因此有一派學說推斷這應該是受到了印度教的影響。從入
口處進來後的右手邊，靠南側的佛塔內前牆壁一片雪白，沒有任
何的壁畫，推測應該是連佛像都來不及雕刻就遭到棄置。另外以
三聖廟為中心的周邊小祠堂內也擁有著精彩壁畫，時間充裕的話
一定要記得前往欣賞。

Nara Thihapatae Paya 佛塔

နရသီဟပတေ့ဘုရား

Nara Thihapatae Paya

Nara Thihapatae Paya佛塔又名Tayok Pyi Paya寺院，就在轉
進三聖廟前方街道後即可看到。2
層的四角造型佛塔為後期蒲甘建築
的代表風格，在13世紀由
Narathihapati王所興建完成，
Tayok Pyi正是這位國王的暱稱，也
就是對蒙古軍怯戰的意思；原有的
壁畫保存狀態則非常良好。

佇立在平原上的模樣引人曯目

Laymyethna Group 寺廟群

လေးမျက်နှာဘုရားအုပ်စု

Laymyethna Group

Laymyethna Group寺廟群是
由寺院、僧院、集會中心、圖書
館這4個建築所組成的複合式佛
教建築群，創建於1222年，雖
然除了寺院以外都已經形同廢
墟，不過其中有一部分開放參
觀，寺院內還留有建造當時遺
留下來的精彩壁畫。據說在第二

從哪個角度欣賞都很醒目的雪白寺院

次世界大戰期間，周邊居民為了躲避戰亂而紛紛躲到這處寺院生
活，所以有部分壁畫被燻黑，就是當時民眾在這裡生火炊煮的證
據。現在寺院的尖塔被塗成了白色，遠觀時也非常吸睛。

三聖廟

交通 從Laymyethna Group寺
廟群徒步就到，目前內部的壁
畫禁止拍照攝影。

透過壁畫就能發現深受藏傳
佛教與印度教的影響

3座寺院連在一起的獨特外
觀

Nara Thihapatae Paya 佛塔

交通 從Laymyethna Group寺
廟群徒步約3分鐘。

裝飾於牆上的浮雕也值得關注

Laymyethna Group 寺廟群

交通 從良烏搭車約20分鐘，
從蒲甘瞭望塔搭車約5分鐘，
夜間還會點燈。

收藏有黃金佛像的寺院內部

突兀地聳立在平原上的湯恩格拉德寺

進入波巴山 & 沙拉
ONE DAY TRIP

如果能夠在蒲甘多停留幾天時，有兩個地區可以感受到與蒲甘截然不同
氛圍的樂趣，就是波巴山與沙拉，不妨將旅遊腳步延伸到這裡看看，有機會
親自體驗緬甸的宗教與大自然這兩大魅力。

1 湯恩格拉德的最頂端，只要堅持走完777階陡峭階梯後，就是無敵絕景等在
前方。遠方眺望到的就是波巴山　**2** 人氣很旺的聖人波明兗Bo Min Gaung　**3**
周邊唯一一個住宿地點Popa Mountain Resort(→P.149)，同時也是觀景處　**4**
隨處都有著波巴梅杜 Popa Medaw 等納神靈的人偶，而在朝拜大道入口的建築
1 物還擁有著37尊納神靈雕像

波巴山　Mt. Popa　ᯆᯙᯔ　　　　　　　MAP 拉頁 -B5~C5

由鮮花與綠意妝點的納神靈信仰聖地

座落在蒲甘東南方約50km的波巴山，是
從25萬年前起停止活動、海拔1518m的死
火山，位在波巴山山腳下、被稱為湯恩格拉
德Taung Kalat的山峰則因為擁有著與眾
不同的獨特外觀，自古從蒲甘王朝起就是
緬甸傳統宗教納神靈Nat信仰的聖地。原本
平緩山坡處突然聳立而現的湯恩格拉德海
拔是737m，沿著山間道路前行不用多久，
就能夠在天邊看到這座奇異的岩塔，讓人
不由自主地屏氣凝神，頂端還佇立著如同
天空碉堡般的莊嚴寺院。

雖然無法辨別真偽，有一個說法就是這
處岩塔與波巴山山頂火山口的形狀大小都
幾乎一模一樣，認為在過去火山大噴發的
時候，大塊岩石就這樣從山頂噴飛並落到
現在的位置。現在的波巴山周邊被茂密森
林所圍繞，也是種類多樣的動植物天堂，擁
有超過100處天然泉水，其豐富水源經日
本協助建造的水管送往山腳下的皎勃東。
所謂的「Popa」來自梵語，擁有「鮮花滿溢」
的意思，波巴山一整年間氣候涼爽，除了花
卉以外還能夠盡情地賞鳥、賞蝴蝶。

沙拉　Sale/Salay　*ဂပၥ*

MAP 拉頁 -B5

能接觸到珍貴文化財產的小小城市

作為觀光活動的起點就是 **Yoke Soe Kyaung 僧院**，首先要來到僧院寺院中的沙拉入境事務所支付觀光費，這一處建於1882年的僧院全以柚木打造，屬於高架式建築，到處使用精緻雕刻做裝飾十分美麗，僧院內部則規劃為博物館，收藏著蒲甘、印瓦、貢榜王朝年代的佛像。

Shin Bin Maha Laba Mann Temple 寺則是擁有上了漆的大佛（高6m、寬5m）的寺院，建造於13世紀的這尊佛像不斷輾轉各地，直到1888年才終於被這座寺院所收藏，由於是以竹子製成，佛像內部為中空，遊客可以鑽進裡面參觀，但除了骨架以外什麼都沒有。

Sasanayaunggyi Kyaung 僧院是在曼德勒皇宮完成後的1865年所建造出來，使用棉布畫上色彩繽紛圖案以作為櫃子的裝飾，屬於必看的美麗焦點，在櫃子裡還有過往沒有紙張的年代時僅以椰葉抄寫的佛教經典等，都珍貴地保存完整，非常有意思。而且許多民眾深信只要聆聽這座寺院僧侶講課就能獲得幸福，因此每天都有成群來自緬甸全國各地的善男信女湧入。

1400年前的椰葉典籍，參觀時會被要求捐款幫助在僧院讀書的兒童們 **2**被黃金包覆的竹子佛像 **3**雕刻十分精彩的Yoke Soe Kyaung僧院 **4**至今依舊人潮不斷的Shin Bin Maha Laba Mann Temple寺

波巴山 & 沙拉

交通 從蒲甘包租計程車最為方便，前往波巴山是US$30～35（3萬5000～4萬K）；前往波巴山與沙拉時租車行情會是US$60～75（7萬～8萬5000K）。另外還有針對外國遊客營運的共乘計程車，車資是每人US$10（1萬4000K），蒲甘有9:00出發、13:00返抵或15:00出發、18:00返抵這2個班次。在良烏有TUN（**MAP**P.137-B1）等多家公司提供服務，也能在旅行社或飯店預約。在慶典登場的朝聖月（4月及7～8月）期間，還會針對朝聖者推出直達嘟嘟車服務，來回6000K。沒有直達車班時，需要到皎勃東轉車，蒲甘出發至皎勃東的嘟嘟車是11:00出發，2000K；皎勃東至波巴山是2000K。想要前往沙拉，需要在良烏的巴士總站搭嘟嘟車至Kyauk（所需時間約1小時30分鐘，1000K），再轉乘往沙拉的嘟嘟車（約45分鐘，1000K）。

● 沙拉入境事務所與 Yoke Soe Kyaung 僧院
開 週三～日9:00～16:00
休 週一、二、節日
費 參觀費5000K

蒲甘的住宿
HOTEL

■住宿地點依照區域與預算挑選

蒲甘大致可以分成三大區，首先就是作為整個蒲甘地區入口處、北部的良烏，不僅是這個地區最大城市也是交通要衝所在，所以無論是民宿、經濟實惠的飯店還是餐廳選擇都非常多，而且最重要的就是交通便捷。至於考古重地的一大保護區，同時也匯聚著觀光焦點的舊蒲甘，卻僅有5間左右的高級度假村，周邊什麼都沒有，但是待在度假村內好好享受才是最好的選擇。最後是位在舊蒲甘西南方的新蒲甘，US$30～50左右的中等級飯店、高級度假村等有超過20間，加上餐廳、商店都應有盡有，不過整體物價比良烏要高。另外像是位於良烏與舊蒲甘中間位置的Wetkyi-Inn Village村也有許多房價划算的中等級飯店，因此要是預算可以多一些的話，建議不妨把住宿定在良烏或Wetkyi-Inn Village村，交通則可包租馬車、自行車或電動自行車E Bike等到處遊逛，唯一要注意的就是旺季期間幾乎所有飯店房價都會漲價將近2倍。

■電力、網路狀況

不時會停電，部分時期還會限定供電時間，因此一定要記得隨時準備好手電筒，而提供Wi-Fi的飯店或餐廳正不斷增加，而以外國人為主的民宿則多數可以免費使用。

■舊蒲甘的飯店

H Bagan Thiripyitsaya Sanctuary Resort
MAP P.128

🍴🏊📺 NHK 🛁🖥️🏧 WiFi

住Archaeological Zone, Old Bagan
☎（061）2460048～9、09-9644-600480
FAX（061）2460033 URL www.thiripyitsaya-resort.com Ethiribgn@myanmar.com.mm
費AC⑤①US$85～580 CC J M V
室127房

由日本出資經營的高級度假村，1棟樓裡只安排有4間寬敞無比的客房，沿著伊洛瓦底江河畔範圍散佈著小木屋與Villa形式的套房，電視有提供NHK的國際放送頻道等選擇，以日本人為對象的服務非常豐富，也有道地的正統SPA、游泳池。

H The Hotel@Tharabar Gate
MAP P.128

🍴🏊📺 NHK 🛁🖥️🏧 WiFi

住Near Tharabha Gate, Old Bagan
☎（061）2460037、2460042～3
URL www.tharabargate.com
E reservation@tharabargate.com
仰光服務處☎（01）377956、376568
費AC⑤①US$245 套房US$450
CC M V 室84房

就在泰拉巴之門的附近，想要觀光舊蒲甘的話就十分地便利，運用高級柚木、古董家具妝點的客房呈現舒適氛圍，

工作人員的應對進退也很完善。飯店所在的廣闊腹地內有著浪漫餐廳、酒吧、SPA及游泳池，滿滿的度假村氣息，在接待大廳與餐廳還能免費使用Wi-Fi。

H Aye Yar River View Hotel
MAP P.128

🍴🏊📺 NHK 🛁🖥️🏧 WiFi

住Archaeological Zone, Old Bagan
☎（061）2460313 FAX（061）2460353
URL www.baganayeyarhotel.com
E ayeyaresort@gmail.com
費AC⑤①US$135～420 CC M V 室119房

盤據著伊洛瓦底江的河岸處，設立於廣達10英畝的熱帶花園內的高級度假村，套房、小木屋式等客房共有4種房型，

站在鋪設木板的寬敞客房內，分別可以眺望到綠意盎然花園、伊洛瓦底江或舊蒲甘的美景。

H Bagan Hotel
MAP P.128

🍴🏊📺 NHK 🛁🖥️🏧 WiFi

住Archaeological Zone, Old Bagan
☎FAX（061）2460316～7
費AC⑤US$115 ①US$125～ CC M V 室96房

客房所在建築採蒲甘的佛塔式外觀，舒適又寬敞，整體更營造出高級感氛圍，從面積達66m² 的Junior Suite到300m²

的Bagan River View為止，套房有5種房型可選，Villa是US$500。

H Bagan Thande Hotel

MAP P.128

🍴🌊📺NHK🔲💻🅰️ WiFi

住 Archaeological Zone, Old Bagan
☎（061）2460025、2460031
FAX（061）2460050
URL www.hotelbaganthande.com
費 AC Ⓢ Ⓣ US$55～275
CC Ⓥ（刷卡＋4％）　室93房

　　主建築是2層樓高的殖民式風格，這是在1922年為了造訪蒲甘的威爾斯王子而建，豪華客房與套房可以欣賞到伊洛瓦底江美景，除了經濟客房以外都提供浴缸設備，庭園一角則規劃成露天餐廳，可以一邊欣賞河景一邊用餐。

■新蒲甘的飯店

H Bagan Lodge

MAP P.127-A4

🍴🌊📺NHK🔲💻🅰️ WiFi

住 Myat Lay Rd., New Bagan
☎（061）2465456、2465457 FAX（061）2465457　仰光服務處☎（01）227223
URL www.bagan-lodge.com
費 AC Ⓢ Ⓣ US$300～862　CC Ⓜ Ⓥ　室86房

　　2013年開幕的大型精品度假村，客房為獨立式Villa，地板非常奢侈地大量運用柚木木材，搭配蒲甘相當罕見的現代化內部陳設，也設有游泳池、SPA及餐廳。

H Arthawka Hotel

MAP P.127-A4

🍴🌊📺NHK🔲💻🅰️ WiFi

住 160, Cherry Rd., New Bagan
☎（061）2465321　FAX（061）2465320
E arthawka.hotel@gmail.com
費 AC Ⓢ US$70　Ⓣ US$80
CC Ⓜ Ⓥ　室59房

　　圍繞著中庭游泳池而建的中型度假村，地點在新蒲甘的東側、多間飯店匯聚的區域內，徒步到超市大約5分鐘，客房相當超值地寬敞舒適，僅有9間的Deluxe客房還會提供浴缸設備。

H Bawga Theiddhi Hotel Bagan

MAP P.127-A4

🍴🌊📺NHK🔲💻🅰️ WiFi

住 Myat Lay Rd., New Bagan
☎（061）2465426、2465053、09-4593-11408
FAX（061）2465427
URL www.bawgatheiddhihotel.com
費 AC Ⓢ Ⓣ US$85～　CC Ⓜ Ⓥ　室77房

　　開幕於2013年的度假村式飯店，分為飯店建築與Villa兩種，經常成為沙畫一大主角、描繪著傳統蒲甘跳舞女孩等畫作，就點綴在充滿緬甸風格的客房中，游泳池所在的中庭處則相當舒適，屋頂酒吧還能夠眺望到美麗迷人的日出與黃昏，還有間提供國際料理的餐廳。

H Ostello Bello Bagan

MAP P.127-A4

🍴🌊📺NHK🔲💻🅰️ WiFi

住 Main Rd., Hkan Latt Qtr., New Bagan
☎ 09-2570-39009　URL www.ostellobello.com
E bagan@ostellobello.com
費 需要洽詢　CC Ⓜ Ⓥ　室27房

　　位在新蒲甘的中心地點，深受歐美遊客超級人氣的背包客民宿，時尚客房、餐廳、還有正宗義大利人提供的義大利麵服務等，附近不遠處還有同系列經營的「Ostello Bello Bagan Pool」。

H Sky Palace Hotel Bagan

MAP P.127-A4

🍴🌊📺NHK🔲💻🅰️ WiFi

住 Corner of Nwe Ni & Khatter Sts., New Bagan
☎（061）2465454～5、09-2563-14117　FAX（061）2465454
URL www.skypalace.asia
費 AC Ⓢ Ⓣ US$50、60、70
CC 無　室40房

　　不僅房價十分超值且24小時供電，客房內有衛星放送電視、迷你熱水壺等設備應有盡有，Wi-Fi上網速度也很快而舒適，2013年時還完成了新的住宿大樓，讓能服務的總客房數更多，工作人員也相當親切。

H Razagyo Hotel

MAP P.127-A4

🍴🛏📺📻🔌🛗🏧 WiFi

住126, Myat Lay St., Thamudraic Qtr., New Bagan ☎（061）2465326、09-2544-15284 URLwww.baganrazagyohotel.com
Ebagan.razagyohotel@gmail.com
費AC⑤US$70～ ⊤US$80～
CCMV 室40房

位在新蒲甘市區的東邊，使用紅磚打造、圍繞著游泳池而建造的建築物十分時尚，客房的內部裝潢也運用大量木材，呈現舒適穩重氛圍，接待大廳的應對服務也很完善，還可以幫忙安排觀光或各種票券的購買。

■良烏周邊的飯店、民宿

廉價住宿集中在主要大街上，至於超值飯店則是在Thiripyitsaya 4 St.街Thiripyitsaya 4 St.的餐廳街以南有著幾間可以挑選。

H Thante Hotel

MAP P.137-B1～B2

🍴🛏📺📻🔌🛗🏧 WiFi

住Nget Pyit Tawng Pagoda Rd., Nyaung Oo
☎（061）2460315、09-2500-69428
FAX（061）2463307 URLwww.thantenyu.com
Enyaunguthante@gmail.com
費AC⑤US$50 ⊤US$65 三人房US$85
CCMV 室40房

連游泳池都有的高級飯店，設置有10棟的Superior Bungalow，內部客房分成雙人一大床2間、三人房4間以外，其餘全是雙人房兩小床的房間，還有24小時營業的餐廳、啤酒屋、麵包店。

H Zfreeti Hotel

MAP P.137-A2

🍴🛏📺📻🔌🛗🏧 WiFi

住407, Thiripyitsaya 5 St., Nyaung Oo
☎（061）2461003、2460921
URLwww.zfreetihotel.com
費AC⑤⊤US$75～ CCMV 室102房

度假村式飯店，充滿時尚的氛圍加上工作人員無微不至的貼心服務，獲得了極高人氣的支持，還有提供長途巴士總站、機場的接人服務，不妨在預約住房時順便提出要求。

H Aungmingalar Boutique Hotel

MAP P.137-A2

🍴🛏📺📻🔌🛗🏧 WiFi

住Main Rd., Nyaung Oo
☎（061）2460847、2461169、09-4200-64541
Eaungmingalarhotel@gmail.com
費AC⑤⊤US$44、58、75
CC無 室40房

離在地巴士總站以及瑞西貢佛塔很近的中等級飯店，部分客房還能夠欣賞到佛塔夜景，客房內提供有冷氣、冰箱、電視，打掃得十分乾淨舒適，共有15間的Superior客房甚至是使用木地板，充滿了高級感，至於Wi-Fi則只在接待大廳周邊可用。

H New Park Hotel

MAP P.137-B2

🍴🛏📺📻🔌🛗🏧 WiFi

住Thiripyitsaya 4, Nyaung Oo
☎（061）2460322、2460484 FAX（061）2460322 仰光服務處☎（01）205688
URLwww.newparkmyanmar.com
費AC⑤US$40～45
CCMV 室26房

深受歐美背包客喜愛的人氣住宿，因為遠離鬧區在裡面一點的街道而能夠有寧靜下榻時光，客房採小木屋形式共有4款選擇，每一種都打掃得十分乾淨，Superior（AC⑤⊤ US$55）還有提供電視、冰箱及浴缸設備，地點鄰近餐廳極多的Thiripyitsaya 4街，用餐非常方便。

H Shwe Na Di Guest House

MAP P.137-B1

🍴🛏📺📻🔌🛗🏧 WiFi

住Main Rd., Nyaung Oo
☎（061）2460409、09-4025-10136
費AC⑤US$16～20 ⊤US$25～35
CCMV 室45房

飯店內設施齊全且非常乾淨整潔，工作人員也都很友善，還可以幫忙安排電動自行車E Bike或共乘計程車，很受到歐美背包客的喜愛，因此接待大廳也成為來自世界各地遊客的情報交換場所，另外還有提供超值的團體客房（US$9）。

H Inn Wa Guest House

MAP P.137-B1

🍴🏖📺NHK🗝📻🅿📶WiFi

住Main Rd., Nyaung Oo
☎（061）2460902、09-7914-11452
Einnwa.gh@gmail.com
費AC S T US$30、40、50
CC M V 室40房

　就在市場附近不遠，3層樓建築且在靠街道一面客房都設有陽台，超值的房價不僅客房寬敞乾淨，且地點也很便捷，早餐則可在視野良好的屋頂享用。2014年1月完成的新館裡Superior和Deluxe客房全都有電視、迷你吧設備。

H Pyinsa Rupa Guest House

MAP P.137-B1

🍴🏖📺NHK🗝📻🅿WiFi

住Main Rd., Nyaung Oo
☎（061）2460607、09-4027-67725
費FAN S US$18　T US$20　AC S US$20
T US$25、35　家庭房US$40
CC M V 室36房

　從良烏的市場往西貢佛塔方向徒步約5分鐘可到，客房雖然陳設簡單，卻幾乎每間都有浴缸可用，四周更有許多餐廳，非常便利，還有能説流利日文的員工，可以幫忙安排各種票券。接待大廳周邊免費供應Wi-Fi。2013年完成的新館是AC S T US$25。

H Golden Myanmar Guest House

MAP P.137-B1

🍴🏖📺NHK🗝📻🅿WiFi

住Main Rd., Nyaung Oo
☎（061）2460901、09-7815-74276
URLwww.goldenmyanmarguesthouse.com
費AC S US$20　T US$30、40
CC M V 室15房

　位在熱鬧大街上，離市場也很近的民宿，2013年時內部裝潢全部煥然一新變得十分迷人，客房設在1樓與2樓，不過1樓房價比較便宜，民宿還兼營旅行社，除了國內線以外連國際線機票都能夠幫忙預約。

■Wetkyi-Inn Village村的住宿

H New Wave Guest House

MAP P.127-B2

🍴🏖📺NHK🗝📻🅿WiFi

住Wetkyi-Inn, Nyaung Oo
☎（061）2460731、09-4500-53155
URLwww.newwavegbagan.com
費AC S T US$40～45　CC 無　室26房

　位在良烏與舊蒲甘中間位置的Wetkyi-Inn Village村，屬於划算民宿集中的地區，其中最受歡迎的就是這裡了，擁有乾淨又整潔的寬敞客房，雖然沒有任何裝飾很單調卻很沉穩舒適，儘管房價不高，在房間內還提供有煮咖啡機、吹風機等完善設備，早餐還能在屋頂品嘗，格外有氣氛。

H Bagan Princess Hotel

MAP P.127-B2

🍴🏖📺NHK🗝📻🅿WiFi

住Wetkyi-Inn, Nyaung Oo
☎（061）2460661、09-4207-62674
仰光服務處☎（01）8603844
FBBagan Princess
費AC S T US$55～　CC 無　室41房

　位在Wetkyi-Inn Village村內的時尚精品度假村，客房全部提供有按摩浴缸，非常的高級，還有游泳池可用。

■波巴山周邊的住宿

H Popa Mountain Resort

MAP 拉頁-B5～C5

🍴🏖📺NHK🗝📻🅿WiFi

住Mt. Popa., Kyauk Padaung T/S
☎（02）69168～9、09-4027-60884
URLwww.myanmartreasureresort.com
費AC S T US$100～200　CC M V 室55房

　位在波巴山國家公園內的高級度假村，現在也是波巴山周邊唯一一處外國人可以下榻的住宿選擇。部分客房、餐廳、游泳池能夠眺望到湯恩格拉德，風景十分迷人，還可到周邊體驗登山健行、騎馬樂趣，不是房客也能夠使用游泳池（US$7）、餐廳，接待大廳周邊是免費的Wi-Fi。

蒲甘的餐廳

RESTAURANT

良烏一地有許多便宜又美味的餐廳，舊蒲甘、新蒲甘的物價就比較高。

■舊蒲甘的餐廳
都集中在阿難陀寺附近。

R Starbeam Bistro

MAP P.128

住 North of Ananda Temple, Old Bagan
☎ 09-4025-02614
營 8:00～22:00　休 無　CC 無

曾經在仰光高級飯店擔任法國料理大廚的Tin Myint，2010年開設了這間餐廳，開放式的用餐空間，味道十分道地，加熱後才端上桌的自製麵包也相當美味，值得推薦的有從伊洛瓦底江撈上岸的鮮魚燒烤5000～7000K，茄子沙拉3000K。

R Sarabha

MAP P.128

住 Near the Tharabha Gate, Old Bagan
☎ （061）2460239
營 11:00～21:00　休 無　CC M V

位在泰拉巴之門旁邊，可以看得到阿難陀寺，內部是紅磚建築但佛塔風格的裝潢，緬甸、中華、泰式料理的菜單豐富多樣到讓人有選擇困難，炒飯2500K～、各種蔬菜料理2000K～、蝦子料理8500K～。

■良烏的餐廳

R Sharky's

MAP P.137-A2

住 In front of Shwe Zyi Gon Paya, Bagan-Nyaung Oo Rd., Nyaung Oo
☎ 09-4548-62928　營 8:00～22:00
休 無　CC M V

在仰光也有開店的人氣西洋料理餐廳，蒲甘的分店空間採開放式且充滿時尚氛圍，要是不知道點什麼料理時，簡單的經典漢堡（1人份1萬2000K）很值得推薦，肉汁滿滿的牛肉排與起司加上醬汁相互搭配，口感無比絕妙。

R Weather Spoon's

MAP P.137-A2

住 Restaurant Row, Thiripyitsaya 4, Nyaung Oo
☎ 09-4309-2640
營 9:00～21:00　休 無　CC 無

位在各國料理餐廳匯聚的街道上的人氣店，在供應的緬甸菜、西洋料理及泰式料理之中，香氣濃郁、肉排分量十足的Weather Spoon's漢堡5900K是招牌菜。

R The Black Bamboo

MAP P.137-A2

住 Yar Khin Thar St., Thiripyitsaya 4, Nyaung Oo
☎ （061）2460782、09-6501-444
營 週四～二11:00～22:00　休 週三　CC 無

擁有中庭且氣氛舒適的人氣餐廳，餐點是融合法式料理與緬甸料理的獨家創意菜，葡萄酒選擇也很豐富，餐後的冰淇淋甜點同樣值得推薦，Wi-Fi免費供應。

R Shwe Moe Restaurant

MAP P.137-B1

住 Main Rd., Ywa Thit Qtr., Nyaung Oo
☎ （061）2460653、09-4305-8979
營 8:30～22:30左右　休 無　CC 無

使用新鮮食材的中華料理不僅不油膩還相當美味，最棒的菜色就是使用蒲甘的特產大河蝦，做成番茄基底的咖哩，加上熱湯、配菜、白飯，6500K就讓人可以飽餐一頓，另外2500K～的蔬菜料理也很下飯，還可以品嘗到泰式、緬甸菜餚。

R Sanon

MAP P.137-B2

住 Pyu Saw Hti St., Nyaung Oo
☎ 09-9451-951950　營 11:00～22:00
休 無　CC 無

位在 H Thante Hotel旁的西洋料理餐廳，這家店是為了進行緬甸年輕人職業訓練而開設，但千萬別以為服務與味道就很惡劣，相反地都很細心又美味，主菜1道是4500K～。

■ Wetkyi-Inn Village村的餐廳

Wetkyi-Inn Village村中擁有著各式各樣不同料理的餐廳，像是西式料理、泰國菜，還有深受在地人喜愛的緬甸料理等都有。

R Nanda Restaurant

MAP P.127-B1

住 Main Rd., Wetkyi-Inn, Nyaung Oo
☎（061）2460754、09-2042-341
營 10:30～21:00　休 無　CC M V

能夠觀賞到緬甸傳統木偶Puppet表演的高級餐廳，每天晚上19:00正式演出，表演時間約45分鐘，由嫻熟操作的表演人員展現出自古承繼而來的高難度演出，吸引觀眾不斷鼓掌喝采。晚餐1人是1萬～1萬5000K上下，雖然並不便宜，但是每道料理都十分洗鍊而美味，而且最好要預約舞台前的席位才能看得更清楚。

R Queen Restaurant

MAP P.127-B2

住 Wetkyi-Inn, Nyaung Oo
☎（061）2460176
營 9:00～22:00　休 無　CC 無

擁有陽台席位的開放式餐廳，最受到外國顧客喜愛的就是「緬甸咖哩套餐」，特別調整過味道好讓不習慣緬甸料理的人可以盡情品嘗，來自伊洛瓦底江的蝦子咖哩是9500K，也有1800K～的炒飯等中菜，或是4800K～的披薩、4000K～的義大利麵等西餐餐點，洗手間也很乾淨。

R Myo Myo

MAP P.127-B1

住 Wetkyi-Inn, Nyaung Oo
☎（061）2460235、09-4440-04137、09-2591-00441
營 6:00～18:00　休 無　CC 無

在地人氣的咖啡館&餐廳，這裡沒有菜單，而是以大托盤擺著20道左右的小菜過來，讓顧客隨各人喜好挑選，每一道菜大約200～1000K，點了白飯加上幾道菜的話，1個人約2000～5000K。

蒲甘的購物
SHOP

漆器、木雕工作坊兼商店以及檀娜卡Thanaka專賣店等等，有著許多充滿蒲甘特色的店鋪，至於生活雜貨、沙畫等紀念品，則是在市場或寺院周邊等地販售。

S Shwe Pyi Nan Thanakha Gallery

MAP P.137-A2

住 Corner of F.I.T. & Main Rds., Nyaung Oo
☎（061）2460179、09-4440-05014
URL shwepyinan.com　營 9:00～21:00（按摩11:00～22:00）　休 無　CC 無

由檀娜卡Thanaka業者「Shwe Pyi Nan」經營的店鋪，設有畫廊可以認識關於檀娜卡（→P.211）的資訊，還有迷你植物園、商店、按摩服務等，按摩部分，腳底按摩是8000K，全身按摩是9000K（各為60分鐘）。

S Tun Handicrafts

MAP P.127-A4

住 G-1, Khanlaung Qtr., New Bagan
☎（061）2465063、2465384、09-2042-778
營 8:00～19:00　休 無
CC M V

在蒲甘的眾多漆器店鋪裡，以高品質與迷人設計而擁有高人氣，老闆女兒Momo小姐設計的漆器非常簡潔又時尚，同時還十分好用，就緊鄰在一旁的工作坊也開放給遊客，可以參觀漆器的製作過程。

■ 精通日語的旅行社

T Sara Travels & Tours

MAP P.127-A4

住 2nd Floor, Bagan Residence H5B, Main Rd., Khan Laung Qtr., New Bagan
☎ 09-3160-5643　URL www.sara-tour.com
E sarayangon@gmail.com　營 週一～五9:00～17:30、週六9:00～14:00　休 週日·節日

這是由作為日本「地球步方網站」蒲甘特派員的橋本先生所經營的旅行社，運用在地人才知道的情報網與網路訊息，幫忙安排各種以觀光為主的旅遊行程，想報名參加觀光之旅，基本上是上網或以電子郵件申請。

熱氣球漂浮於無盡佛塔的大平原上

在緬甸古都蒲甘所在的廣大平原上，散落著超過3300座之多的佛塔，這樣無比夢幻又獨具異國情調的風景，還可以搭乘熱氣球從空中角度來俯瞰。就在夜幕尚未完全揭開的昏暗清晨開始做準備，才能跟隨著日出一起升空，眼前是數之不盡的佛塔搭配著遠方緩緩流動的伊洛瓦底江……，絕對會是令人永難忘懷的美景。

截至到2018年為止共有3間公司提供熱氣球之旅，不過費用與內容都大同小異，提供飯店接送與熱氣球之旅的配套標準行程（US$330～340）以外，還有再加上香檳早餐的Premium行程（US$390～400）可選，報名可透過網路或當地旅行社申辦，不過在10～3月期間屬於天天爆滿的人氣行程，因此一旦確定好行程的話，不妨及早預約以免向隅。Oriental Ballooning還會在4～9月淡季推出熱氣球之旅，但實際上只要碰到壞天氣就會無法升空而取消，另外在12月20日～1月5日的尖峰旺季期間，各家都會同時提高費用。

即使沒有機會搭乘熱氣球，光是眺望

熱氣球飄浮在天空中的景色也非常有意思，不妨在熱氣球一一升空的清晨之際，前往舊蒲甘見識美景。

Oriental Ballooning
🌐www.orientalballooning.com
Balloons Over Bagan
🌐www.facebook.com/balloonsoverbagan
Golden Eagle
🌐goldeneagleballooning.com

一睹夢幻無比的美景

夢幻的蒲甘夜間點燈

蒲甘的佛塔與寺院在白天強烈日光照射下，總是散發著令人深刻的印象，但等到太陽下山以後，當蒲甘成為漆黑一片之際，點起燈光的建築又環繞著一股神祕氛圍，呈現出與明亮白日截然不同的味道，這樣的佛塔與寺院自然很值得一訪。

會點燈的主要寺院有舊蒲甘的阿難陀寺院（→P.134）、葛道帕林寺（→P.135）、達比紐佛寺（→P.134）、新蒲甘周邊的梯羅明羅寺（→P.139）、瑞西貢佛塔（→P.138）等，只是街道

上街燈稀少比較危險，最好是與其他飯店房客一起，搭乘計程車前往。

黑影濃重而讓人有些心驚膽戰的葛道帕林寺

阿難陀寺帶著淡淡的懷舊氣息

即使在夜裡也依舊金碧輝煌的瑞西貢佛塔

曾是二次大戰戰事最激烈之地

密鐵拉
Meiktila
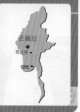

幾乎座落在全國中央位置的密鐵拉，自古以來就是交通要衝所在地，目前依舊是串起緬甸南北道路往來的中繼點，銜接仰光與曼德勒的長途巴士就會經過這座城市。綿延在風光明媚、狹長密鐵拉湖湖畔的密鐵拉，其實在二次大戰末期時，周邊成為當時已呈敗象的日本軍對聯軍負隅抵抗的激戰之地，造成數十萬人的死傷，這也讓這處曾經是蒲甘王朝療養勝地的優美古都，全因為戰火而燒成灰燼，當地百姓自然也被無辜捲入而大量死亡。在戰爭結束以後，為了追悼陣亡的戰友而有無數日本人絡繹不絕地前來，不分國家、不分民族地紀念所有戰爭中的死者，並且為了祈求世界和平而建造出「世界和平佛塔」，也就是「那格雍佛塔」，吸引著無數人們造訪。

做成妙聲鳥形狀的Phaun Daw Paya佛塔

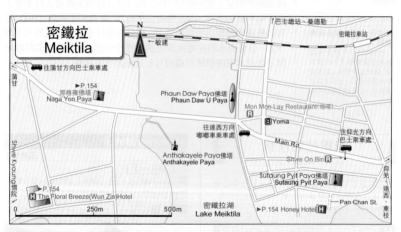

密鐵拉
Meiktila

往蒲甘方向巴士乘車處
蒲甘
那格雍佛塔 ▶P.154
Naga Yon Paya

一敏建
N

巴士總站、曼德勒
密鐵拉車站

Phaun Daw Paya佛塔
Phaun Daw U Paya

Mon Mon Lay Restaurant(咖啡) R

B Yoma

往達西方向
嘟嘟車乘車處
往仰光方向
巴士乘車處

Main Rd.

Anthakayele Paya佛塔
Anthakayele Paya

Shwe On Bin R

Shwe Kyaung僧院

▶P.154
The Floral Breeze(Wun Zin)Hotel H

Sutaung Pyit Paya佛塔
Sutaung Pyit Paya

Pan Chan St.

仰光、達西、東枝

0　　250m　　500m

密鐵拉湖
Lake Meiktila

▶P.154 Honey Hotel H

前往密鐵拉

ACCESS

◆仰光、曼德勒出發
🚌 仰光長途巴士總站(MAP P.39-C1)在7:00～21:00間發車，所需時間約8小時，1萬2000K；曼德勒出發所需時間約3小時，3000K。

◆蒲甘出發
🚌 搭乘8:00發車前往達西方向巴士並在中途下車，所需時間約4小時，普通是1萬5000K，VIP是1萬8500K，如果是嘟嘟車的話，需要搭到皎勃東再轉乘前往密鐵拉方向，所需時間約5小時。
🚗 所需時間約3小時，車資會依照季節而有不

同，並且還是隨司機喊價，因此最好是多詢問幾個人再決定，一般單程是US$70左右。

◆達西出發
🚗 所需時間約1小時，2000K，摩托計程車的話所需時間約30分鐘，6500K～。

◆皎勃東出發
🚌 搭乘前往達西方向再在中途下車，所需時間約2小時，5000K；6:30出發的直達巴士是5000K。

Shwe Kyaung僧院內的戰爭死者紀念碑

漫遊密鐵拉　　　Exploring

　　市中心就在橫跨湖泊橋樑的南側，街道兩旁林立著多間的食堂，而市區觀光景點則是橋墩附近、浮在河上擁有妙聲鳥形狀的黃金寺院Phaun Daw Paya佛塔，而將蛇雕像與佛像一同祭祀著的那格雍佛塔內，則設立有日本陣亡者紀念碑等，為了促進與緬甸親善友好關係而蓋的Chi Kyi Yae Paya佛塔，則是位於從市區搭乘摩托計程車約5分鐘可到的Shwe Kyaung僧院，路途中有機會看到正悠閒釣魚的人們，或者是在水邊嬉戲的野鳥，悠閒的景象讓人很難想像這裡曾經發生過無比慘烈的戰役。

主要景點　　　Sightseeing

與舊日本軍隊有著極深淵源　　　**MAP P.153**
那格雍佛塔　　　နဂါးရုံဘုရား
Naga Yon Paya

為祈求世界和平而建的那格雍佛塔

　　這座佛塔名稱由來是根據一則佛教典籍。某一天當佛祖在戶外冥想時，突然間下起了大雨，發現這個狀況的那伽（眼鏡蛇）於是來到佛祖背後，張開身體如同一把傘般為佛祖遮擋雨滴，「Yon」就是指僧侶穿衣服的動作。祠堂內可以看得到無數過去日本軍人或家屬捐贈的名牌，因此佛塔也被稱為「世界和平佛塔」，與日本有著極深的淵源的這座佛塔旁，還有經由日本協助建造的大型淨水器，前來汲水的在地民眾也讓這裡十分熱鬧，在後方還靜靜地展示著日本軍隊曾使用過的九七式輕裝甲車殘骸。

Information
需要仔細關注政治局勢發展

　　2013年3月時穆斯林與佛教徒間爆發了大規模衝突，因此出發時務必要掌握當地最新資訊，也不要靠近清真寺、抗議遊行或任何集會。

密鐵拉的住宿
HOTEL

　　外國遊客能夠下榻的飯店稍微遠離市中心地區，可以在巴士站搭乘等待載客的摩托計程車，大約1000～1500K左右。

H The Floral Breeze (Wun Zin) Hotel
MAP P.153

🍴❄️📺 NHK 🔲🛁🚪🅿️ WiFi
住 Nandawgone Qtr.　**☎** （064）23848、23559、09-4549-98292　**FAX**（064）23559
FB floralbreezewunzin
費 AC ⑤①US$35、45、55　套房（3人）
US$65　**CC** M V（刷卡＋5%）　**室** 38房

　　位於湖畔，四周環境十分清幽還有著餐廳，員工待客十分親切，SPA也提供按摩服務。

H Honey Hotel
MAP P.153

🍴❄️📺 NHK 🔲🛁🚪🅿️ WiFi
住 Pan Chan St.　**☎**（064）23588、25755
費 AC ⑤US$30　①US$35
CC 無　**室** 23房

　　位在主要大街往巷弄進來的地點，不過無論是前往市區或往仰光的巴士乘車處都在徒步範圍內，還算方便。曾耗費數年時間整修飯店，因此客房十分漂亮且設備齊全，不過工作人員不太懂英文，客房內（訊號稍弱）及接待櫃台周邊還有Wi-Fi可用。

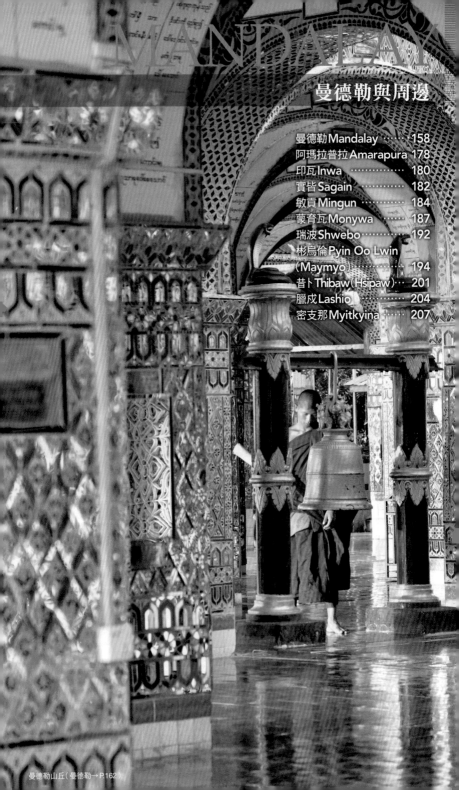

曼德勒與周邊

曼德勒山丘（曼德勒→P.162）

曼德勒與周邊的
區域導覽

古都曼德勒Mandalay所在位置幾乎是緬甸的正中央，1857年時由敏東國王Mindon下令建造，直到1885年被英國佔領前，都是緬甸最後一個王朝的首都而非常繁榮。在曼德勒周邊還有著印瓦Inwa、實皆Sagain、阿瑪拉普拉Amarapura等歷史悠久的古老皇城，屬於過往撣族和緬族的王朝首都。曼德勒以東高原地帶的彬

烏倫Pyin Oo Lwin，則是當初英國殖民年代作為英國人避暑勝地而開發的城市，現在依舊是在森林間散落著殖民年代建造、充滿殖民風格的建築物，整座城市散發著優雅氣息，昔卜Thibaw、臘戍Lashio則是位處於撣邦，儘管從區域上來區分應該歸類於茵萊湖周邊篇章，但從曼德勒前往的交通比較方便而歸納在這裡介紹。

民眾來到曼德勒皇宮壕溝上的橋樑，享受傍晚的納涼時光

景點　　Tourist attraction

或許因為是好幾個古老王朝首都匯聚地帶，因此這裡的主要景點幾乎都是佛教建築，由於都各具特色，一一探訪依舊讓人興致盎然，至於曼德勒的皇宮在第二次世界大戰中遭到戰火而燒毀，現在所能看到的是在戰後重建而成。首先不妨先將移動腳步來到曼德勒山丘與周邊的佛教建築，施以精緻雕工並以柚木打造的僧院多達好幾間，這樣的歷史遺韻不愧為曾經的王朝首都，然而其他的古老王朝首都就僅剩下部分佛教建築了。從曼德勒出發順著伊洛瓦底江而下，前往蒲甘的觀光船之旅，非常受到外國遊客的喜愛。

不斷被發掘出來的新景點，圖中為皎施的Tamote Shwe Gu Gyi佛塔（→P.169）

活動、慶典　　Event, Festival

●達降

4月中旬　於緬曆正月的3天時間裡大肆慶祝，緬甸最大型的節慶，為了洗去一整年的髒污而會彼此互相熱烈地潑水，全國各地各地都會舉辦潑水節，不過以曼德勒的潑水節最為瘋狂，每年於4月13～16日登場。

●唐邦

8月滿月前約1星期　在曼德勒北部郊外的唐邦Taung Byone這個村莊舉行，祭祀納神靈Nat的神靈節，每年會有3次，其中8月是規模最盛大的一次，2020年為8月26日～9月2日舉行，12月左右及1月左右也還會慶祝。

印瓦的寶迦雅寺（→P.181）是由柚木打造的美麗建築

季節　　Season

這一區氣候分成曼德勒至蒙育瓦間的平地、彬烏倫到臘戍的撣邦山地，還有密支那周邊的北部山岳地帶而有極大不同，平地地帶在雨季降雨量比起仰光周邊並不太多，相較下就很方便於旅途交通順暢進行，不過暑季時的炎熱就相當可怕，特別是3～4月的曼德勒熱得十分驚人，但只要進入撣邦山岳地帶，就可以清楚地感受到早晚的舒適涼意。

僅完成底座就中斷建造工程的敏貢大佛塔（→P.184）

旅行小訣竅　　Hint

●交通

想要有效率地暢遊曼德勒周邊一帶的話，推薦包租計程車來代步，可以透過民宿等來幫忙安排交涉。前往彬烏倫、臘戍方向的話，則可搭乘巴士或鐵道，而且鐵道在中途還會經過全世界第二高的谷特高架橋。

●住宿選擇

從國家貴賓下榻的高級飯店開始，到商務客為對象的中等級飯店、背包客集中的廉價民宿為止，曼德勒的住宿選擇非常地多，但是隨著外國遊客人數的增加，住宿設施漸漸不足以應付，因此人氣住宿選擇最好要記得事先預約。至於小型城鎮，可供外國遊客下榻的飯店也相當有限，探訪住宿選擇也意外成為一種樂趣。離開了曼德勒就看不到高級飯店，僅有中等級飯店或平價的民宿而已。

位在彬烏倫（→P.194）市區中心的鐘塔

緬甸末代皇城所在之都

曼德勒
Mandalay

幾乎就位處於緬甸正中央位置的曼德勒,目前是僅次於仰光的緬甸第二大城,而且直到被英國佔領之前,都是緬甸最後一個王朝首都所在。

1752年由雍笈牙國王Alaungpaya開創出了貢榜王朝(雍笈牙王朝),接下第8代蒲甘國王Pagan Min之位,於1853年繼位的敏東王Mindon,決定將首都由當時的阿瑪拉普拉搬遷到曼德勒,並且從1857年開始打造王城。

彷彿俯瞰著下方市區,高聳而立的曼德勒山丘的佛塔

不過此時歐洲列強已經開始入侵亞洲各國展開殖民活動,其中以印度為據點將目標對準東方的英國,也開始了對緬甸的侵略作戰。1852年佔領仰光以後,接著再一一攻陷毛淡棉、馬達班(莫塔馬)、勃生、卑謬(Prome)等地,不過敏東王相當具有外交手腕,讓這時候的貢榜王朝雖然遭遇外患卻還能繼續維持,但是1878年敏東王過世而錫袍王Thibaw登基以後,這位國王卻是完全放棄外交交際而只會空想,讓英國加快侵略緬甸的腳步,1885年終於揮軍攻佔了曼德勒,被抓的錫袍王遭到流放印度(錫袍王後代子孫至今依舊生活於印度的拉特納吉里),而曼德勒作為一國首都的歷史也僅僅26年就告終。

每年10月滿月之夜舉行的點燈節

儘管敏東王治理曼德勒的時間不長,但他十分積極地建造佛塔、寺院,接二連三完成讓人大開眼界的壯觀建築,如今遺留在曼德勒的主要佛塔或寺院,幾乎都是敏東王年代的古蹟,另外這裡也還有著木偶劇等傳統文藝,依舊保留著往昔皇城風采。

➤ 前往曼德勒　　　　　　　ACCESS

◆仰光出發
✈ 曼德勒航空、KBZ航空、金緬航空等7家航空公司每日有1～2班,緬國國家航空則是每日推出2個航班,所需時間1小時～1小時30分鐘,轉乘航班則需約2小時,機票US$85～150左右,不過航班時間常常會有更動,要向旅行社等再做確認。

🚂 仰光出發的普通、急行列車加起來1日3班車,所需時間長達14～15小時,而且特別容易在雨季時發生誤點,車資部分普通和急行列車臥鋪是1萬2750K,軟座9300K,硬座4650K。

🚌 最為經濟省錢的方式就是搭乘夜班巴士,將近10家的巴士公司每日都會從仰光長途巴士總站(MAP P.39-C1)發車,車票可至翁山將軍體育場以南的各巴士公司櫃台(MAP P.33-C1)購買,全都為指定席且多數還會附上飲用水及濕毛巾等服務。20:00～21:00左右從仰光出發,抵達都會是在隔天清晨的5:30～6:00左右,不過通常都會誤點。車資依各家公司而定,大約是1萬1000～2萬3000K,由於全車皆為指定席位,最好要及早預約。

◆蒲甘、茵萊湖出發
✈ 各家航空從仰光出發的轉乘航班每日有1～2班,蒲甘或黑河出發所需時間約30分鐘,透過旅行社購買是US$42～75上下。

空中門戶的曼德勒機場

🚆 蒲甘出發1日1班車，7:00出發，所需時間約8小時，軟座2900K、硬座1450K。

🚌 從蒲甘或茵萊湖方向發車的話，會有車班在每天清晨出發，傍晚時抵達曼德勒，蒲甘出發的所需時間約5小時，9000～1萬K；東枝（茵萊湖）出發約需10小時，1萬2500～1萬5900K。

🚢 蒲甘出發的話，可搭乘沿著伊洛瓦底江而行的遊客專屬渡輪，以外國人為對象的民營交通船有RV Shwekeinnery、Alliance Myanmar、Pioneer這3家公司，10～3月幾乎每天發船，所需時間12～13小時，其他季節就會依照預約或水位等情況調整，有時還會停駛。5:30～6:00左右從蒲甘出發，17:30～18:00前後抵達曼德勒，服務內容依照船公司而有不同，大多都會提供船上餐點及水，費用是US$32～37，船票可以在飯店或旅行社購買。

◆曼德勒的大眾交通轉運站

曼德勒機場

曼德勒機場位在市區以南超過40km的地點，移動上稍有不便，而且從機場也沒有進入市區的共乘巴士可以搭乘，而是要搭計程車、車資1萬5000K，共乘計程車或迷你巴士是每人4000K，所需時間約1小時；市區前往機場時，基本上交通工具也都只有計程車或迷你巴士，而共乘計程車或迷你巴士則可透過下榻住宿幫忙安排。

曼德勒車站（MAP P.160-B3、P.161-B2）

外國人可在車站東側1樓的遊客中心（MTT）購票。

長途巴士總站（MAP P.160-B5）

來自仰光、蒲甘、茵萊湖等南邊方向的長途巴士，都會停靠在曼德勒市區南邊郊外，鄰近舊機場的長途巴士總站，搭乘摩托計程車至市區是3000K，計程車5000～7000K。曼德勒還擁有另外2座巴士總站，一個是往昔卜、臘戍等北邊方向的巴士總站（MAP P.160-C3），一個則是前往蒙育瓦的Thiri Mandalar巴士總站（MAP P.160-A2）。

最頂層為飯店的曼德勒車站

漫遊曼德勒　　　　　　　　　　　Exploring

井然有序的棋盤式街道

曼德勒整座城市的中心就在單邊約3km見方的曼德勒皇宮處，東北方就是能夠俯瞰著街道市區的曼德勒山丘，而鬧區則是從曼德勒皇宮由南往西發展。曼德勒的城市規劃出東西南北向街道，規矩方正又井然有序，每條馬路上都有編號，除了靠近市中心的鬧區以外看不到什麼醒目建築，在這樣沒有任何特色的街道中行走，很容易就會喪失方向與所在位置的認知，雖然十字路口上都會立有標示街道號碼的小型標示，但要是覺得自己迷路了，最好盡早詢問周邊路人。

傳統表演依舊盛行的古都

Information

曼德勒的市區交通工具

曼德勒市區內移動的最方便交通工具就是摩托計程車，短程的話1趟500～1000K，HNylon Hotel前到曼德勒山丘山腳下的行情價大約是1500K。

而在2017年全新登場的嘟嘟車ThoneBane，在攜帶行李或碰上壞天時就會非常便利，也能夠使用手機應用程式Grab（→P.290）來叫車。車資大約是摩托計程車的2倍，包租的話，會與普通計程車的車資差不多。

新車極多的嘟嘟車ThoneBane

159

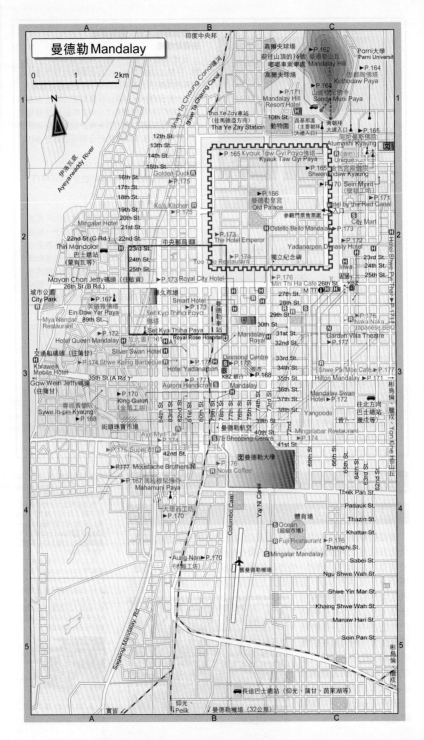

曼德勒 Mandalay

以火車站分成東西兩個不同特色市區

在曼德勒皇宮以南是佔地南北約8個街區範圍的曼德勒車站，車站大樓是2001年6月落成的大型建築，車站前方還設有大型圓環，周邊林立著現代化高樓，但是距此不過幾個街區距離，73號街一帶繼續往東走，則是自古以來的寧靜住宅區與眾多政府機構所在的祥和區域，繼續朝東前進來到62號與61號街之間，沿著街道南北則盡是僧院林立的佛教區域，要是順著僧院往北，13號與12號街之間的街道是為了僧侶而設置的學校、Parni大學Parni University，無數僧侶就在這裡精進學習。

火車站西側從前就是商業、住宅地區，特別是在80～84號街與35～23號街所環繞起來的區域裡，商店、餐廳眾多而十分熱鬧，白天交通量也相當大，靠徒步遊逛也很有意思，民宿、中等級飯店也都集中在這一區，要是繼續往北則是過去英國人的居住區，散發著寧靜氣息。

從車站往西步行大約30分鐘就能看到伊洛瓦底江，越靠近河川，街道規劃就越凌亂，以竹子編成牆的高架式簡單房舍也多了起來，再繼續走下去就是片小山坡，走上山坡就能看到雄偉壯闊的伊洛瓦底江在眼前經過。河旁有著船隻碼頭，前往敏貢的渡輪或蒲甘的輪船都會停靠在這裡，並且還有著從上游以竹筏運送下來的巨大木材，利用水牛卸貨的場所。

Information

曼德勒的醫院
Nyein Clinic
MAP P.161-B2
⊞333, 82nd St., Between 29th & 30th Sts.
☎(02)32050、34795

緬甸的公立醫院以收費便宜但設備不佳，生病也難以治癒聞名，因此很多人都寧可選擇收費較高的私立醫院。這間醫院從X光到電腦斷層掃描都是完善的最新設備，無論是一般感冒還是動手術都能夠處理，也有會講英語的醫師，雖然只能以現金支付，但會提供完整的海外旅行保險所需文件，讓人可以安心就醫。

身體不舒服時可以到這裡就醫

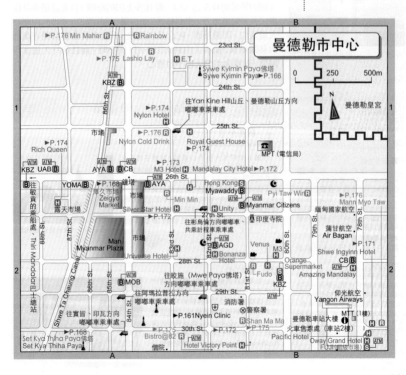

曼德勒山丘
Mandalay Hill

在曼德勒山丘山頂眺望風景的僧侶們

　　獨自聳立在曼德勒皇宮東北方，海拔約236m的曼德勒山丘，整個山丘全都是寺院並且還是曼德勒最大的一處聖地，來到山頂佛塔的沿途上，分布著眾多的祠堂、佛塔，望著一個一個漫步往上走，充滿著尋訪的樂趣，來到曼德勒千萬別錯過這處景點。

搭乘電梯就會很輕鬆

漫遊曼德勒山丘

　　可以搭車到曼德勒山丘的7合目附近開始參觀，不過接下來要介紹的是從朝拜大道入口一路徒步上山的路線。首先是搭乘計程車或共乘嘟嘟車等，來到有著2頭白獅（昌基那溫）守護的南朝拜大道入口，周邊茶館、紀念品店匯聚，看起來就像是台灣寺廟前的熱鬧氣氛。徒步上山到山頂不用1個小時，而且朝拜大道都有屋頂，就算突然變天也不用擔心。

曼德勒山丘的景點

曼德勒山丘
MAP P.160-C1
開 5:00～22:00　休 無
費 曼德勒山丘山頂參觀費1000K
（外國遊客價格）

● 前往方式
　　從市區的澤久市場（MAP P.161-A1～A2）搭乘84號巴士（1000K），由市區沿著曼德勒皇宮的南面經過東邊，最後來到曼德勒山丘下，H Nylon Hotel的斜對面（MAP P.161-A1）也有共乘嘟嘟車可以搭乘。

● 共乘嘟嘟車
開 7:30～18:30（下山末班車為18:00）
費 1000K
　　曼德勒山丘南朝拜大道的西側，有16號巴士可以來到山丘頂端，從終點站就能夠搭乘電梯來到山頂，也可以徒步走朝拜大道，不需10分鐘就能抵達。往澤久市場方向的84號巴士也會停靠在相同地點，另外還能搭乘摩托計程車，單程1500K左右。

1　昌基那溫 Chinte Gyi Nakaung

　　守護著南朝拜大道入口處的2頭獅子雕像，Chinte是指獅子，Gyi為大的意思，而Nakaung則是指2個。雕像高約8m，在階梯旁邊有寄放鞋子的地方，費用（200K）在放鞋時支付即可。在二次世界大戰時，壓境前往日本軍隊佔領的緬甸北部區域時，讓日軍吃足苦頭的英國軍隊欽迪特遣隊Chindits名稱，就是依照緬獅清提Chinte而來。

由雪白獅子守護的曼德勒山丘入口

2　切圖雅佛塔 Chedawya Paya

　　沿著南朝拜大道往上走，最先抵達的廣場處就有著這座佛塔，祭祀著佛足石，沿著階梯繼續爬上去，遇到的下一座廣場處也有著相同名稱的佛塔，外觀也幾乎一模一樣。在第2座切圖雅佛塔的廣場處左右皆有下行階梯，左邊階梯通往Kushinara Paya佛塔，而右邊階梯則可來到Sambuddhay Paya佛塔。

恰好是第一個歇腳的地點

5 日本人紀念碑
Japanese War Memorial

ဂျပန်စစ်သားများ၏အထိမ်းအမှတ်ကျောက်တိုင်
(ဒုတိယကမ္ဘာစစ်အတွင်းကျဆုံးသွားသော)

從亞泰貝佛塔後方的階梯往上，就能夠在右手邊看到賣店及有著桌椅的休息區，稍微往上則有著當初整建曼德勒山丘的高僧U Khanti的雕像與照片，在U Khanti大師著手整建以前，曼德勒山丘除了頂端的佛塔以外什麼都沒有。繼續往前走就能來到階梯陡峭的廣場，朝右側白色陡階往上，不用多久就可看到左邊的日本人紀念碑。

除了日本也有著敵方陣亡者姓名的紀念碑

4 亞泰貝佛塔
Byadaikpay Paya

ဗျာဒိတ်ပေးဘုရား

Seaitamau Paya佛塔旁的陡峭階梯走到底後，就是曼德勒山丘最享負盛名的「賜下預言的佛陀」雕像，高約8m，一旁有弟子阿難陀隨侍，以金箔貼滿全身的佛像是以柚木雕刻而成。相傳女妖San Dha Mukhi(鬼)因為沒有任何東西可以供奉給佛祖而獻上自己的乳房，對此佛祖手指著現在曼德勒的方向，並預言「你下一輩子會轉世成為國王，就在那裡打造城市吧」，而女妖San Dha Mukhi果然也重生成興建曼德勒皇宮的敏東王。手指著曼德勒皇宮方向的佛像前，總是聚集著無數的民眾頂禮膜拜，而這座佛塔行進方向左手邊則是觀景平台，能夠將曼德勒整座城市一覽無遺，不但風景看來與在山頂幾乎一樣，而且無論是拍照還是攝影都不需要再給任何費用，還能租借到望遠鏡。另外在佛塔後方，還有傳達佛祖四門遊觀(老人、病人、死者、沙門)的逼真雕像。

3 比龍池塔佛塔
Pyilone Chamtha Paya

ပြည်လုံးချမ်းသာဘုရား

切圍雅佛塔的下一個廣場是豎立著4尊佛像的休息區，從這裡走完一段長長的階梯，就來到了比龍池塔佛塔，這座佛塔名稱含有祈求城市繁榮的用意，從此地往上走的階梯在佛塔右側。接著來到的廣場上有著Seaitamau Paya佛塔，在陡峭佛梯前小小休息一下是這處佛塔的名稱意涵，就如同佛塔名稱一樣，行進方向左手邊正是非常陡的階梯。

含有祈願曼德勒繁榮發展願望的佛像

6 康明佛塔 Ncon Minn Stupa

ငုံးမင်းစေတီ

康明佛塔是在日本人紀念碑附近的鵪鶉佛塔，佛祖在轉生成為釋迦牟尼前曾經投生成許多不同種類的動物，鵪鶉也是其中一種，因此佛塔中祭祀著非常可愛的鵪鶉雕像，周邊還有算命師等著替客人上門，而且還會講英文，有興趣的人不妨可以來占卜一番。從鵪鶉佛塔沿著階梯往上走，接著就是Puyit Min Paya佛塔(蝸�² 佛塔)。如果是搭車來到山頂附近的話，就會抵達這座Puyit Min Paya佛塔下方的階梯(與通往康明佛塔階梯不同座)。

擁有著各式各樣動物的佛塔

7 女妖雕像 San Dha Mukhi

စန္ဒာမုက္ခီဘုရား

由Puyit Min Paya佛塔繼續往階梯上前行，就能看到女妖San Dha Mukhi的雕像，所謂的San Dha Mukhi就是介紹亞泰貝佛塔時登場的女妖名字。除了向佛祖獻上乳房的女妖雕像以外，還有4尊小鬼雕像。

獻上自己乳房的女妖San Dha Mukhi

8 斯塔溫皮佛塔 Sutaungpyai Paya

ဆုတောင်းပြည့်ဘုရား

看完女妖雕像以後再順著階梯向上，終於可以來到山丘頂端，階梯盡頭處就是支付拍照費用的地點，有想要拍照攝影的人就必須在這裡付錢。正中央是曼德勒山丘

馬賽克的裝飾耀眼奪目

歷史最悠久的斯塔溫皮佛塔，四周完全是觀景台，站在這裡可以將曼德勒市區、皇宮、伊洛瓦底江，甚至遠至敏宣一帶盡收眼底，夕陽景色也十分美麗。山丘還設有手扶梯及電梯，都可以從Puyit Min Paya佛塔階梯下方的停車場附近，直接登上山頂。

9 姆基納堪 Mwe Gyi Nakaun

မြွေကြီးနဂါးကောင်

由觀景台往後方前進，就是往山丘下的階梯，而在階梯上方的則是擁有2尾眼鏡蛇雕像的姆基納堪。Mwe是蛇，Gyi就是大，而Nakaun則是2個的意思。對於緬甸人來說，曼德勒山丘就等於是姆基納堪，不僅是非常具人氣的雕像，甚至連人氣歌曲的歌詞中都有提到「到曼德勒山丘並不遠，走吧，去看那2尾大蛇吧」的歌詞)，蛇嘴中夾著許多民眾捐獻的紙鈔，也有很多人來拍紀念照，從這裡的階梯往下走就會抵達後方的朝拜大道入口。

嘴唇咬著鈔票的眼鏡蛇雕像

163

Information

曼德勒參觀費
圖1萬K

除了曼德勒市區以外，還包含了阿瑪拉普拉、印瓦、Pelik（Mwe Paya佛塔）等景點的參觀費用。付了錢就能領到1張卡片，在各景點出示卡片即可，卡片可在曼德勒皇宮的入口處等地購買，不過購買時需要出示護照，卡片上也會登記相關數字，同一地點只能使用一次，有效期限是5日。

在曼德勒觀光時千萬別忘了攜帶

租借自行車
　圖Nylon Hotel前的十字路口，這裡的雜貨店等都提供自行車租車服務，1日1500K左右，需要提供護照號碼，與台灣一樣是右側通行而不用擔心。

固都陶佛塔
圖5:00～19:00
休無

這枚石板上刻著佛教經文

山達穆尼佛寺
圖8:00～17:00
休無

圍繞著佛寺的圍牆也是白色的

曼德勒山丘周邊的景點

曼德勒的觀光景點分成曼德勒山丘周邊與市區（市中心）這兩大塊，想要從市區來到曼德勒山丘，在Nylon Hotel（圖 P.161-A1）前有嘟嘟車可以搭乘，但想要更加有效率地觀光的話，不妨租輛計程車或摩托計程車吧，這兩大區只要各有1天時間，就能夠將所有景點一網打盡。

登錄為UNESCO世界記憶的全球最大石刻經書　　　**MAP P.160-C1**
固都陶佛塔　　　　　　　　ကုသိုလ်တော်ဘုရား
Kuthodaw Paya

固都陶佛塔位在曼德勒山丘東南方的山腳下，模仿蒲甘的瑞西貢佛塔而建，雖然中央的高塔形狀非常相似，但是並沒有特別大，這座佛塔的最大特色，反而是環繞在周邊多達729座的小佛塔群，每一座佛塔當中都各自收藏有1片石板，上頭刻有佛祖從悟道到死亡為止之前的所有闡釋經文。固都陶佛塔是在1859年開始動工興建，小佛塔群則是從1860年起一一建造而成，當時的敏東王是以建造「世界最大經書」為目的而著手建設起這座佛塔，國王還找來2400名僧人共同將完整的佛教經書全都刻於大理石石板上，隨著石板一片一片完成，到最後總數多達729片，而第730片石板上則刻有建造「世界最大經書」的整個過程。在2400人不分日夜的奮力雕刻之下，終於在1868年完成了這項偉業。

站在曼德勒山丘頂端更可以將固都陶佛塔全景看得一清二楚，在2013年時，這729枚石板更被登錄為聯合國教科文組織的世界記憶。

寺院周邊環繞著收藏刻有佛教經書石板的小佛塔

曾經一度是臨時皇宮　　　　　　　**MAP P.160-C1**
山達穆尼佛寺　　　　　　　　စန္ဒာမုနိဘုရား
Sanda Muni Paya

緊鄰在固都陶佛塔西邊的山達穆尼佛寺，在敏東王興建皇宮期間，被當作臨時皇宮來使用，而在1866年遭到暗殺的敏東王弟弟Kanuang王子，他的遺體也埋葬此地，上方則有由曼德勒山丘住持U Khanti大師建造的佛塔。這座佛寺周邊也是林立1774座小佛塔，收藏著刻上佛教經文的石板。

令人炫目的雪白小佛塔群

擁有由敏東王開光的石佛　　　　　　　　**MAP P.160-C1**
Kyauk Taw Gyi Paya 佛塔
ကျောက်တော်ကြီးဘုရား
Kyauk Taw Gyi Paya

Kyauk Taw Gyi Paya 佛塔座落在曼德勒山丘下，正殿裡的大型石佛是用從曼德勒以北約30km處的Sakyin山開採出來的單一

巨石所雕成，Sakyin山自古就是知名的高品質大理石產地，一般緬甸寺廟中的佛像都會貼滿信徒捐贈的金箔而顯得金光閃亮，不過這裡的佛像則是呈現大理石原有的光彩。

佛像是在1865年由敏東王（1853～1878年在位）開光，舉辦這項重要儀式時還動員了超過2萬人的士兵與僧侶。在佛殿外側還有著八十үмро漢雕像，這些據說都是使用雕刻正殿石佛時剩下來的大理石雕成，另外在正殿前的大廳屋頂上，還看得到無數闡述佛教教義的繪畫。

具有大理石光滑紋路的佛像

錫袍王冥想時會造訪的僧院　　　　　　　**MAP P.160-C1**
金色宮殿僧院
ရွှေနန်းတော်(ဘုန်းတော်ကြီး)ကျောင်း
Shwenandaw Kyaung

沿著62號街往北走，到14號街與13號街中間的巷子朝西側進入以後，左手邊就會出現木造僧院——金色宮殿僧院，從建築物外牆、內側、屋頂到入口周邊全都有著手工雕刻裝飾，整座僧院都是非常精彩的藝術傑作。

僧院所屬建築物過去曾經座落在皇宮一隅，敏東王與皇后不時都會來到這裡居住，敏東王甚至還是在這裡嚥下最後一口氣，而承繼敏東王王位的錫袍王（1878～1885年在位）則是將整棟建築搬遷到現在的地點，作為他個人冥想的場所，過去錫袍王坐過的椅子到現在還完整保留著，之後才改為僧院之用直到今日。使用木造的傳統僧院建築在緬甸日益減少，作為現世唯一留存的敏東王時代木造建築，金色宮殿僧院的存在也顯得格外珍貴。

金色宮殿僧院的正西邊，還有著以水泥打造的大型建築阿陀曼斯僧院Atumashi Kyaung，曾在第二次世界大戰中遭到嚴重破壞，很長一段時間都是棄置的廢墟，直到1990年代中期重建才恢復了原有的壯觀模樣。

運用大量柚木建造的金色宮殿僧院

Information

曼德勒的MTT
MAP P.160-C2
　曼德勒的MTT，就在 **H** Mandalay Swan Hotel西側的 壕 溝 旁（入 口 在69 th St.），除了販售機票、前往蒲甘的渡輪船票以外，也能幫忙安排會講英語的導遊。
　曼德勒車站大樓內的東側也有服務處，這裡比較方便前來，但是與鐵道以外的相關資訊，還是 **H** Mandalay Swan Hotel旁的服務處比較豐富。
☎（02）60356
🕐9:30～16:30
🈚無

Kyauk Taw Gyi Paya 佛塔
🕐5:00～20:00　🈚無
　每年10月會有長達1星期的慶典，活動期間四周聚集攤販而熱鬧非凡，這座佛塔的算命也十分出名，朝拜大道上會有好幾名算命師擺攤坐著，這些算命師都會英文，喜歡的人不妨可以來算算看（算命費是1萬K～）。

建築物裡看得到佛教經文

金色宮殿僧院
🕐7:30～17:00　🈚無

點綴著精緻細膩的裝飾

阿陀曼斯僧院
MAP P.160-C1
🕐7:30～17:00　🈚無

建築物雖然很龐大，但幾乎沒有可看之處

曼德勒皇宮

Old Palace

曼德勒皇宮

交通 外國遊客能夠通行的僅有西面入口(**MAP** P.160-C2)。
開 8:00～17:00
休 無
　在入口處會檢查護照，因此一定要記得攜帶，而皇宮內的展示廳與監視塔的階梯都會在16:30關閉，最好要提早入場。

重現美麗的曼德勒皇宮

維多利亞與亞伯特博物館
圝 www.vam.ac.uk

可從螺旋階梯往上到頂端的監視塔

曼德勒皇宮是緬甸最後一個王朝，貢榜王朝的皇宮，佔地幾乎呈現正四方形，單邊就有3km寬，面積大得十分驚人，皇宮以高達8m的城牆環繞，重要位置還設有眺望塔，而城牆邊再由70m寬的護城河守護，東西南北共有4座橋銜接與市區的交通。

決定牽都至曼德勒的敏東王，從1857年開始興建這座皇宮，並以4年時間就宣告完成，當時匯聚了整個王朝的建築藝術精華於一身，非常地奢華絢麗，不過到了1885年時，佔領曼德勒的英國將錫袍王流放到印度，皇宮也成為了軍隊進駐設施(英軍此時掠奪的部分珠寶，放在倫敦的維多利亞與亞伯特博物館中展覽)，隨著時代演進到了1942年再被日本軍所佔領，1945年3月時居於劣勢的日本軍與轉守為攻的英印聯軍發生激烈戰役，皇宮也因戰火而燒毀，當時的皇宮殘骸僅剩下城牆而已。

戰後則成為了緬甸政府軍的軍方設施，一般百姓無法隨意進入，但是在1990年代末期重新興建起皇宮建築，只有其中一部分開放給外國遊客參觀，從當時唯一開放給外國遊客進入的東邊入口(西側、北側也都有入口，但僅限在地民眾使用)進入，直走到底後所看到的就是經過重建的皇宮建築群，就在整片腹地的中央位置。國王的謁見大廳、起居大廳、珠寶館等，奢華富麗的景象無一不讓人緬懷過往曾經擁有的繁華，而在皇宮腹地一角，擁有獨特圓筒形狀的監視塔樓以可以登高一望。

比起像是道具布景般的皇宮內部，老舊的外牆反而更令人感受到古意

市區(市中心)的景點

曼德勒皇宮的北面，屬於帶有著鄉下村落氣息的古老住宅街區，使用竹子編製為牆壁的房舍櫛比鱗次，沒有鋪設柏油的泥巴路如同迷宮般，在這當中有著小型雜貨鋪、租書店，行人也在路上交往錯來。曼德勒的市區從皇宮的西南端一路往西南方向繼續拓展，而這裡所能看到的則都是水泥打造的房舍街道。

Sywe Kyimin Paya佛塔

Sywe Kyimin Paya

Sywe Kyimin Paya佛塔

交通 位在24號街上，82號與83號街的中間。
開 5:00～22:00
休 無
　佛像以及寶物在平常時間並不對外開放參觀。

曼德勒歷史最古老的佛塔

Sywe Kyimin Paya佛塔是曼德勒歷史最悠久的佛塔，建於蒲甘王朝年代，外觀看起來雖然很簡樸，卻收藏有創建者Min Shin Saw王奉獻的佛像，以及被英國佔領之後依序從皇宮中帶出來的金、銀、玻璃製作的佛像及珠寶等物，這些奇珍寶物只會在每年4月緬甸新年Thingyan(潑水節)，還有10月的滿月日開放參觀。

有著遠自菩提伽耶而來的佛像 　　　　　　　　　　　MAP P.160-A2

英道雅佛塔

အိမ်တော်ရာဘုရား

Ein Daw Yar Paya

擁有均衡對稱外貌的美麗佛塔，原本是在貢榜王朝年代由蒲甘王（1846～1853年在位）建於阿瑪拉普拉，但在1847年時搬遷到現址。佛塔內收藏著以玉髓（介於石英與蛋白石中間的寶石）製作而成，高約2.6m、直徑約2.8m的佛像，原始的佛像是白中混著一絲紅色的神祕色彩，不過現在都已經完全被金箔所覆蓋，這尊佛像是在1839年千里迢迢從印度的菩提伽耶運送過來。

英道雅佛塔

交通 在澤久市場的西邊，28號街與89號街的轉角處。
開 6:00～18:00
休 無

美麗的佛塔與腹地內的佛像不容錯過

成為緬甸國內馬哈牟尼佛的原型 　　　　　　　　　　MAP P.160-B4

瑪哈穆尼佛寺

မဟာမုနိဘုရား

Mahamuni Paya

市區以南外圍，離舊機場西北方約1km處的瑪哈穆尼佛寺是曼德勒最大也是最重要的佛塔，佛寺的名稱來自於正殿大佛、高約4m的馬哈牟尼佛，由於佛像是創建佛塔的波道帕耶王（1782～1819年在位），下令從若開邦運送過來，因此佛寺又被稱為Rakhine Paya。

1784年時，波道帕耶王從當時的皇宮鋪設石板道路通往佛塔預定地後，才開始動工興建瑪哈穆尼佛寺，卻在100年後的1884年因為火災而付之一炬，分布在遼闊佛寺腹地內的建築物相對比較新穎，正殿的馬哈牟尼佛像因為是以金屬打造而逃過一劫，如今靠著人們的捐獻又重新貼滿了金箔。在正殿中的佛像安放在與人等高的底座之上，購買金箔的信徒可以沿著階梯走到佛像旁邊（女性禁止），將金箔貼在自己喜歡的地方。

在擺放馬哈牟尼佛的正殿旁還緊鄰著一處大廳，裡面有著從印度到日本為止的大型立體地圖，以箭頭標示佛教的誕生與傳播方向，而佛寺腹地內還有一處不容錯過的景點，就是擺放有6尊人類、獅子等高棉樣式青銅雕像的祠堂，這些雕像完成於柬埔寨，曾經安置在吳哥窟裡，但在1431年時遭到入侵的泰國軍隊帶走，1564年又被揮兵攻打泰國大城的孟族國王莽應龍軍隊，將雕像掠奪回到了勃固，等到1600年若開的Min Razagyi王攻進勃固時又將雕像拿走，直到1784年才再由波道帕耶王搶了回來並安置在瑪哈穆尼佛寺。這個雕像還擁有著能夠治病的傳說，相傳自己身上哪裡不舒服，去摸雕像相同位置就會治好。

瑪哈穆尼佛寺

開 4:00～22:00
休 無
費 曼德勒參觀費外還要再收費，拍照攝影費US$1或1000K

遠道從柬埔寨搬運而來的青銅像

貼滿厚厚金箔的佛像

正殿佛像周邊禁止女性靠近，女性只能在外面朝拜

167

喜迎賓僧院
交通 從35號街往西走，越過細長運河不久後左轉，但因為不太好找，不妨邊找當地人問路一邊前往。
開8:30～17:00
休無

散發悠閒氣息的木造僧院　　　　　　　　　**MAP P.160-A3**

喜迎賓僧院

Sywe In-pin Kyaung

　　從市區往伊洛瓦底江方向前進不用多遠，就能看到喜迎賓僧院，這是在1895年由豪奢的中國翡翠商人捐贈蓋成，整棟僧院全以柚木打造，十分華麗。雖然已經有些老舊，但是創立當時的木雕裝飾至今依舊完整地保留下來，四周是寧靜的住宅區，想要享受悠閒氛圍時這裡最合適。僧院周邊是成排的芒果樹林，也醞釀出不一樣的特殊風景。

山牆上的美麗裝飾一定要看

Set Kya Thiha Paya 佛塔
交通 位在澤久市場稍往南方向，30號街與86號街的十字路口處。
開4:00～21:00
休無

祠堂內祭祀著巨大的菩提樹

茂密生長的菩提樹　　　　　　　　　　　　**MAP P.161-A2**

Set Kya Thiha Paya 佛塔

Set Kya Thiha Paya

　　佛塔中有著Bagyidaw王（1819～1837年在位）於1823年興建的5m高青銅佛祖坐像，堪稱是全市最大一座，在佛塔寺院內的菩提樹是前總理吳努所栽種，他在1962年遭到尼溫（之後成為緬甸總統）發動軍事政變而流放海外。

從菩提樹幹跑出來的佛祖！也讓人們的信仰更加虔誠

加上新市場正在整建擴大中　　　　　　　　**MAP P.161-A1～A2**

澤久市場

Zeigyo Market

　　曼德勒最大的市場就在這裡，大型建築內匯聚著無數商家，大致依照各個類別做劃分，像是有藥局聚集的區塊，有進行黃金買賣、閃耀著金光的金子商店區塊，還有販售五顏六色不同款式的籠基或肩背包店家匯聚的區域等，光是散步在市場中就充滿了樂趣。周邊馬路也是一整天車水馬龍，熱鬧喧嘩得不得了。在市場西側還有運河流過，運河沿岸也有許多販賣食物的露天攤販出來擺攤，人潮一樣非常多。

澤久市場
交通 由26號街與28號街、84號街圍繞起來的區塊，加上緊鄰在東邊與北邊的大樓一帶都是。
開依照店家各有不同，大多為9:00～18:00

　　順帶一提，建於26號街與84號街轉角處的鐘塔，是英國殖民年代為了紀念維多利亞女王登基60周年而建，在沒有任何高聳建築物的年代是醒目地標，時至今日已然遭到四周房舍建築所淹沒。

市場就在建築物裡

　　澤久市場一旁的84號街入夜後會有許多攤販出現，被稱為「夜市」，主要是販售衣服與雜貨，也有賣食物的攤位，但是並不會出現人擠人那般的熱鬧景象。

櫛比鱗次的商家與滿滿的貨物，就在大樓內的市場裡

Information

夜市

　　34號街與75號街的十字路口一帶，入夜以後就成為攤販大街（MAP P.160-B3），當地人也會將這裡稱為Taw Thingyan Nya Zay（中華夜市），看得到眾多帶有中餐風味的緬甸料理路邊攤，販售來自彬烏倫周邊的新鮮蔬菜的攤販也不少，每日17:00～22:00左右開市。

有美食攤販可以一飽口福的夜市

郊區景點

一覽曼德勒全景
Yan Kine Hill 山丘

MAP 折込表-C5

ရန်ကင်းတောင်

Yan Kine Hill

Yan Kine Hill 山丘位在曼德勒東方約20km處，據說是在約100年以前，在高僧U Khanti整建曼德勒山丘前落成的寺院。沿著山丘建造的寺院上方有著小型洞窟，洞裡有著金色佛像與黃金的魚雕像，相傳佛祖曾經轉生為各式各樣的動物、鳥禽還有魚等，而這相傳就是依據佛祖化身為魚之時，為了躲避漁夫追捕，逃進這個洞窟因而獲救的傳說打造而成的。金佛與緬甸最大的魚雕像是建造於800年前，從Yan Kine Hill 山丘的最頂端可以一覽曼德勒山丘與市區全景。

在Yan Kine Hill 山丘前方不遠處，有著名為Mya-Kyauk的寺院，1998年因為缺水而影響生活時，守護這座城市的Bhanddanta Khemacara精靈現身，並向高僧指示「在龍的居住地往下挖掘就會有水湧出」，依照精靈的話，挖掘大約半年時間就冒出了據說是全世界礦物質最均衡的泉水，民眾甚至深信喝了這裡的水就不會生病。在寺院門口處有分發湧泉給香客的地方，不妨來喝喝看這裡的泉水有多甘美。

能與蛇拍紀念照
Mwe Paya 佛塔

MAP 折込表-C5

မြွေဘုရား

Mwe Paya

距離曼德勒以南約20km處，有著名為Pelik並匯聚365座佛塔的地區，Mwe Paya佛塔就是其中之一。所謂的Mwe是蛇、Paya是佛塔的意思，因為祠堂的佛像旁從十多年前開始就有大蟒蛇住了下來，因此獲得這個名字。第一代蟒蛇已經死亡被做成標本，放置在佛塔內供人參觀，現在還能看得到3尾蛇，可以將牠們盤在脖子上拍紀念照。

不知什麼原因有蛇住了下來的佛像

以象舞祭典聞名的古都
皎施

MAP 折込表-C5

ကျောက်ဆည်

Kyaukse

皎施以配合每年10月滿月日登場的「Sin Poe Taw」象舞祭典而聞名，這是為了感謝引水灌溉此地的蒲甘王朝阿奴律陀王，延續長達900年之久的傳統慶典。另外在郊區還有著全世界首屈一指的美麗Dat Taw Taung洞窟，以及意外從古老佛塔中發現的蒲甘前期寺院遺跡、Tamote Shwe Gu Gyi佛塔等，擁有眾多讓人嘆為觀止的景點。

被非比尋常的熱烈氣氛包圍的大象祭典

Yan Kine Hill 山丘

交通 從曼德勒市區的🏨Nylon Hotel（**MAP** P.161-A1）前搭乘5號巴士，約40分鐘可到，1000K。搭乘摩托計程車的話，來回是7000～8000K，計程車來回是1萬2000～1萬5000K。
開 7:00～17:00
休 無
費 免費

位在Yan Kine Hill山丘的洞窟

Mwe Paya 佛塔

交通 從29號街與82號街十字路口附近（**MAP** P.161-A2～B2），搭乘前往皎施方向的嘟嘟車，在Pelik入口處的公路上中途下車，所需時間約30分鐘，1000K。不過要注意的是，如果沒有事先告知駕駛或車掌要在哪裡下車，嘟嘟車是不會停下來的。公路的十字路口處會有馬車等著載客，到距離1.5km的Mwe Paya佛塔單程是300K，來回500K。從曼德勒搭乘摩托計程車來回價是8000～1萬K，計程車來回是1萬5000～1萬8000K。
開 5:00～19:30
休 無
費 與曼德勒參觀費共通，想與蛇一起拍照的話，記得給管理員大叔100K左右的小費。

皎施

交通 29號街與82號街的十字路口附近（**MAP** P.161-A2～B2），有嘟嘟車可以乘坐，1500K。不過因為交通路程要花上2個小時，最好是包租計程車前往比較舒服，曼德勒出發的來回價是US$50左右。

Tamote Shwe Gu Gyi佛塔的神祕三面佛像

"見識專業職人的手藝"

　　在曼德勒市區內分布有各式各樣傳統工藝的工作坊，無論是哪一處都能看到職人們忙碌的身影，不過就算遊客突然到訪，他們也很樂意讓大家參觀工作情況。只要謹記不影響職人的工作，就可以好好地仔細一探究竟。

金箔工坊　Goldleaf Workshop

　　金箔是去寺院朝拜時的必備品，來到這裡可以一睹金箔的製作過程。製作金箔可說是非常耗費體力的辛苦作業，在工作坊裡首先要將竹子皮泡水3年之久，等到纖維泡軟了之後再乾燥並且敲打延展，做好這些準備工作的竹子皮包裹上金粉，使用大槌子不斷地反覆敲打，因此在工作坊裡可以聽到不間斷、此起彼落的沉重鐵鎚聲響。等到金箔成形以後，再由婦女使用大小差不多的紙張夾住金箔才大功告成，為了不讓紙張或金箔到處亂飛，工坊裡就算再熱也不能開窗在作業，經過漫長時間與功夫終於做出來的金箔，就用來貼在佛像或佛塔表面，而這些金箔也飽含著這些工匠為佛祖盡心做事，並因此累積功德的自得心。

敲打延展的作業過程相當耗費人力

S King Galon

MAP P.160-B3

住143, 36th St., Between 77th & 78th Sts.
☎(02)32135　營7:00〜19:00
休無　CC JMV

大理石工坊　Marble Carving

　　將大理石雕刻成佛像的工作坊，就分布在瑪哈穆尼佛寺周邊。面對著大馬路的作業區裡，可以看到婦女們正在為佛像做最後的細節雕琢，做好的佛像除了緬甸國內以外，據說還會出口至泰國、中國及香港等地。大理石製成的佛像大小不一，小的1尊約5000K左右，如果是髮簪大小的佛像的話，大約500K就能買到。

細節部分由婦女來完成

S Marble Carving Factory

MAP P.160-B4

住Near Maha Muni Paya, 84th St.
營7:00〜17:00左右(依照工坊而有不同)
休無　CC無

織造工坊　Textile Workshop

　　每一台大型紡織機都配有2名婦女，可以見識到如何編織出籠羕，全部都是按照精密的設計編織出來，而在紡織機旁邊則是忙著紡出織線。以曼德勒近郊的阿瑪拉普拉(→P.178)為最出名的織造產地，在烏本橋與Pahto Daw Gyi Paya佛塔中間的巷弄裡有著好幾間的織造工坊，一整天裡迴盪著織布機運作的聲音，如果是到大型工坊參觀，還能夠在附設的商店裡購買相關商品。

多台大型織布機挨著擺放的工坊裡，看得到正在織布的婦女

S Shwe Sin Tai Silk House

MAP P.178

住Maung Dan Qtr., Amarapura T/S
☎09-2001-596、(02)70030
營7:00〜19:00　休無　CC無

壁毯工坊　Tapestry Workshop

　　大約1張榻榻米大小的布匹四周環繞著5〜6名婦女，將亮片還有金線巧妙地刺繡在布上，可以見識到如何手工做出特有的民族圖騰花紋。據說如果是大件作品就需要花3星期〜1個月時間製作，當然也能夠在工作坊裡購買，2000〜6000K左右就能買到划算的化妝包等成品，緊鄰在一旁的建築物則是間畫廊，妝點著老闆身兼畫家的畫作，以及他收集而來的古董。

細膩的手工已經是藝術境界了

S Sein Myint

MAP P.160-C2

住42, 62nd St., Between 16th & 17th Sts.
☎(02)39254、09-2007-439
營8:00〜21:00　休無　CC無

木雕工坊　Wood Carving

　　無論是傳統藝術表演的Marionette木偶戲，還是佛像、窗框等，曼德勒堪稱是擁有高度木匠工藝技術的城市，工作坊裡有認真做事的木匠，而做出來的作品則由併設的紀念品店販售，因為屬於可以輕鬆進入參觀的工房，非常受到外國遊客的歡迎。

正仔細塗上清漆的工匠

S Aung Nan

MAP P.160-B4

住97,98,99, Mandalay-Sagaing Rd., Face to Face Myo Haung Station　☎(02)70145
營9:00〜18:00　休無　CC MV

曼德勒的住宿

HOTEL

■曼德勒的住宿資訊

高級飯店都在市區的東側，中等級飯店則多分布於82號街的26號到29號街之間，房價會隨著季節而有極大變動，預約時一定要確認清楚。

還有一點需要注意的，就是4月中旬登場的潑水節Thingyan，雖然是全國都會歡慶的節日，但又以曼德勒最為盛大，會湧入來自各地的觀光客擠滿飯店，計畫在這段時期造訪曼德勒的人，一定要先將住宿預約好。

■高級飯店

H Mandalay Hill Resort Hotel

MAP P.160-C1

🍴 🏊 📺 [NHK] 🛏 🛁 💆 [WiFi]

住 9, Kwin（416.b）10th St.
☎（02）35638　**FAX**（02）35639
URL www.mandalayhillresorthotel.com
E mandalayhillresorthotel1996@gmail.com
費 AC ⑤ ① US$92.5～759
CC M V　**室** 208房

座落在曼德勒山丘山腳，也是曼德勒最高級的飯店。原本是由Novotel集團出資建造，因此設備一應俱全，位於周遊佛塔的最佳地點，另外還提供採取緬甸傳統風格的SPA「Mandalar Villa & Spa」，早餐是自助餐形式。

H Hilton Mandalay

MAP P.160-C2

🍴 🏊 📺 [NHK] 🛏 🛁 💆 [WiFi]

住 1, Corner of 26th & 66th Sts.
☎（02）4036488　**FAX**（02）4036499
URL hiltonmandalay.hilton.com
費 AC ⑤ ① US$170～350　**CC** A M V
室 231房

位在曼德勒皇宮的東南方，模仿緬甸傳統建築樣式而建、外觀十分氣派的飯店。客房採用穩重色調的布料做統一設計，充盈著高級氛圍，餐廳也相當充實，還提供自行車租借服務，透過網路預約訂房的話可以獲得折扣。飯店前身是Sedona Hotel Mandalay。

H Hotel by the Red Canal

MAP P.160-C2

🍴 🏊 📺 [NHK] 🛏 🛁 💆 [WiFi]

住 417, Corner of 63rd & 22nd Sts.
☎（02）61177
URL www.hotelredcanal.com
E info@hotelredcanal.com
費 AC ⑤ ① US$260～290
CC M V（刷卡＋3%）　**室** 20房

位在曼德勒皇宮東側，彷彿祕密之家般的度假村飯店，客房採用以撣族文化來做設計的家具。

H Hotel Shwe Pyi Thar

MAP P.160-C3 **外**

🍴 🏊 📺 [NHK] 🛏 🛁 💆 [WiFi]

住 8B, Pyin Oo Lwin Rd., Between 31st & 32nd Sts.
☎（02）2844401～9　**FAX**（02）74410
URL www.hotelshwepyithar.com
E sales.shwepyithar@gmail.com
費 AC ⑤ ① US$120～600
CC M V（刷卡＋3%）　**室** 91房

2012年6月開幕，位於曼德勒郊區的高級度假村，客房裡擺放有緬甸漆器等傳統家具當擺設，而小木屋風格的套房則是足以招待國賓等級VIP，住宿1晚要價US$1000的超級豪華客房。

H Shwe Ingyinn Hotel

MAP P.161-B2

🍴 🏊 📺 [NHK] 🛏 🛁 💆 [WiFi]

住 Corner of 30th & 78th Sts.
☎（02）73464、4073468　**FAX**（02）73468
URL www.shweingyinnhotel.com
E shweingyinnhotel@gmail.com
費 AC Superior房 ⑤ ① US$65　Deluxe房 ⑤ ①
US$75　套房 ⑤ ① US$150
CC M V　**室** 64房

2012年開幕，座落在曼德勒車站前的絕佳位置，客房相當乾淨且空間十分舒適，還設有完善的商務中心，因此吸引許多商務客人上門。旺季時還會在接待大廳上演木偶劇。

H Mandalay Swan Hotel

MAP P.160-C2

🍴🏊📺NHK🈁🛏🈳WiFi

🏠44B, 26th St., Between 66th & 68th Sts.
☎（02）35678、31601、31591 📠（02）35677 🌐www.mandalayswanhotel.com
📧mshreservation@gmail.com
💰AC ⑤US$60〜70 ⓣUS$72〜82
CC 無 🛏99房

位在曼德勒皇宮東南方的中等級飯店，游泳池、網球場等設備十分充實，餐廳提供亞洲、中國與西洋料理，泳池畔還設有酒吧。浴缸僅在Superior等級以上客房才有，工作人員都很親切且英語能力相當好。

H Yadanarpon Dynasty Hotel

MAP P.160-C2

🍴🏊📺NHK🈁🛏🈳WiFi

🏠413B, 65th St., Between 27th & 28th Sts.
☎（02）4061340 📠（02）61295
🌐www.yadanarpondynastyhotel.com
📧rsv.ydh@gmail.com
💰AC ⑤US$90〜100 CC MV 🛏70房

稍微遠離幹線道路，因此環境相當安靜，雖然就位在曼德勒的市區當中，但也有以小屋風格設計的舒適客房，主館的客房也使用穩重的木質家具，寬敞空間讓人能夠好好放鬆。

H Pacific Hotel

MAP P.161-B2

🍴🏊📺NHK🈁🛏🈳WiFi

🏠Corner of 30th & 78th Sts.
☎（02）37506、32508、66561 📠（02）32507 🌐www.pacifichotelmandalay.com
📧admin@pacifichotelmandalay.com
💰AC ⑤ⓣUS$40〜
CC MV（刷卡＋5%） 🛏133房

位在曼德勒車站正前方的高樓層飯店，無論是搭乘鐵路深夜抵達還是清晨要出發，都十分方便。接待大廳擁有挑高天花板，舒適沙發讓人可以非常放鬆。每間客房都有冷氣、電視、浴缸、迷你吧，早餐是中華料理的自助餐。

H Mandalay City Hotel

MAP P.161-A1〜A2

🍴🏊📺NHK🈁🛏🈳WiFi

🏠26th St., Between 82nd & 83rd Sts.
☎（02）61991〜2、（02）61700〜4
📠（02）261705 🌐www.mandalaycityhotel.com 📧rsv@mandalaycityhotel.com
💰AC經濟房⑤ⓣUS$44 Superior房⑤ⓣUS$74
Deluxe房⑤ⓣUS$94
CC MV（刷卡＋3%） 🛏69房

離澤久市場很近，就在曼德勒的市中心裡，穿越過飯店大門就像是進入另一個世界般，讓人無法想像是在鬧區之中，十分地安靜且綠意盎然，中庭還有著游泳池。

H Hotel Queen Mandalay

MAP P.160-A3

🍴🏊📺NHK🈁🛏🈳WiFi

🏠456, 81st St., Between 32nd & 33rd Sts.
☎（02）71562、68932 📠（02）66856
🌐www.hotelqueenmandalay.com
📧reservation@hotelqueenmandalay.com
💰AC ⑤US$40〜60 ⓣUS$45〜65
CC MV（刷卡＋3%） 🛏67房

超值的城市飯店，離購物中心很近而非常方便，每間客房都有冷氣、有衛星頻道的電視、電話、迷你吧、浴缸，讓下榻時光相當地舒適，早餐採自助餐形式。

H Silver Star Hotel

MAP P.161-A2

🍴🏊📺NHK🈁🛏🈳WiFi

🏠Corner of 27th & 83rd Sts.
☎（02）33394、68222、66786
📠（02）61683
🌐www.silverstarhotelmandalay.com
📧silverstarhotel@gmail.com
💰AC ⑤ⓣUS$50〜60
CC 無 🛏48房

2004年開幕的中等級飯店，氣氛穩重而設備齊全的客房相當寬敞舒適，每間客房都有浴缸、電視及迷你吧，工作人員的服務態度也很好，早餐採自助餐形式，供應如炒飯、炒麵等緬甸料理。

H Ostello Bello Mandalay

MAP P.160-B3

住54, 28th St., Between 73rd & 74th Sts.
☎（02）40267227
URL www.ostellobello.com
E mandalay@ostellobello.com
費 AC ①US$10〜　⑤①US$30〜
CC M V　室30房

以義大利為發展據點，
非常受到歐美人士喜愛的
背包客民宿也在曼德勒
開設，雖然也有單獨客
房，不過還是以團體客
房為主，設備非常齊全，工作人員也不是緬
甸人而是來自世界各國，因此講英文完全沒
有問題，最頂樓還有氣氛絕佳的酒吧。

H The Hotel Emperor

MAP P.160-B2

住74th St., Between 26th & 27th Sts.
☎（02）68743、74427、74393
FAX（02）72432
URL www.hotelemperormandalay.com
費 AC 標準房 ⑤①US$50 Superior房 ⑤① US$70
CC M V（刷卡＋2.6%）　室21房

鄰近皇宮的護城河，2013年3月開幕的飯
店。客房空間偏小，不過
運用木質調裝潢的室內讓
人感受非常愉快，衛浴備
品也是非常充實，下榻其
間十分舒適。

H Smart Hotel

MAP P.160-B3

住167, 28th St., Between 76th & 77th Sts.
☎（02）32682　FAX（02）32552
URL www.smarthotelmandalay.com
E smarthotelreservation@gmail.com
費 AC ⑤①US$60　套房US$110
CC M V（刷卡＋4%）　室28房

最頂樓7樓是視野絕佳
的「Sky Bar」，房客在
18:00〜19:00間來到這
裡，可以享有1杯免費迎
賓飲料（僅限旅遊旺季期
間）。

H Royal City Hotel

MAP P.160-B2

住130, 27th St., Between 76th & 77th Sts.
☎（02）31805、66559　FAX（02）23861
URL www.royalcityhotelmandalay.com
費 AC ⑤US$30〜40　①US$35〜45
CC M V（刷卡＋3%）　室20房

每間客房都有熱水淋
浴、衛星頻道電視的舒適
中等級飯店，Superior房
還提供浴缸設備，每一
層都有自己專屬的主題顏色，內部裝潢十分迷
人。7層樓的飯店在曼德勒市區屬於高樓層建
物，清晨用餐餐廳位在屋頂，可以一覽皇宮與
曼德勒山丘，十分舒暢。

H Hotel Yadanarbon

MAP P.160-B3

住125, 31st St., Between 76th & 77th Sts.
☎（02）71058、71999、74035
URL www.hotelyadanarbonmandalay.com
費 AC ⑤①US$75〜　CC M V　室77房

座落在曼德勒車站西側
區域的中等級飯店，運用
帶有緬甸特色又非常時尚
的家具擺飾，沉穩舒適
的室內氛圍以外，接待櫃
台的應對服務也很好。屋頂有著能夠一覽曼德
勒山丘的Sky Bar，還能夠租借摩托車或自行
車，距離夜市（→P.168邊欄）也僅有2個街
區而已，地利之便也是一大魅力。

H M3 Hotel

MAP P.161-A1

住108, 26th St., Between 82nd & 83rd Sts.
☎（02）67171〜2
URL www.m3hotelmandalay.com
費 AC ⑤①US$45〜
CC M V（刷卡＋5%）　室36房

鄰近澤久市場，想要做
什麼都方便的中等級飯店，
2013年開幕、設備應有盡
有，免費提供自行車租借，
咖啡也是在接待大廳處時常
免費供應，除了在屋頂有著
能夠飽覽市區街景的Sky Bar
以外，還附設有SPA設備。

H Rich Queen

MAP P.161-A2

⏣🛏📺NHK🚿🍴🛁WiFi

住87th St., Between 26th & 27th Sts.
☎（02）60172、09-7638-91271
費AC⑤US$18　①US$20
CC無　室20房

鄰近澤久市場、房價超
值的住宿選擇，地點並不
在大馬路上，而是要朝巷
弄內稍微進來才能看到，
2012年開幕以來就都是客
滿的高人氣。客房提供冷
氣、冰箱，房價低廉但設備應有盡有，淋浴也
有供應熱水。

■民宿

H Nylon Hotel

MAP P.161-A1

⏣🛏📺NHK🚿🍴🛁WiFi

住Corner of 25th & 83rd Sts.　☎（02）33460、
66550、69717　URLwww.nylonhotelmandalay.
com　Enylon33460@gmail.com
費AC⑤US$18　①US$25
CCMV（刷卡＋4%）　室32房

因為價格合理而非常
受到背包客喜愛的人氣民
宿，過去曾經提供過的廉
價電風扇客房，很可惜已
經不再有。早餐在5樓的餐廳品嚐，不過十分
通風且能夠一覽四周景致，相當舒適，接待櫃
台還有經營販售機票等副業。

H Royal Guest House

MAP P.161-A1

⏣🛏📺NHK🚿🍴🛁WiFi

住41, 25th St., Between 82nd & 83rd Sts.
☎（02）31400、65697
費FAN⑤US$6　①US$12（共用衛浴）
AC⑤US$14　①US$18
CC無　室18房

不僅非常乾淨整潔且房價划
算，因此吸引來自世界各地的
背包客湧入，總是十分擁擠，
要是決定好旅行程時，最遲
務必要在入住前一天先電話預
約。每間客房的結構都各有不同，可以看完之
後再做決定，淋浴也提供有熱水，工作人員都
很親切，還能提供旅遊協助，房價含早餐。

174

曼德勒的餐廳
RESTAURANT

■曼德勒的餐廳資訊

緬甸料理還有中華料理餐廳相當多，其他像是
撣族料理餐廳也很引人矚目，撣族料理並不油
膩，因此同樣受到外國遊客喜愛。

■緬甸料理餐廳

R Mingalabar Restaurant

MAP P.160-C3

住71st St., Between 28th & 29th Sts.
☎（02）4060480　營6:00～21:00
休無　CCMV

無論是觀光客還是在地
人都很喜愛的餐廳，木質
風味的優雅內部裝潢營造
出高級感，可以在舒適氛
圍裡享用餐點，料理每道5000K起，餐廳雖然
感覺很高級但收費卻很划算，推薦這裡用了芒
果乾的豬肉咖哩（6500K）。

R Too Too Restaurant

MAP P.160-B2

住27th St., Between 74th & 75th Sts.
☎（02）74278、66451、74874
營10:00～21:00　休無　CC無

看起來像是普通的食堂，
但這裡不僅揚名曼德勒，更
是全緬甸都出了名的名店，
總是擠滿了來用餐的客人。
推薦這裡的蝦子咖哩（5000K），蝦肉的好滋味
完全融入咖哩之中，另外雞肉咖哩、鮮魚咖哩
都是3500K，而且點了咖哩還會有像小山一樣
的配菜端上桌。因為宗教信仰的緣故，餐廳不
提供牛肉、豬肉還有酒精類飲料。

R Aye Myit Tar

MAP P.160-B3

住81st St., Between 36th & 37th Sts.
☎（02）4031627　營9:30～21:30
休4月中旬潑水節結束後約1星期　CC無

很受在地人喜愛的緬菜
料理餐廳，2014年時搬
遷到現在這個地址，餐
廳規模變得更大更豪華，
咖哩有魚、雞肉、豬肉、羊肉及牛肉等種類
非常豐富，4000K ～。推薦這裡使用捕撈自
伊洛瓦底江的新鮮魚肉（4000～5000K）、蝦
（6500K）的咖哩，配菜不僅多又很美味。

■撣族料理餐廳

R Lashio Lay

`MAP P.161-A1`

住65, 23rd St., Between 83rd & 84th Sts.
☎09-4499-95699　營9:00～21:30
休無　CC無

從收費合理的民宿匯聚的25th與83rd街的十字路口出發，就在徒步可到範圍內的餐廳，同樣受到在地人喜愛的餐廳。店家會擺出30～40種的菜餚，選好以後在坐下來時就會一一端上桌，只要不是蝦子之類的昂貴食材，每道菜價格是2000～2500K，白飯500K，還有香辣的咖哩料理可以點，新鮮檸檬汁（1200K）則可以帶來清新口感，還有不少人會選擇外帶，午餐時幾乎是座無虛席，順帶一提，「撣族」與鄰國泰國屬於同樣的民族。

R Shan Ma Ma

`MAP P.161-B2`

住4-8, 81st St.　☎09-4020-54765
營10:00～22:00
休無　CC無

在地高人氣的撣族料理餐廳，選好3道配菜，配上白飯與熱湯是3500K，很推薦1個人時到這裡用餐。一定要品嚐的是外皮炸得酥脆的脆皮炸豬肉（2500K），上午的話，撣邦麵（1500K）也很美味。

■中華料理餐廳

R Golden Duck

`MAP P.160-B2`

住192, Corner of 16th & 80th Sts.
☎（02）4036808、4072921
營11:00～22:00　休無　CC無

位在皇宮護城河旁的高級中華料理餐廳，每天晚上擠滿在地人而十分熱鬧，招牌餐點想當然就是烤鴨了，1隻1萬4400K，半隻7200K，無論哪一種料理都可依照大小（SML）來選擇，如果是1個人用餐的話，M的尺寸就會分量過多了，是1間適合多人前來，點選多樣料理盡情分享品嚐的餐廳。

R Super 81

`MAP P.160-B3`

住582, 81st St., Between 38th & 39th Sts.
☎（02）4032232
營9:30～22:30　休無　CC無

人氣非常高的大型BBQ&中華料理餐廳，1樓擠滿了在地人熱鬧地喝著啤酒，2樓就是比較安靜、有冷氣的座位區，天氣熱的時候不妨上樓，無論餐點還是價格都是一樣的。值得推薦的有辣中帶甜的辣味椰漿肉汁（5000～6500K），或者是擁有獨特風味的汶萊咖哩（5000～6500K）等，因為每道菜的分量相當多，記得不要點太多。

■泰國料理餐廳

R Ko' s Kitchen

`MAP P.160-B2`

住282, Corner of 19th & 80th Sts.
☎09-4410-24600
營11:00～14:30、17:00～22:00
休無　CC無

位在護城河附近，將古典洋房改裝而成的高級泰國料理餐廳，泰式炒河粉6000K、椰汁雞湯6000K，價錢並算當便宜但味道細膩又分量十足，而香料酥脆鯰魚沙拉（7000K）有炸得酥脆的鯰魚肉塊與帶著清爽酸味的芒果、柚子，再加上腰果的堅果香氣，可說是風味絕妙的一品。

■西洋料理

R Bistro @82

`MAP P.161-A2`

住82nd St., Between 30th & 31st Sts.
☎09-2501-21280
營10:30～22:00　休無　CC M V

這是在曼德勒少有，能夠嚐到正宗西餐的餐廳，預算是每人US$30以上，並不便宜，但是餐點的高水準與絕佳氣氛，使得這裡深受在地有錢人與外派人員的支持。無論哪一道料理都經過精心烹煮，味道極有層次的醬汁是餐廳的特色，值得推薦的是進口牛肉的牛排（2萬1500K～），甜點也一樣美味，餐廳內還免費提供高速Wi-Fi。

R Nova Coffee

MAP P.160-B3

住146A, 37th St., Between 79th & 80th Sts.
☎09-7775-55568
營9:30〜21:30
休無　CC J M V

　讓人彷彿忘卻曼德勒喧囂的時尚空間，工作人員的服務也十分迅速，還提供有高速Wi-Fi服務，咖啡刨冰3500K並不算便宜，但味道卻是非常標準道地，另外像是炸魚薯條等西式料理還有起司蛋糕、巧克力蛋糕味道也都很道地。

■日本料理

R Fuji Restaurant

MAP P.160-B4

住Mingalar Mandalay, Block 1, Unit 19, 73rd St., Between Thazin & Ngu Shwe Wah Sts.,
☎09-4444-75105
營10:00〜15:00（LO14:30）、17:00〜22:00（LO21:30）　休無　CC J M V

　曼德勒唯一能夠吃到正宗日本料理的餐廳。這是以泰國為中心，包括仰光也有店鋪的連鎖餐廳，因此味道絕對有保證，以受到駐外人員的喜愛而自豪；位在郊區新落成的辦公室&購物複合式中心「Mingalar Mandalay」的腹地內。

R Naka Naka Japanese BBQ

MAP P.160-C3

住29/30, 66th St.　☎09-2546-23079
FB NAKANAKA.MYANMAR
營11:00〜14:30、17:00〜22:00
休無　CC無

　使用燒炭炭爐的燒肉店，2014年開幕以來就受到出差商務人士喜愛，當然也獲得在地饕客的歡心。晚餐雖然價格不太便宜，但提供的是直接從日本進口的和牛，10種肉品的套餐「Naka Naka Special Set」1人份是2萬5000K，午餐運用在地雞肉、豬肉等的「滿腹套餐」（8000K）則很值得推薦。

■冷飲、茶館

R Min Thi Ha Cafe

MAP P.160-C3

住Corner of 72nd & 28th Sts.
☎（02）33960、64623　營5:00〜17:30
休無　CC無

　每天早上一定客滿的連鎖咖啡店，有椰子風味的椰漿麵1000K，淋上辣味醬汁的曼德勒米線1500K等麵類，還有200〜1500K的蛋糕都很美味。

R Min Mahar

MAP P.161-A1

住Corner of 23rd & 86th Sts.
☎09-7901-32008　營5:00〜17:00左右
休無　CC無

　從民宿林立區域徒步可到的範圍內，提供有英文菜單且很方便點餐，曼德勒米線1200K、魚湯米線600K、咖啡400K，價格都很親民。

R Mann Myo Tower

MAP P.161-B2

住30th St., Between 77th & 78th Sts.
☎（02）4066817、4074336
營4:00〜22:00 休無　CC無

　以美味點心出名的茶館，招牌的Bow See（肉包）有雞肉500K、豬肉500K、椰子300K、椰糖Jaggery 300K的這4種口味。

R Nylon Cold Drink

MAP P.161-A1

住176, Corner of 25th & 83rd Sts.
☎（02）65754、32318　營9:00〜21:00
休無　CC無

　冰淇淋、水果冰沙、甜點等每一樣都非常美味，各種口味冰淇淋800K〜，可以吃到6種口味的「彩虹冰淇淋」800K，布丁800K，各種口味冰沙1000K〜。

R Shwe Phi Moe Café

MAP P.160-C2

🏠66th St., Between 26th & 27th Sts.
☎09-7711-11300　🕐5:00～17:00
🈺無　CC無

在市區內有連鎖店鋪
的茶館，也是以美味早
餐出名的店家，每天清
晨都擠滿了人，對遊客
來說比較容易造訪的是🅗

Hilton Mandalay附近的分店，在這裡會想要品
嚐的就是曼德勒知名的曼德勒米線1800K，這
道菜只有在早餐才能吃得到，另外還有椰漿
麵1500K，豆子炒飯500K、印度咖哩角3個
500K等在地美食齊聚。

曼德勒的購物
SHOP

S Diamond Centre

MAP P.160-B3

🏠Corner of 78th & 33rd Sts.
☎（02）69371～2　🕐9:00～21:00（依店家
而異）　🈺無　CC依店家而異

曼德勒車站前的大馬路
78th St.路上，出現了曼
德勒最新的購物中心，地
下1樓是從食品到電器製
品一應俱全的超級市場

「Ocean」，在仰光、內比都等地也有許多分店
的人氣連鎖餐廳「Season's」等進駐，1～3
樓是化妝保養品、時尚服飾相關的眾多店家，
吸引無數年輕人而非常熱鬧。1樓還有兌換外
幣的服務台、銀行，5樓則是電影院。

S Aurora Handicraft

MAP P.160-B3

🏠78th St., Between 35th & 36th Sts.
☎09-2040-180　🕐8:00～21:00　🈺布薩日
（滿月、新月、半月日）　CC無

收集著漆器、人偶等
各種緬甸傳統工藝品的店
鋪，站在街道上會覺得
這是間小而有點昏暗的紀
念品店，但其實店內比想

像中還要寬敞，從US$3左右的划算伴手禮到
US$1000以上的古董壁毯都有，商品種類十分
豐富，店家同時兼作織毯工作坊，店裡能夠一
睹婦女們織布的模樣。

S Soe Moe

MAP P.178

🏠Panbei Dan Qtr., Between U-Bein Bridge &
Mahagandhayon Monastry, Mandalay
☎09-2575-79668　🕐8:30～20:00　🈺無
CC M V

1970年左右，由居住
在彬烏倫的老闆親戚開創
的古董店。蒐羅來自居住
於緬甸北部撣族、克欽族
等少數民族的各種商品，

堪稱是緬甸首屈一指的豐富選擇。

曼德勒的娛樂
ENTERTAINMENT

N Garden Villa Theatre

MAP P.160-C2

🏠66th St., Between 26th & 27th Sts.
☎（02）34446
🔗www.mandalaymarionettes.com
🕐20:30～21:30　🈺無　💰1萬5000K
CC M V

每天都有緬甸傳統藝術
表演、提線木偶秀演出的
劇場，操控木偶的是緬甸
數一數二的知名大師與弟
子們，表演時間大約1小
時，還會有英語解說。在
旺季或者是想要好一點的

席位的話，最好提前到劇場來預約座位。進入劇
場之後，就可以拿到印有戲劇內容（英文）的簡
介，仔細閱讀可以對接下來的表演有更深入理
解。

N Moustache Brothers

MAP P.160-B3

🏠39th St., Between 80th & 81st Sts.
☎09-7972-51103　🕐20:30～21:30
🈺無　💰1萬K　CC無

因為曾經在翁山
蘇姬女士前演出批
判軍政府短劇而遭
到逮捕的喜劇演員，
現在將自己住家改
裝成為劇院，作為戲

劇演出的舞台，諷刺社會現象的嘲諷短劇很受到
以歐美人士為主的觀眾支持。還有販售可當成伴
手禮的原創T恤（5000K），設計非常好，推薦購
買。

湖泊與橋樑交織成絕佳美照
阿瑪拉普拉
Amarapura
အမရပုရ

曼德勒周邊一帶，在18～19世紀間經歷過數次的遷都工程，作為一朝首都的城市就有4座之多，其中之一就是阿瑪拉普拉。

地點在曼德勒以南約11km，現在還以具有南部城市意思的「Taungmyo」來稱呼的阿瑪拉普拉，其名稱在巴利語中的意思是「不死之城」，整座城市就位處在伊洛瓦底江與東塔曼湖之間發展而成，最早是在1783年由波道帕耶王下令將首都從印瓦搬遷來到這裡，但是經過40年以後的1823年，Bagyidaw王又將首都遷回了印瓦，儘管1841年時Tharrawaddy王曾經將都城遷回阿瑪拉普拉，1857年時敏東王決定將首都定在曼德勒，於是又再一次地搬遷王都，主要建築物也通通移到了曼德勒，接著又碰上了地震災害，能夠緬懷阿瑪拉普拉過往一國首都繁華的建築物蕩然無存。如今的阿瑪拉普拉盛行紡織產業，漫步在聚落之中，隨處都能夠聽得到熱鬧的紡織機運作聲。

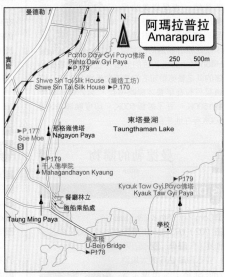

黃昏時形成美麗剪影的烏本橋

➡ 前往阿瑪拉普拉　　　　　　　　　ACCESS

◆曼德勒出發
🚌 曼德勒的29號街與84號街的十字路口附近（MAP P.161-A2），搭乘8號嘟嘟車約需40分鐘，500K。從嘟嘟車下車以後，到烏本橋可搭乘摩托計程車、1000K，要是租車暢遊周邊一帶的話，費用是2000～3000K左右，如果是從曼德勒租車的話，來回車資加上周遊阿瑪拉普拉的景點在內，摩托計程車是1萬5000K，計程車是3萬～3萬5000K左右。

主要景點　　　　　　　　　Sightseeing

超過160年歷史的木造橋　　　　　MAP P.178
烏本橋　　　　　　　　　ဦးပိန်တံတား
U-Bein Bridge

　烏本U-Bein這個名稱其實是當年從印瓦遷都至阿瑪拉普拉時的市長之名（U是尊稱，Bein為姓氏），為了從老朽的印瓦舊皇宮將柚木木材搬運來到阿瑪拉普拉，而在阿瑪拉普拉東側的東塔曼

湖建造了全長約1.2km的烏本橋U-Bein Bridge。

雖然建造至今已將近160年歷史，但是經過修復，烏本橋今日依舊還是發揮著橋樑的重要功能，而且現在還在橋中的多個地點設置能歇腳休息的有頂涼亭，會有小販在這裡兜售物品。雨季時水會高漲至接近橋面，乾季時又會看到大片乾涸土地，可以欣賞到橋底下牛群吃草的景象。

行經烏本橋的民眾

Information

來搭船遊玩吧

推薦搭船從東塔曼湖來欣賞烏本橋，最好是在夕陽西沉前約1小時左右就上船，船資行情是1萬2000～1萬5000K。

阿瑪拉普拉知名的油炸甜不辣

使用捕撈自東塔曼湖新鮮魚蝦炸成的甜不辣是在地名產，無論是魚肉的「Ngaco」還是蝦肉的「Bazunco」等，從烏本橋前往千人佛學院的沙洲的攤販都有在販售，這處沙洲還能夠喝到以椰子樹釀成的「Toddy」酒。

走一趟烏本橋吧

乾季時，陽光直射乾涸的湖面也能讓人徒步而過，幸好隨時有風吹拂，加上橋樑途中設置的多個有頂涼亭可以休息，而不會覺得太過炎熱。

在崩塌佛塔的環繞之內　MAP P.178

千人佛學院
Mahagandhayon Kyaung
မဟာဂန္ဓာရုံဘုန်းတော်ကြီးကျောင်း

緬甸國內規模最大、等級最高的僧院之一，來自全國約1500名僧侶在這裡過著修行生活，10:00～10:30左右到訪的話，就能夠看到大批僧侶在托缽化緣後，回來僧院一起用餐的景象。另外也還擁有著設立僧院的Ven Zana Kabi Wuntha高僧的居住遺跡，以及頌揚他功績的佛塔。

五百羅漢的大理石雕像林立　MAP P.178

Kyauk Taw Gyi Paya 佛塔
Kyauk Taw Gyi Paya
ကျောက်တော်ကြီးဘုရား

經過烏本橋後來到的島上，就有著這麼一座佛塔，1847年由貢榜王朝的蒲甘王下令建造。在曼德勒也有相同名稱的佛塔，不過阿瑪拉普拉的這座佛塔是模仿蒲甘的阿難陀寺來建造，外觀的確非常地相似，但是內部氣氛卻與阿難陀寺截然不同。佛塔外圍林立著五百羅漢雕像，這是使用與曼德勒瑪哈穆尼佛寺大佛石材一樣，來自Sakyin山的大理石雕刻而成，營造出一股不可思議的沉穩氣息，在東西南北入口處的天花板上還有濕壁畫做裝飾，描繪著過往的生活景象，另外守護在北面入口處的並不是獅子，而是上半身為女性、下半身是獅子的傳說生物「Manotethiha」，這是依照以前流傳的故事而來，以前孩童們受到來自海中妖怪「Orge」的威脅時，佛祖就是派出了Manotethiha來解決問題。

在崩塌佛塔的環繞之內　MAP P.178

Pahto Daw Gyi Paya 佛塔
Pahto Daw Gyi Paya
ပုထိုးတော်ကြီးဘုရား

緬甸的第二大鐘

這是將首都從阿瑪拉普拉遷往印瓦的貢榜王朝Bagyidaw王，所下令建造的佛塔，完工於1820年。製作出佛塔的550塊石頭上還刻劃著本生故事的相關內容，高掛在佛塔入口處的厚重大鐘，同樣是由Bagyidaw王所貢獻，也是僅次於敏貢大鐘（→P.185）的緬甸第二大鐘，不僅大而且十分沉重。

千人佛學院
時4:00～20:00左右　休無
費免費

排隊托缽化緣的僧侶們

Kyauk Taw Gyi Paya 佛塔
交通從烏本橋墩處徒步約5分鐘，也能從東塔曼湖搭船橫渡而來，所需時間約15分鐘。
時6:00～18:00　休無
費免費

具有溫柔表情的Manotethiha

分布於田園地帶的古都遺址

印瓦
Inwa

由阿瑪拉普拉繼續往南，馬路會稍稍朝右彎，等到渡過伊洛瓦底江後就能抵達印瓦大橋，當馬路要開始轉彎的地點會有1條往左分岔延伸的街道，這條街道會因為從臘戌方向流淌而來的伊洛瓦底江支流米界河而中止，盡頭處就是船舶碼頭，對岸即是印瓦Inwa（Ava）這座城市，舊名在巴利語稱為Ratanapura（珠寶之城）。

位在悠閒田園地帶之內的Yatana Sinme Paya佛塔

印瓦的歷史十分悠久，從1364年成為撣族的都城以來，就是幾經中斷但依舊綿延約400年歷史的緬族王朝首都，雖然在1752年遭到孟族攻擊而摧毀殆盡，被貢榜王朝雍笈牙國王揮兵擊退後，印瓦重新復活為國家王都，不過在1838年發生的大地震中遭到嚴重破壞，讓Tharrawaddy王在1841年決定遷都阿瑪拉普拉，之後國家首都就再也沒有回到印瓦過。現在的印瓦老朽得讓人無法想像這裡曾經有將近500年歲月是一國之都，市區分成多個小型聚落，曾經是皇宮所在地也成為農田。儘管如此，在農田與森林中偶然冒出的雄偉佛塔，或者是殘存的部分厚實城牆，還是可以讓人追憶印瓦的過往榮光。

➡ 前往印瓦 　　　　　　　　　ACCESS

◆曼德勒出發
🚌 30號街與84號街的十字路口附近（MAP P.161-A2），搭乘前往實皆方向的嘟嘟車，在通往印瓦的分岔點下車，車資是500K，接著再轉乘三輪車到船舶碼頭是500K，包含轉車在內從曼德勒出發所需時間約90分鐘，前往印瓦的渡輪來回是1300K。

往來於河川上的渡輪

Information
印瓦的馬車
　在面積遼闊的印瓦中遊逛，馬車是最方便的工具，下船後就有乘車處，1輛馬車可以搭載2名乘客、1萬K，如果包含遠一點的Lawka Tharaphy Paya佛塔，車資是1萬5000K，所需時間約2小時。

漫遊印瓦 　　　　　　　Exploring

　抵達印瓦這一側的碼頭後，就會看到等著載客的馬車，這些馬車可以帶著遊客慢慢地周遊各主要景點，不過景點分布範圍十分地廣，同時還沒有任何介紹看板或地圖，想靠徒步方式遊覽非常困難。

　如果是在曼德勒租車的話，經過船舶碼頭稍微遠一點的橋樑後，就可以直抵印瓦。

租輛馬車來參觀印瓦吧

椰林環繞的僧院
寶迦雅寺
ဗားဂရာဘုန်းတော်ကြီးကျောင်း

Bagaya Kyaung

由Bagyidaw王在1834下令建造的寶迦雅寺，是全以柚木蓋成的奢華建築，在高聳椰林的環繞之下，也為僧院帶來了涼意，而建築也全都加上了木雕裝飾，來了記得要好好地仔細觀賞，正殿裡天花板極高，稍微陰暗的空間裡僅有1尊佛像，充滿神祕氣息。

厚實的城牆是經過修復而成

能夠聆聽到修行僧侶們誦經聲的寶迦雅寺

屹立在草叢間的石佛非常美
Yatana Sinme Paya 佛塔
ၢတနာဆိမ်းဘုရား

Yatana Sinme Paya

在1838年地震中坍塌的磚瓦建造小型佛塔遺跡，佇立在田園之間而周圍點綴有多棵椰子樹，看起來相當迷人，絕對不能錯過的是對面左手邊的正殿遺跡，穿越過石門之後，可以拍下在草叢中與石柱一同豎立的佛像美照。

只從外部眺望是無法理解這座佛塔之美

被譽為「印瓦斜塔」
南明瞭望台
နန်းမြင့်မျှော်စင်

Nanmyin Watchtower

Bagyidaw王在1822年所建造，高27m的瞭望塔。1838年的地震導致頂端有部分崩塌，而且使得瞭望台因此傾斜，原本開放給遊客登上瞭望台最上頭，不過現在已經禁止。

南明瞭望台周邊僅看得到農田與四散的民宅

印瓦少數留存的古蹟建物
馬哈昂美寺
မဟာအောင်မြေဘုန်းတော်ကြီးကျောင်း

Maha Aungmye Kyaung

1818年時Bagyidaw王的皇后，為了禮遇高僧而建造出這座僧院，雖然當時主流是以木頭建造，但這座僧院卻是由磚瓦蓋成，也因此能夠完整地保存到今日，可說是印瓦一地非常少見，保留著古代風華的遺跡建物，不過因為現在已經無人生活在裡面，使得內部相當陰暗，特別是1樓有如洞穴一般黑。

能緬懷往昔繁華，精心細緻的裝飾

Information

賣力推銷的印瓦紀念品小販

從船舶碼頭前往景點途中，會在樹蔭下看到販售物品的小販，當他們發現馬車上乘客是外國人時，立刻就騎上自行車一路追趕，一邊想要兜售紀念品，這些小販幾乎都是年輕女性，而且不賣出東西絕不罷休，比較不堅持的人就很容易出錢買單。兜售的都是簡單木雕或日本軍在二次大戰時使用的軍票（從多年前開始就有人兜售，不管經過多久都不會減少，謠傳是因為當初日本軍撤退時留下了模版，所以才能夠不斷地印刷出新的軍票）等物。

巨大單岩佛像必看
Lawka Tharaphy Paya 佛塔
လောကာသရဖူဘုရား

Lawka Tharaphy Paya

建立於1730年的佛塔，位在腹地中心的佛塔以東有著正殿，裡面安置著巨大佛像，這可是由單一巨型大理石雕刻而成，重量甚至有490.36t之多。

從佛塔匯聚的山丘俯瞰腳下

實皆
Sagain
စစ်ကိုင်း

在伊洛瓦底江上並列著新舊2座鐵橋，從曼德勒出發來到鐵橋前方時，就能在右前方發現一座小型山丘，隨著距離越接近，就會看到整座山丘全是密密麻麻的無數大小佛塔，而這也正是實皆這座城市的最重要象徵——實皆山。實皆是座寧靜的遺跡之城、僧院之城，也是佛塔之城，因為早在1322年趁著蒲甘王朝覆滅之際局勢混亂，撣族國王選擇定都此地，但是時間並不長，1364時就直接遷都到印瓦了，雖然曾在1760年到1764年間短暫地再成為王朝首都，但其後就再也不曾定都此地。然而佛塔、僧院還是接二連三地建立，如今成為佛教修行的一大重鎮。

整座山丘都建滿佛塔的實皆山

▶ 前往實皆　　　　　　　　　　　　ACCESS

◆曼德勒出發
🚌 30號街與84號街的十字路口附近的乘車處

（**MAP** P.161-A2），有前往實皆方向的嘟嘟車，所需時間約1小時30分鐘，500K。

Information

橫跨伊洛瓦底江的橋樑
除了2座印瓦鐵橋以外，在緬甸北部的密支那附近以及卑謬近郊、Pakokku等地也都有架設橋樑。

新舊2座鐵橋並列

實皆參觀費
💴5000K
　與敏宮共通的票券，5日內有效，購票時需要出示護照，實皆一地雖然沒有固定的驗票處，但在崗哨有可能會被要求出示護照。

實皆山
🕐6:00～19:00左右　🚫無
💴拍照費300K，拍影片費500K

主要景點　　　　　　　　Sightseeing

要注意別拍到警戒中的士兵
印瓦大橋　　　　　　အင်းဝသံတံတား
Ava Bridge

在河川面積會因為乾季與雨季而有極大差異，流經路徑也不一定的緬甸，大型橋樑自然是非常珍貴的存在。印瓦大橋是1934年由英軍興建，但在第二次世界大戰期間的1942年，為了不被入侵的日軍利用，英軍直接炸毀了大橋，直到戰爭結束將近10年後的1954年才重新整修完成。大橋屬於正中央是單線鐵路軌道，左右兩側道路則各為汽車單線道的共用橋樑，而在下游處也建造出新橋樑，現在幾乎都是以新橋為主要行車中心。

整座山丘遍布著佛塔
實皆山　　　　　　စစ်ကိုင်းတောင်
Sagain Hill

實皆山是位在實皆市區外圍的小山丘，分布著超過150座的佛塔與僧院，從位在山頂的Swan Oo Pon Nya Shin Paya佛塔的天台可以享受到非凡視野，最遠處甚至還能看得到曼德勒山丘或貢慕都佛塔。

山頂下來以後不遠處，在馬路外圍沿著長長的朝拜大道向前走，經過山谷後就有著Oo Min Koe Sai Paya佛塔，在佛塔內部東西南北4個角落各有小房間，裡面都安置有1尊佛像，小房間之間再以通道銜接，結構相當特殊。

繼續再往下走，就是Oo Min Thone Sai Paya佛塔，這是位在山丘斜坡上的建築物，擺放著45尊佛像，上方再建造佛塔，這裡眺望出去的風景也很迷人。

位在實皆山山頂的黃金佛塔

耗費11年歲月建成
貢慕都佛塔
ကောင်းမူတော်ဘုရား
Kaungmudaw Paya

由實皆往蒙育瓦方向前行約10km，忽然就冒出了貢慕都佛塔，這也是實皆規模最大的佛塔，由緬獅守護的入口一路延伸的朝拜大道尾端，就是如同倒扣飯碗般形狀、45m高的佛塔，這是在1636年時為了紀念確立印瓦為王朝首都而興建。

佛塔周圍林立著無數石柱，其中的120根石柱上都有凹槽，描繪著緬甸民俗信仰中的納神靈Nat。另外在佛塔境內一隅，還有著1塊高約3m的石板，上面刻畫有佛塔建立的整個由來。

曾經很長時間都是純白的佛塔，曾幾何時變身成金黃色澤

貢慕都佛塔
圖8:00～18:00左右　休無
圖拍照費500K，拍影片費1000K

> **Information**
> 檀娜卡是在地名產
> 　緬甸的傳統天然化妝品就是檀娜卡Thanaka（→P.211），在貢慕都佛塔周遭採集的檀娜卡據以高品質獲得好評，另外包飾工藝也很出名。

實皆的住宿
HOTEL

H Shwe Pyae Sone Hotel

🍴❌📺📺🈚🗓️🛏️📷🛜

住20, Aoe Tann Lay Rd., Min Lan Qtr., Sagain
☎（072）22781、21942　FAX（072）22781
E shwepyaesonehotel.sgg@gmal.com
圖AC標準房⑤US$25　①US$30　Superior房
①US$35～40　CC無　室13房

2012年開幕、較為新穎的飯店，分為標準房與Superior房，全都提供有冷氣、熱水淋浴、電視及冰箱，最頂樓還有景觀很好的餐廳。

H New Happy Hotel

🍴❌📺📺🈚🗓️🛏️📷🛜

住Near The Market, Sagain　☎（072）21692、09-2033-700　FAX（072）21692　URL www.happyhotel-sagain.com　E newhappyhotel@gmail.com　圖AC Superior房⑤US$30　①US$40　Deluxe房⑤US$40　①US$50　Junior套房⑤US$65　①US$75　CC無　室52房

原本是名為Happy Hotel的老字號飯店，但在2012年的地震中受害，大樓重新建造並於2015年再次營業，因為是新建成的飯店，客房相當乾淨整潔，有15間房間提供浴缸設備。作為這一區最高的建物，從屋頂可以將實皆山一覽無遺，遠方還能眺望到貢慕都佛塔，房價包含早餐。

有效率地暢遊曼德勒郊區

旅行小幫手 Hints

對於觀光客來說，將阿瑪拉普拉、印瓦及實皆3座城市合在一起，花1天時間包車暢遊是常見作法，路線規劃首先是配合千人佛學院僧侶的用餐時間從曼德勒出發，接著橫渡印瓦大橋後前往實皆山，午餐在實皆解決以後，接著到印瓦觀光，回程時再經過阿瑪拉普拉，最後到烏本橋欣賞黃昏美景。利用在民宿前待機的摩托計程車，

1輛是1萬5000K，普通的計程車則是3萬～3萬5000K為一般行情，不過要是沒有事先溝通清楚，就很有可能在實皆時不到千人佛學院，或是讓人在實皆山山腳下就下車，必須自己爬階梯上山等，需要多加注意。

巨型佛塔底座與大鐘

敏貢
Mingun

ⓒⓒⓒⓒⓒⓒⓒⓒⓒⓒⓒⓒⓒ ⓒⓒⓒⓒⓒ မင်းကွန်း

從曼德勒沿著伊洛瓦底江往上游約10km，對岸處就是敏貢，過去不曾是任何一個王朝的首都，只是非常寧靜的小聚落，而且陸路交通極其不便，必須要搭乘渡輪才能造訪。

然而這樣的敏貢在外國遊客眼裡，卻擁有著非常迷人的景點而大批湧入，儘管搭船往來需要花上半天時間，但要是有機會的話一定要延伸旅遊腳步，在敏貢悠閒地徒步漫遊，觀光景點全都在徒步可走到的範圍，因此可算是炎熱天氣中的一個福音。

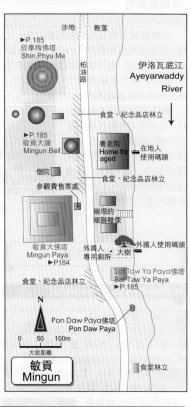

敏貢大佛塔看出去的風景

▶P.185 欣畢梅佛塔 Shin Phyu Me

沙地　　聚落

柏油路

伊洛瓦底江
Ayeyarwaddy River

食堂、紀念品店林立

▶P.185 敏貢大鐘 Mingun Bell

養老院 Home for aged

在地人使用碼頭

僧院

參觀費售票處

食堂、紀念品店林立

崩塌的緬獅雕像

敏貢大佛塔 Mingun Paya ▶P.184

外國人專用廁所

大樹

外國人使用碼頭

食堂、紀念品店林立

Sat Taw Ya Paya佛塔 Sat Taw Ya Paya ▶P.185

N

Pon Daw Paya佛塔 Pon Daw Paya

0　50　100m
大致距離

食堂林立

敏貢 Mingun

➡ 前往敏貢
ACCESS

◆曼德勒出發

🚢 從Mayan Chan Jetty碼頭（MAP P.160-A2）出發，政府的觀光船在9:00出發，回程從敏貢12:30出發，所需時間45分鐘～1小時（雨季時河水上漲會更花時間），來回5000K。如果不搭乘觀光船的話，就需要租船，來回1艘船租金3萬K，也有一般的渡輪，但是外國遊客不能搭乘。

Information

敏貢參觀費
🎫5000K
　　與實費皆通用，參觀費售票處櫃台就設置在敏貢大佛塔的山腳下，購票時需要出示護照。

主要景點
Sightseeing

> 波道帕耶王曾有過的夢想遺跡
> MAP P.184
敏貢大佛塔
မင်းကွန်းဘုရား (ပုထိုးတော်ကြီး)
Mingun Paya

　　敏貢大佛塔是貢榜王朝波道帕耶王（1782～1819年在位），為了建造世界最大佛塔的一處遺跡，腹地是單邊140m的正方形，

如果當初蓋成的話，光是底座部分單邊就有72m寬，而高達150m的佛塔絕對也會是世界最大。佛塔從1790年開始動工，但可惜的是波道帕耶王在工程進行到一半就過世了，佛塔自然也因此中斷興建，僅有底座的部分勉強算是完工，不過1839年的地震造成嚴重龜裂，到處都有塌陷的狀況，但站上底座可以一覽伊洛瓦底江與位在對岸的曼德勒。

守護在入口處的緬獅雕像已然崩塌

在佛塔與伊洛瓦底江之間看得到2塊崩塌的磚瓦殘骸就掩映在密林裡，這是為了守護佛塔而建的緬獅清提雕像，依稀還看得出來渾圓的造型。

光是底座就已經大得驚人的敏貢大佛塔

能一窺裡面的世界最大鐘 | MAP P.184

敏貢大鐘
မင်းကွန်းခေါင်းလောင်းကြီး
Mingun Bell

　1808年為了建設當中的巨型佛塔，波道帕耶王也鑄造了這口驚人大鐘，鐘口直徑約5m，重量達90t，在沒有任何裂痕損傷的大鐘裡，可說是全世界最大一座，但因為佛塔並沒有完成，使得大鐘被吊在附近的祠堂中。

實現須彌山理想的佛塔 | MAP P.184

欣畢梅佛塔
ဆင်ဖြူယှယ်
Shin Phyu Me

　在Bagyidaw王（1819～1837年在位）還是太子的年代，太子妃欣畢梅Shin Phyu Me於1816年過世，因此建造了這座佛塔來

佛教世界的象徵

追憶，整體全為白色的佛塔，以模仿傳說聳立在須彌山Sumeru山頂的蘇拉瑪尼寺而建，7層迴廊都以波浪型欄杆圍起來，這些都是須彌山山巒的表徵。在正殿正面安置有一佛像，正後方還有著另1尊佛像。

巨型大鐘就吊在小小祠堂中

這裡看出去的風景很棒 | MAP P.184

Sat Taw Ya Paya佛塔
စက်တော်ရာဘုရား
Sat Taw Ya Paya

　座落在河川旁的小佛塔，完成於1804年，據說由波道帕耶王搬運而來的佛足石，就放置在佛塔寺院境內。

佛塔內的巨大佛足石

曼德勒周邊的古城巡禮

旅行小幫手 Hints

在曼德勒四周有著多座王城

以緬甸最後的王朝首都曼德勒為首，周邊的城市如實皆、印瓦、阿瑪拉普拉等曾經是一朝之都，不過很可惜的是這些王城內的木造建築一一腐朽，以石塊等打造的寺院或佛塔在地震中坍塌，能夠緬懷往昔風華的遺跡並不多。

14世紀後半在蒲甘王朝滅亡後，將勢力拓展至緬甸低地的撣族統治起這塊地區，並在實皆以及印瓦修築王朝首都，而18世紀為了討伐致使撣族王朝滅亡的孟族，揭竿而起並在緬甸歷史舞台中登場的就是緬族雍笈牙國王，以及他所開創的貢榜王朝，經歷過印瓦、阿瑪拉普拉的反覆遷都之後，19世紀敏東王興建了曼德勒，之後再成為了英國殖民地，曼德勒也成為這個國家的最後一座王城。

敏貢（不曾是王朝首都）

1790年貢榜王朝第5代波道帕耶王，為了收藏從中國清朝遠道請來的佛牙而開始動工興建巨大佛塔，不過因為國王在1819年過世，佛塔建造工程也因此中斷，加上1839年碰上了大地震，業已完工的佛塔基座出現嚴重裂痕，興建計畫因此徹底胎死腹中。

曾是波道帕耶王偉大夢想遺跡的敏貢大佛塔

實皆（王城：1760～1764年）

從實皆山頂眺望出去的風景

1322年，撣族Athinhkaya Saw Yun王在這裡修築碉堡要塞而開啟王城歷史，之後在1760年貢榜王朝第2任國王Naungdawgyi再將王城設置於此，但不過4年時間就又遷都到了印瓦。

印瓦（王城：1364～1841年）

以1364年撣族的Thado Minbya王在印瓦建造皇宮為開端，緬族東吁王朝年代（1531～1752年）的第5代Thalun王，更直接定都在印瓦這裡，不過1764年貢榜王朝第3代Hsinbyushin王將王城搬遷到了實皆，接著第4代Singu Min又將王都設在此地，到了第6代的Bagyidaw王則再一次將王城搬了回來，但是1841年第7代Tharrawaddy Min王卻遷都到了阿瑪拉普拉。在500年歲月中陸續肩負王城功能的印瓦，之後就只是一般城市了。

曼德勒（王城：1860～1886年）

緬族貢榜王朝（1752～1885年）的最後王城所在，1858年時由第9代敏東王下令興建，並在1860年時從阿瑪拉普拉遷都至此地。到了第10代錫袍王在位年代的1886年，緬甸遭到英國殖民統治，僅維持了26年的王城歷史就此告終。

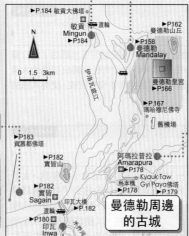

▶P.184 敏貢大佛塔
敏貢 Mingun ▶渡輪 ▶P184
N
▶P.162 曼德勒山丘
曼德勒 Mandalay ▶P.158
0 1.5 3km
伊洛瓦底江
曼德勒皇宮 ▶P166
▶P.167 瑪哈穆尼佛寺
舊機場
▶P183 貢慕都佛塔
▶P182 實皆山
阿瑪拉普拉 Amarapura
▶P.178 Kyauk Taw Gyi Paya佛寺
烏本橋 ▶P.178 ▶P.179
▶P182 實皆 Sagain
渡輪
印瓦大橋 ▶P.182
▶P180 印瓦 Inwa
米界江

曼德勒周邊的古城

佔據著曼德勒市區的廣大皇宮，是緬甸最後一位國王的生活住所

阿瑪拉普拉（王城：1783～1860年）

在1783年貢榜王朝第5代波道帕耶王之時，從印瓦遷都而來，波道帕耶王的治世長達37年之久，第6代Bagyidaw王雖然將首都又遷回到了印瓦，不過，1841年第7代Tharrawaddy Min王則是再一次把王朝首都移回這裡。

阿瑪拉普拉的象徵烏本橋

擁有美麗裝飾的馬哈昂美寺

曼德勒與周邊

欽敦江畔的大城市

蒙育瓦
Monywa

 မုံရွာ

蒙育瓦Monywa

　由曼德勒往西約160km，發展在伊洛瓦底江支流欽敦江東岸的蒙育瓦，人口約20萬人，屬於實皆地區的最大城市。自古以來就因為是與印度等國家貿易往來的中心而十分繁榮，就算是在推行緬甸式社會主義，經濟方針近似鎖國之下的年代，從印度而來的黑市物資，仍然是透過蒙與瓦這個集散中心分發送往緬甸國內各地，現在依舊盛行著商業活動而充滿了活力。儘管地處緬甸內陸地帶，蒙育瓦依然是特別炎熱的一個地點，在進入雨季前的4、5月，最高氣溫超過攝氏40°C的日子一點都不稀奇，雨季則不時因為欽敦江的氾濫而有淹水災情出現。

▶前往蒙育瓦　　　　　　　　　　　　ACCESS

◆曼德勒出發

🚌 市區的Thiri Mandalar巴士總站（MAP P.160-A2）有2家提供服務，所需時間約3小時30分鐘，2000～3000K。有大型巴士與迷你巴士可搭乘，都是1小時有1班車，而能夠將人載到目的地飯店的迷你巴士（8人座）是

6500～1萬K。

◆仰光出發

🚌 仰光長途巴士總站（MAP P.39-C1）有多家巴士公司提供服務，所需時間約11小時，1萬2800～1萬8800K。

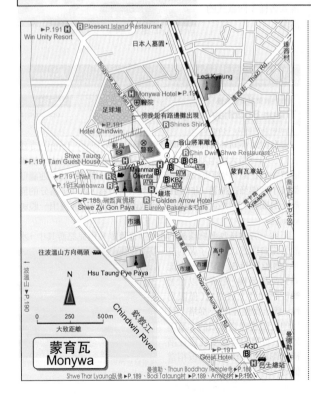

綠意豐富的蒙育瓦市區

翁山將軍雕像是市區漫遊時的指標

Information

蒙育瓦的巴士總站
　到市區搭乘摩托計程車是1000K，三輪計程車是1500～2000K。

187

曼德勒出發的1日觀光

雖然行程稍嫌緊湊，不過可在曼德勒包租車，當天來回蒙育瓦，6:00~7:00左右由飯店出發，大約3小時抵達蒙育瓦，到了之後搭乘渡輪前往對岸，租1輛嘟嘟車或吉普車（需要另外付錢）前往波溫山參觀，中午時返回蒙育瓦吃午餐，下午再一一造訪Thaun Boddhay Temple寺、Shwe Thar Lyaung臥佛，18:30左右返回曼德勒。租金行情是1輛車6萬5000~7萬K，不妨多人一起出遊分擔費用，在蒙育瓦的飯店也能夠幫忙安排租車。

如何暢遊蒙育瓦

蒙育瓦市區內景點相當少，但分布於郊區的景點則是交通相當不便，因此包租摩托計程車或三輪計程車就會很方便。下列價格是周遊郊區景點Thaun Boddhay Temple寺與Bodi Tataung村（Shwe Thar Lyaung臥佛與Lay Kyun Sae' Kyar Muni佛像）時的租金行情。

摩托計程車1萬K
三輪計程車1萬5000K

瑞西貢佛塔

交通 位在蒙育瓦市區的中心。
開 7:00~21:00 休 無
費 免費

Thaun Boddhay Temple寺

交通 從蒙育瓦搭乘前往曼德勒方向巴士，約20分鐘、200K，從巴士站再徒步約15分鐘到佛塔，摩托計程車來回是6000K左右。
開 6:00~17:00 休 無
費 進入正殿費用是3000K，寺院境內免費

內部收藏著數之不盡的佛像

漫遊蒙育瓦　Exploring

巴士總站設在市區南面外圍，市中心是圓環卻是相隔約200m有兩座，其中一座豎立著鐘塔，另一處則有翁山將軍雕像，成為徒步漫遊市區時的指標。

被欽敦江與鐘塔圓環隔起來的區域，有著蒙育瓦市內最大佛塔——瑞西貢佛塔、市場、巴士公司服務處等，一整天中都熱鬧非凡，尤其是瑞西貢佛塔會在夜晚時點燈，看起來更加地漂亮。

主要景點　Sightseeing

入夜也想造訪的市內最大佛塔　**MAP P.187**

瑞西貢佛塔　ရွှေစည်းခုံဘုရား
Shwe Zyi Gon Paya

蒙育瓦市區內最大的佛塔，19:00起還會有點燈活動，讓黃金佛塔籠罩在神祕光輝之中，而在寺院境內多座大廳的其中一處，把2樓規劃為小型佛教博物館，以佛祖悟道的故事為概念做成模型，另外還陳列著各式各樣不同款式的佛像。

在照明燈光中，顯得極為美麗的瑞西貢佛塔

郊區景點　Excursion

殿堂內收藏有無數佛像　**MAP P.187外**

Thaun Boddhay Temple寺　သံဝုဒ္ဓေဘုရား
Thaun Boddhay Temple

擁有與眾不同外觀而非常吸睛的Thaun Boddhay Temple寺建於1939年，廣大腹地裡林立著許多建築，中心是如同針山一樣佛塔眾多的正殿，內部更收藏有超過58萬尊大小佛像，甚至連牆壁都被小型佛像給掩蓋，非常值得親眼來看一看。以柱子區分的無數小房間裡，有著從天花板天窗流洩而下的日光，散發出一股神祕氣息。

正殿一旁的是為迴廊環繞的水池，有著眾多魚兒悠游其中，水池旁還會販售以小碟子裝的豆子、餅乾等魚餌。腹地內也能看到高聳塔樓，遊客可以沿著螺旋階梯登上最高處（僅限男性，禁止女性登塔），從塔上可以飽覽周邊綠意無限的平原美景，不過爬的時候要注意在階梯頂端附近，部分天花板相當低矮。

佛塔林立如同針山一樣，外觀十分獨特的Thaun Boddhay Temple寺

遼闊土地上有著無數的佛像

MAP P.187外

Shwe Thar Lyaung臥佛與Lay Kyun Sae' Kyar Muni佛像

ရွှေသာလျောင်းနှင့်လေးကျွန်းစကြာမုနိ

Shwe Thar Lyaung & Lay Kyun Sae' Kyar Muni

Bodi Tataung村

MAP P.187外

圖免費

Shwe Thar Lyaung 臥佛

交通 Bodi Tataung村的佛塔往Shwe Thar Lyaung臥佛方向，要再繼續朝通往Lay Kyun Sae' Kyar Muni佛像的陡峭長坡往上走，建議最好搭乘計程車或摩托計程車暢遊。

開5:00～17:00 休無

圖免費

靠近觀賞更是震撼力十足

從Thaun Boddhay Temple寺搭車約15分鐘，就可以發現在小山丘上的巨大佛像，分布在這座山丘之間的就是Bodi Tataung村，抵達村落之後，在最為醒目塔樓周邊環繞著約1萬尊的佛像，當初為了擁有一整片可放置佛像的土地而將四周圍樹木一一砍下，但卻有1棵樹怎麼樣都砍不斷，而被視為是神木並建造出現在這座塔樓以包覆整棵神木。

優雅橫躺著的臥佛稱為Shwe Thar Lyaung臥佛，全長111m、寬逾10m，內部展示有佛祖到悟道之前的故事。聳立在臥佛後方的則為Lay Kyun Sae' Kyar Muni佛像，高有115.8m，如果將底座也算進來的話則是129.2m高，比起日本鎌倉大佛足足有10倍高，會建造這麼高聳的佛像，其實是包含有盡覽全世界、守護著和平與安寧的寓意在裡面。佛像外觀已經完工，但是內部還在繼續各種工程，目前已經開放一部分參觀，能夠一睹關於佛教或佛祖的相關展覽。整座佛像正式竣工時，預計將會有28層樓高，並且有電梯可以直達20樓。

Information

Bodi Tataung村周邊也是檀娜卡知名產地

周邊一帶栽種的檀娜卡Thanaka（→P211），與實皆一樣並列為高品質產地，十分出名。

整體規模大到非常驚人的Bodi Tataung村

盛行生產漆器的村落

MAP拉頁-C4

喬卡村

ကျောက်ကာ

Kyaukka

喬卡村

交通 從蒙育瓦搭乘摩托計程車來回是8000K，三輪計程車來回是1萬～1萬2000K左右。

距離蒙育瓦以北約16km的喬卡村，與蒲甘同樣都是盛行漆器工藝的村落，蒲甘的漆器產品主要是以紀念品為目的而製作，喬卡村的漆器產品則更加重視實用性，完成1件作品需要超過2個月時間，完成的是即使坐在上面也不會毀壞的牢靠漆器，村子裡分布著許多小工坊，可以輕鬆地前往參觀。

由蒙育瓦前往喬卡村途中還能看到Shwe Gu Nyi Paya佛塔，佛塔雖小但佛像卻十分巨大而氣派，據說只要在佛像與自己身體不舒服相同地方貼上金箔就能治癒，特別是在治療眼睛上最為有效。

Shwe Gu Nyi Paya佛塔

開7:00～17:00 休無

圖免費

認真地做著漆器的阿姨

眼睛突出的佛像

波溫山

交通 從蒙育瓦碼頭租船前往對岸 的 Nyun Bin Gyn Village 村，大約5分鐘、單程2500K，雖然隨時都可發船，不過在17:00～清晨6:00會是3000K，也能看到許多共乘渡輪，但以前曾經發生過渡輪超載導致有法國遊客落河的事故，因此之後就規定外國遊客必須要租船。抵達對岸以後，再租吉普車或嘟嘟車前往約40分鐘，1萬5000～2萬K。

時 6:00～18:00左右 **休** 無
費 US$2

分散在山腰處的洞窟寺院

Information

小心野生猴子

在波溫山上能夠餵食野生猴子，只要一看到香客，販售飼料的女性小販就會大聲呼叫猴子，並且一直黏著香客兜售飼料，不過有時看著猴子搶走她們手中裝有飼料的提籃，或者是引起的騷動也是很有意思。

Amyint 村

交通 利用摩托計程車來回約1萬5000K左右，距離並不遠，但是途中會經過沒有柏油的泥巴道路，單程就需要花上約1小時的時間。

並立的佛塔

過去的英國行政官宅邸，現在也有人居住

分布著洞穴寺院的死火山 　　　　　　　**MAP P.187外**

波溫山
Pho Win Taung 　　　　ဖိုးဝင်းတောင်

從蒙育瓦搭乘渡輪越過欽敦江，經過河畔聚落以後行走於乾燥的平地上，不用太久時間就能來到波溫山，這座死火山以分布著無數洞窟寺院而出名。由山腳下一路沿著朝拜大道登上山，就能夠看到山壁上開鑿出許多洞穴，全是收藏有佛像的小寺院，這些幾乎全都是靠人力挖掘出來的洞窟，甚至還有擺放比洞口還要大的臥佛的洞穴，讓人十分吃驚，不過後來從佛像與牆壁之間沒有任何接縫才知道，雕像並不是將完成品搬進洞穴，而是由工匠直接在洞穴裡將石頭雕刻成佛像。壁畫多數完成於17～18世紀，不過其中也有保留13～14世紀印瓦王朝時代佛像的洞窟，十分有意思，這些洞穴內部有些相當陰暗，記得攜帶手電筒以利行走。而在波溫山山腳下還有名為瑞巴桐 Shwe Ba Taung 的石窟寺院，這是將單一巨型砂岩耗費漫長歲月時光雕鑿成洞窟，裡面同樣也擁有著比入口還要巨大的石雕佛像，這座寺院建造於離現在比較不那麼遙遠的18世紀，因此也能夠看得到充滿歐洲風格的裝飾。搭乘前往波溫山的嘟嘟車即可到訪。

最大景點是第478號洞窟的石佛與壁畫

獲得「小蒲甘」稱號的河畔村落 　　　　　**MAP P.187外**

Amyint 村
Amyint 　　　　အမြင့်

Amyint 村是在蒙育瓦以南約20km的小村莊，這裡因為建有多達160座佛塔，也被稱為是「小蒲甘」或者是「欽敦江的蒲甘」，除了印瓦王朝時代興建的那格雍寺以外，還有內部壁畫色彩依舊繽紛的 Min Ye Paya 佛塔，以及還在使用的11處僧院，至於富麗堂皇的洋房則是19世紀英國殖民時行政官居住宅邸。村莊的歷史據說還能夠回溯至遠古佛祖生活的年代，不過普遍認為目前遺留的古蹟都建造於印瓦王朝年代（13～14世紀）。

佛塔的對面是老舊木造僧院

蒙育瓦的住宿
HOTEL

外國遊客可以下榻的選擇有7間，其中2間離市中心稍微遠一些。

H Hotel Chindwin
MAP P.187

📶 🚰 📺 NHK 🔌 🛗 WiFi

住 Bogyoke Aung San Rd.　☎（071）26151
URL www.hotelchindwinmonywa.com
E hotelchindwin@gmail.com
費 AC Superior房 ⑤US$42　①US$48　Deluxe房
⑤US$58　①US$63　CC 無　室40房

位在有翁山將軍雕像的圓環的飯店，不僅是市中心最好的地點，客房也十分寬敞舒適，商務中心也很齊備，能夠幫忙安排租車事宜，同樣推薦給商務客。

H Win Unity Resort
MAP P.187

📶 🚰 📺 NHK 🔌 🛗 📻 WiFi

住 Bogyoke Aung San Rd.　☎（071）22438、
22013　仰光服務處 ☎（01）211932
URL www.winunityhotel.com
E winunityhotel@gmail.com
費 AC ⑤①US$48～85　CC 無　室223房

郊外面對著人工湖的高級度假村，運用柚木建造的小木屋充滿大自然氣息，非常的舒服，房價會根據在腹地內的位置而有不同，面對湖泊的湖景小木屋最昂貴，早餐是自助餐形式。

H Monywa Hotel
MAP P.187

📶 🚰 📺 NHK 🔌 🛗 📻 WiFi

住 Bogyoke Aung San Rd.　☎（071）21581、
21549、09-6450-669　E monywahotel1071@
gmail.com　費 AC ⑤US$40～45　①US$45～
50　CC 無　室66室

在林蔭茂密的庭園裡，散落著小木屋風格的客房，房間內十分乾淨整潔，還提供有浴缸設備，熱水出水量也很足。

H Shwe Taung Tarn Guest House
MAP P.187

📶 🚰 📺 NHK 🔌 🛗 WiFi

住 70, Station Rd., Yonegyi Qtr.　☎（071）
21478、09-8309-4187　費 AC 標準房 ⑤US$13
①US$20　Superior房 ⑤US$20　①US$27
CC 無　室38房

在瑞西貢佛塔的北邊，有提供冷氣、電視的Superior房十分寬敞，CP值很高，至於浴缸是部分客房才有提供，得要再做確認，由於很受歡迎，建議一定要事先預約訂房。

H Great Hotel
MAP P.187

📶 🚰 📺 NHK 🔌 🛗 📻 WiFi

住 Bogyoke Aung San Rd.　☎（071）
28061、09-7757-55275
費 AC ⑤US$20　①US$35（早餐另計）
CC 無　室34房

就在巴士總站前，老闆會講英文，客房空間雖然比較狹小但相對乾淨，會有提供冷氣，不過淋浴只有冷水可用，房價也不包含早餐。

蒙育瓦的餐廳
RESTAURANT

R Nell Thit
MAP P.187

住 Yonegyi Rd.　☎09-2464-50130、09-4300-
2822　營9:30～20:00　休 無　CC 無

種類豐富的緬甸咖哩是3000K ～，雖然沒有菜單，只要從擺在廚房的咖哩挑選即可，選好一道菜以後，就會在咖哩之外還附上多達10種的蔬菜配菜。

R Kanbawza
MAP P.187

住 Yonegyi Rd.　☎09-6450-843、09-7986-
55997　營8:00～21:00　休 無　CC 無

人氣的冷飲店，有可以一次品嚐到3種口味的彩虹冰淇淋是800K ～，香蕉牛奶奶昔是700K等，也提供英文菜單。

歷史留名的上古皇城
瑞波
Shwebo

ရွှေဘို

瑞波是位處於距離曼德勒以北約113km的小城市，現在幾乎沒有什麼觀光客的這處地方城市，其實在緬甸歷史中佔有著非常重要的地位，1752年緬族英雄雍笈牙國王，將原本稱為Moksobo的鄉下小鎮由四周挖掘出3.7km見方壕溝環繞起來，打造成軍事要塞之都，並改名為瑞波。雍笈牙國王就是在這裡豎立皇城展開貢榜王朝新頁，以瑞波為據點開始四處征討的雍笈牙國王所屬軍隊，1755年從孟族手中奪回印瓦一城，緬甸重新回到緬族人的手中治理。不過瑞波的王朝首都地位，卻是只到雍笈牙國王過世時的1760年為止，僅有8年時間，因為繼位的Naungdawgyi王將首都遷往了實皆，從此之後瑞波就漸漸遠離了皇城曾有過的熱鬧繁華，現在只剩下近幾年重建的皇宮、市區殘存的部分護城河，可以讓人緬懷這座城市過去的輝煌歷史。

建造瑞波的雍笈牙國王雕像，就在舊皇宮內

▶ 前往瑞波 　　　　　　　　　　　　　　　ACCESS

◆仰光出發
🚌 仰光長途巴士總站（MAP P.39-C1）出發，所需時間約10小時，1萬1000～1萬3500K。

◆曼德勒出發
🚆 1日1班，所需時間約5小時，2000K。
🚌 Thiri Mandalar巴士總站（MAP P.160-A2）出發，所需時間約3小時，2000～3000K。

◆蒙育瓦出發
🚌 所需時間約3小時，1500K。
瑞波的巴士總站：距離市區往南約1.5km，到市區可搭乘摩托計程車500～700K。

Aung Mya Paya佛塔
MAP P.193外
時 5:00～20:00　休 無
費 免費

澤久市場
MAP P.193
時 7:00～16:00　休 無

Shwe Daza Paya佛塔
MAP P.193
時 4:00～9:00　休 無
費 免費

雍笈牙皇宮
MAP P.193
時 7:00～17:00　休 無
費 2000K（需要護照號碼）

Maw Daw Myn Tha Paya佛塔
MAP P.193外
時 24小時　休 無
費 免費

漫遊瑞波　　　　　　　　　　　Exploring

瑞波的巴士總站就在黃金雍笈牙國王雕像所在處，佇立在對面的佛塔是Aung Mya Paya佛塔，又被稱為「Army Paya」，這是因為雍笈牙國王就是從這裡開始出兵，因此也成為軍人的信仰中心。至於市中心則在市民的廚房——澤久市場Zeigyo Market以及前方南北走向的Aung Zeya Rd.路，在市場南側還有著3座大型佛塔，白天時總能看到絡繹不絕前來朝拜的民眾，其中規模最大的就是擁有500年歷史的Shwe Daza Paya佛塔。瑞波周邊以能夠採到高品質的檀娜卡Thanaka而知名，這座佛塔的朝拜大道也是檀娜卡市場。

至於盤據在市場西邊的

散發著黃金光輝的Shwebon Yandana Mingalar Palace皇宮

澤б市場中因為有著來採買日常食材的人們，顯得非常熱鬧

正是雍笈牙皇宮Shwebon Yandana Mingalar Palace（Alaungphaya Palace）。在英國殖民年代運來作為監獄之用，1999年才由緬甸政府仿照曼德勒皇宮，重新打造為皇宮。

距離市區以北約2km的山丘，則矗立著Maw Daw Myn Tha Paya佛塔，屬於瑞波信仰最為熱烈的1座佛塔，據說是由雍笈牙國王所興建。

郊區景點　Excursion

擁有世界遺產驃國古城
罕林　ဟံလင်း(ဟန်လင်း)
Halin(Hanlin)　MAP 拉頁-C4

位在瑞波以東約15km的罕林，是擁有世界遺跡驃國古城遺跡（→P.108）的一處村落，曾經繁榮於4～9世紀的王城遺跡，由東西約1.5km、南北約3km的城牆所圍繞，同時也挖掘出刻有國王名字的石碑等古文物。以城牆內側為中心共有38處考古挖掘現場，可看之處在26號與29號的墳墓遺跡，與珠寶飾品、武器一同土葬的人骨，就按照挖掘當時的模樣保留著，而22號則是看得到曾經是祭壇所在的黑色石柱建築遺跡，這裡也出土了炭化木材，根據考古相信是在9世紀時，遭到入侵的南詔王國放火焚燒的證明。

遺跡之外的景點，還有流傳著據說是西元前3世紀阿育王建造傳說的Shwegugyi Paya佛塔、鹽田以及溫泉。

在前往罕林的途中，沿著街道往伊洛瓦底江畔前進就是Kyaukmyaung村了，緊鄰這座村子的Ngwe Nyein則是以燒陶聞名的村落。

罕林
交通 從瑞波出發單程約1小時，搭乘摩托計程車包含到遺跡的觀光，來回是1萬2000K～1萬5000K左右，再加上Kyaukmyaung村一起參觀的話會是2萬K上下。

罕林考古博物館
開 週二～日9:30～16:30
休 週一‧節日
費 5000K（包含遺跡參觀費）

考古學博物館的所在

據信是祭壇的黑色石柱

也有著墳墓遺跡

瑞波的餐廳　RESTAURANT

R Eden Culinary Garden
MAP P.193
住 Near Shwe Thein Daw Paya　☎（075）21651、09-2101-046　營5:30～21:30　休無

這是瑞波唯一提供英文菜單的餐廳，招牌還會以日文寫著「エデン・レストラン」字樣，清晨會供應多薩（200～400K）、漢堡（800K）等，晚餐則供應單點菜餚如魚肉咖哩3000～3500K，炒飯1500K，啤酒1100K等。

193

英國人打造的高原避暑勝地

彬烏倫
Pyin Oo Lwin (Maymyo)　ပြင်ဦးလွင်(မေမြို့)

19世紀後半時的緬甸作為英國的殖民地，許多英國人遠渡重洋來到這裡經營，但是高溫酷熱卻讓這些英國人無法忍受，在尋找有沒有哪一個地方比較適合生活的時候，終於發現了彬烏倫這處高原城市。地點就在曼德勒以東約70km處，海拔是1100m左右，比起在炎熱季節中甚至有人熱死的曼德勒來說，彬烏倫的涼爽氣候簡直就是天堂，成群的英國人紛紛來彬烏倫造房舍蓋別墅，因此現在市區裡依舊看得到數量眾多的古老洋房，在郊區還有著洞穴寺院、植物園等景點，也是很受緬甸人喜愛的人氣旅遊地點。

位在城市中心的鐘塔

ピンウールィンへの行き方　ACCESS

◆前往彬烏倫

🚌 曼德勒4:00出發，8:00抵達彬烏倫是1日1班，軟座1200K，硬座550K，途中還會有之字形折返，就算不是鐵道迷也能樂在其中，只是通常會誤點。

🚗 最輕鬆也最普遍的就是共享計程車，可透過飯店櫃台安排，不僅是指定地點接人並且能送到飯店門口，所需時間1小時30分鐘～2小時，副駕座位6500K，後座5500K。嘟嘟車在27號街與82號街的轉角（MAP P.161-A2～B2）等多個地點都能出發，所需時間約2小時～2小時30分鐘，副駕座位3000K，貨架座位2000K。彬烏倫的停靠地點在市區的西邊外圍，Mandalay-Lashio路的加油站隔壁（MAP P.195-A2）。

前往曼德勒：共乘計程車很方便，從Mandalay-Lashio路的鐘塔往北約100m，就由在大樹旁的紅綠燈附近（MAP P.195-A1）的Win Yadanar公司（🕐週一～四6:00～17:00，週五～日6:00～15:00。☎(085)2022490、09-3314-4473）派車，也能透過飯店櫃台幫忙叫車，時間依照乘客需求，只要在出發前一天預約完成，就能夠到飯店來接人。要是招不滿4名乘客的話，就會在乘客上車後繼續攬客，不過通常很快就會坐滿，所需時間約1小時30分鐘，副駕座位7000K，後座6500K，嘟嘟車的貨架座位2000K，副駕座位2500K。

漫遊彬烏倫　Exploring

城市本身並沒有什麼值得看的景點，尤其在市中心的大馬路周邊一帶，交通流量多而非常吵雜，不過只要轉進巷弄裡就是無比寂靜的街道，而且一離開市中心，外圍就是綠意眾多的寧靜住宅街區，呈現著高原別墅勝地的氛圍，並且因為天氣涼爽，走起路來一點都不辛苦，堪稱是這個國家當

彬烏倫的名物馬車，不過乘坐空間相當狹窄

中少能有能夠享受散步樂趣的城市，

　而且逛累了的時候還有馬車可以代步，彬烏倫的馬車是小型箱型四輪馬車，打開小小的車門坐進去之後，聽著規律的馬蹄聲一路搖晃，不禁會讓人有回到過去的錯覺。想要有效率地遊逛街區景點，就必須包租車子或摩托計程車，在鐘塔附近的紀念品店或外國人可下榻的住宿處，都可以幫忙安排租車事宜。

郊區分布著英國統治年代興建的殖民式洋房

主要景點　　　　　　　　　　　　Sightseeing

抵達彬烏倫後就來市場逛逛　　　　　　MAP P.195-A2
市場
Market

　市場就在鐘塔附近、大馬路後方，光是市場本身佔地面積就大得驚人，更不用說在周邊街道還有滿滿的生鮮食品攤商，看起來非常的壯觀，忙著搬運貨物的工人們來來往往，要是邊走邊發呆的話，一個不注意就很有可能被撞上。

各種店鋪林立的市場

Information

彬烏倫的舊名
　時至今日，使用殖民地年代的「Maymyo」稱呼依舊可以通行，Maymyo的「May」是英國官員的名字，「Myo」是緬甸語中城市之意，也就是「May的城市」的意思，就連要叫嘟嘟車的時候通常用的也都會是Maymyo說法。

日本人墓園
　在彬烏倫郊區，火車站以北有處小小的日本人墓園，靜靜地處於農田之中，總是有人會擺上鮮花致意，柵欄雖然會上鎖，不過因為已經十分老舊，所以可以從縫隙中鑽進去、街道相當複雜也很難靠自己之力前往，最好是找到懂路的人帶領前往。

總是會有人來這裡供奉鮮花

市場
圖6:30～17:30
休滿月之日

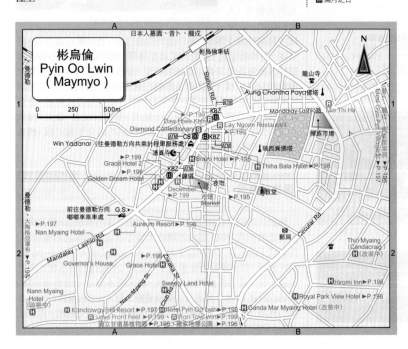

日本人墓園、昔卜、臘戌

彬烏倫車站

龍山寺

Aung Chantha Paya佛塔

Mandalay-Lashio路　Min Thi Ha

撣族市場

▶P.199
Daw Htwe Khin
Diamond Confectionary　Lay Ngoon Restaurant

Win Yadanar（往曼德勒方向共乘計程車服務處）

清真寺
▶P.199
Grace Hotel 2
▶P.199
Golden Dream Hotel

Bravo Hotel ▶P.198

Thiha Bala Hotel ▶P.198

瑞西貢佛塔

鐘塔
夜市
December　市場
▶P.199　Market

▶P.195

教堂

前往曼德勒方向
嘟嘟車乘車處　G.S.

Nan Myaing Hotel　Aureum Resort ▶P.198

郵局

Thiri Myaing
（Candacraig）
（改裝中）

▶P.197
Mandalay-Lashio Rd.

Governor's House

▶P.199
Grace Hotel

Hiromi Inn ▶P.198

Nann Myaing
Hotel
（改裝中）

Sweety Land Hotel

Royal Park View Hotel ▶P.198

Kandawgyi Hill Resort ▶P.197　Hotel Pyin Oo Lwin ▶P.198　Ganda Mar Myaing Hotel（改裝中）
Lexie Front Feel ▶P.199　Ran Taw Win ▶P.199
國立甘瑪基植物園 ▶P.196　國家地標公園 ▶P.196

0　250　500m

N

比起植物園更像是遊樂園　　　　　　MAP P.195-B2外

國立甘道基植物園　　ကန်တော်ကြီးအမျိုးသားရုက္ခဗေဒဥယျာဉ်

National Kandawgyi Garden

在2001年將範圍擴大到超過1.6km²（400英畝），佔地十分廣大的植物園，園內有著大型水池，而各式各樣的繽紛植物就圍著水池生長，百花盛開的景象十分美麗，除了是人氣觀光景點，週末時還能看到全家大小出遊，搭乘巡迴廣大

綠意眾多的涼爽公園

植物園的遊園車人們，園內還有一處搭乘電梯可到的觀景台，能夠將彬烏倫整座城市一覽無遺，在這裡可以享有野餐的悠閒氣氛。

緬甸觀光景點大集合　　　　　　　　MAP P.195-B2外

國家地標公園　　အမျိုးသားအထိမ်းအမှတ်ဥယျာဉ်

National Landmarks Garden

國家地標公園就緊鄰在國立甘道基植物園旁，完成於2006年12月的主題樂園，佔地約3000m²（56.67英畝），從最知名的大金寺、大金石開始，緬甸

只要到這裡，就能制霸緬甸主要觀光景點

國內最高峰開卡博峰、蒲甘近郊的波巴山、賓達雅石窟寺院、茵萊湖、曼德勒皇宮、實皆的貢慕都佛塔、世界第二高的谷特高架鐵橋等緬甸各地20處以上景點模型，分布在園區內各地，模型都很像是玩具一樣，不過賓達雅的石窟寺院還是打造出不深的洞穴，茵萊湖也有著漁夫等，如果有到這些景點實際比對過，就會知道模型都有將各景點特色一一點出，非常有意思。逛完1圈大約是1小時左右，可以利用在入口處拿到的簡介按圖索驥，體會旅行緬甸全國一圈的樂趣。

從洞穴中流出大量的清水

佛像、佛塔林立的洞穴內部

湧出大量清水的洞穴寺院　　　　　　MAP P.195-B1外

佩欽苗溶洞　　ပိတ်ချင်းမြောင်

Peik Chin Myaung

佩欽苗溶洞位在彬烏倫郊區，是利用縱深約有600m的鐘乳石洞打造的洞穴寺院。從山谷間的大型停車場穿過綿延的攤販群，從岩壁上的大洞中湧出了大量清水，正前方會有一處小小的鞋子寄放所，往後就是行走步道了。從洞穴中流出的清水就流淌在步道一旁，吸引孩童們嬉戲玩水，洞穴原本只是一處普通洞窟，不過政府在1990年時進行大規模整修工程，有著模擬國內知名寺院的佛塔、收藏眾多佛像，打造成為緬甸一大觀光勝地，再往前徒步5分鐘左右還能看到一處瀑布。

大陶格亞瀑布

享受森林浴好好放鬆

Dat Taw Gyaik Waterfall

ဓာတ်တော်ချိုင့်ရေတံခွန်

MAP P.195-A2外

高原之城的彬烏倫，在郊區擁有大大小小無數的美麗瀑布，無論哪一處瀑布都是遊人如織的風景名勝地，吸引著人們來尋求天然的涼意。其中又以位在Anisakan、高低落差達45m的大陶格亞瀑布，為周邊所有瀑布中最大1座，紅色山岩上有著雪白奔騰的流水一洩而下，十分壯觀。雖然到瀑布前需要行經一段陡峭山路，但是瀑布的美麗模樣絕對能讓人忘卻剛剛的疲累與汗水，瀑布下的水潭可以下水游泳，不妨攜帶泳裝前來。

瀑布水潭一旁有座小佛塔

大陶格亞瀑布

交通 距離彬烏倫約8km，搭乘前往曼德勒的嘟嘟車，請司機在「Dat Taw Gyaik Waterfall」的招牌處停車，從這裡下車沿著小徑徒步向前，不用多久就會看到一間小茶屋，接著再朝陡峭山道往下約30分鐘就能看到瀑布，同樣的山道上行走則需要約40分鐘時間，雨季時山道相當濕滑，最好要估計比上述多一倍的時間行走，還有就是在大雨過後道路狀況很惡劣，會無法通行。
開 24時間
休 無
費 免費

Moe Gyo Pyit Village村

能夠參觀撣族的日常生活

Moe Gyo Pyit Village

မိုးကြိုးပစ်ရွာ

MAP P.195-B1

距離彬烏倫東北約10km處，有著Moe Gyo Pyit Village村這座屬於撣族的村落，雖然沒有特別的看頭，卻是少數能夠親身接觸撣族日常生活的村子，可以看到在田裡做事的人們、製作村中名物Mamandi（以名為Dimsum的樹木果實做成的鹽漬物）的人們、養蠶的民家等非常日常的生活景象，看到遊客還會招待喝茶，十分地親切。位在山丘上的Ma Ha Baw Di Shwe Kyaung僧院，有著能夠講英文的僧人，不妨將旅遊腳步從這裡展開。只是隨著村落的逐漸開發，原本的純樸風情也逐漸消失，想要造訪必須趁早。

Moe Gyo Pyit Village村

交通 道路十分平坦因此租用自行車就很方便，從彬烏倫的基督教墓園後方軍方設施出發，來到村子的路只有1條道路，搭車所需時間約20分鐘，摩托計程車來回是4000K。

可以見識到純樸的農務工作

彬烏倫的住宿

HOTEL

僅在市中心有幾間飯店提供住宿服務，設備齊全的飯店則分布在市區以外地點。

H Nan Myaing Hotel

MAP P.195-A2

🍴 📺 NHK 🏧 ♿ WiFi

住 Mandalay-Lashio Rd., 5th Qtr.
☎（085）22118、09-2063-9757 **URL** www.nanmyainghotel.com **E** orchidhotel nanmyaing@gmail.com **費** ⑤①標準房US$22、Deluxe房US$48、團體客房一US$10 **CC** 無 **室** 32房

建於1918～1922年、曾被稱為「Grand House」的招待所，儘管日益老壞，但依舊保留著濃厚的過往風情，寬敞的綠意庭園中林立著數棟的白色建築，客房無比寬敞，但設備相當簡單。

H Kandawgyi Hill Resort（Kandawgyi Lodge）

MAP P.195-B2外

🍴 📺 📺 NHK 🏧 ♿ WiFi

住 Nandar Rd. **☎**（085）21839 **FAX** 09-3314-5100 **URL** www.myanmartreasureresort.com.mm **費** FAN ⑤①US$55 Junior套房 ⑤①US$60（旺季時會加US$10）**CC** J M V **室** 15房

就在國立甘道基植物園隔壁、2002年開幕、充滿著高級感的度假飯店，佇立在眾多綠樹間的紅色典雅建築就是招牌標記。

正館分成2樓的Junior套房與單棟2間客房的小木屋式Deluxe房，每間客房都採米白色調搭配簡潔家具，氣氛相當好，客房內的結構設計也很迷人，雖然房價設定偏高，但是看過客房以後就能知道原因，不過房內都沒有浴缸設備，想要浴缸的人可能就要多加考慮。庭園的陽台處擺放有遮陽傘，可以坐在下方喝杯冷飲，品味屬於高原度假村的氣息。

H Hotel Pyin Oo Lwin

MAP P.195-B2外

🍴🛁📺 NHK 🔲🔳🔲 WiFi

住9, Nanda Rd., Near Kandawgyi Garden
☎（085）2021226、2028215
URLwww.hotelpyinoolwin.com
費ACDeluxe房⑤①US$100～150　套房⑤①US$120～200
CCMV　室36室

從市區前往國立甘
道基植物園的途中可
以看到這間高級度假
村，腹地內一共林立
著18棟小屋，其中
各有2間客房，房間
內都有暖爐，在天冷的時候就會點火，雖然
有分Deluxe房與標準房不過隔間設計都一樣，
只有在客房內的家具及設備有差異而已。

H Aureum Resort

MAP P.195-A2

🍴🛁📺 NHK 🔲🔳🔲 WiFi

住Ward 5, Governor's Hill, Mandalay-Lashio
Rd.　☎（085）2021902、2023215～6
URLwww.aureumpalacehotel.com
費AC⑤①US$80 套房US$198
CCMV　室35室

2007年開幕的
高級度假村，由磚
瓦打造、充滿殖民
風格的Villa裡，電
視、迷你吧、咖啡
機等客房設備應有盡有，還有1棟含小游泳池
的Suite房。

H Royal Park View Hotel

MAP P.195-B2

🍴🛁📺 NHK 🔲🔳🔲 WiFi

住107, Lanthaya Rd.　☎（085）2022641、
2021915、09-4025-65437　FAX（085）21210
URLwww.royalparkviewpyinoolwin.com
Eroyalparkview107@gmail.com
費FAN⑤①US$35　AC⑤①US$45　Junior套房
US$50　CCMV　室30房

客房運用大量木材，
充滿著高原度假風，因
此即使是標準客房也有一
絲高級氣息，電視、冰
箱等設備都一應俱全，
能有非常舒適的下榻時光，Deluxe房中甚至
還有浴缸設備。

H Hiromi Inn

MAP P.195-B2

🍴🛁📺 NHK 🔲🔳🔲 WiFi

住78, Block 6, Aing Daw Rd.
☎（085）2022685、09-3357-0833
費AC⑤①US$35～50　CC無　室7房

由日本老闆經營，
充滿小屋風格的飯
店，雖然離市區有
一點距離，不過卻
擁有綠意盎然的安
靜環境，客房以穩重色調的家具妝點，既明
亮又寬敞，並且提供有廚房設備，另外如電
視、冰箱、Wi-Fi、大型桌子都有，浴缸空
間也極為寬敞，當然也少了浴缸設備，有
這麼多設備的房價可說是相當超值，對於有
計畫長期滯留的人當然無比推薦。另外還附
設了「Hiromi Cafe」，能夠品嚐到在地出產
的咖啡還有蛋糕。

H Thiha Bala Hotel

MAP P.195-B1

🍴🛁📺 NHK 🔲🔳🔲 WiFi

住13, Block 7, Infront of YMBA Hall
☎09-7744-88238
費⑤①US$20
CCMV　室17房

位於彬烏倫市區的商務
飯店，因為在大馬路後面
的巷子裡，意外地相當安
靜，客房十分乾淨整潔且
設備齊全，接待櫃台也能
夠通曉英語，吸引許多外
國遊客下榻在這裡，還會安排前往周邊觀光景
點的旅遊行程。

H Bravo Hotel

MAP P.195-A1

🍴🛁📺 NHK 🔲🔳🔲 WiFi

住Mandalay-Lashio Rd., Near by Clock Tower
☎（085）2021223、2021826
Ebravohotel.pol@gmail.com
費AC⑤US$20　①US$30　CC無　室14房

在彬烏倫主要大街
上的中等級飯店，狹
窄的客房裡有冷氣、
冰箱及電視，感覺就
很像是日本的商務飯
店，考量到這裡有最棒的地點和設備，房價可
說是相當划算。

H Golden Dream Hotel

MAP P.195-A2

🍴 🛁 📺 NHK ☐ ☐ ☐ WiFi

🏠 42/43, Block 5, Mandalay-Lashio Rd.
☎ （085）2021913、2021302
💰 FAN ⓈUS$5〜10　ⓉUS$7〜20
CC 無　室 29房

在街道上的大型大樓，2樓以上都是飯店，1樓則是紀念品店林立，店與店之間的狹窄通道就是飯店入口，無論是建築物還是設備都稍嫌老舊，不過整理得還算整潔，沒有提供冷氣的客房，但淋浴會有熱水可用。

H Grace Hotel

MAP P.195-A2

🍴 🛁 📺 NHK ☐ ☐ ☐ WiFi

🏠 114, Nann-Myaing St.
☎ （085）2021910、2021230
💰 FAN ⓈUS$9　ⓉUS$18　CC 無　室 11房

整體結構像是由獨棟房屋改造而成的寧靜民宿，徒步到市場6〜7分鐘，地點很便捷房價又低廉，每間房都有電視。另外在市中心區域的鐘塔附近，H Golden Dream Hotel旁還有同系列經營的 H Grace Hotel 2（MAP P.195-A2），全部共11間房，屬於衛浴共用（熱水淋浴）的背包客民宿，FAN Ⓢ US$8、Ⓣ US$16，相對比較便宜。

彬烏倫的餐廳
RESTAURANT

R Lake Front Feel

MAP P.195-B2外

🏠 Kan Taw Lay, Kan Park St., Nandar Rd.
☎ （085）2022083、09-5162-132
⏰ 9:30〜21:30　休 無　CC 無

面對著Kan Daw湖的浪漫餐廳，推薦黃昏時前來，餐點有西式、泰式及中華料理，像是美式漢堡4300K、泰式咖哩3900K、餃子3900K等，另外還提供有壽司、天婦羅、章魚燒等日式料理，至於蛋糕、冰淇淋等甜點或是葡萄酒、雞尾酒等酒精類飲料也都很豐富。

R Pan Taw Win

MAP P.195-B2

🏠 Nandar Rd., 6th Qtr.
☎ （085）2021742、09-7948-11790
⏰ 7:00〜22:00　休 無　CC 無

位於彬烏倫郊區的露天陽台餐廳，包含西式餐點、中華料理、泰式料理到日本料理的菜單共有130種選擇，不過這裡的最大賣點還是使用彬烏倫出產的咖啡豆，自己烘焙而成的美味咖啡，除了可以在這裡飲用以外，也可以購買當作伴手禮販售的咖啡豆，200g是2800K。

R Lay Ngoon Restaurant

MAP P.195-B1

🏠 41, Blh-7, Mandalay-Lashio Rd.
☎ （085）2022355　⏰ 9:00〜21:00
休 無　CC 無

位在Mandalay-Lashio路與Station路的十字路口，口碑絕佳的中華料理餐廳，提供有英文菜單，擁有炒飯3000K、糖醋肉6000K等約100種之多的菜餚。

R Daw Htwe Khin

MAP P.195-B1

🏠 Mandalay-Lashio Rd.　☎ 09-2046-473
⏰ 9:00〜20:00　休 無　CC 無

獲得在地人絕大多數喜愛的緬菜餐廳，從大約有20種的咖哩選出1種，就會附上15種的配菜及熱湯、礦泉水，這樣是2000K。由於只有緬甸文的招牌，還位在大馬路往巷內的地點，必須要好好尋找，不過因為放有許多木雕裝飾而成為一個指引標誌。

R December

MAP P.195-A2

🏠 Mandalay-Lashio Rd.　☎ 09-6506-186、09-4025-62058　⏰ 7:00〜21:00　休 無　CC 無

鄰近鐘塔的牛奶專賣店，販售有新鮮熱牛奶（500K）、優格（800K）外，還有麵包（500K〜）、布丁（500K）等。

高原上的殖民風格飯店

由殖民者英國所打造的高原度假村

在緬甸整個國家都成為英國殖民地的19世紀時，為了開墾經營而吸引眾多以英國人為首的歐洲移民前來，而他們為了逃離緬甸低地的暑熱，選擇在高原地帶建造出避暑之地，紛紛打造出帶有祖國英國的鄉村風格飯店、別墅，儘管在第二次世界大戰後社會局勢進入保守封閉，但此地非常幸運，20世紀初期建造、保有當時氣息的建築物多數都留存下來，一部分還改成了飯店來經營。

刻畫於建築物上的過往歷史

無論是香港半島酒店還是新加坡萊佛士酒店，當然也少不了在仰光的Strand Hotel，這些全都屬於英式殖民建築的高級飯店之列，保留在撣邦高原地帶的殖民風格飯店卻與這些大型飯店不同，多為如同別墅般的小規模飯店，在充分感受過仰光或蒲甘的熱帶之旅後，不妨改變目標，來造訪高原的殖民風格飯店看看？可以獲得不太一樣的緬甸經驗。

1 位在Aureum Resort以南的Governor's House，屬於1903年建築的複製品，雖然是作為高級飯店之用，沒有房客住宿時也可以US$5來參觀飯店內部（包含在咖啡館內的飲料）。**2** Thiri Myaing截至到2018年6月為止都因為整修改裝而關閉，這是建於1904年、擁有鄉村房屋風格的迷人建築。**3** Nan Myaing Hotel，保留著過往風華的珍貴建築物

跨越世界第2高鐵橋

緬甸鐵道之旅的焦點

搭乘火車從彬烏倫花上約3個小時時間前往昔卜途中，列車將會通過全世界第2高的谷特高架鐵橋Gokhteik，由於這是1903年由英國所建造的高架橋，因此火車都會減緩速度慢慢地行駛通過。

能夠看到這座高架鐵橋的時機，是在從彬烏倫車站出發約2小時，離開第5個車站Naung Hkio車站以後，與前面4座車站不一樣的地方是在這座車站會停車至少10分鐘以上（前面的車站至多都只會停車1～3分鐘而已），一出了Naung Hkio車站不用多久，就會在車行方向的左手邊看到鐵橋，但因為鐵軌兩旁草木叢生而很難有按下快門的機會。列車會以蛇行方式前進，因此鐵橋方向會不斷改變，一下是在右邊一下又會出現在左邊，離開Naung Hkio車站約35分鐘後，就能夠抵達鐵橋前方的谷特車站，儘管這裡禁止拍照或拍攝影片，但實際上每個人都在拍，不過還是要記得這裡有著這樣的限制令。

不想長時間搭火車，卻又想橫越谷特高架鐵橋的人

從彬烏倫搭火車來到昔卜，所需時間約6小時，但對於不想長時間搭火車又想見識谷特高架鐵橋的人，不妨可以將火車與計程車合併利用，乘坐方法就是由昔卜到彬烏倫或曼德勒為止是包租計程車，而昔卜到谷特車站就購買火車票，搭乘火車過橋來到谷特車站後，再轉乘安排好的計程車，汽車自然速度會比鐵路快上許多，因此推薦給願意花錢但時間不夠的旅人。在昔卜的Mr. Charles Guest House（→P.203）等都能幫忙安排。

列車行駛在光看就覺得十分驚險的鐵橋上

撣邦山中的寧靜城鎮

昔卜
Thibaw (Hsipaw) သီပေါ

　　銜接撣邦北部中心所在的臘戌與曼德勒往來街道途中，就有著昔卜這座安靜城市，不過舊稱Hsipaw到現在依舊可以通用。因為位處於撣邦內陸區域，昔卜人口中撣族的比例也很高，食堂也是以撣族料理居多。撣邦在到第二次世界大戰結束為止，都被稱為Sawbwa（撣語為Chao Pha）的藩王分割成無數小國，當1959年所有藩王將自治權全部轉移給政府時，王國總數還有34國，昔卜正是所有藩王王國中最有權力一國的中心城市，因此還保留有藩王宅邸等古蹟，健行周遊附近撣族村落或搭船遊河也都相當有意思。

10月時會舉行盛大的遊行活動

從米界河對岸的夕照山Sunset Hill看出去的美景

▶P.202

▶P.203

➡前往昔卜　　　　　　　　　　　　　　　ACCESS

◆曼德勒出發

🚃 搭乘曼德勒4:00出發的列車，所需時間約10小時30分鐘，軟座3550K，硬座1700K，會在15:15抵達，不過通常都會誤點。

🚌 62號街與36號街附近的北行巴士總站（MAP P.160-C3）發車，所需時間約7小時，5000K。共乘計程車除了在巴士總站搭乘，飯店也能夠幫忙安排，2萬5000K。

前往曼德勒：所需時間約6小時，5000K。出發會從各巴士公司的服務處前、5:30發車，直接到

指定地點的迷你巴士1萬K，共乘計程車是1萬6000K。

◆彬烏倫出發

　　搭乘巴士約4小時，4000～4500K。共乘計程車是1萬4000～1萬6000K。

◆臘戌出發

　　搭乘巴士約2小時30分鐘，1500K。

撣族王宮

交通 從昔卜市區徒步10～15分鐘。

開 15:00～17:00 休無

費免費

Bawgyo Paya佛塔

交通 從昔卜搭車約10分鐘，擁有佛塔在裡面的圓頂建築禁止女性進入。

費免費

茶工坊
Hock Hoe

開 6:00～18:00 休無

可以免費參觀，茶葉販賣是在3～11月，越好的茶葉越早售繋，不過當作伴手禮的話自然是美味的才好，不妨先問問看「還有沒有Shwe Pyi？」想要購買的話，最高等級的Shwe Pyi茶1包也只要5000K左右。

購買香氣濃郁的茶葉當伴手禮

昔卜溫泉

交通 從昔卜搭乘前往彬烏倫、曼德勒方向的車子，15～20分鐘左右就能到，如果是從市區搭乘嘟嘟車約500K上下，不過會在馬路上下車，還需要再步行約15分鐘。

　溫泉沒有任何圍欄，千萬別忘了攜帶泳衣或籠基。由昔卜市區往西走約1小時，還能夠發現另一處溫泉。

來泡個湯消除旅途疲勞吧

漫遊昔卜　　　　Exploring

　從曼德勒、彬烏倫出發的巴士或嘟嘟車，都會抵達到市場的附近，如果是搭乘前往臘戍方向巴士並中途下車的話，要請司機讓人在橫瓦市區的Bogyoke Rd.路下車，接著徒步到市場約10分鐘，與Bogyoke Rd.路交錯、路面十分寬的Namatu Rd.路是整座城市的中心大街。城市範圍相當小，靠徒步方式就能逛完。在市區以北外圍則有著撣族王宮、被稱為「小蒲甘」的佛塔林立區域等景點，繼續將腳步往郊區延伸，則分布著瀑布、溫泉、撣族村落等，推薦用健行方式來慢慢遊逛，或者是利用民宿舉辦的觀光旅程也是一種方法。

主要景點　　　　Sightseeing

至今依舊居住著前任藩王家族　　　　MAP P.201

撣族王宮　　ရှမ်းစော်�‌ဘွားများနေအိမ်(ဟော်နန်း)
Shan Palace

　現在的撣邦在過去分割成為34個藩屬國，由各自的藩王治理，昔卜也是其中之一，而藩王所居住的王宮宅邸就在這裡。1924年完成的這棟建築物，使用從義大利進口的大理石磁磚，並由印度菩提伽耶將菩提樹搬遷過來打造冥想室等，很可惜的是王宮正漸漸老朽破敗。住在這裡的最後一任藩王曾到美國留學，與當地認識的女子結婚，這段佳話還被寫成書。目前是由藩王的親戚Phan先生負責管理，參觀雖然免費，不過最好還是可以捐些小錢。

緬懷往昔的無盡風華

佛塔中有塔、塔內還有佛塔　　　　MAP P.201外

Bawgyo Paya佛塔　　သော်ကြီဘုရား
Bawgyo Paya

　Bawgyo Paya佛塔距離市區約6km，在緬甸擁有的撣族樣式佛塔中，規模是最大的1座，環繞著正殿而設的迴廊都有屋頂覆蓋，支撐屋頂的粗柱上以玻璃馬賽克做裝飾，看起來十分地耀眼閃亮，迴廊中央有著1座大型高塔，圓頂造型的塔內還有1座小佛塔，建築結構非常少見。

直線條是最大特色的Bawgyo Paya佛塔

撣邦也有好溫泉　　　　MAP P.201外

昔卜溫泉　　သီပေါ‌ရေပူစမ်း
Thibaw Hot Spring

　泡湯池是以水泥打造，像是非常普通平常的游泳池設置在戶外一樣，溫泉熱度微溫，不過要是浸泡久一點就能夠慢慢地讓身體變熱。

昔卜的住宿
HOTEL

H Mr. Charles Guest House

 MAP P.201

🍴 🚬 📺 NHK 🔁 💼 WiFi

住105, Auba St., Myo Le Qtr.
☎（082）80105　FAX（082）80407
URL www.merchanthotel.com
E resv.mrcharles@gmail.com
費 FAN Ⓢ US$7〜12
AC Ⓢ US$18〜40　Ⓣ US$20〜55
CC M V（刷卡＋3%）　室35房

每間客房都有熱水淋浴及廁所，套房還多了電視、冰箱，到2018年6月為止擁有著30名英語導遊，其中最熱門的就是健行之旅，也能夠帶領前往一般人難以自行前往的溫泉、瀑布、撣族村落等，2天1夜的4人旅程是每人US$20〜，也能夠安排1日之旅或船舶之旅。

H Lily The Home Hotel

MAP P.201

🍴 🚬 📺 NHK 🔁 💼 WiFi

住108, Aung Thapye St.
☎（082）80313、82408、09-4730-7374
URL www.lilythehome.com
E rsv.lilythehome@gmail.com
費 AC Ⓢ Ⓣ US$30、40、50
CC J M V（刷卡＋3%）　室45房

2014年開幕、市區裡最好的飯店，客房乾淨整潔而工作人員都很親切，還提供租借自行車（1日2000K）、摩托車（1日1萬K），也能安排健行之旅（1日US$25〜），與 H Nam Khae Mao Guest House 屬同一老闆經營。

H Yee Shin Guest House

 MAP P.201

🍴 🚬 📺 NHK 🔁 💼 WiFi

住Mong Pon St., West Qtr.　☎（082）80711、09-5278-501　E yee.shin2012@gmail.com
費 FAN Ⓢ US$5〜6　Ⓣ US$10〜12
AC Ⓢ US$13　Ⓣ US$18　CC 無　室22房

2013年開幕於昔卜的市中心區域，客房小巧卻應有盡有，但交通便利性及親切的工作人員都是飯店的賣點，露天食堂寬敞又很舒適。

H Northern Land Hotel

MAP P.201

🍴 🚬 📺 NHK 🔁 💼 WiFi

住Mong Pon St.　☎（082）80713、09-4202-74583　URL www.northernlandhotel.com
E rs.northernlandhotel@gmail.com
費 AC Ⓢ Ⓣ US$20〜28　CC 無　室21房

2015年在市區中央大街上開幕的中等級飯店，客房雖然不夠寬敞，但是設備應有盡有且很乾淨整潔。

昔卜的餐廳
RESTAURANT

R The Club Terrace

MAP P.201

住35, Shwe Naung Bin St., Badin (North) Qtr.
☎09-9509-15852、09-4026-76624
營10:00〜22:00　休無　CC無

位在河畔的浪漫餐廳，入夜後還會點上蠟燭讓氣氛更加滿點，蠔油蒸魚（4000K）十分美味，肉類料理4000K〜、蔬菜料理2000K〜、湯類4000〜8000K，在地出產的葡萄酒（整瓶2萬5000K〜）種類也很豐富。

R Mr. Food（Law Chun）

MAP P.201

住Mong Pon St.
☎（082）80339、09-7746-41545
營9:00〜14:00、18:00〜20:00　休無　CC無

座落在中心街道的正中央處，堪稱是市區地標的中華料理店，餐廳寬敞又方便，成為許多人用餐的選擇，還提供有撣族料理，糖醋雞4500K。

R A Kaung Kyite

MAP P.201

住Corner of Mong Pon & Bogyoke Sts.
☎（082）80185
營8:00〜23:00　休無　CC無

從幹線道路進入市區後的十字路口，就能看到這間緬菜餐廳，確認櫃台的大鍋裡有什麼料理就能點菜，即使是外國人也不用怕。套餐每人3000〜3500K，因為地點很方便，同樣受到當地人支持。

因為與中國的貿易往來而熱鬧

臘戍
Lashio

臘戍是位處於撣邦北部的盆地城市，在中日戰爭時日本軍隊一一佔據了中國沿岸地帶，聯軍為了給當時與日軍作戰的中國國民黨提供支援補給，於是展開了縱貫線工程，也就是從英國屬地的緬甸建造出通往雲南昆明、全長1153km的道路，這條滇緬公路的起點城市正是臘戍，沒過多久第二次世界大戰爆發，日軍佔領緬甸以後，從臘戍揮軍一路進逼到了雲南省，但在聯軍的回擊下節節敗退，因此在中國與緬甸邊境地帶就有好幾座城市跟著日本軍一同遭到戰火破壞，臘戍同樣也受到聯軍砲火轟炸。戰後以撣邦獨立為目的的反政

府勢力就活躍在臘戍一帶，外國遊客長年以來都無法進入，不過在進入1990年代後，隨著與反政府最大的勢力停戰下，外國遊客終於可以將旅遊腳步深入到如同臘戍這樣的撣邦中心地區。現在與中國的貿易非常熱絡，城市也受到濃厚的中國影響，在地人要是發現對方不懂緬語的時候，就會改用中文來溝通，就連長途巴士的目的地也會標上中文字。

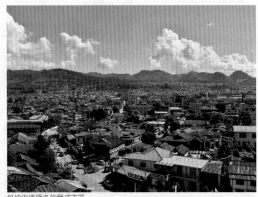

斜坡街道極多的臘戍市區

▶ 前往臘戍　　　　ACCESS

◆仰光出發

✈ KBZ航空是週一・三・四・六・日、每週5班，仰光航空是週一・二・四・六每週4班，中途會行經黑河，所需時間約2時15分鐘，US$140左右。

◆曼德勒出發

🚌 往北行的巴士總站（MAP P.160-C3）在18:00出發，約7～8小時能夠抵達，6300K。Shwe Nan San公司（☎09-6803-386）的共乘計程車可由飯店安排，所需時間約8小時，2萬5000K。

🚌 4:00出發、1日1班車，根據時刻表是19:35抵達臘戍，不過通常都會誤點，運氣不好的話甚至有可能深夜或是隔天清晨才能抵達。回程前往曼德勒方向的車，臘戍是5:00發車，20:40抵達曼德勒。曼德勒出發的軟座是5500K，硬座2400K，火車站到市區可搭乘嘟嘟車是2000K。

前往曼德勒：巴士總站1日有有6～7班車，所

需時間約8小時，6000K。Shwe Nan San公司（☎(082)30966）使用小巴推出的共乘計程車，只要集合到一定人數就會發車，到曼德勒所需時間約7小時，1萬5000K；到彬烏倫所需時間約5小時，1萬5000K；到昔卜所需時間約2小時，1萬K，到昔卜的巴士是3000K。

臘戍的巴士總站：位在Lashio Lai與Lashio Gyi的中間，前往飯店可以搭乘嘟嘟車，2000K。

位在市區以北的臘戍巴士總站

漫遊臘戌　　　　　　　　　　　Exploring

　　火車站位在臘戌市區西北約3km遠，當火車進站後就會在車站前出現準備攬客的共乘嘟嘟車，而巴士總站則距離市區約1km遠，臘戌市區分成Lashio Gyi（大臘戌）及Lashio Lai（小臘戌）這兩大區域，而市場所在的市中心是在Lashio Lai（一般通稱為臘戌），這裡是整個市區彷彿是1座大型市場般的區域，跨越邊境來自中國的大量物流可說是十分驚人。臘戌市區擁有許多高低起伏坡道，小山丘上還聳立著佛塔。Lashio Gyi則是隔著巴士總站，位於北側的新興市區，臘戌溫泉是位在更加往北走的地點。

有很多販賣中國製品的店家

主要景點　　　　　　　　　　Sightseeing

　　臘戌一地並沒有什麼特別的大型景點，就算到市場也是只能休閒地走走逛逛而已，如果想走遠一點，不妨前往Pyi Lon Chantha Paya佛塔，座落在山丘之上，可以將整座臘戌市區一覽無遺。

如同溫水游泳池的大型露天風呂	MAP P.205外
臘戌溫泉	လားရှိုးရေပူစမ်း
Lashio Hot Spring	

　　位在臘戌以北郊外的溫泉，除了泳衣以外還要攜帶毛巾及肥皂前往，泡完湯會覺得皮膚摸起來很清爽而舒適，在緬甸這裡除了下榻在高級飯店以外，想要泡到熱呼呼的水池實在是一件大難事，因此有機會來到臘戌可千萬別錯過。溫泉水來自源頭且不斷供應，可說是從地底湧泉而出的真正露天風呂，加上還有附設餐廳，泡完湯還能來杯冰涼的啤酒。

彷彿是來到了遊樂園中的游泳池，氣氛歡樂的臘戌溫泉，溫度相當高

臘戌溫泉
🚍 從Lashio Lai包租嘟嘟車約15分鐘可到，來回車資8000K左右。
🎫門票費US$3

Information
與反政府勢力協議停戰
撣邦屬於長期以來都掌握在反政府勢力手中的地區，現在依舊能夠看到其影響力，例如昔卜與臘戌之間的馬路一旁，就有著反政府勢力之一的撣邦Shan State Army控管的大型製糖廠，工廠牆壁還光明正大地寫上了Shan State Army Sugar Factory幾個大字，畢竟反政府勢力只是簽署協議同意停戰而已，並不是完全消失。

205

H Two Elephants Hotel

MAP P.205

🍴🚿📺 NHK 🔒💨🛗 WiFi

住36, Bogyoke Rd. ☎（082）2204112、09-2623-79080 URL www.twoelephantshotel.com
費AC⑤①US$45～70 CC M V（刷卡＋3%）
室73房

在2016年年底開幕，聳立在能夠俯瞰臘戍市區的山丘上，8層樓高的大型飯店，從商務客到家庭出遊都能夠提供服務，客房也相當寬敞，Wi-Fi速度也很快。

H Ya Htaik Hotel

MAP P.205

🍴🚿📺 NHK 🔒💨🛗 WiFi

住Bogyoke Rd. ☎（082）202655、202584、24039 E yahtaikrso@gmail.com
費FAN⑤①US$15（衛浴共用）
AC⑤①US$35 CC 無 室38房

從市場徒步3分鐘左右就能到的中等級飯店，還有提供客房的套房。

H Royal Grand Hotel

MAP P.205

🍴🚿📺 NHK 🔒💨🛗 WiFi

住34, Theinni Rd. ☎（082）25516
費AC⑤①US$25 三人房US$28～
CC 無 室36室

位在市場附近，座落地點非常好，而位在後方的新館客房空間會比較寬敞，不過每間客房都提供熱水淋浴。

H Hotel CS

MAP P.205

🍴🚿📺 NHK 🔒💨🛗 WiFi

住Corner of San Kaung & Hninn Si Rds.
☎（082）26076 E hotelcs.lso@gmail.com
費AC⑤①US$30～ CC J M V（刷卡＋3%）
室33房

佇立在市場附近、比較新穎的1間飯店，客房中提供電視、冰箱等完

善設備，雖然還算乾淨整潔但空間比較狹窄，有浴缸設備的客房僅有2間（US$40、45）。

H Thi Da Aye Hotel

MAP P.205

📺 🔒💨 WiFi

住Ga-11/3, Thiri Rd. ☎（082）22165
費AC⑤US$30～45 CC 無 室33房

因為建造在斜坡上，從屋頂眺望出去的風景非常迷人，儘管飯店稍嫌老舊，不過客房還算乾淨整潔。

R Kaung Meshai

MAP P.205

住Thiri Rd., 3rd Qtr. ☎09-4037-35596
營5:30～16:00 休無 CC 無

位在Thi Da Aye Hotel對面的麵食專賣店，撣族風格的麵食是像麵線一樣的米線，可以依照喜好擠上檸檬汁品嚐，

清澈透明的雞骨高湯堪稱一絕，加入搭配的醬菜或辣椒會更加美味，1碗1000K～，加肉1500K，英文看板僅有著" Noodle Shop" 字樣而已。

R Shwin Light

MAP P.205

住Thukha Rd., 3rd Qtr. ☎（082）23142
營8:00～21:00 休無 CC 無

在地深受好評的撣族料理餐廳，點菜方式是自己選擇排列在櫃台上的菜餚，不像緬菜那樣多油，辣度也比較低一

些，肉類料理3000K，蔬菜料理1000K。

R New Sun Moon Bakery

MAP P.205

住Theinni Rd. ☎（082）25202
營7:00～21:00 休無 CC 無

以漢堡、冰淇淋等輕食為主，咖啡（1000K）更是1杯1杯手沖滴漏而成，麵包也能夠外帶。

緬甸最北的首府

密支那
Myitkyina

位在曼德勒以北約420km地點的密支那，屬於緬甸最北行政區克欽邦的首府。如同「在大河河畔（Myi＝河、Tkyi＝大、Na＝旁邊）」的名稱一樣，密支那就發展在縱貫緬甸而流的大河、伊洛瓦底江的江畔，這裡沒有太高的建築物，也看不到太多四輪車輛經過，可說是非常悠閒的城市。密支那超過半數人口都是少數民族，以景頗族為首，加上日旺族、勒期族、載瓦族、Lawngwaw族、傈僳族等6大民族組成，通稱為克欽族，他們多數都是基督教徒，因此能夠在市區內眾多教堂看到他們的身影。

在第二次世界大戰期間，日軍與以英軍為首的聯軍之間，就在這座城市為中心的周圍爆發大規模戰鬥，雙方也有無數士兵陣亡，1942年隨著曼德勒經臘戌通往中國雲南的滇緬公路Burma Road一帶遭到日軍佔領，聯軍為了能夠確保有支援中國新的補給

道路暢通，又開始著手興建從印度雷多到雲南的雷多公路，而這條路上的重要交通要衝之一就是密支那。面對進軍到密支那的日軍，聯軍以數十倍的兵力反擊，1944年8月時，擔任密支那最高司令官一職的日軍少將水上源藏，儘管接獲死守密支那的命令，卻還是下令全軍撤退而自己選擇自盡，在這座城市的戰爭也就此宣告結束。當年的士兵或遺族們也紛紛在密支那興建紀念寺院或紀念碑，為了不遺忘戰爭所帶來的悲慘與苦痛，都應該來這裡看一看。

在伊洛瓦底江附近的密支那市場

擺放著各種秀色可餐菜餚的攤販街

◆仰光出發

✈ KBZ航空經曼德勒的航班每日1班，所需時間3小時；緬甸國家航空是週一、二、三、五、六、日，每週6個航班，直飛所需時間2小時15分鐘，經由曼德勒是3小時10分鐘，也有經過八莫的航班。要注意的是國家航空經常會取消航班，或者是改變飛行路線，機票US$150～。

◆曼德勒出發

✈ KBZ航空每日1個航班，直飛所需時間1小時40分鐘，緬甸航空是週一、三、五、日，每週

因為位處於內陸地帶，搭乘飛機最為便捷

飛行4個航班，直飛所需時間1小時10分鐘，經由八莫的話是1小時40分鐘，US$100～。

🚌 曼德勒發車是4:30、13:00、14:10、16:20、19:45，1日5個班次，所需時間18～25小時，但一般實際會花更久時間，軟座是8000K，硬座4500K（票價依照火車車款而略有不同）。

🚌 Thiri Mandalar巴士總站（**MAP** P.160-A2）是15:00、18:00發車，所需時間約18小時，2萬5300K～。

機場前往市區

密支那機場前往密支那車站周邊，搭乘三輪計程車（稱為嘟嘟車）車程約需15分鐘，5000K，而搭乘四輪的計程車則要1萬K。

緬甸最北邊的火車站

Information

密支那的市區交通

三輪計程車（在密支那稱為嘟嘟車）與三輪車為主流，兩者的車輛數量都極少，行情上三輪車是500K～。嘟嘟車則為1000K～，如果是搭乘前往餐廳，請對方在自己用餐時等候，通常會是單程車資的1倍，也可以直接包車。四輪計程車在市區內相當少見，想要乘坐的話，不妨委託飯店或旅行社叫車。

克欽邦文化博物館

🚗 在車站周邊搭乘三輪車，5分鐘左右可到，300K。
🕐 週一～六9:00～16:30
🚫 週日、節日
💰 US$2，館內拍照攝影費用1000K

建築物看起來雖然很黯淡，不過都有開放

展覽十分豐富

漫遊密支那 — Exploring

密支那最為熱鬧的區域是從火車站到市場一帶，從車站前筆直延伸的Waimaw St.街與Bogyok Aung San St.街的十字路口，每天晚上都會是小販、食物攤等攤販集合的夜市，因此晚上來也

密支那的日軍紀念鐘塔

是十分有意思。白天的市場則是以Zay Gyi St.街分為左右的兩棟建築，還有位在河畔的露天市場，位在建築之內的市場以衣物、雜貨等為主，露天的市場則主要販售蔬菜等食材。

主要景點 — Sightseeing

可以看到各個民族的傳統服飾 | **MAP P.207**

克欽邦文化博物館

Kachin State Cultural Museum ကချင်ပြည်နယ်ယဉ်ကျေးမှု ပြတိုက်

這座博物館介紹居住在克欽邦少數民族（統稱為克欽族）的文化、歷史，除了他們自古以來使用過的農具、打獵工具、樂器以外，還有以景頗族為首的各個民族所屬的傳統服飾，穿在人偶身上來展示。

悼念二次大戰中過世的人們	MAP P.207
素東別佛塔	ဆုတောင်းပြည်ဘုရား
Hsu Taung Pye Paya	

素東別佛塔是離 Nan Thida Riverside Hotel 不遠的寺院，為了悼念在第二次世界大戰中陣亡的日本士兵與緬甸民眾，在日本人的捐款下於2001年所興建。內部有著橫躺的大型臥佛，腹地內還豎立著印有日文的招魂碑，隔著街道的河川畔則還在打造全新的佛像中。從慰靈碑所在地所能看到的伊洛瓦底江河中沙洲上，有著名為Nawng Ta Law的村子，這是在第二次世界大戰期間，作為密支那守備隊援軍而派遣過來的水上源藏少將，在遭到英軍包圍之際，並沒有遵守第33軍參謀辻政信所下達的無謂死守命令，反而是要求部屬撤退而自己負起全責，於1944年8月3日搭船來到這座村子自盡，村中也有著水上遺族家屬所設立的紀念碑，但要是沒有特別安排船隻的話，就沒有任何方式可以登上沙洲。

橫躺著大型釋迦牟尼臥佛

郊區景點	Excursion

伊洛瓦底江的起源	MAP拉頁-D2
密松	မြစ်ဆုံ
Myitsone	

密松位在密支那以北約43km，可說是密支那周邊最大的觀光勝地，邁立開江與恩梅開江在匯流後改名為伊洛瓦底江，而這個地點也正是密松所在地，但因為緬甸政府與克欽族軍隊發生內戰，直到1993年雙方協議停戰以前，都是無法輕易造訪的地區。順帶一提，停戰協議就是在密松這裡簽署，當時簽約的小屋就佇立在兩江包夾的山丘之上。

現在也吸引眾多緬甸民眾來觀光，儘管還沒有住宿設施，但是食堂可是櫛比鱗次地排列著，在河川匯流地點附近有船舶碼頭，可以租船一一回溯兩條大江到上游，乾季時還能看到在河中尋找砂金的人們蹤影。

交換停戰協議的小屋

素東別佛塔
圖24時間
費免費

為殞命異鄉官兵設立的鎮魂碑

密松
交通 從密支那的巴士總站出發 的 巴士 1日4班車，7:00、8:00、12:00、15:00發車，所需時間約2小時，3000K。因為非常擁擠，建議搭乘摩托計程車，比起嘟嘟車更加舒服，來回包租車是1萬5000K，途中還可以順道到視野絕佳的公園等地參觀。清晨出發的話，上午就能夠回來，包租計程車來回是5萬K，嘟嘟車是3萬K。

Information
密松租船觀光
圖船程25分鐘左右，1艘船5000K。

密松的河灘是在地人為主的遊樂之地

209

密支那的住宿
HOTEL

H Pantsun Hotel
MAP P.207

🏨 🚰 📺 NHK 🍽 🛏 🧺 WIFI

住36-37, Thit Sar St., Myo Thit Qtr.
☎（074）2522748、2522749、2520654
FAX（074）2522749　📧 nawtawng@yahoo.com
費 AC ⑤US$32～43　⑦US$42～58
CC 無　室29房

　密支那第一間蓋來接待外國遊客住宿的飯店，依照客房空間大小、有無浴缸、有無陽台等條件而有不同房價，提供浴缸的客房僅有2間，全部客房都有熱水淋浴。

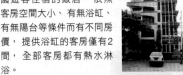

H 興先賓館
Xing Xian Hotel
MAP P.207

🏨 🚰 📺 NHK 🍽 🛏 🧺 WIFI

住127, Shan Su Qtr.
☎（074）2522281、2520658、2520659、2523488　FAX（074）2522281　📧 tiangjiao1788@gmail.com　費 AC 標準房⑤US$25～30　⑦US$30～35　CC 無　室25房

　從密支那車站徒步5分鐘就到的地點，有許多自助旅遊遊客會下榻的中等級飯店，Superior房的房間寬敞，而且窗戶大又明亮。

H YMCA Guest House
MAP P.207

🏨 🚰 📺 NHK 🍽 🛏 🧺 WIFI

住12, Myo Thit Qtr.
☎（074）2523010　FAX（074）2522937
費 FAN ⑤US$10～15　⑦US$20～24
AC ⑤⑦US$24～38　CC 無　室10房

　從密支那車站出發，過了第一個平交道後就能看到的超值飯店，提供風扇的便宜客房僅有床鋪與電視，設備非常簡單，另外4間有風扇的高價客房與6間有冷氣客房則有淋浴、廁所及電視，淋浴還供應熱水。

H Aye Chan Tha Inn
MAP P.207

🏨 🚰 📺 NHK 🍽 🛏 🧺 WIFI

住53, Si Pin Thar Yar Rd.
☎（074）2523110、2520535、2523109
費 AC ⑤US$15　⑦US$20～35
CC 無　室17房

　全部客房都有淋浴、廁所及電視，甚至部分客房還有冰箱或浴缸設備，有3間可以選擇，

每間房間的空間大小或設備各有不同，不妨一一看過以後再做決定，連續住宿會有優惠折扣，對面的餐廳由同一個老闆經營。

密支那的餐廳
RESTAURANT

R 翡翠園大飯店
Mya Ayeyar
MAP P.207

住71, Shan Su Qtr.　☎（074）2522713、2523301　營10:00～21:00　休無　CC 無

　在密支那一地屬於高級範圍的中華料理餐廳，還有以簾幕分開的個人包廂，相當舒適。有

糖醋豬肉8500～1萬5000K、炒飯2500K等，不過在以香辣調味為基本的克欽邦，就算是中華菜也都會被調成辣味，像是檸檬蒸魚（1萬3500K）就是淋上大蒜風味的辣醬，非常美味，而緬甸Premium啤酒則是1杯1200K。

素東別佛塔腹地內的佛塔

緬甸的天然保養品──檀娜卡 Thanaka

畫著樹葉圖案的可愛少女

塗在婦女臉上的是什麼？

來到緬甸，總是會在婦女或小孩子的臉上、手腕，看到塗抹著淡黃色粉末般的圖案，這就是被稱為檀娜卡 Thanaka 的保養品，以同名芸香科小喬木的樹皮磨成粉製作而成，在緬甸自古就是給肌膚較敏感的女性或兒童使用。

塗抹的地方主要在兩頰、鼻梁、手腕等陽光易曬處，具有防止曬傷的效果，塗抹方式就是先取一些檀娜卡在手上，接著用手指當成畫筆一樣，邊塗抹邊畫出圖案，但是想要左右平均描繪出來可不是件簡單的事情，沒有經過一定練習是畫不出漂亮花紋的，愛漂亮的女孩子會描繪出如漩渦般的花樣，再巧手一些的人甚至還能夠畫

使用專屬石板磨碎檀娜卡的樹枝，會用到的只有樹皮部分，依照厚度而有不同售價

謹慎地塗抹在臉上

出栩栩如生的花朵蝴蝶，當然也會有「看來媽媽是忙得沒有時間」而很馬虎被塗抹的孩子，不過看起來依舊非常可愛。

檀娜卡的粉末除了能夠防止曬傷以外，還具有保濕、殺菌、防止肌膚粗糙等效果，用水化開以後塗抹在臉上時還會有清涼感，並且香氣相當迷人，可說是最適合天氣炎熱的緬甸的一款保養品，女性旅人不妨在旅遊途中嘗試看看，只要請教下榻處的工作人員，他們都會很開心地傳授塗抹、畫花樣的技巧。

檀娜卡的知名產地

檀娜卡的知名產地分布緬甸全國各地，其中又以上緬甸的蒙育瓦、實皆最為出名，舉凡在佛塔周邊或市場等人潮匯聚地點，還是市區內的商店等地，都能夠看到被切割成合適長度的檀娜卡樹枝，或者是販售磨碎檀娜卡專用的石板 Chaupin 等商品，最近也能夠看得到許多已經裝入塑膠容器或膠管的成品，剛好是很合適的伴手禮。

目前也傳出有日本化妝品業者正在研究檀娜卡這款保養品功效，或許將來某一天就能在日本看到添加了檀娜卡的化妝品。

樹皮非常粗糙的檀娜卡樹

經過砍伐的檀娜卡樹幹

砍成一定長度，並稍微削整樹皮表面

已經可以當成商品販售的檀娜卡

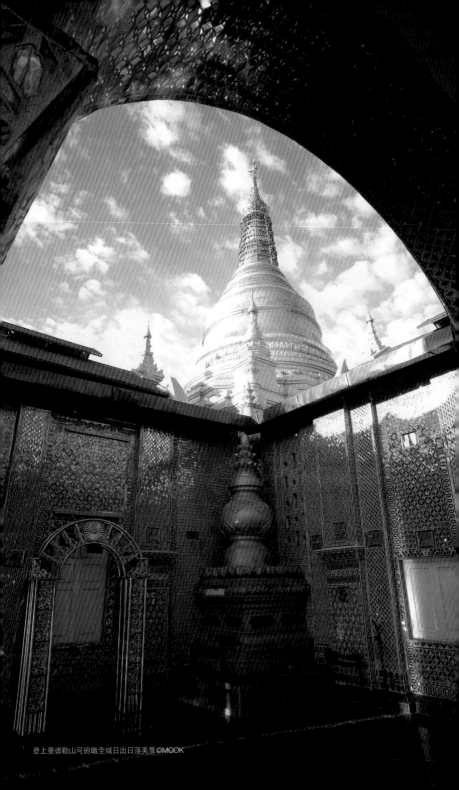
登上曼德勒山可俯瞰全城日出日落美景©MOOK

INLE LAKE

茵萊湖與周邊

跳貓寺（茵萊湖→P.219）

茵萊湖與周邊的
區域導覽

在撣邦高原上規模最大的茵萊湖，居住著擁有以腳操槳獨特文化的茵達族，蔚藍的天空與澄澈湖水，環繞著湖泊四周山巒的青翠綠意，風光明媚這個形容詞完全就是茵萊湖的寫照，是一座極美的湖泊。周邊城市也盡分布於撣邦高原各地，對於炎熱無比的緬甸來說，氣候十分乾燥涼爽而宜人居住，植被生態也獨具一格，與溫帶日本極為相似。這片土地上居住著無數的少數民族，在市場裡總能欣賞到各式各樣繽紛的民族服飾，除此之外還散布著如卡古佛塔塔林等趣味盎然的遺跡。

在周邊居民捐贈下佛塔林立的卡古佛塔塔林（→P.220），非常獨特的景致

茵萊湖周邊

50   100km

緬甸全圖

曼德勒
蒲甘   茵萊湖
內比都
仰光

景點　Tourist attraction

茵萊湖與周邊地帶是緬甸旅遊的一大亮點，不僅僅是因為湖泊周圍的美麗大自然，還有以腳控船的茵達族栽種的水上番茄田、聚落，匯聚在市場中的少數民族，洞穴內佛像櫛比鱗次的寺院等，景點十分豐富。格勞或東枝則因為是高原的交易買賣重地，因此市集上總是無比地熱鬧，而健行之旅也很具有人氣，透過民宿等的導遊介紹還能夠前往城市附近的少數民族村落逛一逛。

賓達雅石窟（→P.232）的入口

活動、慶典　Event, Festival

●五佛節

9月下旬～10月下旬左右的3星期　祭祀於茵萊湖五佛寺中的佛像，會請上模仿妙聲鳥造型的大船，巡遊湖泊周邊各個村莊的盛大慶典，從滿月之日的2～3星期前展開（2020年預計在10月17日～11月3日）。

●熱氣球節

11月左右　在撣邦的東枝一地登場，手工熱氣球的盛會，白天時可以看到做成大象、魚等造型的熱氣球競相逐美，入夜以後再施放煙火，並就放有燭火的熱氣球施放升空，讓整片夜空呈現繽紛夢幻的光彩。2019年11月23～29日舉辦。

●市集

要到每個城市確認　茵萊湖附近的城市或地區會舉辦五日市集或八日市集等，穿著少數民族服飾的人們會攜帶各式物品，來到市集販售。

能夠看到眾多少數民族身影的Nan Taing村（→P.229）的五日市集

季節　Season

比起其他平地或沿岸地帶，可說是全年都擁有較為溫和的氣候，即使是暑季的炎熱程度也比平地緩和許多，甚至早晚還會有涼意，因此選擇在乾季（11～2月左右）旅行時，最好要攜帶1件長袖上衣比較保險，而在雨季特別是後半段（8～10月左右），因為與其他地區一樣幾乎每日下雨，準備像是防風雨連帽外套等可以擋雨的外套就很方便，雨季時的陸路交通移動，一定要多加注意最新道路狀況。

賓達雅的名產是茶（→P.233）

撿選乾燥過茶葉的作業

旅行小訣竅　Hint

●交通

搭乘飛機的話會抵達黑河機場，從機場到茵萊湖必須要搭乘計程車，但也因為遊客沒有其他公共交通工具而只能仰賴計程車接駁，因此經常發生許多令人不愉快的糾紛。因此在預約娘瑞、茵萊湖的住宿時，委託對方接機會比較安心。銜接各個城市之間的交通工具，在上午則會有巴士或嘟嘟車可供利用。

●住宿選擇

茵萊湖周邊有越來越多的度假村風格飯店出現，其他地點的話僅有中等級以下飯店或民宿而已，早晚氣溫都很低，一定要先確認淋浴是否供應熱水後再來預約。

進口的二手巴士是地方代步工具

擁有美麗山水的神祕湖泊

茵萊湖
Inle Lake အင်းလေးကန်

盤據在撣邦高原上的茵萊湖，是一座南北約22km、東西約12km（乾季時會變成南北15km、東西6km左右）的細長古代湖泊，乾季之時水深是2m，但就算是水量增加的雨季尾聲，湖泊深度也僅約6m左右，相當淺，因此以蘆葦為首的水草長得無比茂密，並且還形成了湖中浮島。茵萊湖擁有著多種在地特有生物，2015年時被聯合國教科文組織指定為生物圈保護

巧妙地以單腳划船並捕魚的漁夫

區。從茵萊湖觀光據點的娘瑞出發，是乘坐船隻在水草之間形成的水道移動，當來到了開闊而湛藍的湖面地帶，則有機會一睹茵達族的漁夫在捕魚，他們單腳站在窄長小舟前端，再以另一腳操控船槳的獨特行船方式，可說是世所罕見，因為這樣一來漁夫就能夠空出雙手，更加方便於進行水上捕魚作業。在湖泊周邊或浮島上還有著茵達族的水上村落，遊客可以前往其中的雪茄工坊或織造工坊參觀。茵萊湖因為地處海拔約900m高，即使是夏季氣候也十分涼爽舒適，乾季（特別是11〜2月左右）造訪茵萊湖時更千萬別忘了攜帶

連帽外套等防風衣物。湖泊由東到西是連綿山巒，自然也有登山健行樂趣可以體驗，無論是周遊茵萊湖或者是登山健行活動，都能夠委託下榻住宿飯店幫忙安排。另外每年9〜10月左右長達3星期的茵萊湖龍舟節（五佛節Phaung Daw U Festival），會有模擬傳說中的妙聲鳥Karaweik的黃金大船出現在湖上，周遊各座村落。

茵萊湖
Inle Lake

上／湖水與山巒加上晴空交織的景色，美得無可比擬
下／每年9月下旬左右到10月之間登場的五佛節，會有聖鳥妙聲鳥造型的船隻航行於湖面

➜ 前往茵萊湖　　　　　　　　　　　　ACCESS

茵萊湖的觀光據點，就在湖泊北岸的娘瑞Nyaung Shwe這座城鎮，搭乘飛機前來的話，則是會降落在茵萊湖西北方的黑河機場，至於利用鐵道或長途巴士等公共交通工具時，基本上都不會直接來到娘瑞，而會是以銜接密鐵拉與大其力的4號國道途中城市，同時也是火車站的Shwe Nyaung為中繼點，只有部分巴士會直接停靠到娘瑞市區，另外也會有提供到娘瑞接送服務的巴士，購票時不妨再加以確認。

第二次世界大戰時，日本陸軍飛行戰隊曾進駐過的黑河機場

茵丹的五日市集（→P.221）

◆仰光出發

✈ 各航空公司1日1～3個航班，直飛航班所需時間55分鐘～1小時25分鐘，轉機的話除了曼德勒以外，還會有必須在蒲甘與曼德勒轉機，十分耗費時間的航班，需要注意，票價US$81～106（依照季節或座位而有不同）。

🚆 仰光11:00出發前往娘瑞，會在隔天17:00抵達，3小時30分後會先來到達西，火車號碼會在這裡變更但還是同一列車，所需時間約23小時，軟座1萬3050K，First座9050K，硬座9500K。

🚌 仰光長途巴士總站（MAP P.39-C1）搭乘前往東枝方向巴士，到娘瑞轉運站下車，所需時間約10小時，票價依照巴士公司分別是1萬1500～1萬2000K，VIP是1萬7500～2萬5000K，在18:00、19:00由多家巴士公司提供車班，推薦稍貴一點的2+1（3排座椅）或雙層的VIP巴士。

◆曼德勒出發

✈ 各家航空公司1日1～3個航班，所需時間35分鐘，US$56～79（依照季節而有不同）。

🚆 搭乘前往仰光方向，到達西再轉乘前往娘瑞方向火車，到達西的軟座是2950K，First座1700K，硬座1300K。曼德勒到達西的票價請參考P.236，不過轉乘並不方便，如果不到達西觀光的話，並不建議這個交通方式。

🚌 長途巴士總站（MAP P.160-B5）搭乘前往東枝方向車班，到娘瑞時中途下車，也有直接前往娘瑞的車班，需要再做確認。車資7000K，VIP1萬2500K，共乘迷你巴士是1萬2500K。

◆蒲甘出發

✈ 由多家航空公司每日提供航班，直飛班機是30～40分鐘，也有轉經曼德勒的航班，US$59～97（依照季節而有不同）。

🚌 搭乘前往東枝車班，所需時間約8小時，1萬1500K～，VIP會直接行駛至娘瑞，1萬8500K。雖然是人氣路線但是車班相當少，需要及早預約，如果在出發前一天預約好，還可以到下榻飯店接人。

Shwe Nyaung～娘瑞間的交通

搭乘鐵路的話，從Shwe Nyaung車站徒步約10分鐘可到的市場前搭乘嘟嘟車，所需時間約1小時；搭乘巴士的話，長途巴士總站位在東枝（→P.234）的郊區，但幾乎所有巴士都會停靠在公路與南下娘瑞的街道的十字路口，然後再轉乘嘟嘟車或計程車，所需時間30～40分鐘，嘟嘟車是500K，共乘的三輪計程車2000K，計程車8000K。

黑河機場前往娘瑞

也可以包租共乘的三輪計程車

沒有公共交通工具可以利用，搭乘計程車所需時間約20～30分鐘，車資行情是2萬5000～3萬K，但經常會碰上漫天開價的司機而讓人不愉快，預約好下榻飯店並請對方提供機場接機服務會比較安心，娘瑞前往機場是2萬5000K左右。

乘坐有馬達的船隻在湖上觀光

茵萊湖的觀光據點就在娘瑞，這是位在湖泊北端的小城市，擁有著為數眾多的飯店、民宿以及餐廳，市區內的主要景點僅有市場及雅達那曼昂佛塔而已，靠徒步方式就能夠逛得完，也可以在下榻處借自行車，而沿著流淌於市區西側的運河搭船而下，不用多久就能夠來到茵萊湖。

想觀光茵萊湖可以委託住宿處或旅行社幫忙，搭乘有馬達的船隻周遊水上村落或寺院，只需要半天到1日時間就可以輕鬆遊玩，而且還可以找同樣下榻處的其他房客分擔租船費用，不妨找飯店人員研究。旅程中的觀光景點，包含這一帶最大的水上寺院五佛寺、茵丹的遺跡、跳貓寺、茵達族或巴東族的傳統工藝作坊等。

主要景點　　　　　　　　　　Sightseeing

| 祭祀著5尊佛像 | **MAP P.216** |

五佛寺　　　　　　　　　ဖောင်တော်ဦးစေတောဘုရား
Phaung Daw U Paya

因為貼了金箔而成為團狀的佛像

五佛寺是聳立在茵萊湖上的巨大水上寺院，在2樓大廳中央，擺放在祭壇上的就是這座寺院的主神——5尊佛像，原本只是普通的佛像造型，但卻因為貼了太多金箔而呈現出圓滾滾的丸子模樣，不過這裡僅容許男信徒觸摸佛像，大家都非常虔誠地貼上金箔來祈福，而女性就連佛像底座都不能靠近。每年9月到10月左右登場的五佛祭（→P.216）舉辦時，還會將這5尊佛像請上模仿成傳說中妙聲鳥Karaweik造型的大船，周遊湖泊各處。

Information

茵萊湖參觀費
1萬3500K

在進入娘瑞城鎮前的檢查崗哨付錢，1星期內有效。

位於城鎮以西的運河碼頭

搭上熱氣球一覽茵萊湖！

在蒲甘人氣很旺的熱氣球之旅，也能在茵萊湖體驗到，時間僅限在乾季的11月中旬到3月中旬而已，費用是US$350，因為很受歡迎必須及早預約。

www.balloonsover
bagan.com/services/
balloons-over-inle

五佛寺
4:00～18:00　無
免費

要注意在寺院外以高價兜售金箔的人，可到正殿內以正常價格購買，5片3000K，女性雖然不能親自為佛像貼金箔，但是委託男性幫忙，一樣可以獲得相同的功德。

建在水上的大型寺院

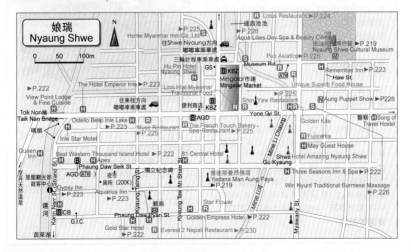

娘瑞
Nyaung Shwe

0　50　100m

往Shwe Nyaung方向
嘟嘟車乘車處

Home Myanmar mm Co.,Ltd
Hu Pin Hotel Nyaung Shwe GS
Linn Htat Myanmar Traditional Food
The Hotel Emperor Inle ▶P.223
▶P.222
View Point Lodge & Fine Cuisine
往東枝方向 嘟嘟車乘車處
便利商店
Taik Nan橋
Taik Nan Bridge
Ostello Bello Inle Lake ▶P.223
Muse Restaurant
碼頭　Inle Star Motel
Queen Inn
Best Western Thousand Island Hotel ▶P.222
Apex
AGD ATM
空月天然溫泉
旅館觀光部遊客中心
Gypsy Inn ▶P.223
Aquarius Inn ▶P.223
CB
G.I.C.
茵萊湖
Phaung Daw Seik St.
夜市
廁所（200K）
Phaung Daw Pyan St.
Gold Star Hotel ▶P.222

達西池池
▶P.226
Aqua Lilies Day Spa & Beauty Center
Museum Rd
Mingalar市場
Mingalar Market
Shin Yaw Restaurant
Yone Gyi St.
The French Touch Bakery, Spa＆Restaurant ▶P.225
81 Central Hotel
獨立紀念碑
雅達那曼昂佛塔
Yadana Man Aung Paya ▶P.219
郵局
Star Flower
Golden Empress Hotel ▶P.222
Everest 2 Nepali Restaurant ▶P.230

Lotus Restaurant ▶P.224
娘瑞文化博物館 ▶P.219
Nyaung Shwe Cultural Museum
Pub Asiatico ▶P.225
Remember Inn ▶P.223
Haw St
Unique Superb Food House
Aung Puppet Show ▶P.226
警察 Song of Travel Hostel
Golden Kite
Fujiyama
May Guest House
Shwe Hotel Amazing Nyaung Shwe
Three Seasons Inn ＆ Spa ▶P.222
Win Nyunt Traditional Burmese Massage ▶P.226

擺放著撣族或西藏佛像

跳貓寺

ဖယ်ချောင်းဘုန်းတော်ကြီးကျောင်း

Nga Phe Kyaung

位於湖面上的木造僧院，建於1844年的正殿之內，祭祀約30尊撣族、西藏、蒲甘、印瓦等不同特色的佛像，除了一小部分以外，全都開放參觀，而安放佛像的底座，大多數採用的都是加上玻璃馬賽克的木頭雕刻，屬於撣族的樣式。

豐盈造型是撣族樣式的特有模樣

認識茵達族的文化

茵萊文化中心

အင်းလေးဒေသအမွေအနှစ်

Inle Heritage

將茵達族的房屋改建成度假村＆觀光中心，透過導覽之旅可以在貓村裡與被飼養的緬甸貓玩耍，還能參觀迷你水族館、有機農場，另外，匯聚了撣邦名產的禮品店也很值得推薦。

依照茵達族樣式而建的房舍

衰老雕像十分逼真

雅達那曼昂佛塔

ရတနာမာန်အောင်ဘုရား

Yadana Man Aung Paya

這是娘瑞歷史最古老的佛塔，擁有著獨特階梯狀的外型，看起來十分迷人，在附設的博物館內收藏有許多佛像，還能看到逼真寫實的「衰老雕像」、「疾病雕像」，而這正展現了佛祖的生老病死四門遊觀。

採用撣族風格，擁有多角的佛塔

獨特的竹製大佛像

娘瑞文化博物館

ညောင်ရွှေယဉ်ကျေးမှုပြတိုက်

Nyaung Shwe Cultural Museum

不僅曾是撣邦藩王，還是緬甸第一位總統的蘇瑞泰Sao Shwe Thaik，他的宅邸經過改裝成為了娘瑞文化博物館，在這棟20世紀初期建造，全以柚木打造的木造建築大廳中，陳列著藩王一家的服

博物館原來是藩王的宅邸

裝、家具擺設，另外也展示著高達3.2m的竹製佛像、娘瑞出土古物、民族服飾等。

仍有人居住的木造僧院

Shweyanpyay Kyaung 僧院

ရွှေရန်ပြေရိယဉ်တိုစာသင်တိုက်

Shweyanpyay Kyaung

從娘瑞市區的北邊入口往Shwe Nyaung方向約1km距離處，有著這棟9世紀建造的木造僧院，一旁佛塔中的迴廊牆壁壁龕裡，還收藏著許多小佛像。

跳貓寺
開5:00～17:00左右 休無
費免費

茵萊文化中心
住In Paw Khon Village
電09-4931-2070、09-5281-035
URLwww.inleheritage.org
開7:00～18:00
導覽行程10:30、11:30、12:30、13:30、14:30
休6月1日～7月中旬
費參觀免費

雅達那曼昂佛塔
開6:00～19:00 休無
費可拍照攝影可隨意布施

Information

租借自行車
自行車可在飯店、民宿或自行車出租店借到，1日1500K左右，越野自行車半日租金是7000K，1日1萬2000K。

租船
依照地點與幾個景點而有不同收費，因此一定要事先講好要去的觀光景點，依照安排的服務處，有些除了船隻以外還會提供會講英語的導遊，導遊費1日US$10～12，2人以上是US$15左右，建議乘坐懂英語的船夫的船隻，或者是民宿工作人員會搭乘的船隻。
費1艘1日1萬6000K～（導遊費另計，租金會隨著油價而變動）

娘瑞文化博物館
交通從市場北邊道路往東3個街區，再轉向北邊1個街區就到，館內禁止攝影。
開週三～九10:00～16:00
休週一・二・節日 費2000K

Shweyanpyay Kyaung 僧院
開佛塔6:00～19:00（僧院到日落左右）
休無 費免費

收藏於迴廊壁龕中的佛像

219

茵丹

交通 參加茵萊湖的1日之旅時順道造訪最為方便，因為位在湖泊南端而會需要加收3000K左右，茵丹的碼頭周邊也會推出五日市集，不妨搭配市集日前往，不過10:30左右都會陸續收店，需要早一點前往。

費 拍照費500K
　　拍影片費500K

卡古佛塔塔林

交通 因為沒有公共交通工具可以到，必須從娘瑞或東枝包租計程車前往，單程所需時間約2小時，但要進入卡古佛塔塔林必須要有少數民族巴奧族組織PNO（Pao National Organization）的導遊隨行才可以，導遊的申請與支付導遊費，由東枝的G.I.C.服務處處理，不委託飯店、旅行社或計程車司機代辦會方便許多。租金依照車款而定，普通車的話來回6萬K～，東枝出發是3萬5000K，與飯店同房客一起租金會比較省錢。

費 參觀費US$3
導遊費US$5（1名導遊最多可以陪同5名遊客）

G.I.C.東枝服務處
MAP P.234
住 West Town, Circular Rd. 65., Hawgone Qtr.
電 (081) 2123136
營 8:00～16:00　**休** 無

Htam Sam Cave岩洞

交通 從娘瑞包租計程車，需要1小時30分鐘～2小時，來回車資5萬K左右。
開 24小時
費 參觀費US$20，岩洞一共有兩處，在參觀完主洞穴後，會有僧侶帶路參觀另一座洞窟。

Aythaya酒莊

住 Htone Bo., Aythaya, Taunggyi
電 (081) 208548、208653
　　09-4936-1367
網 www.myanmar-vineyard.com
營 8:00～20:30
休 6～9月的週一　**CC** M V
交通 位在國道4號線上，搭乘從娘瑞前往東枝方向的嘟嘟車，40分鐘～1小時可到，要返回娘瑞的話，末班車為16:30左右。出發時會直接停靠在酒莊門口，但因為屬於單行道區域，所以回程時需要花5分鐘才能抵達巴士站牌，到了之後要再做確認。如果是包租計程車，不妨在前往卡古佛塔塔林或Htam Sam Cave岩洞參觀途中順道造訪酒莊。

上千佛塔佇立

MAP P.216

茵丹

အင်းတိန်

Inn Dein

傳說在佛祖死後約200年左右，為了奉祀祂的聖骨而在開始此地建造佛塔，但至今無法證實。從14世紀到18世紀所建造的1054座佛塔，因為無人照顧使得大多數都已經崩塌，在茵萊湖畔還另外有著Taungto、Saga遺跡，可以搭配五日市集一同造訪。

崩塌的佛塔也很醒目

郊區景點　　　　　　　　Excursion

一定要騰出時間來欣賞

MAP拉頁-D6、P.214

卡古佛塔塔林

မွေတော်ကက္ကုဘုရား

Kakku

卡古佛塔塔林是越過茵萊湖東面山巒後的一處遺跡，2000年9月起開放外國遊客來參觀。12世紀時Alaungsithu王下令居住於此地周邊的巴奧族、撣族，每個家庭都要捐出1座佛塔而成為塔林的開端，最終完成了多達2478座的龐大佛塔群，每座佛塔的大小依照各家財力而定，形狀的不同自然就是與各部族有關。位於中央的白塔是將建於西元前阿育王年代的建築重新整修，而北邊入口的金豬雕像據信就是祭祀著開啟卡古佛塔塔林，而十分活躍的野豬精靈。

2016年4月遭到冰雹破壞，造成部分建築損壞

在神祕的鐘乳石洞中探險

MAP P.214

Htam Sam Cave岩洞

ထမ့်ဆမ်းဂူ

Htam Sam Cave

長達584m的一處洞窟，而且因為是天然形成的巨大鐘乳石洞而格外地有意思，在洞裡的佛塔、佛像是在2009年開放參觀時才擺放的裝飾，鐘乳石以傘狀的「金銀傘」最出名，但其實都是人工塗上的色彩。

洋溢著自然神祕之感

緬甸第一座酒莊

MAP P.216

Aythaya酒莊

အေးသာယာဝပျိုင်

Aythaya Vineyard

在1998年從歐洲首度引進釀製葡萄酒專屬的葡萄樹，而成立了這座緬甸第一間的酒莊，葡萄酒販售是自2004年展開，目前已經販售至全國各地。在視野絕佳又有美麗夕陽景色的餐廳中，可以體驗葡萄酒試飲（4種、2000K）以外，工作人員還能免費帶領參觀葡萄園及釀酒廠，在黑河機場也設有店鋪。

茵萊湖畔樂享自行車遊！

　　騎乘著自行車由碼頭一旁橋樑出發，沿著充滿田園風光的街道前行約10km，經過Nyaung Wun Village村的招牌後，會看到右手邊的山頂有座佛塔，而對面即是空丹天然溫泉。繼續前進約10分鐘，在抵達佛塔前就是空丹村，能夠參觀到村人如何製作豆腐或麻糬，接著攜帶自行車搭船（圖6:00～17:00左右 圖1輛1萬K左右，2人的話每人5000K、3人的話每人4000K）橫渡湖泊，抵達對岸的Maing Thauk Village村後，朝著娘瑞方向往北行進30分鐘，小山丘頂端是葡萄酒釀酒廠Red Mountain Estate的餐廳與酒莊，可以享受試飲服務並觀賞夕陽。

外國人專用的特殊池，充滿度假風

空丹天然溫泉
Khaung Daing & Natural Hot Spring Inle
MAP P.216　图Nyaung Wun Village, Khaung Daing
☎09-4936-4876　URLwww.hotspringinle.com
圖5:00～18:00 休無 图外國人專用特殊池US$10、大眾池US$7（提供洗髮精、肥皂、毛巾）。租借籠基500K。交通 從Nyaung Wun Village村騎乘自行車約1小時，計程車的話約需20分鐘，包含1小時左右的候車時間的話來回車資1萬K。

茵萊湖周邊的五日市集

　　撣邦各地的城市每隔5天都會推出市集，稱之為五日市集（英語是Five Days Market），因為會有少數民族來市集中交易買賣，成為觀光客欣賞穿著不同民族服飾人們的最佳機會。五日市集並不會在各地同時舉辦，而會是錯開時間依照場所推出，撣邦的市集會依照下列A～E順序登場（為了讓讀者方便辨認而以A～E來稱呼，當地並不使用這樣的說法），E地結束之後就輪回到A地，依照順序而不會有變動，就算因為大雨等因素使得A地市集不辦，但是隔天還是會在B地登場，滿月與新月這2天會休息，因此在前一天就會有兩地市集一同登場。

A市場的開市日
（B為下列數字的隔日，E的話則是前一天）

2019						
10月	2	7	12	17	22	27
11月	1	6	11	16	21	26
12月	1	6	11	16	21	26
2020						
1月	5	10	15	20※	25	30
2月	4	9	14	19	24	29
3月	5	10	15	20	25	30
4月	4	9	14	19	24	29
5月	4	9	14	19	24	29
6月	3	8	13	18	23	28
7月	3	8	13	18	23	28
8月	2	7	12	17	22	27
9月	1	6	11	16※	21	26
10月	1※	6	11	16※	21	26	31※
11月	5	10	15	20	25	30
12月	5	10	15	20	25	30

※是因為碰上滿月或新月日而休市，A日期的舉辦日就會變成前一天，同樣其他的舉辦日也會因此有變動，因此到了當地之後請務必再做確認。

主要市集

A	黑河Heho（離黑河機場約3km的村落，MAP P.216） 丹當Than Taung（在茵萊湖周邊，MAP P.216） Taungto（茵萊湖南端的城鎮，遺跡相當美，MAP P.216）
B	Ywama的水上市集（茵萊湖上，MAP P.216） 東枝Taunggyi（P.234） 昂班Aungban（格勞周邊，從幹線道路往賓達雅方向的轉運站，MAP P.214）
C	Nan Taking（格勞周邊，P.229） Phaung Daw U（MAP P.216） Maing Thauk（MAP P.216）
D	格勞Kalaw（P.227）　茵丹Inn Dein（在茵萊湖周邊，P.220） 空丹Khaung Daing（在茵萊湖畔，有溫泉及度假村，P.221） Shwe Nyaung（有火車站、前往娘瑞的轉運站，MAP P.216）
E	娘瑞Nyaung Shwe（茵萊湖觀光據點城鎮，P.218） 賓達雅Pindaya（P.231）　Nampan（在茵萊湖周邊，MAP P.216）

茵萊湖周邊的住宿
HOTEL

■娘瑞的飯店

　到2015年左右時，飯店與民宿數量急速增加，使得並不算大的娘瑞這座城鎮裡有著約90間的住宿選擇，以主要大街Yone Gyi St.街與南側的Phaung Daw Pyan St.街這兩條街道為中心，加上運河畔還有離中心地區較遠的區域分布，由於使用率大幅下降，因此即使是旺季到來也很容易訂到客房，不過到了每年最為熱鬧的五佛節登場時，最好還是要事先預約以免向隅。大多數的住宿都會代為安排茵萊湖的遊船或是前往觀光景點的租車服務，有需要的話不妨可以找櫃台洽詢。

H View Point Lodge & Fine Cuisine
MAP P.218

🍴🚳📺NHK🗄🛏🧺 WiFi

住Taik Nan Bridge & Canal
☎（081）209062、209147、09-4500-06601
URLwww.inleviewpoint.com　費ACⓈⓉUS$225～（税金、服務費、早餐另計）　CCJMV　室21房

　豎立在私人湖區的小木屋，都是具有環保意識的建築，使用在地的石灰岩、土壤，並以木樑來進行補強作業，客房裡提供最新設備，而且還用了可防噪音、防寒的雙層窗戶，充滿木頭風韻的餐廳裡可以品嚐到撣族的套餐料理及種類豐富的葡萄酒，早餐是US$15。

H Best Western Thousand Island Hotel
MAP P.218

🍴🚳📺NHK🗄🛏🧺 WiFi

住Strand St., Win Qtr.　☎（081）209952～3
URLbestwesternthousandislandhotel.com
費ACⓈⓉSuperior房US$55　套房US$80
CCJMV　室42房

　聳立在船舶碼頭附近的6層樓飯店，屋頂咖啡&酒吧擁有能夠眺望整個娘瑞街道的無敵美景，採用緬甸傳統特色設計的接待大廳與客房內部裝潢，則是呈現出滿滿的高級感，絕佳的待客服務以及房價都讓人覺得十分超值。

H Golden Empress Hotel
MAP P.218

🍴🚳📺NHK🗄🛏🧺 WiFi

住19, Phaung Daw Pyan St., Nam Pan Qtr.
☎（081）209037、209914、09-4266-28713
Egoldenempresshotel@gmail.com
費ACⓈⓉUS$35、40、45　家庭房（4人）US$60
CCMV（刷卡＋3％）　室13房

　2012年重新整修再營業的飯店內，大量使用柚木與松樹裝潢的天然韻味，讓人十分安心舒適，如同山間小木屋的客房整潔又舒服，雖然地點在安靜街區，但附近有多間餐廳，不用擔心用餐問題，接待大廳有免費Wi-Fi。

H Gold Star Hotel
MAP P.218

🍴🚳📺NHK🗄🛏🧺 WiFi

住Phaung Daw Pyan St., Nam Pan Qtr.
☎（081）209200、09-5141-168
FAX（081）209810
Egoldstarhtl@gmail.com
費FANⓈUS$30　ⓉUS$35
ACⓈUS$40　ⓉUS$50　三人房US$60
CCMV　室30房

　鄰近運河的寧靜地帶，客房陳設十分簡單但設備是應有盡有，提供冷氣的Superior房還有浴缸設備，早餐可由西式、緬菜等4種料理當中挑選，接待大廳與用餐區有免費Wi-Fi。

H Three Seasons Inn & Spa
MAP P.218

🍴🚳📺NHK🗄🛏🧺 WiFi

住17, Phaung Daw Seik St., South of Shwe Gu Kyaung　☎（081）209517、09-5068-947
Ethreeseasonsinn@gmail.com
費ACⓈⓉUS$25、三人房US$35
CC無　室15房

　2015年年底開幕的小型飯店，客房雖然陳設簡單，但採用木地板且十分乾淨，英語非常好的飯店經理還能提供觀光資訊與安排，也可以不住宿使用Spa服務，有緬式按摩60分鐘US$10等內容。

H The Hotel Emperor Inle

MAP P.218

🍴 🛗 📺 NHK 🔒 💱 🛁 WiFi

住88, Yone Gyi St., Kantar Qtr.
☎09-4566-09991
URL www.hotelemperorinle.com/ja-jp
E hotelemperorinle@gmail.com
費 AC ⑤①US$45、55
CC J M V（刷卡＋2.6％） 室45房

位在Yone Gyi St.街上，鄰近周遊茵萊湖觀光船的碼頭，十分便捷，客房、浴室都很整潔而舒適，
Deluxe房提供浴缸設備，早餐可在視野絕佳的頂樓露台享用，氣氛非常好。

H Gypsy Inn

MAP P.218

🍴 🛗 📺 NHK 🔒 💱 🛁 WiFi

住82, Kann Narr St., Win Qtr.
☎（081）209084
E gypsyinnhotel@gmail.com
費 FAN ①US$20、25、家庭房US$30
CC M V（刷卡＋3～5％） 室16房

位在西邊運河河畔的人氣住宿，新館則是十分明亮而整潔，2樓客房還提供電視與迷你吧，面
對運河的客房因為會聽到船隻引擎聲音而比較吵雜，接待櫃台提供免費Wi-Fi，工作人員都很親切，也可以委託安排乘船或巴士。

H Aquarius Inn

MAP P.218

🍴 🛗 📺 NHK 🔒 💱 🛁 WiFi

住2, Phaung Daw Pyan St., Nam Pan Qtr.
☎（081）209352、209615、09-5214-852、
09-7852-14852 E aquarius352@gmail.com
費 FAN ⑤US$10 ①US$15（共用衛浴）⑤US
$15 ①US$20 AC ⑤US$25、35 ①US$35、
45、55 CC V（刷卡＋3％） 室20房

早餐一共有5種選擇且每天更換菜色，傍晚還會有免費熱茶、水果服務等，以溫馨的接待獲得人氣，老闆英文很
好又親切，在2013年完成的新館裡，也有提供浴缸的客房，預約訂房可用電話或電子郵件，不過打電話直接聯絡會比較安心。

H Remember Inn

MAP P.218

🍴 🛗 📺 NHK 🔒 💱 🛁 WiFi

住Haw St., Nan Da Wunn Qtr.
☎（081）209257、09-5214-070
URL rememberinn.jimdo.com
費 FAN ⑤US$15～20 ①US$20～25
AC ⑤US$25 ①US$35
CC M V（刷卡＋3％） 室48房

除了竹編的天然裝飾的小木屋，還有擁有不同大小空間客房的3層樓建築，客房寬敞又舒適，不僅每天都會打掃，預
防停電而準備有柴火可以供應熱水等，溫馨的服務讓旅客十分滿意，早餐則是在視野絕佳的屋頂品嚐，工作人員也能提供詳細的觀光情報。

H Ostello Bello Inle Lake

MAP P.218

🍴 🛗 📺 NHK 🔒 💱 🛁 WiFi

住Yone Gyi St., Win Qtr. ☎09-4579-71910
URL www.ostellobello.com
E info.nyaungshwe@ostellobello.com
費 AC ①US$7～12 ⑤①US$24～
CC M V（刷卡＋3％） 室9房＋114床

來自義大利的精品民宿，以團體客房為主，有4人～14人的客房，每天都會推出各種充滿趣味的活動，像是遊戲大
賽或暢遊茵萊湖周邊&溫泉的自行車之旅等。

■娘瑞郊區的飯店

H Monte diVino Lodge

MAP P.216

🍴 🛗 📺 NHK 🔒 💱 🛁 WiFi

住Htone Bo, Aythaya Vineyard & Winery
☎（081）208653、208548
URL www.myanmar-vineyard.com
E montedivino@gmail.com
費 AC ⑤US$120 ①US$150 CC M V 室3房

位在Aythaya酒莊（→P.220）內，滿滿高級感的自然風小木屋，從座落在高地的客房可以
欣賞到全景風景或夕陽，十分迷人，葡萄酒以及配酒的料理可在酒莊內餐廳或透過客房服務品嚐。

223

■茵萊湖上的飯店

H Sofitel Inle Lake Myat Min

MAP P.216

🍴🚲📺NHK🔲🛏🖥WiFi
🏠Thale U Village
☎FAX09-4434-74200
🌐sofitel.accorhotels.com
✉ha095-re@sofitel.com
💰AC⑤①US$204～
CCJMV（刷卡＋2～3%）
🛏101房

　Sofitel集團的5星高級飯店於2018年3月開幕，超過60m²的寬敞客房、餐廳等，飯店內呈現著優雅的氛圍，能夠眺望到湖上夕陽美景的泳池，也提供了滿滿的度假村感受。

H Inle Princess Resort

MAP P.216

🍴🚲📺NHK🔲🛏🖥WiFi
🏠Magyizin Village
☎（081）209055　FAX（081）209363
🌐www.inleprincessresort.net
💰AC⑤①US$312～　CCMV（刷卡＋5%）
🛏36房

　擁有洗鍊氣氛的高級度假村，大量使用柚木木材的小屋中，天花板相當高敞而十分舒適，也有做成船型浴缸的客房，附設有Spa（僅在旺季期間營業）。

H Novotel Inle Lake Myat Min

MAP P.216

🍴🚲📺NHK🔲🛏🖥WiFi
🏠Maing Thauk Village
☎09-2510-41570～4　🌐novotel.com
✉info@novotelinle.com　💰AC⑤①US$200～
CCMV　🛏121房

　座落在擁有豐富大自然湖畔的Maing Thauk Village村內，無論水陸都可以到達，交通相當便捷，客房有Villa及套房兩種，都十分雅致且機能十足，所有房間都有浴缸設備及陽台，能夠一覽美麗茵萊湖的無邊際泳池及餐廳、Spa等設備也是應有盡有。

H Golden Island Cottages Nampan

MAP P.216

🍴🚲📺NHK🔲🛏🖥WiFi
🏠Nampan Village　仰光服務處☎（01）549019　🌐www.gichotelgroup.com
💰FANSuperior房⑤US$100　①US$130
Deluxe房⑤①US$150
CCMV（刷卡＋3%）　🛏40房

　客房是採取茵達族傳統建築特色的水上小木屋設計，在湖上Thale-U村中也有姊妹飯店，這裡僅有提供35間的Superior房。接待大廳提供有免費Wi-Fi，可使用能上網的筆電。

茵萊湖的餐廳
RESTAURANT

■娘瑞的餐廳

　可以輕鬆品嚐麵點、點心的茶館，或是供應撣族、義式料理的餐廳，就分布在市場內及東西兩端、飯店附近。

R Lotus Restaurant

MAP P.218

🏠Museum Rd., Thazi Qtr.
☎09-7643-58775　🕐8:00～22:00
休無　CC無

　由家族經營、充滿家庭溫馨氣息的餐廳，減少用油、健康又清爽調味的料理，完全符合台灣人的味蕾，推薦這裡的撣族風味蒸包魚3500K，可從素食、雞、牛等挑選的咖哩各為2500～3500K，咖哩的家庭餐是4500K，能夠吃得相當飽，也有中餐與西式料理。

R La Rizière Buvette

MAP P.216

🏠Near Kanu Village　☎09-7872-30306
🕐9:30～18:30　休無　CC無

　可以一邊享受悠閒的全景田園風光，再一邊用餐的樹屋餐廳，餐點有蔬菜油炸什錦、咖哩、義大利麵等，單項料理是3000～4000K左右，從娘瑞騎單車過來約15分。可以在前往空丹天然溫泉途中，或者是回程時到這裡休憩歇腳。

R Muse Restaurant

MAP P.218

住Yone Gyi St., Win Qtr.　☎09-7745-92013
營5:00～10:00　休無　CC無

在地人湧入的熱鬧撣
族湯粉專賣店，用雞
骨與雞肉熬煮出來的
清澈高湯，清爽帶辣
的味道讓人可以一口接

一口喝光，附上迷你沙拉是800K，除了米粉
以外還有一般的麵條，還能淋上豆腐取代雞
湯，店內十分整潔，只要賣完就會收攤。

R Sin Yaw Restaurant

MAP P.218

住Mingalar Ashae St., Kantar Qtr.
☎09-4935-1883、　09-4283-38084
E stndo77@gmail.com
營10:00～22:00　休無　CC無

提供豐富的撣族餐
點選擇，2人以上的話
推薦可以品嚐7道傳統
料理的Meal Blatter套
餐，主菜的話，蔬菜

類是1萬K，肉與魚則各為1萬2000K。

R Pwe Taw Win

MAP P.216

住Ayetharyar Main Rd., Sikepyo Village
☎09-5213-367、　09-9652-13367
營10:00～22:00　休無　CC無

運用有機食材的茵萊湖
地區傳統料理，十分美
味，也可以單點，不過
推薦點多人一起享用的套
餐（4～6人分量）2萬

5000K，從娘瑞騎自行車約15分鐘可到。

R Pub Asiatico

MAP P.218

住Museum Rd., Nan Da Wunn Qtr.
☎09-4520-96741　FBAsiatico Pub - Inle
營11:00～23:00　休無　CC無

娘瑞首屈一指的時
尚Pub，還設有泳池
酒吧，每天晚上都擠
滿了歐美遊客或在地年
輕人，熱鬧無比。餐

點有分量十足的披薩7600K～，豬排8500K
等。

R The French Touch Bakery・Spa・Restaurant

MAP P.218

住23, Kyaung Taw Ah Shae St., Myo Lae Qtr.
☎09-7822-97056、　09-9541-95506
營7:00～23:00　休無　CCMV

非常時尚的麵包咖啡館&
餐廳，可以品嚐到主廚自豪
的甜點、鬆餅及正宗咖啡，
後方還設有Spa，使用檀娜
卡的腳底按摩是60分鐘1萬
3000K等，僅在旺季時提供
店內免費Wi-Fi。

■茵萊湖上的餐廳

在五佛寺周邊還有湖泊四周的大型聚落中有
幾間餐廳，可以依照當日行程請船隻駕駛介
紹，因為很容易被帶往能收回扣的餐廳，不妨
明白了當告訴對方自己想去的地點。

料理以水棲息於茵萊湖與密支那周邊的特有
魚類「Nga-phane(通稱為Inle Lake Fish)」，或
者是花生風味的各種沙拉是招牌菜。

■Shwe Nyaung的餐廳

Shwe Nyaung轉
運站周邊有著幾間
的茶館及食堂，可
在等候前往其他地
點巴士時來用餐。

Shwe Nyaung轉運站

茵萊湖周邊的購物

SHOP

■娘瑞的購物

娘瑞一地以Yone Gyi St.街為中心，分布著提供
健行之旅、前往周邊觀光地區旅程的旅行社或紀
念品店。

S Home Myanmar mm Co. Ltd

MAP P.218

住139, Kantar Qtr.
☎09-2544-90829　　FBHOME Myanmar mm
Co., Ltd.　營10:00～19:00
休不定期　CC無

由日本人經營的旅行
社，提供有前往娘瑞
市場的徒步之旅，或
者是到人氣的遺跡景點
卡古佛塔塔林、咖啡知名產地Ywangan的特
色1日之旅等，店內也有販售撣邦咖啡或紀念
品。

S Pho Walone Padaung

MAP P.216

住Heya Ywama
☎09-2592-76199、09-9755-03769
營6:00～19:00
休無 CCMV

除了有撣邦的各種民族服飾與包包外，還販售絲織或棉質洋裝、籠基、圍巾、工藝品等，在這裡可以碰到以金屬線圈纏繞在脖子上並因此拉高脖子，擁有長頸的的巴東族婦女，還能夠觀賞介紹長頸族婦女日常生活的影片。

S Shwe Pyae Shun

MAP P.216

住In Paw Khon ☎09-4920-2115
營8:00～16:30 休無 CCMV

以頂級絹織品出名，位於In Paw Khon村中的工作坊兼直營所，取自蓮花莖的細長纖維所織成的高級蓮花布料也很受歡迎。

S Ko Shwe Ohe & Ma Mee Nge

MAP P.216

住555, Nampan ☎09-4283-32404
營8:00～21:00 休每年1月時休4天（不定期）CCMV

以羅望子葉、香蕉、稻米威士忌、砂糖、蜂蜜等混和製成的雪茄，少了苦味而多了淡淡的甜香，25支售價是1萬2000K～。

S Tun Kyai Sin

MAP P.216

住Kalaygyi Qtr., Heya Ywama ☎09-4283-59115 營7:30～17:30 休無 CCMV

Ywama村中自古流傳下來的多間鐵匠鋪之一，現在是第三代，使用克欽邦出產的銀來打造純銀產品並販售，可以參觀如何將銀塊融化之後經過錘打，再以細工製作成戒指、鍊子的作業過程。

S Win Nyunt Traditional Burmese Massage

MAP P.218

住Yone Gyi St., Nan Da Wunn Qtr.
☎無 Ewinnyunt.inle@gmail.com
營8:00～20:00 休無 CC無

在蒲甘按摩大師處學習到按摩手藝的店主Win，帶著弟子提供頂級的按摩服務，花1個小時時間按摩全身是7000K，也擔任健行導遊的Win，提供到周邊村落或洞窟的周遊之旅，也可以在旅遊之後再按摩。

S Aqua Lilies Day Spa & Beauty Center

MAP P.218

住Museum Rd., Thazi Qtr.
☎09-4283-63584、09-4283-15103
Eaqualilies.spa@gmail.com
營9:00～21:00 休無 CC無

位在Mingalar市場以北，運河河畔的獨棟建築Spa，在旅遊途中遭到日曬或雙腳疲累時，最值得推薦使用檀娜卡（→P.211）乳液的腳底按摩&護膚是1萬3000K，還有身體按摩60分鐘是1萬7000K、身體去角質為1萬2000K、做臉60分鐘2萬5000K等選擇，緬甸傳統按摩是60分鐘1萬4000K。

N Aung Puppet Show

MAP P.218

住Yone Gyi St., Nan Da Wunn Qtr.
☎09-3620-1984
開19:00、20:30（1次30分鐘）
休無 費5000K或US$5 CC無

小型的劇場，旺季時每天晚上表演傳統偶戲，不用預約就能輕鬆看到演出，老闆Naing Naing先生從曾祖父那一代起就是木偶大師，這裡也有販售作為紀念品的木偶（US$10～）。

保留殖民年代風華的高原城市

格勞
Kalaw
ကလော

位在東枝以西約70km，連結達西與東枝幹線道路中間位置的城市就是格勞，城市就在撣邦高原和緩連綿的山巒間，海拔是1320m，在英國統治年代是深受喜愛的避暑勝地，因此至今依舊可以發現不少殖民風格的洋房，其中有的還經過改裝成為了飯店。洋溢著豐富民族風采也是格勞的一大特色，除了緬族、撣族之外，還有印度裔穆斯林、從英國軍隊退役的前廓爾喀傭兵尼泊爾人等都很多，周邊還分布著巴東族、巴奧族或山岳民族的村落，造訪這些村莊的登山健行之旅，非常受到外國遊客的喜愛。

地圖標示（由上至下、由左至右）

H Genesis Inn ▶P.229
Thein Taung Paya
Aung Chan Naung Zedi
往東枝、茵萊湖方向巴士乘車處
Shwe Nan San（往仰光、曼德勒～達西方向巴士售票窗口）
郵便局、電話局
Union Highway (Pyi Taung Su Rd.)
Winner Hotel
Master Soe Thein Pa-O Massage ▶P.230
Sein Motel
行動電話店舖
KBZ
電影院
Golden Lily Guest House
Honey Pine Hotel
市場
Rural Development Society ▶P.230
Golden Kalaw Inn ▶P.230
Parami Motel
Merchant Rd.
Pine Land
五母市售會館
Seven Sisters (Lulu Singh's Thirigayhar) ▶P.229
Uncle Sam Travels & Tours ▶P.229
Aung Chan Tha Paya
Everest Nepali Food Center ▶P.230
往東枝方向迷你巴士乘車處
Eastern Paradise Motel ▶P.230
Su Taung Pyi Paya
Myoma Kyaung
清真寺
格勞 Kalaw
0 75 150m
天主教堂 ▶P.228・竹佛像 ▶P.228・Café Kalaw ▶P.230
隕石岩寺 ▶P.228・Kalaw Heritage Hotel ▶P.229
Pine Hill Resort・Green Haven Hotel ▶P.229
May Palaung
格勞車站

市政廳周邊栽種著由日本企業捐贈的櫻花樹

▶ 前往格勞　　　　　　　　　　　　ACCESS

◆仰光、曼德勒、蒲甘出發
✈ 可來到黑河機場（參考前往茵萊湖的交通方式，→P.217），從機場到格勞可搭乘計程車約1小時，2萬5000K左右。
🚍 搭乘11:00仰光出發前往Shwe Nyaung的車班，隔天13:30抵達格勞，所需時間約26小時30分鐘，軟座8300K，硬座3550K。從內比都～Shwe Nyaung間的列車也會停靠的達西出發，所需時間約6小時，軟座1850K，硬座800K，因為是採之字形上山所以比較花時間，雖然車窗外的山景十分美麗，但樹枝常常會劃過車窗，因此記得不要將頭、手伸出車窗外。從車站到市場徒步約10分鐘。
🚍 搭乘前往東枝的長途巴士並中途下車，仰光出發是1萬1500K～，曼德勒出發是7000K～、VIP與迷你巴士是1萬500K～，蒲甘出發是1萬2000K，VIP是1萬8500K。

◆東枝出發
🚍 搭乘共乘迷你巴士，所需時間約2小時30分鐘，3000K，計程車則約4萬K上下。

◆娘瑞出發
🚍 搭乘嘟嘟車前往Shwe Nyaung的轉運站（所需時間約30分鐘，500K），接著轉乘前往格勞的迷你巴士，Shwe Nyaung出發的所需時間約1小時30分鐘，1日約有3～4班車，3000K，計程車來回是4萬K～。
🚍 8:00從Shwe Nyaung發車前往仰光，11:30抵達，軟座1150K，硬座500K。

往Shwe Nyaung方向的迷你巴士

郵局與電信局
MAP P.227
開週一～五9:00～16:00
休週六‧日

市場
MAP P.227
開6:00～18:00
休滿月與新月日日
　販售著蔬菜、水果、衣物及雜貨，有很多人會來購買當作伴手禮的水果乾。

五日市集
　茵萊湖周邊的城鎮或村莊每隔5日就會推出市集（→P.221），格勞在市集日也會因為穿著繽紛民族服飾的人們聚集而熱鬧非凡。

瑞烏敏石窟寺
交通 距離 **H** Pine Hill Resort約1km，離Kalaw Hotel也很近。
開6:00～18:00
休無
費隨意布施

竹佛像
交通 由主要大街（Myoma Rd.）往南走，朝通往Kalaw Heritage Hotel的街道再往西1條山路進入，從市場搭車約10分鐘。
開5:00～20:00左右
休無
費免費

其實是相當輕的佛像

天主教堂
交通 位在 **H** Kalaw Heritage Hotel往南約600～700m處，從市場搭車前往7～8分鐘可到。
開週一～五7:00～9:00、週六‧日7:00～18:00
休無
費免費

非基督徒不能進入

漫遊格勞　　　　　　　　　Exploring

　格勞的中心所在是市場周邊，就算慢慢散步也不用2個小時就能逛完，郊區景點不但有點距離又不好找，不妨搭乘計程車或摩托計程車前往，參觀所有的景點大約是5000K（需要議價）。

販售新鮮水果的市場

主要景點　　　　　　　　Sightseeing

幾乎全由人力開鑿而成	MAP P.227外
瑞烏敏石窟寺	ရွှေဦးမင်းရေးဟောင်းဘုရားလိုက်ဂူ
Shwe Oo Min Ancient Paya	

　比起賓達雅的規模雖然要小，但是在入口附近卻已經可以看到幾乎擺滿整個石窟的無數佛像，這裡僅有最初的10m深是天然洞穴，再往前就全都是靠人力挖掘出來，經歷阿奴律陀、Kyanzittha、Alaungsithu這3位國王的年代打造而成，往右後方延伸的小路兩旁，在陰暗照明中盡是放有小佛像的眾多壁龕，在左邊也有另一處岩洞，同樣收藏有著佛像。

陰暗洞穴內擺放著多尊佛像

可在健行時順道造訪	MAP P.227外
竹佛像	နီးဘုရား
Bamboo Buddha Image	

　在有著佛塔的山丘頂端的寺院中，就收藏著這尊高約2.5m的竹佛像，利用竹子造成的骨架外上漆，接著再貼上金箔，看起來似乎非常沉重但實際上相當輕，一旁還有張由4名僧人抬著佛像的照片。

雖然是教堂卻禁止穿鞋進入	MAP P.227外
天主教堂	ကတ်သလစ်ဘာသာဝင်ခရစ်ယာန်ဘုရားရှိခိုးကျောင်း
Cathoric Church (Church of Christ the King)	

　1929年由2名義大利人建造，很有歷史的教堂，放置著從義大利運輸而來的基像，因為在第二次世界大戰中作為日本軍的通訊中心，也曾遭受過空襲，望彌撒時會吸引眾多在地信徒前來。

郊區景點　　　　　　　　　　　Excursion

巴奧族的五日市集　　　　　　　　MAP拉頁-C5・P.214
Nan Taing村
Nan Taing　　　　　　　　　　　နန်းတိုင်ရွာ

從格勞出發，約5km左右往東枝方向的分岔點再往南約30km，就是Nan Taing村，這裡也會有撣邦的五日市集，吸引許多巴奧族的人們前來。另外在前往Nan Taing村途中有著1座Myiya Ma Htit Cave石窟寺院，幾乎沒有任何觀光客會到訪，全長是賓達雅石窟2倍以上的深度，卻沒有賓達雅石窟那般令人覺得震撼，只是洞穴入口與出口不一樣這點十分特別。

能夠看到巴奧族的村落

健行　Trekking

幾乎所有的飯店都會安排健行活動，不妨加以利用，行情是1日1人1萬K，2天1夜的話是1人2萬K左右，價錢包含健行中的餐點或住宿費，不過為了保險起見，最好要先問清楚價格中包含哪些費用。1日來回的話是7:30左右出發，14:00～16:00左右返回會是一般的行程內容。

有2天1夜到賓達雅，也有3天2夜到茵萊湖等多種路線，多數都會造訪山地民族

Nan Taing村
交通 搭乘計程車，來回約1萬5000K左右。

Myiya Ma Htit Cave石窟寺院
交通 如果是造訪Nan Taing村前想順道過來，那麼到Nan Taing村的來回計程車費用再加2000K左右，如果只是從格勞出發到石窟寺院而已的來回，則是1萬K左右，與瑞烏敏石窟寺不同的是全為天然形成的洞穴，會由攜帶手電筒的職員帶領參觀。

內部相當濕滑，要注意腳下

Information

Ⓢ **Uncle Sam Travel & Tours Co., Ltd.**
MAP P.227
住 21, Aung Chan Thar Rd.
☎（081）50237、09-7774-62788
E samtrekking@gmail.com
CC 無
傳承3代，屬於官方導遊的家族經營旅行社，也通曉英語。

格勞的住宿
HOTEL

市場周邊有著划算的民宿，郊區則是度假村飯店，由於一年到頭都擁有涼爽氣候，也有的住宿不提供電風扇或冷氣，反而是高級飯店會有暖爐或電暖爐。

Ⓗ **Kalaw Heritage Hotel**
MAP P.227外

住 84, University Rd.　☎（081）50039
仰光服務處 ☎（01）540644、552955
URL www.mountpleasanthotelmyanmar.com
費 AC Ⓢ US$75～110　套房 Ⓢ Ⓣ US$140
CC M V　室 45房

由市場往南約1.5km，從英國殖民年代的1903年起延續至今，充滿歷史的飯店，將帶有殖民風格的建築物改裝而成，第二次世界大戰時運作為日本軍的司令指揮中心與醫院之用，運用柚木裝潢的Deluxe房很有人氣。

Ⓗ **Genesis Inn**
MAP P.227

住 18, Shwe Hin Thar St., 6th Qtr.
☎ 09-7894-65065
費 AC Ⓢ US$25　Ⓣ US$35　CC 無　室 10房

Ⓡ Seven Sisters
（P.230）家族所經營的民宿，就在餐廳的正後方，客房或浴室都打掃得十分乾淨，工作人員的應對也很完善，前往中心街道也只需徒步約10分鐘，相當便捷。

Ⓗ **Green Haven Hotel**
MAP P.227外

住 Shwe Oo Min Pagoda Rd., 10th Qtr.
☎（081）50639、09-5280-822
FAX（081）50187　URL www.greenhavenhotel.yolasite.com　E greenhavenhotel@gmail.com
費 AC Ⓢ US$25～40
Ⓣ US$30～50
CC M V　室 26房

在瑞烏敏石窟寺附近，

童話般的1間飯店，房客眾多時，早餐會採自助餐形式。

H Eastern Paradise Motel
MAP P.227

住5, Thiri Mingalar Rd., 5th Qtr.
☎（081）50315、50087
E easternmotel@gmail.com 費FAN標準房
ⓈUS$15、20 ⓉUS$30 Superior房ⓈUS$25 ⓉUS$30 CC無 室20房

無論距離市場還是Union公路都很近的便利位置，客房乾淨俐落，而淋浴也提供豐沛的熱水。

H Golden Kalaw Inn
MAP P.227

住5/47/92, Natsin Rd., 5th Qtr.
☎（081）50311、09-5210-635
URL www.goldenkalawinn.com
E goldenkalawinn1@gmail.com
費ⒹUS$8 ⓈⓉUS$18 CC無 室33房

擁有著陳列單人床的團體客房，加上類型豐富的個人房，還能夠幫忙安排巴士車票或健行導遊。

格勞的餐廳
RESTAURANT

R Everest Nepali Food Center
MAP P.227

住20, Aung Chan Thar St., 5th Qtr. ☎（081）50348 營9:30～21:30 休10～11月不定期休息，滿月日的下午 CC MV

由一對尼泊爾人姊妹經營的尼泊爾料理餐廳，有白飯和咖哩可以續碗的尼泊爾式定食，達八是4000K，在娘瑞還開有分店Everest 2 Nepali（MAP P.218）。

R Seven Sisters(Lulu Singh's Thirigayhar)
MAP P.227

住7, Pyi Taung Su Rd. ☎（081）50216
營10:00～21:00 休無 CC無

從市場徒步約10分鐘可到，屬於度假小屋

式的獨棟建築，可以品嚐到西式、緬甸、撣族、中華及印度料理，特別推薦撣族和印度料理，味道十分美味，店內氣氛也很棒，主菜是每道6000～8000K，如果是2種肉類料理則為8000K。

R Café Kalaw
MAP P.227外

住Hnee Pagoda Rd. ☎09-2613-92989
URL cafe-kalaw.strikingly.com
E cafekalaw@gmail.com
營8:00～19:30 休不定期 CC J M V

使用在地出產有機咖啡豆來自行烘焙，煮出來的咖啡無比美味，能夠眺望格勞山間風景的陽台坐起來也十分舒適，夾餡三明治或蛋糕等搭配咖啡的輕食也都是自己製作，就在前往竹佛像（→P.228）的前方。

格勞的購物
SHOP

S Rural Development Society
MAP P.227

住Myoma Rd. ☎（081）50747、09-5280-974 E anawa.rural@gmail.com
營9:00～18:00 休無 CC無

居住在格勞周邊的山地少數民族的手工藝品，都匯聚在這個直營店鋪裡，由援助少數民族的NPO組織負責營運，擁有籠�、包包、衣服、帽子等種類豐富且設計精美，價格也很划算，要是在這裡購買明信片，還提供幫忙到格勞郵局寄出的服務，也舉辦英語導遊帶領的健行之旅。

E Master Soe Thein Pa-O Massage
MAP P.227

住Behind of Post Office
☎09-4283-70502
營9:30～18:00 休無 CC無

由Soe Thein先生負責，從1996年開幕以來就只提供巴奧式按摩的1間店，費用是60分鐘1萬3000K，也可到格勞市區內的飯店提供服務（需要追加2000K的費用）。

擁有放滿佛像洞窟而名聲響亮的傳說之城

賓達雅
Pindaya
ပင်းတယ

作為銜接達西和Shwe Nyaung交通的鐵道或巴士轉運站的昂班Aungban，再往北約40km，就有著位居撣邦南部的悠閒城市賓達雅，海拔是1176m，以收藏有無數佛像的賓達雅石窟著稱。所謂的「Pindaya」在撣語中是「廣大平原」的意思，這裡擁有著一座流傳古老傳說的湖泊，湖畔有著城鎮，站在城鎮高處向前遠望，眼前就是一片平緩起伏，如同無邊無際的遼闊平原。

賓達雅石窟位在山丘中段

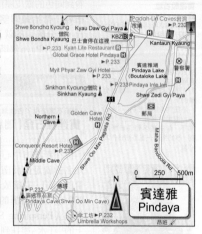

賓達雅 Pindaya

前往賓達雅　　　　　　　　　　　　ACCESS

◆仰光出發
🚌 Lumbini Express是1日1班，17:30出發，1萬2500K，所需時間約10小時，由於會在深夜抵達，因此在預約住宿時記得告知抵達時間。

◆昂班出發
🚌 從位在國道4號線上的城市昂班，搭乘共乘迷你巴士約1小時，大約會在7:00〜15:00間發車，坐滿就會發車，1〜2小時左右會有1班車，3000K。

◆格勞出發
🚌 搭乘前往東枝方向迷你巴士到昂班下車，1日3〜4班車左右，3000K。到了昂班再轉乘前往賓達雅方向的迷你巴士，無論哪種車班次都很少，需要花很多交通時間。

◆東枝出發
🚌 1日2班車，4500K，因為是直達巴士，所以不可能從東枝當天來回。

包租計程車
東枝〜賓達雅間行駛有1日2班車的直達巴士，從其他城市並沒有這樣的直達巴士，無論鐵道還是巴士都必須到昂班下車，接著再轉乘前往賓達雅方向的迷你巴士或計程車。如果只參觀賓達雅石窟的話，1天來回時間就很足夠，不過因為離村落中心有一段路，想靠公共交通工具來移動是非常困難的事情，想要不浪費時間的話，包租計程車前往是最好的選擇，如果能有一定乘車人數就更划算。格勞〜賓達雅來回是3萬5000〜4萬K，昂班出發的話是3萬K左右，要是從格勞出發，觀光過賓達雅後前往Shwe Nyaung、娘瑞等茵萊湖方向還是朝東枝一帶，或者是相反過來的行程則要6萬〜7萬K左右，不管怎樣都會需要講價。

漫遊賓達雅　　　　　　　　　　　Exploring

在湖泊西北方有著市場，周邊就是賓達雅最為熱鬧的地帶，擁有著數間食堂，但想徒步到賓達雅石窟（→P.232）距離則太遠，不妨在市場一帶招攬計程車前往，雖然是以賓達雅石窟名聲最為響亮，不過來到可以俯瞰整座城市的高處，就會發現還分布有著數座的佛塔及寺院。湖泊東北方是擁有白色小佛塔群的Kantaun

Information
郵局
🕐 週一〜五9:00〜16:00
🚫 週六・日

231

賓達雅石窟
6:00～18:00
電 梯 是 9:00～12:00、13:00～16:00 休無
有別於觀光費，還會收拍照費300K，拍影片費300K。
從拜廟路口出發必須爬完多達200階的階梯，不過有馬路可到電梯的正下方，搭車前來可以停到這裡，乘坐電梯是免費的。
石窟內雖然有照明，不過因為地面相當濕滑，一定要注意腳下，會由僧侶帶領參觀內部，不妨捐贈一點香油錢作為心意。

塗成黑色的就是冒汗佛像

全以手工製作的紙傘

Kyaung僧院，擁有黃金尖塔的Shwe Zedi Gyi Paya佛塔，西邊丘陵的中麓地帶還有眾多年輕修行僧侶居住的Shwe Bondha Kyaung僧院，也能看到同色的鐵皮屋頂建築。從市場一帶抬頭仰望西邊的山丘，十分醒目的就是黃金的Kyau Daw Gyi Paya佛塔。

出現在山丘中麓的就是賓達雅石窟的入口

主要景點　　　　　　　　　　Sightseeing

這座石窟吸引了各地無數人前來　　　　　MAP P.231、232

賓達雅石窟（瑞烏敏洞窟）
Pindaya Cave (Shwe Oo Min Cave)

位在距離市中心有點遠的丘陵中麓，總共有3座石窟，其中最知名的就是位於南邊，全長150m的較大鐘乳石洞，不僅有著大量的石筍，還擺放著以雪花石膏、大理石、柚木等素材雕刻成8094尊型態各異的佛像，值得關注的有好幾處，其中2尊「冒汗佛像」（Perspiring Statue）就是焦點之一，人們相信只要將佛像臉上的「汗水」塗抹到身上，就能夠獲得幸福的未來與美好。在另外2座洞窟中，僅在岩石裂縫中擺放有著幾尊佛像而已。

參觀傳統的手工藝　　　　　　　　　　MAP P.231

紙傘工坊
Umbrella Workshops

在賓達雅一地，約有10間延續3～4代的紙傘工坊，可以參觀到工匠運用自古流傳下來的製傘技藝。

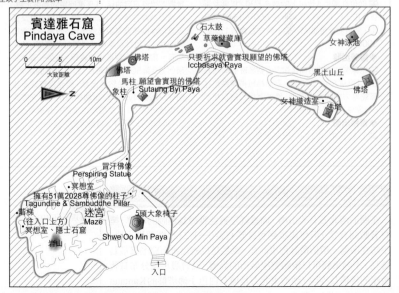

賓達雅石窟
Pindaya Cave

0　　5　　10m
大致距離

石太鼓
草藥儲藏庫
女神泳池
佛塔
佛塔
只要祈求就會實現願望的佛塔
Icchasaya Paya
黑土山丘
佛塔
馬柱　願望會實現的佛塔
象柱　Sutaung Byi Paya
女神織造室
佛塔
冒汗佛像
Perspiring Statue
冥想室
擁有51萬2028尊佛像的柱子
Tagundine & Sambuddhe Pillar
階梯
（往入口上方）
冥想室、隱士石窟
迷宮
Maze
5頭大象椅子
Shwe Oo Min Paya
岩山
旱
入口

※要注意賓達雅石窟與朝拜大道周邊區域禁菸，所有餐飲店也全都禁菸。

健行　Trekking

　　賓達雅周邊因為是地勢和緩的丘陵地帶而很適合行走，可以安排愉快的健走行程，許多歐美遊客都會選擇在賓達雅停留多日，再規劃健走旅程，委託給飯店的話，就可以依照報名者的喜好或體力，規劃出合適的健走路線，費用是1日之旅US$10左右，除了造訪這附近一帶主要民族的達努族以外，還會到巴奧族、當約族、巴東族的村落看看，也有機會登上海拔2100m的Yasakyi山（Mt. Yasakyi）。

Information
賓達雅的伴手禮
　　賓達雅的在地名產就是茶，甚至還有講究的緬甸人認為「只有賣達雅的茶才能喝」。150g的袋裝茶500K～，品質更好的茶葉則是會超過1000K，可在賓達雅石窟入口處的紀念品店或市場買到。

賓達雅的住宿　HOTEL

　　外國遊客可下榻的飯店目前僅有5間，分布在湖泊到石窟中間，不過並沒有廉價的民宿可利用。

H Conqueror Resort Hotel
MAP P.231

住Singong Qtr.　☎（081）66106、66355
URL www.conquerorresorthotel.com
費AC⑤US$80、100　①US$85、105
CC MV（刷卡＋3%）　室51房

在賓達雅石窟所在山麓的高級度假村，全部客房都採小屋形式，僅有2間的Executive Suite Bungalow是US$150，擁有客廳及暖爐，當房客眾多的時候，還會在餐廳推出達努族或當約族為首的5種民族舞蹈秀（需付費）。

H Pindaya Inle Inn
MAP P.231

住Maha Bandoola Rd.　☎（081）66280、66290、09-8357-050　Einleinnpdy@gmail.com　費AC Bamboo Hat房⑤①US$95　Chalet房⑤①US$120
CC MV（刷卡＋5%）　室39房

客房分成以竹子裝飾的Bungalow房，以及提供暖爐而寬敞的Chalet房這2種，運用石牆與柚木材質的Chalet房充滿高級感，還有提供浴缸，而在庭園裡也有游泳池及Spa，按摩60分鐘US$30～，接待櫃台與餐廳有免費Wi-Fi。

H Myit Phyar Zaw Gyi Hotel
MAP P.231

住106, Zaytan Qtr.　☎（081）66325
費FAN⑤2萬6000K　①3萬4000K
CC 無　室18房

簡單樸素的飯店，2樓以上的客房與屋頂的視野都非常棒，雖然沒有餐廳但離市場很近。

H Global Grace Hotel Pindaya
MAP P.231

住25, Shwe Oo Min Pagoda Rd.
☎（081）66189、09-8622-447
URL www.globalgracehotelpindaya.com
費FAN Superior房⑤①US$40、三人房US$50
AC Deluxe房⑤①US$50
CC MV　室32房

客房的內部裝潢採傳統達努族樣式，還有城市飯店的2種風格，Deluxe房含有能眺望湖泊的陽台。

賓達雅的餐廳　RESTAURANT

R 正來食堂
Kyan Lite Restaurant　MAP P.231

住South of Market　☎（081）66154
營6:00～20:00　休無　CC 無

在市場朝南處的中華料理店，2樓有餐處能夠一覽整座湖泊，炒飯（2500K～）之外，單點菜餚是1道菜2000～5000K，3～10月間還可以見識到揉茶的作業過程。

233

撣邦首府所在的高原城市

東枝
Taunggyi

在茵萊湖東北方約30km，撣邦高原海拔1430m處的東枝，既是撣邦首府所在也是政治、經濟中心，Taunggyi有著「大山的城市」的意思，這是因為附近正好有大型山巒而得名，人口約20萬5000人，是緬甸國內第5大城市，並以每年10月

市場裡有身穿少數民族服飾的醒目婦女們

貫穿整座城市的翁山將軍路

底到11月的緬曆點燈節、滿月日所舉辦的熱氣球節Ta Zaung Daing Festival聞名，在佛塔、佛像、自然景色映襯下，巨大熱氣球冉冉升空，看起來格外壯觀。

東枝
Taunggyi

▶前往東枝

ACCESS

◆仰光出發

✈ 可來到黑河機場（參考前往茵萊湖的交通方式，→P.217），從機場到東枝搭乘計程車約小時，3萬5000K左右。

🚆 搭乘前往曼德勒方向至達西，再轉乘前往Shwe Nyaung方向的車，1萬5000～2萬6000K。

🚌 仰光長途巴士總站（MAP P.39-C1）搭乘前往東枝方向巴士，約12小時，1萬5000～2萬6000K，部分VIP巴士會從翁山將軍體育場南側的長途巴士總站售票處（MAP P.33-C1）搭車。

◆曼德勒出發

🚆 在Shwe Nyaung（→P.217）下車。

🚌 5:00、18:00出發往東枝方向，所需時間約12小時，1萬～1萬6000K；共乘計程車所需時間約8小時，1萬8000K。

◆蒲甘出發

🚌 所需時間約11小時，1萬5000～2萬K，如

果在出發前一天先預約好，還能到下榻飯店接人。

另外從昔卜、臘戌、勃固也都有巴士車班可利用。

巴士總站前往市區：長途巴士總站位在郊區的Aye Thar Yar，前往東枝市區可搭乘嘟嘟車，約15分鐘，2000K。

Shwe Nyaung車站前往東枝：從Shwe Nyaung車站徒步約10分鐘到市場，在前方搭乘嘟嘟車約30分鐘，車資1000K，計程車則為2萬K。

東枝的巴士總站

主要景點　Sightseeing

認識撣邦文化

國立撣邦文化博物館
ရှမ်းပြည်နယ်ယဉ်ကျေးမှုပြတိုက်
National Shan State Cultural Museum

位在東枝市區外圍，靠近Taunggyi Hotel，博物館屬於老舊的建築物，1樓看得到生活於撣邦各個民族的服飾、漆器等日常用品及樂器，2樓則展示有歷史人物、大事件的照片或繪畫，以及書寫於樹葉上的古老經書等，非常有意思。

非常像阿難陀寺

Sular Muni Lawka Chan Thar佛塔
စုလာမုနိလောကာချမ်းသာဘုရား
Sular Muni Lawka Chan Thar Paya

從翁山將軍路由市區往南走，Sular Muni Lawka Chan Thar佛塔就座落在山丘之上，為了紀念東枝這座城市成立100週年，而從1994年起動工興建直到1997年落成，據說是模仿蒲甘的阿難陀寺建造，因此無論是佛塔的設計還是朝向四方的巨大立像，到佛龕的氣氛都相當類似。

比較新穎的佛塔

國立撣邦文化博物館

住 Bogyoke Aung San Rd.
☎（081）2121157
開 週二～日10:00～16:00（最後入場至15:30）
休 週一・節日
費 5000K

博物館是東枝為數不多的景點之一

Sular Muni Lawka Chan Thar佛塔
交通 從市區搭乘計程車，約3000K左右。
住 Bogyoke Aung San Rd.
開 5:30～20:00
休 無
費 免費

東枝的住宿
HOTEL

沿著翁山將軍路兩旁分布著飯店，郊區則有高級高爾夫度假村，民宿則是在市場附近有幾間，熱氣球節舉辦期間很容易客滿，記得要提早預約。城市南邊外圍處除了過去國營的Taunggyi Hotel以外，市區內的住宿幾乎都不太能說英語，另外要注意的還有外國遊客可以下榻的飯店也有限制。

H Shwe Kyun Hotel
MAP P.234

🍴🚻📺 NHK 🛁💺🛏 WiFi

住 11, Corner of Sittaung & Dhamma Rakhinda Sts., Kan Shae Qtr.
☎（081）201392、201394
URL www.shwekyunhotel-myanmar.com
費 AC Ⓢ Ⓣ US$40～150
CC JMV（刷卡＋3.5%）　室 23房

就位在市場旁，地點相當便利的精品飯店，採用摩登緬甸風格設計的客房十分時尚，CP值滿滿的Deluxe房還有浴缸設備，並且提供有健身房。

H UCT Taunggyi Hotel
MAP P.234

🍴🚻📺 NHK 🛁💺🛏 WiFi

住 4, Bogyoke Aung San St., Kyaunggyi Su Qtr.
☎（081）2125475～6、09-7823-46688
FB uct.taunggyihotel　E uct.taunggyihotel@gmail.com
費 AC Ⓢ Ⓣ US$50～70　三人房US$95　套房US$95　CC JMV 刷卡＋3%）　室 41房

在2016年開幕因此還很新穎漂亮，部分客房會有陽台，也有著供應緬菜及中華料理的餐廳。

H Taunggyi Golden Win Hotel 1
MAP P.234

🍴🚻📺 NHK 🛁💺🛏 WiFi

住 3, Thanlwin Rd., Kan Shae Qtr.
☎（081）200503、201002、09-92543-71344
E goldencrown.inn@gmail.com
費 AC Ⓢ US$25～45　Ⓣ US$30～55
CC JMV（刷卡＋3.5%）　室 18房

4層樓建築的超值住宿，最便宜的客房在1樓，以玻璃圍起的浴室就規劃在房間內，地點在東枝的中心處而很便利。

旅人移動時必經的交通要衝

達西
Thazi

衝接仰光與曼德勒的鐵道，還有往來密鐵拉與大其力的公路交匯處，就是達西這座小城市，市區外圍僅有湖泊與寺院這些簡單景點而已，但是因為屬於自然豐富的酪農地帶，可以品嚐到新鮮水果及乳製品，不妨中途下車來享受一下散步漫遊樂趣。

悠閒的風景療癒人心

➜ 前往達西 　　　　　　　　　　　　　ACCESS

◆曼德勒出發
🚌 前往仰光方向1日3班車（6:00、15:00、17:00出發），所需時間約3小時，臥鋪2650K，軟座2000K，First座1200K，硬座1000K。

◆密鐵拉出發
🚐 依照人數是2000K～。
🚗 1萬～2萬5000K。

◆茵萊湖出發
🚆 列車8:00從Shwe Nyaung車站出發，19:00抵達達西，所需時間約11小時，軟座2950K，硬座1300K。

中部要衝位置的達西車站

附近的話，馬車行情是1000K上下

漫遊達西 　　　　　　　　　　　Exploring

達西車站在鐵道與公路交匯處稍微往北處，從車站前廣場背對著車站往左邊街道前行約10分鐘，就會碰上大馬路，市區中心就在這條丁字路的周邊，匯聚著食堂、茶館、商店等。

達西
Thazi

達西的住宿
HOTEL

H Moon Light Guest House
MAP P.236

🏠 Near Post Office, Main Rd., 5th Qtr.
☎ （064）2069056、09-2225-081、09-3300-4285　E ninihtun236@gmail.com
費 FAN ⑤US$10　⑦US$15（衛浴共用）
AC ⑤US$10　⑦US$20～30
CC 無　室14房

從火車站徒步約10分鐘，到餐廳用餐的話，白天在等車時還可享有免費的熱水淋浴服務，還能幫忙安排租車事宜。

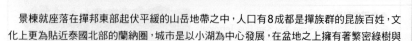

強烈感受到撣族文化的山地城市

景棟
Kyaingtong

　　景棟就座落在撣邦東部起伏平緩的山岳地帶之中，人口有8成都是撣族群的昆族百姓，文化上更為貼近泰國北部的蘭納圈，城市是以小湖為中心發展，在盆地之上擁有著繁密綠樹與低矮連綿房舍，再間隔分布著佛教寺院，由於海拔有787m高，因此早晚都相當涼爽舒適，與緊鄰泰國的邊境城市大其力相隔約160km並不太遠，加上陸路交通也有開放，因此造訪景棟的外國遊客幾乎都從泰國而來。從大其力以外緬甸國內城市過來的話，外國遊客無法利用巴士等陸路交通，而是只能靠搭飛機造訪。

在綠色山巒環繞下的盆地城市

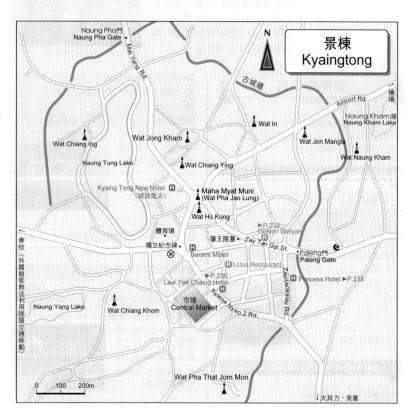

237

➜ 前往景棟　　　　　　　　　　ACCESS

◆仰光出發
✈ 仰光航空每週三・五・日會有3個航班，經由曼德勒轉機所需時間約2小時30分鐘，US$155～。

◆大其力出發
🚌 位在市區外圍的Shwe Yay Kan Bus Terminal巴士總站（☎(084)22746）搭乘共乘計程車，所需時間約4～5小時，車資US$100或4萬泰銖還是15萬K。

位在市中心的Naung Tung Lake湖

漫遊景棟　　　　　　　　　　　Exploring

　　市區內分布著許多的佛教寺院，就連能夠俯瞰市區的山丘上也盤據著好幾間寺院，雖然只是座小城市，但因為擁有許多高低起伏的坡道，周遊寺院時最好搭乘摩托計程車會比較方便，市區內乘車一趟是300～500K上下。

從泰國方向過來的話，城市入口就是Paleng Gate

　　清晨時周邊數民族匯聚的市場是一大看頭，白天乘坐摩托計程車來暢遊寺院，入夜以後則可沿著Naung Tung Lake湖湖畔步道散步，途中會看到多間茶館，都很適合停下來歇腳休息。

每天早上都非常熱鬧的景棟市場

景棟的住宿
HOTEL

　　過去藩王宅邸被破壞後的原址重建起國營飯店等，有2間高級飯店，中等級飯店也有2間，其他就是以背包客為對象的民宿了。

H Princess Hotel
MAP P.237

🏠🔲📺 NHK 🔲🔲🔲 WiFi
住21, Zaydankalay Rd.　☎（084）21319、22159、09-5252-366　FAX（084）21159
E kengtung@mail44com.mm
費 AC⑤①US$50～60　CC M V　室19房

　　從Paleng Gate進入市區後就在正南方，小規模而充滿家庭溫馨氣息的劃算飯店，全部客房都有冷氣、迷你吧、有衛星頻道的電視。

H Law Yee Chaing Hotel
MAP P.237

🏠🔲📺 NHK 🔲🔲🔲🔲 WiFi

住9, Kyaine Nyan 2 Rd.
☎（084）21114　FAX（084）23219
E hotelktg.lyc@gmail.com
費 AC⑤US$30～　①US$40～　CC無　室20房

　　客房採高敞天花板的設計，下榻空間十分舒適，還有熱水淋浴、Wi-Fi與會議中心的網路都能免費使用。

景棟的餐廳
RESTAURANT

R Golden Banyan
MAP P.237

住Zay Tan Gyi St., 3rd Qtr.　☎（084）21421
營9:00～21:00　休無

　　開放空間的設計讓餐廳十分涼爽，是景棟為數不多的中華料理餐廳，炒飯或炒麵是2500K～。

238

往來泰國極為便利的邊境城市

大其力
Tachileik

တာချီလိတ်

大其力與泰國北境城市美塞相對而立的城市，每天都會有大批緬甸人越過架設在邊境河川上的橋樑，到泰國工作賺錢，也吸引眾多泰國人或其他外國遊客到大其力來觀光、購物，雖然只相隔著1條細長河川，卻擁有著截然不同的語言或習慣，讓人深刻感受到屬於邊境的不可思議。

阻隔開緬甸與泰國的河川，右邊是緬甸，左邊是泰國

▶ 前往大其力 ACCESS

◆仰光出發
✈ 仰光航空每日1班，經黑河或曼德勒轉機，所需時間2小時25分鐘，US$164。

◆曼德勒出發
✈ 蒲甘航空每週一・三・五・六有4個航班，所需時間1小時10分鐘，US$139。

◆美塞（泰國）出發
只要事先辦好緬甸簽證的話，就可以從泰國的美塞Mae Sai入境，前進緬甸國內旅行。當天來回的話，只要在入境緬甸時於移民局事務所繳交500泰銖的手續費，並壓護照就可以進入

大其力；不過，要再次入境泰國的話就必須重新申辦泰簽了。（截至2019年11月止）

從泰國出發，越過這座橋就是緬甸了

漫遊大其力 Exploring

走過邊境大橋後，穿越過柵欄在橋的右側就有著階梯，往下走就能看到市場，販售著來自中國的中藥、日用雜貨、盜版電影或音樂、遊戲軟體、假威而鋼等，還會有像是賣便當一樣，在脖子前掛著箱子賣東西的小販忙著湊上來，常常讓人無法好好走路。柵欄外就是大批等著載客著的三輪計程車司機，1小時200泰銖（1泰銖約1.07台幣）左右就能帶人到市區觀光，可以暢遊市區內主要寺院或商店等地，不妨先藉著這個機會認識整座城市的概略模樣。

過完整座橋就是圓環，中央看得到「CITY OF THE GOLDEN TRIANGLE」的招牌，從圓環往左右延伸出去、充滿灰塵的街道就是大其力的中心大街，背對大橋的右手邊會比左手邊要來得更加熱鬧，商店、餐廳、卡拉OK店、飯店林立著街道兩旁。

Information

不要離開市區
從泰國入境大其力時有限制，能夠活動的地點是距離國境橋樑的半徑5km內，為了避免產生糾紛，最好不要離開市區。

通行泰國貨幣
在大其力也可以使用泰國貨幣、泰銖。

市中心就是這處圓環

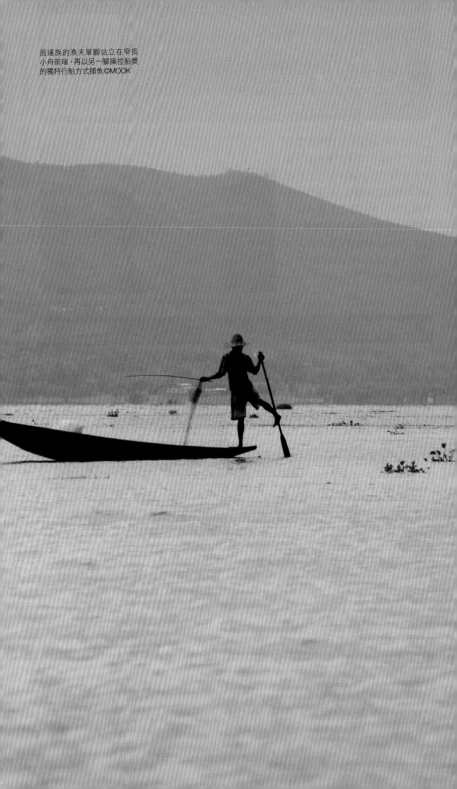

茵達族的漁夫單腳站立在窄長
小舟前端，再以另一腳操控船槳
的獨特行船方式捕魚©MOOK

塗抹了檀娜卡的少女

旅行情報收集

在當地收集情報
旅館觀光部遊客中心
Ministry of Hotels & Tourism
MAP P.33-C3
住 118, Maha Bandoola Park St.
☎ (01) 252859
URL www.myanmartourism.org
時 9:00～17:00
休 無
　網站上的情報相當豐富，慶典等資訊可作為參考。

Myanmar P.L.G. Travels & Tours
MAP P.32-B3
URL www.myanmarplg.com
E plg@myanmarplg.com
　提供安排在地觀光之旅、國內線機票等服務。

H.I.S.仰光分店
MAP P.35-C1
URL www.his-myanmar.com
E yoyaku.mmr@his-world.com
　日籍員工提供24小時服務。

Zawko Tours
MAP P.37-C4
URL www.zawko-tours.com
E info@zawko-tours.com
　擁有超過20年業務經驗與一定的信賴，可以安心倚賴的在地旅行社。

在台灣收集情報

台灣沒有緬甸的官方遊客中心，只在旅行社會有簡單的介紹手冊而已，如果除了旅遊資訊以外，所有緬甸資料都想要收集的話，唯一的方法就是尋找市面上已經出版的緬甸相關書籍而已。

在當地收集情報

在仰光或蒲甘等地，會提供給觀光客免費傳單或免費地圖等各種資訊，在掌握最新商店或餐廳情報上能派上用場，通常都會在機場、飯店櫃台、餐廳等地提供，別忘了拿來做參考，特別是在仰光發放的免費地圖「仰光Navi地圖」(月刊)非常好用。

緬甸國內主要城市中都會設有旅館觀光部的遊客中心，提供外國遊客相關的觀光介紹業務，只是資料常常缺貨而很難幫上忙，景點等地的資訊反而是飯店或民宿工作人員會比較清楚。

透過網路收集情報

緬甸國內的旅行社或者是熱愛緬甸的部落客，都會利用網站提供詳細的資訊，因此不妨在出發前閱覽一番，不僅有機會發現有用情報，也可以對緬甸有更多瞭解。

背包客棧
URL backpackers.com.tw
　由於較少緬甸相關資訊，不妨就從知名的自助旅行論壇背包客棧裡找找，可以看到其他遊客分享的資訊與心得，還可以留言諮詢問題。

緬甸資訊
FB 緬甸資訊Myanmar Information
　隨時更新緬甸的餐廳、旅遊、文化等相關資訊的粉絲專頁，出發前別忘了來看看。

利用免費日文文宣、觀光地圖收集資訊

旅行小幫手 Hints

　以日新月異速度，每天一個樣貌在改變的仰光，想要獲得這裡的最新情報資訊，在地發行的免費文宣或觀光地圖就很能派上用場，一般會擺放在飯店接待大廳或日本料理店等地，有看到的時候不妨拿來參考。

　除了中文資訊以外，看得懂日文的話也可以考慮日文媒體，像是小報版的「Yangon Press」或雜誌「Myanmar Japon」、「myan myan」等，以各種特輯報導或時事文章為首，還會有餐廳、飯店等各種豐富資訊。

　至於免費地圖，以月刊「仰光Navi地圖」最方便，餐廳、咖啡館、商店、飯店等都有標註，主要街道名稱還會加上緬甸文，搭乘計程車或找路時都可以派上用場。

旅行的經典路線

緬甸旅行的經典路線

為了有限的旅行時間裡盡情地吃喝玩樂，制訂好大致的旅遊路線可說是不可或缺的行前準備，接著就來介紹編輯部推薦的3條經典路線，可參考這些路線再根據個人行程來增減，設計出自己適用的旅行路線。

登錄外交部領事事務局帳號確認出國地點的最新安全情報

除了出國登錄以外，還可以加入外交部領事事務局的官方LINE帳號，加入後就能收到出國當地的最新安全情報，掌握即時資訊，記得事先登錄。
📖www.boca.gov.tw/sp-abre-main-1.html

經典路線1：1星期暢遊主要景點

旅 程	仰光⇨蒲甘⇨茵萊湖⇨仰光
第1日	抵達仰光
第2日	仰光觀光，搭乘夜班巴士前往蒲甘
第3日	蒲甘觀光
第4日	搭乘飛機或巴士前往茵萊湖
第5日	茵萊湖觀光
第6日	搭乘飛機前往仰光
第7日	離開仰光

想在一定天數裡周遊觀光景點的話，仰光以外值得推薦的地點就是蒲甘與茵萊湖，要是還有多餘時間，可以將腳步延伸到曼德勒，要是行程天數比1週更短的話，就是放棄蒲甘或茵萊湖，只要再加上仰光的單純兩個地點就好，這是推薦給首度造訪緬甸的人的基本行程。

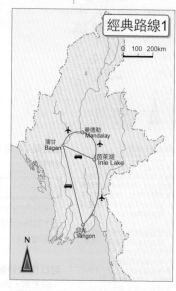

經典路線1

經典路線2：體驗緬甸特有的旅遊風情

旅 程	仰光⇨曼德勒⇨蒲甘⇨仰光
第1日	抵達仰光
第2日	仰光觀光
第3日	搭乘鐵路前往曼德勒
第4日	曼德勒觀光
第5日	沿伊洛瓦底江而下前往蒲甘
第6日	蒲甘觀光
第7日	搭乘飛機前往仰光
第8日	離開仰光

這趟旅程中，添加了搭船從大河順游而下的緬甸特有旅遊交通工具，如果只是想參觀曼德勒或蒲甘的話，可以任意安排先後順序，但因為要搭船，所以先將曼德勒放在前面，搭乘飛機的話，以仰光→蒲甘→曼德勒的順序會比較有效率。

經典路線3：感受滿滿的緬甸

旅 程	仰光⇨蒲甘⇨曼德勒⇨茵萊湖⇨仰光

經典路線2

經典路線3

0 100 200km

曼德勒 Mandalay
彬烏倫 Pyin Oo Lwin
蒲甘 Bagan
波巴山 Mt Popa
賓達雅 Pindaya
密鐵拉 Meiktila
茵萊湖 Inle Lake
達西 Thazi
格勞 Kalaw
仰光 Yangon

N

第1日	抵達仰光
第2日	仰光觀光，搭乘夜班巴士前往蒲甘
第3日	蒲甘觀光
第4日	蒲甘觀光
第5日	搭乘巴士前往曼德勒，下午抵達
第6日	曼德勒觀光
第7日	彬烏倫1日觀光
第8日	搭乘巴士前往茵萊湖觀光據點的湖畔城市娘瑞
第9日	周遊茵萊湖
第10日	格勞、賓達雅觀光
第11日	在茵萊湖郊區的黑河機場搭乘飛機前往仰光
第12日	勃固1日觀光
第13日	仰光觀光
第14日	仰光觀光
第15日	離開仰光

將緬甸所有基本觀光景點一網打盡的奢華行程就是這個了，像這樣將緬甸主要景點一一看過一輪，最少會需要2星期時間。

注意開放地區與非開放地區

緬甸國內分成了外國遊客可以自由移動的區域，僅限搭乘特定交通工具移動的區域，需要獲得許可才能進入的區域，以及禁止進入的區域這4大分別（→ MAP P.245）。

可以自由移動區域

仰光省、勃固省、馬圭省、伊洛瓦底省、孟邦、曼德勒省（內比都周邊部分地區需要獲得許可，在抹谷觀光需要申請許可且由導遊陪同），這些地區幾乎全都開放給外國人，可以利用大眾交通工具或計程車自由移動。

僅限搭乘特定交通工具移動區域

克倫邦、德林達依省、若開邦、撣邦、實皆省、欽邦，地區內主要城市都有開放，只要搭乘政府許可的交通工具就能夠前往各座城市。

需要獲得許可才能進入區域

克欽邦的4座城市以外還有克耶邦，這2個邦只要事先透過旅行社取得許可，就有可進入的區域。

禁止進入區域

沒有全面禁止進入的省或邦，幾乎都是部分地區禁止進入而已，有些是因為缺少大眾交通工具難以前往，就算包租車輛在中途也會遇到崗哨盤檢。

創造獨有的旅程
這些經典路線是依照最低所需行程天數來安排，不妨作為參考後再添加新首都內比都的造訪，或是延伸腳步到仰光郊區的勃固、大金石等，各座城市的停留天數可隨著個人的目標再做增加。

要注意隨時變化的緬甸局勢
因為反政府組織停止活動，或者與政府停戰而讓原本無法觀光的地區因此開放，不時會有這樣的狀況出現，依照局勢變化而開放新的地點，或者是反過來原本開放的地點必須關閉，全憑運氣好壞而已。緬甸在開放政策下帶來的負面問題就是引起宗教糾紛，不妨多注意新聞，並加強收集相關的最新資訊。

透過網路收集情報
外交部國外旅遊警示分級表
www.boca.gov.tw/sp-trwa-list-1.html
可確認緬甸旅遊警示與局勢。

備註：到2019年11月為止，因為與部分少數民族組織的矛盾激化，加上若開難民問題，不發給造訪許可的區域越來越多，需要注意。

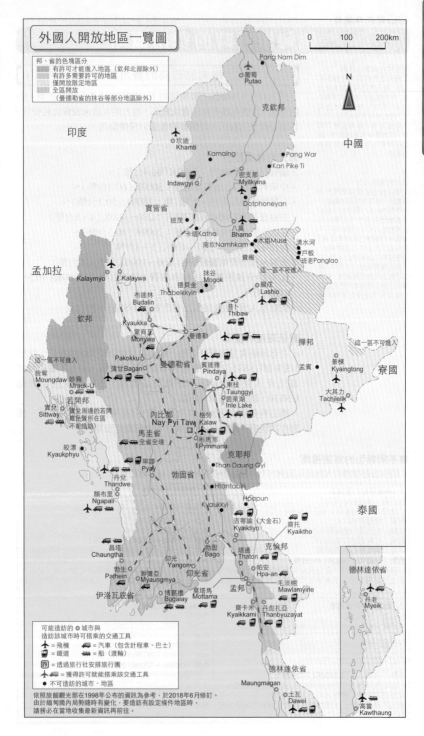

外國人開放地區一覽圖

邦、省的色塊區分
有許可才能進入地區（欽邦北部除外）
有許多需要許可的地區
僅開放限定地區
全區開放
（曼德勒省的抹谷等部分地區除外）

0　　100　　200km

N

印度

中國

葡萄 Putao

克欽邦

Pang Nam Dim

坎迪 Khamti

Kamaing

Pang War
Kan Pike Ti

Indawgyi

密支那 Myitkyina

Dotphoneyan

實皆省

班茂

卡塔 Katha

八莫 Bhamo

木姐 Muse

清水河

南坎 Namhkam

貴概

戶板

班老 Panglao

孟加拉

Kalaymyo

Kalaywa

布達林 Budalin

抹谷 Mogok

德貝金 Thabeikkyin

這一區不可進入

臘戍 Lashio

欽邦

Kyaukka

蒙育瓦 Monywa

曼德勒

昔卜 Thibaw

這一區不可進入

妙烏 Mrauk-U

Moungdaw

Pakokku

蒲甘 Bagan

曼德勒省

賓達雅 Pindaya

撣邦

景棟 Kyaingtong

寮國

若開邦

實兒 Sittway

僅育周邊的若開
難民營所在區
不能造訪

內比都 Nay Pyi Taw

東枝 Taunggyi

茵萊湖 Inle Lake

格勞 Kalaw

孟賓

大其力 Tachileilk

馬圭省 全省全境

卑謬 Pyay

皎漂 Kyaukphyu

彬馬那 Pyinmana

克耶邦

Than Daung Gyi

勃固省

丹兒 Thandwe

Htantabin

泰國

額布里 Ngapali

Hpapun

Kyaukkyi

吉蒂諭（大金石） Kyaiktiyo

齋托 Kyaiktho

昌塔 Chaungtha

勃生 Pathein

渺彌亞 Myaungmya

仰光 Yangon

仰光省

勃固 Bago

塔通 Thaton

帕安 Hpa-an

克倫邦

德林達依省

博嘎禮 Bogalay

莫塔馬 Mottama

孟邦

毛淡棉 Mawlamyine

伊洛瓦底省

齋卡米 Kyaikkami

丹彪扎亞 Thanbyuzayat

丹老 Myeik

Maungmagan

德林達依省

土瓦 Dawei

高當 Kawthaung

可能造訪的 ◎ 城市與
造訪該城市時可搭乘的交通工具
✈ ＝飛機　🚌 ＝汽車（包含計程車、巴士）
🚃 ＝鐵道　⛴ ＝船（渡輪）
旅 ＝透過旅行社安排旅行團
● ＝不可造訪的城市、地區
✈🚃 ＝獲得許可就能搭乘該交通工具

依照旅館觀光部在1998年公布的資訊為參考，於2018年6月修訂。
由於緬甸國內局勢隨時有變化，要造訪有設定條件地區時，
請務必在當地收集最新資訊再前往。

緬甸旅行時的費用概略

注意仰光的飯店費用

緬甸政府剛實施開放政策初期，觀光商務需求的急速增加，使得仰光的飯店供需無法銜接，飯店房價因此急速高漲，這幾年隨著新飯店的增加讓飯店房價有漸漸回穩的趨勢，但還是有偏高的問題，因此在規劃旅行預算時需要多加留意。

美金的使用方法

飯店的住宿費等使用美金結帳時，通常找回來的錢都不會是新的紙鈔，而且這些紙鈔多數因為有折角或髒污而被其他地方拒收。因此為了不有找零的機會，最好多準備1美金或5美金的小面額紙鈔，要是沒有小面額紙鈔可用，必須拿到老舊紙鈔的找零時，不妨請對方直接換成緬元，雖然匯率上多少會吃虧，但是比起有錢卻無法使用要來得好多了。

緬甸旅行時的費用概略

到2018年6月時的主要物價如下，依照地區多少會有差異，飯店住宿、餐費在城市地區會比較高，地方則大致來說會比較便宜，特別是仰光的飯店，設備儘管普通但房價偏高。

仰光的物價範例

- 緬甸料理店的咖哩：3000K（60.4台幣）～
- 中華料理店的1道菜或麵類：3000K（60.4台幣）～
- 在餐廳喝緬甸啤酒、大瓶1瓶：2500K（50.3台幣）～
- 在路邊茶館喝咖啡或紅茶1杯：200～400K（4～8台幣）～
- 在咖啡館喝咖啡或紅茶1杯：2000K（40.3台幣）～
- 保特瓶裝水1瓶：250～400K（5～8台幣）
- 魚湯米線等簡單麵類1碗：600～1000K（12～20台幣）
- 徒步30分鐘距離的計程車車資：最低2000～3000K（40.3～60.4台幣）
- 民宿單人房（含衛浴但沒有冷氣）：US$15～20左右

最低限度的費用

在普通的食堂裡好好吃飽一頓，最少也需要3000K左右，住宿1晚要價US$15左右而有包含早餐的舒適民宿，加上午餐與晚餐都是正式餐點的話，不計算交通費用，每日最少也要準備US$30，就能夠在緬甸出遊了。

將這些費用支出加上在台灣的費用（出發到機場的交通費、護照申請費用、機票），就能夠計算出所需的預算了。

■不同類型的旅遊預算

依照旅遊型態的大致預算範例如下。US$1＝30.78台幣、1K＝0.02台幣來計算。

1）停留仰光的省錢派
住宿費：廉價民宿US$10
交通費：市區移動靠路線巴士搭乘4～5趟，1000K左右
午餐：麵類等1500K
休憩：在路邊的攤販喝茶400K
晚餐：在餐廳吃咖哩4000K
宵夜：購買點心嚐500K
合計：US$10＋7400K（450台幣）
選擇到仰光遊玩，每日只是閒逛的話，最少也會需要上述這些費用，不過隨著商務需求的增加，中等級以上的飯店住宿費用逐漸調漲，也成為預算大敵。

2）停留地方城市派
住宿費：划算的中等級飯店US$30
交通費：城市中的移動搭乘三輪車500K
午餐：在路邊攤品嚐麵類等800K
晚餐：在餐廳品嚐中華料理1道菜3000K
合計：US$30＋4300K（1010台幣）
原本就沒有太多高級飯店，設備完善的中等級飯店則相當多，比起仰光，地方城市的住宿費用要來得便宜許多，不過要前往郊區的景點等地觀光時，就沒有太多公共交通工具可以搭乘，比較不方便，需要包租計程車等。

3）周遊地方的省錢派
住宿費：民宿US$15
交通費：都市間靠巴士移動1萬K
午餐：在路邊攤品嚐麵類等800K
休憩：在路邊攤喝甘蔗汁300K
休憩：點心是肉包子300K
晚餐：在食堂品嚐咖哩2500K
合計：US$15＋1萬3900K（742台幣）
在地方的城市下榻衛浴共用的民宿，餐點在路邊攤或食堂處理的話，費用大約是上述的價格，都市間的移動則是利用公共巴士或鐵路，但要注意會消耗不少體力。

4）周遊地方的省時派
住宿費：划算的中等級飯店US$30
交通費：包租計程車1日US$50
午餐：在街道旁的食堂2500K
休憩：在路邊的攤販喝茶200K
晚餐：在餐廳品嚐緬甸料理3000K
合計：US$80＋5700K（2577台幣）
在有限的日子裡想多暢遊幾個地點，利用公共交通工具就會很浪費時間，因此包租計程車等就是必要的手段了。除了租車費用以外，還得負擔司機的餐費等費用，所以支出金額還會再增加，不妨在下榻地點找志同道合的旅伴一同分擔。

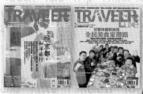

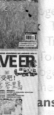
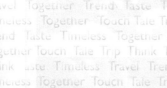
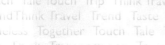
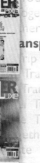
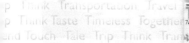

人氣小吃——茶葉拌豆與檳榔

可以吃的茶——茶葉拌豆 Lepet-so

提到了茶，首先想到的一定都是飲料，在緬甸自然也是將茶當作普通飲料來飲用，茶館裡的桌上放置茶壺內裝有茶水，要是點了咖啡或紅茶，這些茶就是免費暢飲的服務，就算一直喝茶不離開也不會遭到店員白眼。在這樣的飲茶大國緬甸裡，茶不但是飲料還是食物，被稱為茶葉拌豆 Lepet-so 的發酵茶葉，據信是在茶葉被當成飲料更久之前，古代品嚐茶葉的方式。

茶葉拌豆是將茶葉蒸過以後（加熱處理），在有孔竹籠或洞穴中塞得滿滿（呈現無氧狀態）來自然發酵，就像是醃漬茶葉一樣，3～4個月時間就能夠食用。剛發酵好的茶葉猛一看很像是泡完的茶葉渣，當然不會直接這樣品嚐，而是拌油並加上炸大蒜、蝦米、各種乾燥豆子等，依照個人口味喜好攪拌而成，可以當作點心也可以是配菜，甚至可以當作配茶的茶點，可說是萬能零食，甚至還有提神醒腦的作用。市區的茶館大多都會提供這道點心，不妨點來吃吃看。茶葉的苦澀在油與各種配料的調和下，呈現出獨一無二的美味，而將茶葉拌豆加上各種香料、蔬菜混和而成的則是小菜 Laphet Thoke，這在緬甸一般家庭裡就是非常常見的下飯配菜，調味也是每個家庭各有祕方的「媽媽的味道」。

茶葉拌豆加上各種香料就成為 Laphet Thoke

咀嚼的零食——檳榔

走在緬甸的街頭，不時都會看到地上有吐血過的痕跡，不知情的人恐怕都會嚇一大跳，其實這是咬過檳榔的人，吐出口中多餘唾液的痕跡。

荖葉屬於胡椒科植物，將手掌大小的深綠色荖葉塗上石灰，將檳榔子（Betel Nut）的胚乳部分包成丸子狀，放入嘴中像口香糖一樣咀嚼。在東南亞各國都可以看到的這項習慣，又被稱為 Betel Chewing，在緬甸的大街小巷各地也都有在販售，攤子上擺放著荖葉，一旁是裝了石灰的白色陶壺，

一看就知道是賣檳榔的攤販，大多數的菸攤都會兼賣檳榔。

檳榔調配比例也很強烈地反映出個人的不同喜好，有些人會加入菸草，也有的會添加小豆蔻等香料或砂糖，因此很少會看到做好的成品，加上大家都喜歡新鮮的檳榔，通常都是在路邊攤直接購買現包檳榔。一口咬下會有清涼感，接著是舌頭些微麻痺的不可思議感受，但是會因為內含物的作用而使得唾液變成紅色，現在在馬路上吐檳榔汁的行為漸漸不太被接受，加上經常嚼食檳榔會讓牙齒染成紅黑色，這些都讓年輕人吃檳榔的人數日益減少。

儘管這樣的習慣在漸漸廢止，卻依舊屬於傳統的嗜好之一，因此前往博物館依舊可以看得到專門擺放檳榔的精緻漆器、銀飾等手工藝品。

荖葉的內側塗抹上以水化開的石灰

包在葉子裡的東西可以隨店家調配，講究一點的人就會有仔細的要求

包成漂亮的丸子狀就算完成，一次會包好多個並裝進小塑膠袋中讓人帶著走

氣候與旅行的服裝

緬甸的氣候特色

擁有南北狹長國土的緬甸，北部屬於溫帶氣候，中部與南部則是熱帶氣候，除了北部山岳地帶以外，整體都屬於高溫多雨的氣候，特別是以曼德勒為中心的內陸地區，一到了暑季時氣溫節節高昇，即使是入夜以後也不會降溫，讓人難以忍受。另一方面，撣邦高原在乾季期間的早晚氣溫都會十分寒冷，這一帶在1日間的最高溫與最低溫溫差，比起年平均氣溫的最高溫與最低溫溫差還要來得更大，畢竟國土面積比台灣要大上了19倍之多，緬甸全國所擁有的氣候自然是跟著地區而有多種變化。

目前觀光客可以造訪的地區多數是非常炎熱，而且在雨季時雨量又相當多的地點，來到緬甸如何聰明地應付與炎熱還有雨水，成為擁有愉快旅途的關鍵。

金光耀眼的大金寺佛塔

緬甸的季節

與其他東南亞國家一樣，緬甸全年會清楚地分成3種季節，通常稱為雨季、乾季及暑季。

雨季(5月下旬～10月中旬)

佔有1年中半年時間的這個季節，讓整個國家都被濕氣所籠罩，儘管也會有放晴的時候，但幾乎每一天都是陰沉的陰天，不時還會有降雨，感覺就像是天氣預報中所說的接連不斷的「多雲時雨」，而且還偶爾有倒水桶般的強烈大雨，有時甚至會下上1～2個小時。

暑季的強烈陽光正是南洋國家的特色

■仰光、蒲甘不同月份氣候資訊比較

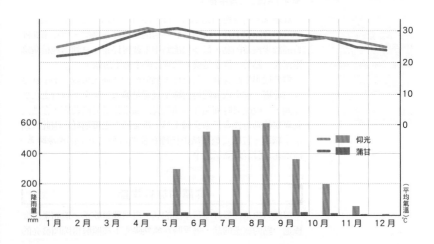

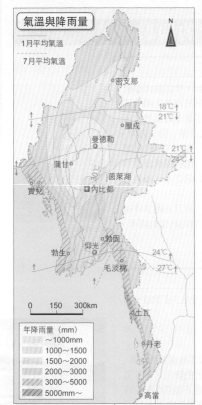

氣溫與降雨量

1月平均氣溫

7月平均氣溫

密支那

18℃↑
21℃↓

臘戍

曼德勒

21℃↑
24℃↓

蒲甘

茵萊湖

30℃

內比都

寶兌

勃固

勃生　仰光

24℃↑

毛淡棉

27℃↓

0　　150　　300km

年降雨量（mm）
　～1000mm
　1000～1500
　1500～2000
　2000～3000
　3000～5000
　5000mm～

土瓦

丹老

高當

雨季也是水果盛產的季節

這時候的雨大到撐傘都沒有用，街道會直接變成河流或湖泊，但車輛都不會減速而是直直穿過去，因此當降下大雨時不妨放棄街頭漫遊，快速前往附近茶館避雨才是聰明的作法。

最痛苦的是搭乘嘟嘟車等沒有車頂或遮蔽物的交通工具時，因為大多都是可以隨意上下車，因此車身兩側最多就是放下能遮雨的塑膠布，但是雨水還是會從縫隙間不斷吹進來，要是沒有攜帶雨具的話，只能任由全身被大雨噴濕了。

只要能夠忍受高度濕氣的話，氣溫沒有暑季那般炎熱，趁著雨停期間就可以在城市裡漫遊，不過常會因為淹水造成交通工具中斷，對於城市之間的移動也會造成一定困難。

乾季（10月下旬～2月）

最為舒適的時期，大約像是初夏時節的氣候，儘管氣溫上升但空氣還是十分乾燥而很舒適，在茵萊湖周邊或彬烏倫等高原地帶，早晚甚至都還會感受到涼意，因此在這個時節造訪撣邦等東北地帶或北部區域時，別忘了攜帶長袖上衣。

暑季（3月～5月中旬）

舒適又容易度過的乾季結束後，面對即將到來的雨季，氣溫與濕度也會節節上升，特別是4～5月的暑意非常嚴酷，想在市區裡普通散步漫遊的話，最多只能到中午就得停止，直到傍晚稍微降溫涼爽一點前，幾乎是讓人熱到什麼事都不想做。

對於從出生起就面對著這樣炎熱氣候的緬甸人來說，下午就是在陰涼處、佛塔或寺院境內睡午覺還是聊天，完全不會行走在街頭間，一般酷暑時間還在外頭閒晃的通常都是外國遊客，在地人就算要移動也都會搭乘交通工具，避免體力過度消耗，因此來到了小城鎮，會感覺整個城市彷彿在強烈日照之下全都深深睡著，籠罩在一股沉睡氣氛之中。

推薦的旅行季節

單純只想選擇最好旅行季節的話，自然就是乾季，但如果想要極端一點的旅遊的話，暑季時在酷熱陽光下被照射得閃閃發亮的

試著穿上籠基吧
　除了在都市裡的年輕人、必須穿著制服的軍人或警察以外，多數緬甸人的衣著都是纏在腰間的筒裙──籠基，男筒裙叫布梭，女筒裙叫特敏，不分老少都會穿。籠基就是將1片布縫成筒狀，男性會在肚子前綁成丸子狀，女性則是整理好裙子形狀後，將布塞在腰間綁緊。籠基因為通風又涼快，成為最適合悶熱緬甸的理想衣物，不妨在旅途中嘗試穿看看籠基吧！到市場裡就有在販售成品，便宜的籠基3000K左右就能買到，而且只要詢問店員，他們都會很樂意傳授籠基的穿著方法。穿上有領襯衫，套上涼鞋，再有1件籠基的話，整個心情都會變成了緬甸人。

黃金佛塔，或是在強烈大雨中被濃密濕氣包圍而難以呼吸的雨季，沒有這樣的經歷就無法接觸到真正的緬甸。

而且因為受不了熱氣而睡掉了半天時間，或在沒有屋頂的交通工具上淋成落湯雞，絕對可以更加貼近這個國家，因此與其推薦幾時前往，還不如舉例讓大家明瞭各個季節的注意事項。

雨季

如同前面敘述過的，雖然還是可以徒步漫遊市區，但是搭乘沒有屋頂或覆蓋物的交通工具碰上下雨時，絕對會全身淋濕，到遠一點的地方就不太合適，特別在伊洛瓦底三角洲地帶，不誇張地說是基本天天都會下雨，另外也會因為河水暴漲使得道路或鐵道交通中斷，旅程移動有可能會被迫因此停止，所以行程要多留意變時間，抱著旅程要是能夠順利進行就是賺到了的心情出發吧。

乾季

如同初夏一般，總之就是非常舒適的一段時期，無論到哪裡都很推薦。不過因為遊客人數增加，國內線飛機或提供外國遊客下榻的飯店、民宿都會十分擁擠，還有就是早晚都會比較寒冷，要前往海拔較高地區時，需要準備1件禦寒衣物。

暑季

交通工具基本上都會營運，但因為實在太過炎熱而必須注意身體狀況，徒步漫遊城市時一定會流汗，所以一定要記得攜帶飲用水，也得按時用餐，下午最為高溫的時段最好在飯店房間或通風良好的寺院亭子休息，覺得疲累的時候，到有充足冷氣的飯店房間睡上一整天等，盡量採取這些看起來似乎有些大驚小怪的對策，才能夠預防中暑等問題上身。

旅行服裝、攜帶物品

簡潔輕便是旅遊的不二法則，尤其是這個國家的交通工具狀況都不太精良，常常得要靠自己的兩條腿前進，只要不是飯店、交通工具全都安排好的自助旅行，那麼行李就需要整理到最低限度，盡可能的輕便、小型，選擇便於攜帶的背包為佳。

至於隨身物品，旅遊途中一定會覺得某些日用品不足，但就算是覺得「要是帶了這個會比較方便」的物品，通常當地都能購買得到，當然也會有一定的限制，例如鍾愛某個品牌的人，最好還是攜帶平常用慣了的物品出門。

在緬甸獨特的服裝注意事項

緬甸不喜歡過度裸露的服裝，會被認為是下流的穿著，而且因為陽光日照非常強烈，就算是為了避免被曬傷也最好要穿著可以遮住肌膚的服裝，尤其對女性來說最好避免穿著無袖背心、短褲、短裙等會露出手臂、雙腳還是展現身體線條的衣著，男性也要避免短褲改穿輕薄的棉質長褲，上半身是T恤或短T恤都不會有問題。

緬甸旅行時的便利物品

手電筒

除了首都內比都以外的地區，電力供應都不太良好，就算是仰光或曼德勒這些大城也經常會停電。地方城市的街燈也相當少，通常入夜以後街道就是一片漆黑，小型手電筒成為必需品，尤其是來到地方城市，外出時一定要帶上手電筒，智慧手機的手電筒也能派上用場。

海灘涼鞋

來到緬甸一定會頻繁造訪佛塔、寺院、僧院，而緬甸的這些佛塔、寺院、僧院不僅是建築物內禁止穿鞋，寺院境內也同樣不能穿鞋，必須要脫鞋、脫襪地完全光腳進入，不僅會脫很麻煩，而且光腳時沾上的灰塵也會弄髒襪子，因此來到緬甸時，不妨穿著海灘涼鞋，而且要是有顯眼色彩或特殊設計會更方便找到。

胃腸藥

緬甸料理幾乎都非常油膩，通常稱為緬甸咖哩的料理，幾乎就是較深的小碟子裡看得到幾塊肉肉塊浮在油裡的狀態，吃不慣的人一定會在旅程中吃壞肚子，為了預防這樣的問題發生，或者是減緩病況，最好要攜帶平常慣用的胃腸藥出門。

防蟲、止癢劑

緬甸無論到哪裡都有許多蚊子，另外廉價住宿的床鋪或交通工具的座位，也可能存在有臭蟲或虱子等蟲子，因此帶著防蚊蟲噴霧劑或被叮咬時的止癢劑會比較安心。

計算機

緬元與美金是旅途中不能缺少用到的2種貨幣，智慧手機的APP也可以加以運用。

旅行鎖

下榻在沒有門鎖的地方城市民宿時，就可用自己攜帶的鎖來鎖門，即使是搭乘交通工具，把行李加上鎖就不怕被偷竊。

濕紙巾

長時間移動，在滿臉都是汗或灰塵時就能用上。

雨衣

雨季的必需品，行李也別忘了要有1件。

■旅行攜帶物品檢查表

物品名稱		重要度	建議	事前檢查	最終檢查	預計到當地購買
貴重物品	護照	◎	準備多張資訊欄所需的影本			╲╱
	簽證	◎	可以申請電子簽證			
	台幣現金	◎	別忘了從自家前往機場的交通費			╳
	美金現金	◎	旅行預算要帶著美金新鈔			
	信用卡	◎	可以使用的地點與ATM增加中			
	電子機票/機票	◎	確認清楚日期時間			
	海外旅行保險	◎	可以買到安心			╱╲
衣物	襯衫	◎	T恤、POLO衫、有領襯衫等			
	內衣褲	◎	除了身上穿著的，上下再各帶2套			
	籠基	○	到了當地就可以購買			
	泳衣	○	高級飯店中幾乎都會有游泳池			
	上衣	○	夜班巴士的冷氣非常冷			
	長褲、裙子	◎	參觀寺院時禁止裸露肌膚			
	帽子	◎	緬甸的陽光很強烈			
	襪子	○	穿鞋的人或搭乘寒冷的夜班巴士			
盥洗用具	洗髮精	○	洗潤二合一最方便			
	肥皂	○	如果有個人講究的話			
	洗面乳	○	隨時保持清潔			
	牙刷	○	中等級以上飯店都會提供			
	刮鬍刀	○	注意儀容			
	毛巾	○	多數住宿都會供應，但品質惡劣			
醫藥物品	藥品類	○	胃腸藥、防蚊蟲、止癢劑等			
	生理用品	○	攜帶慣用物品			
	驅蚊線香	○	下榻廉價住宿的人必備			
	洗衣精	△	飯店的洗衣服務很便宜			
	防曬商品	○	前往海灘或茵萊湖、蒲甘的人			
電器產品	吹風機	△	可在飯店借到			
	隨身聽	○	沒有智慧手機的人，長時間移動時			
	智慧手機、平板電腦	○	Wi-Fi熱點增加中			
書籍	會話集	○	不妨試著講當地語言			
	導覽書	◎	有這1本就很足夠			
	書本	○	雨天無法出門時			
其他	指甲剪、耳掏	○	小型物品			
	鎖	○	小～中型的鎖，可將行李上鎖			
	原子筆、記事本	◎	拿筆記事的機會比想像要多			
	眼罩、耳塞	○	住宿或夜班巴士很吵鬧時			
	手電筒	◎	必備，街道上不僅街燈少且經常停電			
	手帕、衛生紙	○	可用廁紙代替			
	濕紙巾	○	有的話會比較舒服			
	海灘涼鞋	◎	**進出佛塔、寺院很便利**			
	手錶	◎	有鬧鈴的更方便			
	數位相機、媒體	○	留下旅途回憶			
	計算機	◎	因為要用上2種不同貨幣會有點麻煩			
	雨傘、雨衣	○	會降下讓人不得不停下來等待的豪雨			
	塑膠罩	○	可覆蓋行李的尺寸			

◎：必需品 ○：有的話會很方便、特定人的必需品 △：帶不帶都可以的物品

護照與簽證

護照

所謂的護照，就是能夠證明此人為發行國家國民的正式公文，一定要非常注意不要遺失或遭竊。

取得護照

首次申辦護照，必須本人親自至領事事務局或外交部中、南、東部辦事處辦理，並繳交相關文件。若無法親自辦理，則須親自至外交部委辦的戶政事務所進行「人別確認」後，再委任代理人續辦護照。護照的有效期限為10年。護照一般件為4個工作天（自繳費之次半日起算），為了不要在出發前才趕忙著送急件，記得要提早申請。

申請護照必要文件

普通護照申請書1份

在護照申請書填上個人資料，申請書可至外交部網站下載（🌐www.boca.gov.tw）填寫，也可直接至外交部領事事務局拿單子，現場填寫。

身分證明文件1份

身分證正本及正、反面影本分別黏貼於申請書正面，未滿14歲且沒有身分證的人，需準備戶口名簿正本及影本1份。

相片2張

須準備6個月內拍攝光面、白色背景護照專用照片。照片規格為直4.5公分×橫3.5公分，自頭頂至下顎之長度不得少於3.2公分及超過3.6公分，半身、正面、脫帽、露耳、嘴巴閉合，五官清晰之照片。

※未成年人如要申請護照，應附父母親或監護人同意書且需加蓋印章

領取護照

護照申請件經受理後，必須當場繳費。本人親自領取護照時，需攜帶身分證正本及繳費收據正本；若是委託他人代為領取，代理人需持身分證正本與繳費收據正本。必須注意的是，若護照核發日起3個月內未前往領取，護照將會被註消，也不會退還費用。

注意護照的有效期限

入境時護照殘存的有效期間，至少是簽證申請時的6個月以上。另外，簽證用的空白部分，最少要留有一張。如果未符合上述兩項，最好申請新的護照。

簽證

台灣前往緬甸觀光需要申請簽證（台灣非緬甸落地簽適用國），除了由旅行社代辦傳統紙本簽證，現在更可以自行上網申請電子簽證。電子觀光簽證有效期限為90天，可在緬甸停留28天，申請時至官網以英文填寫個資、上傳3個月內的彩色2吋證件照電子檔，並以信用卡繳交簽證費US$50，申請獲准的話會於3個工作日內收到電子郵件的核准函（Approval Letter），將核准函印出，於入境時向海關出示即可。

申辦護照資訊
在國內申辦時可至外交部北中南東辦事處申辦。
外交部網站
護照申請相關資訊。
🌐boca.gov.tw

護照遺失時
→P.276

取得簽證
以觀光目的造訪，取得簽證的辦法請參考下述連結內的文章。
外交部領事事務局
緬甸簽證及入境須知
🌐www.boca.gov.tw/sp-foof-countrycp-01-25-51b50-1.html

電子簽證
🌐evisa.moip.gov.mm
🎫觀光簽證US$50
可透過網站直接申辦非常便利。

「Myanmar」與「Burma」

1989年6月18日，緬甸將國家的英語名稱從「Burma」變成了「Myanmar」，而且2010年時更改為「緬甸聯邦共和國Republic of the Union of Myanmar」，因此本書書名用的就是「Myanmar」，而書中有用到國家名稱時也是使用「Myanmar」，不過民族名稱的「緬族Burma」，或者是「上緬甸Upper Burma」、「緬語Burmese」等慣用、學術用詞，就會繼續使用「Burma」，至於地名部分則多是採用在地稱呼方式，與慣用稱呼對照如下。

首都搬遷 仰光轉向內比都

2006年10月時，國家和平開發評議會（當時）決定搬遷首都，新首都就訂在內比都，在緬甸中部彬馬那郊區建造的全新城市。

向誕生日的佛像灑水，累積功德祈求更好的來世

經過長時間的鎖國政策，才能幸運地擁有如此美麗的天然海灘，想去的話要趁現在！

慣用稱呼		在地的稱呼
Rangoon	▶	Yangon
Pagan	▶	Bagan
Pegu	▶	Bago
Moulmein	▶	Mawlamyine
Mitchinar	▶	Myitkyina
Mithila	▶	Meiktila
Arakan State	▶	Rakhine State
Karen State	▶	Kayin State
Tenasserim	▶	Tanintharyi
Irrawaddy	▶	Ayeyarwady
Salween	▶	Thanlwin

來參拜佛塔Paya與寺廟吧

想要認識緬甸這個國家，最好的方式就是前往佛塔一訪，佛塔一般都會在5:00到21:00左右開放，大約6:00～7:00時就會有民眾開始在寺院境內灑水，認真地打掃，等到結束掃除後就會有信眾陸續進來，進行清晨的上香祝禱。在誕生日（→P.24）的祠堂努力灑水、獻上鮮花、點燃線香或蠟燭都各有其用意，水灑得越多越能夠讓人生和平圓滿，供奉鮮花、蠟燭、線香則是分別能夠

獲得美貌、智慧與好名聲，因此在寺院境內入口周邊都會將鮮花、蠟燭和線香成組出售。另外在佛塔周邊，也經常可以看到在籠子裡有著滿滿麻雀、鴿子等的鳥鋪，這些小鳥都是專門作為「放生」的用途出售，小型鳥1隻200K左右，而這些被放生的小鳥則會由當地的孩子們當作賺零用錢，一一再抓回來。

佛塔造型不一，非常有特色

對緬甸佛教徒來說，參拜佛塔是生活的一部分

貨幣、匯兌、信用卡

可在緬甸使用的2種貨幣

緬甸流通的貨幣是緬元Kyat，部分地點還會要求以美金現金來結帳。

緬甸的貨幣、緬元Kyat

緬甸的貨幣是緬元Kyat（本書以K來標註），較小貨幣是分Pya，100分Pya是1緬元Kyat，不過隨著通貨膨脹已經不再使用分Pya。

部分地點只能使用外幣

以下地點要注意，會被要求使用外幣（主要是美金現金）結帳而不使用緬元。
- 飯店、民宿的住宿費
- 船隻、機票費用

旅行預算以攜帶美金現金比較便捷

緬元很難在緬甸以外地點取得，因此旅行預算不妨攜帶方便兌換的美金現金出門，匯兌換錢時又以大面額的匯率更好，不過在門票費等小額支出時，要是使用大面額紙鈔支付，很有可能會拿不回零錢，最好是大小不同面額的紙鈔都兌換使用，老舊美金紙鈔或即使是新鈔但有折痕或污點，就有可能會被拒收，記得一定要攜帶新鈔。

ATM現金提領也很便利

在銀行等地設置的ATM都可以使用信用卡提領現金，緬甸各地的ATM數量正大幅增加，銀行以外的飯店、機場、購物中心等地，只要不是太過鄉下的地點都會看得到ATM，手續費是提領1次加收5000～6500K，匯率與兌換現金時差不了多少（比起台幣→美金→緬元的2次匯兌，有時用ATM提領還比較划算），有時卡片插入ATM後會出不來，因此最好是使用銀行、購物中心等地的ATM，或者是服務櫃台開放時間使用（有問題時可以找人幫忙），部分飯店會因為不接受信用卡支付，而會請客人到大廳附設的ATM提領現金來結帳。

在緬甸換錢

在政府認證的匯兌商、銀行，可以市場匯率來換錢，部分地點會接收美金以外的各國貨幣，但以美金匯率最好且能夠匯兌的地點最多而讓人安心。

紙鈔與硬幣種類
紙 鈔：1、5、10、20、50、100、200、500、1000、5000、1萬K

主要在市面流通的是50K以上的紙鈔，搭乘仰光的路線巴士、寺院或佛塔的捐獻還是寄放鞋子時的小費、茶館的點心等，都會經常使用到100～200K，記得要隨時都有準備。

匯率
2019年11月19日最新
1K＝0.02台幣

不要理會黑市匯兌
市區或在街頭出現說可以幫匯兌的，100%都是詐欺，絕對不要理會對方，換錢請記得到銀行或官方認證的匯兌商。

信用卡資訊
飯店、餐廳、超級市場等地，可以使用信用卡的地點正在陸續增加，以VISA及Master這2種使用度最高，AMEX和JCB還不多。

使用IC卡的注意事項
使用IC卡（有IC晶片的信用卡）時會被要求輸入PIN碼（密碼），因此出發前要記得確認。

緬甸中央銀行
www.cbm.gov.mm
可查詢最新匯率。

安排交通工具

到緬甸的機票價格
　　依照季節會有變動，一定要到航空公司官網確認最新票價，或者洽詢旅行社。可作為參考的最低票價如下（不加算其他費用）。

PEX機票
　　到仰光來回約1萬6千台幣左右。

所謂的電子機票
　　目前各航空公司都引進所謂的「電子機票」制度，不再發行過去以來一直使用的紙本機票，而是以航空公司的電腦來管理機票一應預約資訊。乘客需要攜帶的是在預約完畢後收到的電子郵件或郵寄的電子機票憑證，完全不用擔心會遺失機票，就算不小心遺失電子機票憑證也依舊能夠搭乘飛機，但為了能夠讓登機手續順利進行，在回國前都還是要小心保存，有需要的話可以請航空公司重新發給。

要注意保管機票
　　要是遺失紙本機票的時候，一定要立刻聯絡航空公司。

飛機前往緬甸

　　台灣與緬甸之間，從台北～仰光之間有中華航班1日1班的直航航班，所需時間約4小時20分，其他還有從曼谷飛往仰光、內比都、曼德勒的航班，另外由普吉島、新加坡、吉隆坡、香港等地也都有航班前往仰光，考量到航班班次還有從台灣出發的便利性，經由曼谷的班機會最方便。

　　也有LCC（Low Cost Carrier）的廉價航空班機，例如亞洲航空就有曼谷飛往仰光、內比都、曼德勒的航班。

機票種類

　　機票可透過航空公司或旅行社購買，航空公司能夠買到的都是PEX機票等正規機票，而旅行社除了提供正規機票以外，還會有便宜的廉價機票可買。

陸路前往緬甸

　　泰國、中國的邊境城市中，有幾處會開放給外國遊客進出，只要在邊境取得入境許可，就能夠進入緬甸該座城市。截至到2019年11月為止，從泰國與中國的邊境多座城市，持有緬甸簽證就能夠正式入境，並在緬甸國內旅行。2018年8月8日時新開放了與印度邊境的1座城市，但在邊境無法取得簽證。

持有簽證、陸路跨越邊境

　　在鄰國（泰國或中國）申辦正式手續後出境並入境緬甸，入境後以被許可的陸路或航空方式移動前往其他城市，最後可在如仰光等地再搭乘飛機出境。想從陸路或海路方式由邊境進入緬甸時，就必須事先申請電子簽證，或者是透過旅行社等來申請一般簽證（添加在護照上的簽證）。

沒有簽證、陸路跨越邊境

　　在鄰國（泰國或中國）申辦正式手續後出境，並在邊境的緬甸一側移民局獲得入境許可再進入緬甸（這種時候需要將護照寄放在移民局，出境時再領回），回程時需要再辦理正式的泰國或中國入境手續才能前往，只能在有限的範圍內移動，並且得在同一地點出入境才可以。依照城市有不同的規定，最多會准許停留到14天。

經由陸路可跨越的邊境城市

與泰國的邊境

大其力 Tachileik

　　從泰國最北境城市美塞出發，越過邊境河流後就可以來到對岸的緬甸城市大其力，透過包租計程車，往北約160km就能夠來到景棟Kyaingtong、中國邊境城市勐臘Mengla。

苗瓦迪 Myawaddy

　　從泰國中部的美索出發，越過邊境大橋以後，就能夠抵達在湄河對岸的苗瓦迪。

Thi Khi

　　泰國的北碧與預定建造經濟特區的土瓦Dawei銜接道路上，就有著這處2014年成立的檢查崗哨。

高當 Kawthaung

　　從泰國漁村拉廊出發，可以來到緬甸最南端城市高當（Bayint Naung Point），這裡沒有嚴格的陸路限制，能夠包租小船渡海。

與中國的邊境

勐臘 Mengla

　　從勐臘可以來到景棟。

與印度的邊境

Tamu

　　2018年8月開放。

可以查閱機票票價的網站
Expedia
🌐www.expedia.co.jp
Arukikata.com
🌐www.arukikata.com

以陸路入境
　由於緬甸的入境辦法時有變更，從前可以獲得入境許可的入境地點，也可能有些變動，建議事先確認清楚相關情報。台灣人較常利用的是從泰國陸路前往緬甸，若是打算以陸路方式入境緬甸自由行的話，不妨先準備好緬甸簽證。

注意
　下列地圖介紹的是到2018年8月為止，外國人可以越過邊境的地點。

可越過邊境的地點

257

入境與出境手續

攜帶上機的限制

在台灣和緬甸出發的國際線航空班機裡，各種液體（包含凝膠與氣膠）的攜帶都會有一定限制而需要注意，沒有達到下述標準就不能攜帶上機。

· 液體需要裝入100ml以下的容器內（超過100ml容器就算裝入100ml以下的液體也不能上機）。

· 可以重複使用的1L以下容量的透明塑膠夾鏈袋，袋子的長寬合計約要在40cm以內。

· 旅客每人可攜帶的夾鏈袋1個為限，在海關檢查時出示給海關人員看。

· 醫藥品、嬰兒奶粉或嬰兒食物、有特別限制食物時則不適用（需要事先通知需要攜帶上機液體的原因）。

· 為了更有效率地檢查隨身行李，上述的塑膠夾鏈袋或筆記型電腦都要從包包中取出，外套等也需要脫下交由檢查。

從台灣出國

大致需要在航班起飛前2小時抵達機場。

出境手續

①辦理登機手續Check-in

到搭乘的航空公司櫃台出示電子機票（或機票）與護照，同時托運不攜帶上機艙的行李，領到登機證與行李貼條。

②檢查手提行李

針對攜帶液體或高壓電池會有限制，要注意（→邊欄）。

③海關

攜帶外國製鐘錶、相機或貴重金屬等昂貴物品的人，需要在「攜帶出境的外國製產品申請單」填寫品項名稱、品牌、數量並遞交給海關，要是沒有填寫就會視為在海外購買，而有可能被課稅。

④出境審查

將護照、登機證出示給海關人員，獲得出境戳章，為了避免影響到機器讀取，記得要將護照套取下。也可以選擇自動通關。

緬甸入境卡

DETAILS OF PERSON ENTERING OF LEAVING THE UNION OF MYANMAR

ARRIVAL CARD

Name Family name CHIKYU（姓） First name AYUMI（名） Middle name 中間名（沒有就空白） ☐ Male 男性 ☑ Female 女性

Date of birth 01-15-1988（出生日期，日→月→西元年） Place of birth TAIWAN（出生地）

Nationality TAIWAN（國籍） Occupation OFFICE CLERK（上班族等職業）

Passport No. AB1234567（護照號碼） Place of issue TAIPEI（護照發行地） Date of issue 10-09-2016（護照發行日）

Visa No. Place of issue Date of issue

From TAIPEI（出發地點） ☐ By rail ☐ By road ☐ By ship ☐ By air Flight No. NH813（搭乘航班）

First trip to Myanmar ☐ Yes 第一次到這兒嗎 ☑ No Travelling on group tour ☐ Yes 團體旅遊嗎 ☑ No Length of stay 10（停留天數） day(s)

Purpose of visit ☑ Tourist ☐ Official ☐ Convention ☐ Others (Please specify) ☐ Business 旅行目的（觀光就寫Tourist）

☐ Transit to

Country of residence TAIWAN（居住國家） City/State Country Address in Myanmar STRAND HOTEL（下榻飯店名稱）

Signature 簽名（需與護照相同） Person entering the Myanmar

FOR OFFICIAL USE

☐ Approve/Not approve

緬甸出境卡

DEPARTURE CARD

Name Family name CHIKYU（姓） First name AYUMI（名） Middle name 中間名（沒有就空白） ☐ Male 男性 ☑ Female 女性

Passport No. AB1234567（護照號碼） Place of issue TAIPEI（護照發行地） Date of issue 10-09-2016（護照發行日）

Nationality TAIWAN（國籍）

Signature 簽名（需與護照相同） Person leaving the Myanmar

NOTICE

1. PLEASE WRITE IN BLOCK LETTERS, AND UNDERLINE FAMILY NAME.

2. ONE ARRIVAL CARD/DEPARTURE CARD MUST BE COMPLETED BY EVERY PASSENGER

3. PLEASE KEEP THIS PORTION OF THE FORM IN YOUR PASSPORT/TRAVELLING DOCUMENT AND PRESENT IT TO THE IMMIGRATION OFFICER ON YOUR DEPARTURE

4. IN CASE OF CHANGE OF ADDRESS FROM WHAT IS STATED IN THIS FORM, MUST NOTIFY THE IMMIGRATION AND MANPOWER DEPARTMENT HEAD OFFICE WITHIN TWENTY-FOUR HOURS.

QE 10001512

FOR OFFICIAL USE

※備註：入出境卡是到2018年6月為止的文件，依照航空公司所提供的樣式稍有不同，但填寫內容一樣。

⑤登機

依照登機證上的時間，移動前往登機口。

緬甸入境

在飛往緬甸的機上會分發入、出境卡及海關申報單，可以P.258～259的填寫範例為參考再一一填寫，要是飛機上沒有分發入、出境卡，就可能會在機場只拿到入境卡填寫，等到要出境時再拿出境卡填寫。

緬甸的入境手續

入境手續會依照檢疫Quarantine→入境審查Immigration→海關Customs的順序進行（一般稱之為QIC），下列是仰光國際機場的狀況。

①檢疫

從台灣出發的話則不需要。

②入境審查

在櫃台前依序排隊，輪到的時候將填寫好的入、出境卡與護照一併交給海關人員，已經取得電子簽證的人，則要出示電子郵件的認可文件影本以及護照。

③海關

過了入境審查就是寬敞的大廳，會有3列提領行李的轉盤，在這裡領回自己的行李，這邊大廳中會有免稅商店，能夠買得到香菸、洋酒。大廳出口前方是海關櫃台，左側（紅色）是需要申報的人，右側（綠色）是給不需要申報的人，海關申報單在這裡遞交，身上持有外幣總金額超過US$1萬以上的人就需要到海關申報，持有現金在US$1萬以下的人，只需要在「持有現金在US$1萬以下」欄目打勾即可（申報單的2號處）。

④匯兌櫃台

在第1航廈的入境大廳裡，有銀行及匯兌商的匯兌櫃台、ATM，匯率依照櫃台各有不同，不妨前往匯率較好的櫃台換錢，而ATM能夠提領的也僅有緬元Kyat而已。

緬甸出境

出境時最好要預留時間，可以好好地辦理各種手續，因此盡量在航班起飛前2小時就要抵達機場，但因為仰光市區塞車問題十分嚴重，記得要提早出發。

・安檢結束後在免稅商店等購買的酒類，可以攜帶上機，不過要是需要在海外轉機的話，很可能會根據該國規定而被沒收。

攜帶行動電源上機

高壓電的行動電源（鋰電池）不能夠放入托運行李中而必須手提上機，要是將含有鋰電池的電子產品放在托運行李內，必須將電源完全關閉（睡眠模式也不可以），並且嚴密地包裝好以免誤觸啟動。

緬甸入境時換錢

仰光國際機場的入境大廳或行李提領區都有匯兌櫃台，住宿費用雖然要用美金支付，但用餐或計程車車資等則需要以緬元結帳，因此不妨在這裡先換一些緬元。停留天數短、隔天就飛往地方城市的話，在機場換好一定金額的錢，能夠省下許多手續。

換錢時主要會拿到1萬K或5000K的紙鈔，路邊攤、計程車、仰光路線巴士等都不會找零，所以最好還是要換到一些500K或1000K的紙鈔。

緬甸海關申報單

Welcome to

CUSDEC-CR(819)

REPUBLIC OF THE UNION OF MYANMAR
Customs Department
Passenger Declaration Form

Please fill in Block Letters

Name ... AYUMI CHIKYU（姓名）

Passport No. ... AB1234567（護照號碼）

Nationality ... TAIWANESE（國籍） ... Date of Birth (D/M/Y) ... 01-15-1988（出生日期・日→月→西元年）

Occupation ... OFFICE CLERK（上班族等職業）

Flight No./Vessel ... NH813（搭乘班機） ... From ... TAIPEI（出發地點）

Date of arrival ... 15-11-2018（抵達日）

Please answer and ✔tick in the appropriate diagrm - ☐ or ◯

1.Do you have dutiable, prohibited, restricted goods to declare?

I have **GOODS TO DECLARE** 需要申報
Red Channel

不需要申報 **NOTHING TO DECLARE** ✔
Green Channel

If you are in doubt, please proceed through the Red channel.

2. Are you bringing foreign currency over US$ 10000 or equivalent?

If yes, declare to Customs and take back FED (Foreign Exchange Declaration) form.

No. ✔ Yes. ☐ Amount ... 攜帶外幣總額

沒有持有相當 持有相當 I have **GOODS TO DECLARE** Red Channel
US$1萬 面額 US$1萬 面額 re if any amount of foreign currency is to
的外幣 g into Rep 的外幣 f the **UNION OF MYANMAR.**

... **FED Form** ...

3. Do you have any valuable articles including gold, jewellery etc. for temporary admission?

No. ✔ Yes. ☐ If yes, please declare on the reverse side

沒有持有貴重物 持有貴重物 rtify that this declaration is true and correct.

Signature ... 簽名（需與護照相同）

※備註：海關申報單是2018年6月時的文件。

259

仰光國際機場 Yangon International Airport

第1航廈（國際線）

3樓 商店&餐廳

R　Swensen's　R R R　✚👨🦽🍃　　　🚻　　✚🦽🍃
S　　　　　　　　　　　　　　　　🛗
匯兌　ATM　漢堡王
R　🚻　　　　　　　　　　　　　　S免稅店
　　　　S S S S S S S　　　　　　　　R
活動區域　　S S S　海外精品店鋪林立　S S　S S S
🚻🦽🚭　　紀伊國屋　　S　　　　　便利商店、紀念品店、　　S　　🚻
（西洋書籍）　　　　　　　　書籍‧文具　　　　　紀念品店

2樓 出境大廳

GATE14　　　　　GATE11　　　　GATE10　　GATE9
前往1樓入境大廳、入境審查　🚻✚👨🦽🍃　🚻前往GATE　　🚻✚🦽🍃
免稅店　　　　　　　　　　　　12、13
　　　　　　　　　　The Coffee Bean
　　　　　　　　　　& Tea Leaf　往3樓　　　　　　　貴賓室
　　　　　　　R
超過停留天數時的手續→　　　　　　　　安檢
🚻✚🍃
　　　出境審查　　→　　　　　　　　　　　✚👨🦽🍃🍃
　　　　　　　　　　　　🚻✚🦽🍃　　　飲水處

1樓 登機&入境大廳

工程中S
　　過量的行李
✚領取行李　　　　　　🛗　　　　　　　　　　　前往2樓出境大廳🚽🚻✚👨🦽
遺失物品處　　　　入境審查　　　　　　　　　　　　　　　　　　　　登機櫃台
　　　　　　　　　　　　　　　　前往2樓出境大廳　　F E　　　　　D C　　R
ATM　　　　　　　　　　　落地簽證　ATM
Baggage　🚻✚🦽　S免稅店　　的櫃台　　　　　　　　　　　　　　　R
Claim　🚻✚🦽　　　　　　　　　　　　　　　　　　　　　S書籍文具
　　🛗　　計程車櫃台　　　　　　　便利商店　　　　　行李打包　　　　　　ATM
S匯兌 S S　匯兌 S S　　R　　S　　R KFC　　S匯兌 S
行動電話　行動電話、　　　租車、　　　　　　　　航廈間接駁巴士乘車處
　　　　　網路通訊　　　國內線機票

第3航廈（國內線）

2樓 出境大廳

🚻　GATE GATE GATE GATE 往1樓/　GATE GATE　GATE GATE
R　　35　34　33　32　行李提領處 29　28　　27　26
咖啡館　候機室　往3樓/貴賓室　🚽　　往3樓/貴賓室　🛗
R
泰國料理　S　　S　　S　　安檢　　🚻✚🦽　　　　R　　　GATE
　　　手錶 化妝品 便利商店/　　↑　　🍃　咖啡館&酒吧 咖啡館　24-25
　　　　　　　　　麵包店　　　　　　　　　　　　　　　　　🚻
R
KFC　　　　　　　　　　　　　　挑高空間

1樓 登機&入境大廳

過量的行李提領處
咖啡館　印度料理　　　　🛗🖊
R　　R　　行李提領處
泰國料理 漢堡王　　　　　　　　　　　登機櫃台　　　　　　🚻
　　R　　　　　　　　　　　　　　　　　　　過量的行李櫃台
咖啡館 R 🛗　　　🚻✚
安檢　　　　　　　機場遊客中心　往2樓/出境大廳、登機口　　安檢
　　　　　　　　　　　安檢　　🚽　　　　　　　　　咖啡館　R
S便利商店　行動電話、網路通訊、 匯兌　　🚽往3樓/貴賓室　保險公司　　VIP R
🛗🚻✚ 旅行社、租車　S S S　ⓘR咖啡館　ATM S R咖啡館　　　專用
　　　　　出口　遊客中心 入口　　　　　　　　　入口　　航廈間接駁巴士
　　　　　　　　　　　　　　　　　　　　　　　　　　　　乗車處

緬甸的出境手續

出境手續會依照辦理登機→出境審查→海關→安檢的順序進行。

①辦理登機手續Check in

進入國際線航廈，行李接受X光檢查後就可以前往登機櫃台，在這裡托運行李，並出示護照與機票就能夠拿到登機證。

②出境審查

航廈大樓的2樓有審查櫃台，如果沒有超過停留天數等問題時，就能在護照上蓋下出境戳章。

③海關

就在出境審查後的櫃台，入境時沒有需要申報的人在這裡幾乎都能夠直接通過，有申報物品的人就會在這裡確認是否有帶著申報物品，因此辦理登機時記得不要放入托運行李中。

④安檢

在進入候機室區域前，會接受安全檢查，手提行李經過X光，乘客也會以金屬探測器檢查。

返回台灣

飛往台灣的機上會分發海關申報單，需要申報的話記得在抵達前填寫完畢，有另外運送物品的話也要填寫申報單。

台灣的入境手續

①檢疫

入境審查前會有檢疫區，要是出現拉肚子、發燒等身體問題的人，需要向檢疫人員提出。若是旅途中有到農牧場等地接觸動物的話，也需要像檢疫人員主動提出。

②入境審查

分成國人與外國人2種櫃台，記得不要排錯隊伍。也可以使用快速通關。

③提領行李～海關

在提領行李區拿回托運的行李，有攜帶水果、鮮花、種子等植物需接受植物檢疫，如果有動物遺體或肉品的話則需要接受動物檢疫。之後再前往海關櫃台，沒有要課稅物品就到綠色櫃台，有的話就在紅色櫃台排隊，機上分發的海關申報單在這個時候遞交。

④禁止攜帶豬肉入境

為了防止非洲豬瘟，台灣自2019年起採行嚴格管制檢查，禁止攜帶疫區國家的豬肉製品入境，緬甸也在其列，若是攜帶入境的話會被處以20萬台幣的罰鍰，千萬不要以身試法。

⑤回國時的免稅範圍、攜帶限制

台灣國內可以免稅攜帶的項目如下。
菸：捲菸200根或雪茄25支或菸草1磅。
酒類：酒類1公升。
貨幣：超過台幣10萬或美金1萬以上需要申報。

緬甸出境時

仰光國際機場的出境區，15:00後銀行就會關門，所以就無法再將緬元換回美金，如果還剩下非常多緬元的話，只要留下計程車錢及部分紀念品費用，最好先在市區中的銀行把錢換回美金。另外仰光國際機場的餐廳、商店，也都可以使用緬元。

免稅店

出境審查與海關所在大廳都有免稅店及禮品店，可以買得到酒、菸、化妝品等。

嚴禁購買仿冒品

模仿知名品牌商標、設計、玩偶等的仿冒名牌，或違法複製的遊戲、音樂軟體等「仿冒品」，絕對不要購買，回國後不但會被機場海關沒收，部分時候還有可能被要求賠償損失，不是一句「不知道」就能夠解決的事情。

搭乘飛機

緬甸的國內線航空

國內線航空公司
仰光航空
Yangon Airways（YH）
圖www.yangonair.com
KBZ航空
Air Kanbawza（KZ）
圖airkbz.com
Asian Wings Airways航空
Asian Wings Airways（YJ）
圖asianwingsair.com
金緬航空
Golden Myanmar Airlines（Y5）
圖www.gmairlines.com
緬甸國家航空
Myanmar National Airlines（UB）
圖www.flymna.com
Mann Yadanarpon航空
Mann Yadanapon Airlines（7Y）
圖www.airmyp.com
曼德勒航空
Air Mandalay（6T）
圖www.airmandalay.com

在有限的時間裡，能夠將行動範圍增加到最大的就是飛機了，對於時間不多的人可以多加利用，緬甸國內可以供外國人使用的機場包括仰光、曼德勒在內共有20幾座，路線以仰光

仰光國際機場的第3航廈（國內線航廈）

為中心放射狀飛向各地，路線十分發達，從內比都起飛的路線也在增加中，不過除了飛往仰光、內比都、曼德勒、蒲甘、黑河的主要路線外，每日都飛的路線相當少，航行狀況也是相當機動性，特別是雨季時飛行狀況相當混亂。

0　100　200km
N

葡萄
Putao
Khamti
密支那
Myitkyina
八莫
Bhamo
Kalaymyo
臘戌
Lashio
曼德勒
Mandalay
景棟
Kyaingtong
蒲甘
Bagana
猛撒
Monghsat
黑河
Heho
大其力
Tachileik
實兌
Sittway
內比都
Nay Pyi Taw
壘固
Loikaw
皎漂
Kyaukphyu
丹兌
Thandwe
仰光
Yangon
土瓦
Dawei
丹老
Myeik

※部分路線會停飛，
也有可能外國人無法搭乘，
需要再做確認。

緬甸
國內線航空

高當
Kawthaung

緬甸的國內航空公司

緬甸主要的航空公司有仰光航空、KBZ航空、Asian Wings Airways 航空、Mann Yadanarpon航空、金緬航空等往來於國內的主要城市，飛機以法國製造的ATR72-500（約70名乘客）、ATR72-212s（約70名乘客）、ATR42-320（42名乘客）為主流。

如何購買機票

航空公司的服務處、旅行社或飯店都能買得到，民間航空公司雖然能在數個月前提供預約或售票服務，但是依照乘客人數而有可能在前兩天或前一天更改飛行路線或飛行航班，因此即使已經事先預約或拿到機票，出發前還是需要再做確認，為了預防會有變更，記得留下下榻飯店或行動電話等聯絡方式，不過並不是留下聯絡資訊就會被通知，因此一定要向購票處或航空公司服務處再一次確認機票。

如果在抵達仰光隔天清晨就想搭機飛往蒲甘，最好在台灣就委託當地旅行社安排好機票。

部分航空公司可以透過網路購買機票，就算當地無法列印出電子機票，大多只要出示智慧手機或平板電腦上的電子機票，就能夠辦理登機手續。在機場有時也無法上網，這種時候就記得要先截圖保存起來。

機票票價

民營航空公司的正規機票票價都是各家航空統一，但實際上很少會用到正規票價購買，一般航空公司的服務處、旅行社、飯店等地都能以折扣價買到機票，同一路線的話，票價幾乎都差不多，在飯店或旅行社購買時，有些會需要再加上手續費，有的則是會有更多折扣，不妨多比較幾家再購買，如果以別家店是「那邊票價是這樣」來講價，多數都可以獲得一樣的售價。

旺季（10～4月）與淡季（5～9月）票價也不一樣，淡季可以擁有將近正規票價一半的折扣，但要注意的是航班有可能會被取消，國內線每一個區段的機場費是3000K，會在購票時一併計算（稱為「內含式票價」）。

如何搭乘國內線

前往機場

除了仰光以外，需要注意的就是幾乎沒有任何連結機場與市區的公共交通工具，可以找下榻的飯店研究安排計程車等方式，或使用計程車派車應用程式（→P.290）。

國內線登機手續

除了仰光以外，外國遊客一般都只會檢查護照，就像是在搭乘台灣國內線一樣的感覺，依序會是登機、檢查護照（身分證明）、檢查行李，搭機手續最好在起飛前1小時完成。

時刻表無法作為參考

比預定起飛時間要提早出發，或者是突然取消等，從平日開始飛行時刻表就是很機動性的更改，淡季時更容易有變動，要在出發當日或前一日就確認清楚，或者是提早一點辦理登機，最好也要避免在搭飛機離開緬甸的當天，才從地方城市返回到仰光這樣的行程規劃，到緬甸旅行一定要時刻謹記多預留應變時間。

FMI Air Charter
🌐www.fmiaircharter.com
Air Bagan（W9）
🌐www.airbagan.com
（包含停飛中的公司）

FMI Air Charter的飛機

紛紛極多的緬甸
國家航空國內線
緬甸國家航空國內線經常會取消航班或發生誤點，盡量避免搭乘就不會有困擾。

國內機票的比較網站
🌐www.flymya.com
可以同時檢索國內線航班時間與機票票價的網站，能夠比較各家票價相當方便，但有時票價反而是相當便宜，在仰光官網或旅行社會比較便宜，在仰光國際機場也有服務櫃台。

小巧的丹兌機場

■國內線航空機票票價範例（ 單程票價，單位是US$）

飛行區段	網路・一般價格	航班（1日）	所需時間（分鐘）	轉機次數
仰光～曼德勒	85～150	1～2	60～	0～1
仰光～蒲甘（娘烏）	120	1～2	55～80	0～2
仰光～黑河	81～106	1～3	55～	0～1
仰光～實兌	90～125	1～2	55	0～1
仰光～丹兌	95	1	50～	0～1
仰光～大其力	164	1	145	1
仰光～土瓦	105	1	50	1
仰光～高當	148	1	120～180	1
仰光～丹老	148～	1	120	0
仰光～內比都	100～110	1	30	0
曼德勒～蒲甘（娘烏）	70～76	1～2	30	0～1
曼德勒～黑河	56～79	1	35～	0～1
蒲甘（娘烏）～黑河	59～97	1	30～40	0
丹兌～實兌	82	1	45	0

備註：班次是1家航空的航班。

搭乘火車

鐵道座位

國鐵列車的座位通常分為軟座（上等）與硬座（普通），部分路線則是沒有軟座，而是等級稍微低一點的First Class與硬座2種座位，不過不論哪一種座位都沒有冷氣。而仰光～曼德勒間的列車，則是會有比軟座更高級一點、提供有冷氣的軟座Special Class車廂連結，在仰光～蒲甘、曼德勒～密支那間的也有列車會連結臥鋪車廂。

軟座

隔著走道一側有1排座椅、另一側2排座椅的寬敞設計（也有2列與2列的車廂），座椅也可以斜躺。

First Class

單側有2排、相對的4人座位，椅背無法斜躺的木製椅搭配相當薄的椅墊。

硬座

木製座椅且沒有椅墊，長時間搭乘會非常辛苦。

鐵道旅行的魅力

鐵道的營運由緬甸國鐵Myanmar Railways負責，但是車輛與路基都相當老舊而晃得非常厲害，乘坐火車的感受並不好，而且還很花時間，其中比較受到外國遊客喜愛且比較好搭乘的就是仰光～曼德勒間，1日會行駛有3班的火車，所需時間15～16小時，白天1班車與夜間2班車。仰光～蒲甘間也有直達列車，1日1班、所需時間約16小時，也有臥鋪列車（4人隔間），可以在睡覺時輕鬆移動，可以使用緬元支付，同時也會感覺比較便宜。

在日本援助下不斷更新的緬甸鐵道

時刻表只能在首發車站當作出發時刻的參考而已，而且緬甸的鐵道上下左右搖晃得很讓人不覺得是在搭乘火車，目前正接受日本JICA的幫助，進行一連串的設備更新中，估計2020年時仰光～曼德勒間的車行時間會縮短為8小時。

乘車時的注意事項

購買車票

外國人的購票處就在車站的服務窗口、鐵道遊客中心、車站人員辦公室等，依照車站而有不同，在排隊以前不妨出示護照給車站人員看，確認清楚到哪裡可以買得到車票。要注意大型車站會將預售票與當日票的售票處分開，當日車票會在列車即將發車前開始售票，特別是途中的車站因為火車到站時刻經常會誤點，所以這樣的情況下，會開始售票也多半是在火車即將抵達時才有。軟座或臥鋪從乘車日3日前開始販售，硬座則是在乘車日1日前販售，由於當日車票很常會賣光，最好是在乘車前一日就先買好車票，購票時還會被要求出示護照，就算沒有驗票窗口也會被查票，所以記得到最後下車前都不能弄丟車票，部分車站會回收車票。

出發30分鐘前乘車

最好在出發時刻的30分鐘前抵達車站，食物或飲料在車站裡隨時都能購買，列車在停靠中途車站時，都會有兜售水果、糕點、便當、飲料、壺裝水等商品的兒童或婦女出現，不過飲用水最好還是購買市售的瓶裝水，壺裝水不要喝，而是作為漱口或洗臉之用。

火車上的廁所

長途列車的話都會有廁所，不過要注意的就是有可能不提供衛生紙。

0 100 200km

密支那
Myitkyina

卡塔
Naba Katha

Kalaymyo

馬德亞
Kin-U Madaya

臘戍
Lashio

蒙育瓦
Monywa
Pakokku
蒲甘 Bagan
皎勃東
Kyaukpadaung
格勞 Kalaw
西比都 Nay Pyi Taw

達齊
Thazi
雅紹 Yatsauk
Shwe Nyaung
昂班 Aungban
彬馬那 Pyinmana
壘固
Laikaw

曼德勒
Mandalay

卑謬 Pyay

Kyanginn

興實達 Henzada
塔拉瓦底
Tharyawaddy

Tharawady

勃固 Bago
齋托 Kyaikto
莫塔馬
Mottama
毛淡棉
Mawlamyine

仰光
Yangon

Ye

土瓦港
Dawei Port

備註：其他還有外國人不能搭乘的路線

**緬甸
鐵道路線圖**

N

主要列車時刻表(停車車站部分省略)

前往曼德勒、內比都

11Up	5Up	3Up	車站名稱／列車號碼	12Dn	6Dn	4Dn
6:00	15:00	17:00	↓ 仰光	21:00	5:00	7:45
7:48	16:44	18:48	↓ 勃固	18:59	3:16	5:49
12:31	20:59	23:25	↓ Taungoo	14:51	23:18	1:27
15:22	23:32	1:57	↓ 內比都	11:54	20:36	22:51
18:15	2:11	4:58	↓ 達西	8:54	17:49	19:49
21:00	5:00	7:45	曼德勒	6:00	15:00	17:00

31Up	7Up	車站名稱／列車號碼	32Dn	8Dn
8:00	20:30	↓ 仰光	17:00	4:35
17:00	5:00	內比都 ↑	8:00	20:00

停靠在仰光中央車站的列車

前往茵萊湖方向

9Up/141Up		車站名稱／列車號碼	10Dn/142Dn
11:00	↓	仰光	14:40
13:16	↓	勃固	12:11
22:55	↓	內比都 ↑	2:09
7:00	↓	達西 ↑	22:00
13:30	↓	格勞 ↑	11:45
15:40	↓	黑河 ↑	9:20
17:00		Shwe Nyaung ↑	8:00

※到了達西，10Dn／142Dn會停車3小時，9Up／141Up會停車3時30分鐘，而列車號碼到了達西雖然會更改，但還是相同的列車。

前往勃固、毛淡棉

35Up	89Up	175Up	車站名稱／列車號碼	90Dn	36Dn	176Dn
20:00	7:15	18:25	↓ 仰光	17:30	4:45	6:30
21:50	9:04	20:19	↓ 勃固 ↑	15:25	2:45	4:40
0:47	11:55	23:07	↓ 齋托	12:33	23:55	1:57
2:44	14:04	1:26	↓ 塔通	10:29	21:55	23:47
5:15	16:50	4:00	毛淡棉 ↑	8:00	19:30	20:25

16Dn		車站名稱／列車號碼	15Up
18:00	↓	內比都	9:00
—	↓	勃固 ↑	—
4:40	↓	齋托 ↑	21:00
9:00		毛淡棉 ↑	17:00

備註：想前往勃固，也能搭乘前往曼德勒、內比都、Shwe Nyaung等方向列車抵達。

前往蒲甘

61Up		車站名稱／列車號碼	62Dn
21:00	↓	仰光	10:30
9:40		蒲甘 ↑	16:00

118Dn		車站名稱／列車號碼	117Up
8:30	↓	曼德勒	15:55
14:00		蒲甘 ↑	7:00

107Up		車站名稱／列車號碼	108Dn
5:00	↓	內比都	21:50
15:10		蒲甘 ↑	8:00

前往卑謬

71Up		車站名稱／列車號碼	72Dn
13:00	↓	仰光	7:50
21:30		卑謬 ↑	23:30

109Up		車站名稱／列車號碼	110Dn
6:45	↓	內比都	16:40
18:00		卑謬 ↑	5:30

前往彬烏倫、臘戌

131Dn		車站名稱／列車號碼	132Dn
4:00	↓	曼德勒	20:40
8:00	↓	彬烏倫 ↑	17:40
11:08	↓	谷特 ↑	11:25
13:39	↓	皎脈 ↑	13:25
15:15	↓	昔卜 ↑	9:40
19:35		臘戌 ↑	5:00

※在彬烏倫會停車30分鐘。

前往瑞波、密支那

37Up	33Up	55Up	57Up	41Up	車站名稱／列車號碼	38Dn	56Dn	42Dn	34Dn	58Dn
4:30	13:00	14:10	16:20	19:45	↓ 曼德勒	22:00	4:15	11:20	7:20	12:20
5:10	↓	15:04	17:14	20:41	↓ 實皆	—	3:00	10:27	—	11:04
7:13	15:33	17:24	19:37	0:20	↓ 瑞波	18:42	0:19	7:13	4:00	8:28
—	23:00	1:00	4:00	—	↓ Naba	—	16:30	—	—	—
22:00	6:30	10:45	13:30	21:05	密支那 ↑	4:30	7:45	9:10	13:50	15:10

■緬甸國鐵

URL www.myanmarailways1877.com

備註：時刻表是2018年6月資訊，由於緬甸國鐵不僅時刻經常變更，也經常會忽然停駛，因此要搭乘的話一定要到當地再做確認，首發車站的出發時刻相對會比較正確，但是途中經過車站的到站時間通常都會誤點。

搭乘巴士

巴士車內的服務

巴士公司間競爭非常激烈，特別是仰光～曼德勒間，因此服務也很好，大多都是傍晚從仰光出發，隔天凌晨抵達曼德勒（反過來亦同），車上都一定會有提供濕毛巾、飲水的服務，夜行巴士甚至還會有供應牙刷，部分巴士還會中途繞道餐廳提供晚餐、宵夜及早餐，車內更有戲劇、電影可觀看，不過有時供餐與不供餐的巴士車資會一樣，記得購票前要確認清楚，座椅當然都是可以斜躺，有些巴士公司連可以舒服躺臥的臥鋪席位都有。

搭乘巴士時的注意事項
夜行巴士很冷
因為冷氣非常冷，記得要準備禦寒衣物或襪子。
夜行巴士車內很吵雜
就算是夜行巴士，有些還是會不斷的播放電影或音樂，而且幾乎都是聲量極大，怕吵的人不妨準備耳塞或眼罩會比較安心。
座位先搶先贏
沒有指定座位的時候，乘客都會想辦法擠上車，因此為了要有位子可坐就必須提早前往巴士總站，但這只限於搭乘首班車的情況，要是中途上車的話就不用想能有位位可坐，許多在地人都會坐上巴士車頂，看起來雖然涼快又舒適，但卻有隨時摔落的危險。
發車前30分鐘集合
搭乘已經事先預約好且購買好車票的巴士時，至少要在巴士發車前30分鐘抵達乘車處，辦理搭車手續。

中程距離推薦搭乘共乘計程車
所需時間在4～6小時的中程距離的路線，也可以搭乘共乘計程車，車輛會是一般轎車或迷你巴士，通常都會犧牲比規定人數要多的乘客，但是速度會比巴士還要快，還有個好處就是只要在行車路線周邊，可以要求在住宿地點等指定地方上下車。街頭的共乘計程車曾發生過從後座或放置行李處查出人來，襲擊乘客或搶奪現金物品等問題，因此一定要搭乘住宿飯店或旅行社安排的車輛。

便利的巴士之旅

連接著緬甸全國各地，可說是在地人最經常利用的交通工具就是巴士了，但所謂的巴士還依照車種大小、形式非常多樣，活躍於長途距離的巴士，就是將卡車貨台改裝成簡單座椅的嘟嘟車（卡車巴士），或者是從日本、韓國進口的二手觀光巴士、校車巴士等。前往曼德勒、蒲甘、茵萊湖等主要路線，則是以2排＋1排座椅的VIP巴士最有人氣，部分使用的還是瑞典Scania出產的巴士，VIP巴士與一般冷氣巴士票價差大約是5000K（100台幣）左右，因此要是長途旅程的話絕對推薦搭乘VIP巴士。

超值的巴士之旅

幾乎巴士車票都是以緬元支付，而且多數都能與在地人一樣的票價乘車，讓人覺得相當實惠，只有部分路線會設定外國人票價，收取比在地人一倍以上的車票票價。

以仰光為中心前往地方主要城市時，一定會有民營巴士車班可以利用，全部都為指定席，因此不必擔心搭車時必須長時間站立，或是與其他乘客擠在狹窄空間裡，而且大多都會提供冷氣，在這個炎熱的國度裡可說是較為舒適的交通工具。

其他的路線巴士

主要路線以外的巴士車輛多數都很老舊，自然搭乘舒適度就不太好，而且還經常會發生故障或爆胎的問題，儘管這些已經獲得大幅改善，但是地方道路狀況依舊糟糕，道路狹窄且沒有明顯路肩，因此在超車或會車時都一定要減速慎重行駛，在雨季時還會發生路旁稻田水勢暴漲，淹到路面而難以辨認的狀況，所以搭乘長途巴士的所需時間都要憑運氣。

搭乘巴士

如果是利用行駛於仰光～曼德勒間路線的民間巴士公司的話，直接前往該巴士公司服務處即可購票，仰光一地就在仰光中央車站對面的翁山將軍體育場南側，這裡林立著眾多的巴士公司服務處，另外飯店、民宿還有旅行社也都能夠買到巴士車票，民間的長途巴士基本上全部都是指定席，購票時就會在座位表上寫上名字，但因為休息時間、下車地點等通常很難知道，在不懂緬語的情況下，最好是選擇靠前的座位，方便駕駛或車掌人員提供協助。至於地方路線巴士車票則可在巴士總站購買，或者是搭上巴士以後向車掌人員購票。

3排座椅設計的舒適VIP巴士

■主要長途巴士公司名單

連結仰光與地方城市的主要長途巴士公司如下，號碼則是對照P.39頁內的仰光長途巴士總站地圖。

巴士公司名稱	電話號碼	URL
蒲甘、曼德勒、茵萊湖方向		
① Bagan Minthar	09-7323-8057、09-5158-650	baganminthar
② BOSS	09-9250-428828	bossexpress.com.mm
③ ELite Express	09-9778-38311～377	www.eliteexpress.com.mm
④ Famous	09-7880-06611/622/633/644	famoustravellerinternational.com
⑤ GI	09-4210-12001	www.giexpressmm.com
⑥ JJ	09-7312-3571/572/573/574	www.jjexpress.net
⑦ Lumbini	09-9779-08011、09-9779-08022	www.lumbinimm.com
⑧ Mandalar Minn	09-5020-181	mandalarminn.com.mm
⑨ Shwe Mandalar	09-5042-644、09-4593-95553	shwemandalarexpress.com
⑩ Shwe Sin Setkyar	(01)704759、09-4251-40341～2	ssskexpress.com
⑪ Myat Mandalar Htun	09-2050-907、09-2050-919	myatmandalartun.com
卑謬方向		
⑫ New Generation(Myo Sat Thit)	09-8017-129、09-4282-07042	―
大金石、毛淡棉方向		
⑬ Thein Than Kyaw	09-4200-41345、09-7966-37001	―
⑭ Win	(01)706886、09-7774-44095～6	🌐Win Express + Win Guest House
⑮ Yoe Yoe Lay	09-9778-28870	🌐Yoe Yoe Lay Express
毛淡棉、土瓦、丹老、高當方向		
⑧ Mandalar Minn	09-5020-181	mandalarminn.com.mm
⑯ ATW	09-4252-66283	www.atw-minthitsar.com
⑰ Shwe Mandalay	09-2050-907、09-2050-919	―
⑱ Man Yar Zar	09-4200-49777、09-7315-2527	mannyarzar.com
帕安、苗瓦迪方向		
⑤ GI	09-4210-12001	www.giexpressmm.com
⑧ Mandalar Minn	09-5020-181	mandalarminn.com.mm

緬甸 旅行的技巧 ⋯⋯⋯⋯⋯⋯ Travel Information

搭乘船舶

緬甸特有的船舶之旅

不僅擁有伊洛瓦底江、欽敦江、薩爾溫江等眾多大河，三角洲地帶更流經有無數支流的緬甸，利用河川的水運可說是十分發達，因此儘管船舶旅遊相當費時，但是在大河之上緩緩而行的體驗卻是難得的經驗，要是有時間的話，不妨親身體會，而且與海上航行不同，沒有海浪而少有搖晃，移動上十分平緩悠閒。

感受沿河而下的樂趣

最受外國遊客喜愛的路線，就是沿著伊洛瓦底江從曼德勒一路來到下游的蒲甘，幾乎每天都會有船班航行，清晨從曼德勒出發，當天傍晚就能夠抵達蒲甘，由於是相當大型的河流因此船隻幾乎不太搖晃，途中還會停靠多處港口，能夠欣賞到別致的風景，船程約9～14個小時，會隨著天候或水量而有增減，有時以為會比預定時間要提早抵達，卻可能因為船班遇上沙塵暴、水量不足而無法前行，甚至可能發生中途折返的狀況。

購票方式

往來於曼德勒與蒲甘之間的路線，可於仰光、曼德勒、蒲甘的MTT或旅行社購買；而有些飯店也會提供代售服務，可以洽詢櫃台服務人員。

飛機、巴士等預約購票網站（🌐flymya.com →P.263）也能夠買到。

搭船的注意事項

搭船也同樣有外國遊客票價，會收取較高的價錢，但相對的船艙的部分陽台也會是外國遊客專屬，場地也會比緬甸人使用的要來得更舒適。

住宿

仰光的飯店資訊

2012～2013年間因為商務旅客的快速增加，使得商務飯店的住宿預約變得無比困難，但是新飯店的興建又趕不上人潮，在客房總數不足以應付之下，住宿費用跟著持續高漲，不過2014～2015年時隨著大型飯店、中等級飯店的增加，收取不合理昂貴住宿費的狀況慢慢減少，房價也漸漸回穩，儘管如此，仰光的物價依舊很高，無法否認住宿費用還是偏高。

至於廉價住宿則是以市中心為主，有越來越多乾淨整潔團體客房形式的民宿出現，其中也有如同膠囊飯店形式的住宿，1床大約US$10的低廉收費，很受到背包客的喜愛。

高級飯店的迎賓水果

決定住宿時的檢查事項
· 客房中有沒有窗戶
· 客房或浴室是否乾淨整潔
· 是否提供熱水
· 廁所能否正常使用
· 冷氣是否夠冷
· 能夠用電的時間
· 能否連結上網
· 工作人員的態度
· 飯店周邊環境（隔壁如果是卡拉OK餐廳，就會吵到深夜無法安眠）

緬甸的住宿資訊

仰光與蒲甘、曼德勒、內比都等城市裡，新飯店的建設與舊有飯店的更新改建熱潮正方興未艾。

飯店種類

在緬甸能夠提供給外國遊客下榻的住宿設施，有飯店、民宿及旅舍的選擇，雖然名稱各有不同但設備相差無幾，可以將民宿、旅舍視為廉價旅館的一種。

飯店費用

會有明訂的房價，但是會隨著季節而有極大變動，在空開期或連續住宿都能夠提供折，擁有相當大的彈性，不妨在登記住房時嘗試議價看看。至於中～高級飯店的話，與其直接預約通常是透過旅行社會比較便宜。

關於早餐

無分飯店等級，只要是有比較多外國遊客下榻的住宿幾乎都會提供早餐，本書所刊載的房價中，沒有特別註記就是有包含早餐。餐點內容依照飯店而各有不同，但基本就是吐司、簡單雞蛋料理、水果還有咖啡或紅茶的美式早餐，有些飯店還會供應麵類、印度烤餅、鬆餅等選擇。隨著飯店等級越高早餐內容就越豪華，部分還是供應自助餐。

住宿等級解說

高級飯店（住宿1晚US$100～左右）

如同來到了緬甸的另外一個世界，寬敞的客房裡有著Wi-Fi、冷氣、有衛星頻道的電視、國際直播線路電話、冰箱等設備，浴室內準備有各種衛浴備品，熱水當然也是大量湧出，穿上制服的飯店工作人員服務無微不至，就算忽然停電也有自家發電設備而不用擔心，游泳池或健身中心自然不可少，也提供有正式西洋或日本料理餐廳，對於怎麼樣都吃不慣緬甸食物的人會是一大福音。

中等級飯店（住宿1晚US$30～100）

冷氣夠冷的客房內有鋪上乾淨床單的床鋪，地板上鋪著地毯、Wi-Fi、電話、冰箱、有衛星頻道的電視、衣櫥或檯燈等應有盡有，雖然房內有衛浴設備，但是有沒有浴缸就看飯店或客房規格了，餐廳則可以品嚐到比較像樣的西式或中華料理，如果是歷史比較悠久的飯店，例如改裝自英國殖民年代建築物、充滿歐風特色的飯店時，就會運用大量柚木裝潢，客房既寬敞又有較高天花板，能夠浸淫在優雅的氣息中。

旅舍（住宿1晚US$10～）

在仰光市區內陸續增加中的時尚廉價住宿，通常是在大樓中改裝多個樓層，客房多為團體客房形式，但不僅是提供床鋪而已，每張床都會提供布簾或隔間以擁有私密空間，並設置了電源、閱讀燈等，同時多數在公共空間裡還有簡單的餐飲，當然會有免費Wi-Fi，吸引許多外國遊客下榻，也很適合彼此交換旅遊情報。

廉價飯店、民宿（住宿1晚US$8～30）

在磁磚或木板裝飾的狹窄客房裡擺設有1或2張老舊床鋪，再多就是1張小桌子和椅子而已，如果是衛浴共用且沒有冷氣的客房，房價就會更加便宜，不過在曼德勒等廉價住宿競爭激烈的城市裡，US$10左右的單人客房也會有冷氣、電視、電話等完善設備，如果是將大型大樓樓層區隔成多個住宿隔間，通常房間裡都不會有窗戶。

即使是房間裡沒有冷氣的廉價住宿，接待大廳也會有十足冷氣並擺放大型電視，或是可以免費自由飲用的茶水，在這裡會聚集飯店工作人員、其他房客或是自稱為導遊的人在閒晃，是交換情報的最佳地點。

預約的必要性

仰光與內比都的住宿都要事先預約好，其他地方城市像是廉價民宿因為電話不容易溝通，就沒有一定要預約的必要。大多數接待櫃台都是24小時有人，但有時也會有休息時間，因此深夜或清晨抵達時最好是事先預約。地方城市因為觀光遊客本來就不多，不會出現有客滿的狀況，不過要是碰上當地有慶典或活動登場時，還是需要提早預約。

如何找飯店

來到緬甸尋找下榻飯店，通常都是要靠一己之力，如果是搭飛機抵達仰光，那麼首先要做的就是搭乘計程車進入市區，在合適的地點下車後就得開始尋找下榻選擇，或者是還有個方法就是請計程車司機幫忙介紹，要是覺得抵達時間是晚上而不放心的話，第一個晚上不妨下榻在本書介紹的飯店，隔天白天後再來尋找正式的下榻住宿地點。

要是前往地方城市的話，通常市區規模都很小，外國遊客可以住宿的選擇也有限，在巴士總站或火車站等候載客的三輪車或計程車駕駛，都會自己判斷是否為外國人，要是背包客就就往廉價住宿，不是的話就會帶向還不錯的飯店，但是在登記住房以前，一定要確認清楚房價及房間狀況，因為除了高級飯店以外，即使是同樣飯店內的客房條件有時都不盡相同。

住宿飯店時的注意事項

徒步尋找時

外國人可以下榻的飯店必須擁有政府發行認證執照，即使是有英語招牌的民宿或飯店，如果沒有執照，外國人就不能夠住宿，因此明明看起來就很空閒卻被拒絕下榻的時候，就表示該飯店沒有執照。

支付房價

基本不是美金就是緬元的現金，不過廉價住宿的話，使用美金結帳就會比較貴一些，中等級以上可刷信用卡的飯店逐漸增加當中，但需要注意的是有可能會被索取高額的手續費。

預約方法

以電子郵件或網路預約的回覆通常都很緩慢，透過飯店預約網和打電話預約會比較確實。

可用電時間

在緬甸遇到停電已經是家常便飯的事情，因此幾乎每一處住宿設施都被備有自家發電機，但即使是同等級的飯店都會有不同的發電機啟用時間，因此在住宿時最好要先確認清楚，電力在幾點到幾點會供應。沒電當然就不會有冷氣，淋浴用的熱水也幾乎都是靠電熱水器燃燒，所以自然也沒有熱水可以淋浴。

浴室的整潔度也是一大重點

上網找飯店

可以預約緬甸飯店的網站如下。

Agoda
www.agoda.com
Booking.com
www.booking.com
HotelClub.com
www.hotelclub.com

使用預約網站時的注意事項

利用預約的網站的時候，多數高級飯店房價都會比較便宜，但廉價飯店或民宿有時最好是直接預約反而會比較便宜。

餐飲

店門口擺放著各式各樣口味的咖哩

吃飯是旅行中非常愉快的事情之一，既然都千里迢迢來到了緬甸，當然就是要嘗試各式各樣的食物再回家，在緬甸可以品嚐到下述的料理。

緬甸料理

餐廳中數量最多的就是緬甸料理餐廳了，通常在店門口會擺放好幾口大鍋，裡面會煮著不同配料的緬式咖哩（→P.272），決定要吃什麼東西以後，選定座位就可以開始點餐，要是不知道有些什麼的話，可以請店家打開鍋蓋看看裡面的料理，即使是在地人也常常會看看內容、拿起湯杓攪拌，看看鍋中有些什麼食材再來決定要點什麼。

中華料理

在緬甸料理之後最常看到的就是中華料理餐廳了，在地方城市裡要是看到有鋪上桌巾且冷氣很強的高級餐廳，基本上都是中餐廳，而且因為會有中文招牌，對台灣人來說更加好找，最令人感謝的是幾乎這些餐廳的菜單都會有中文註記，更方便點菜，應該可以找到在台灣也經常吃得到的菜色，如果點炒麵、炒飯這類飯麵類的單點菜餚時，通常還會附上熱湯，是緬甸在地的中餐作法。

印度料理

在大城市裡也能夠找到印度料理餐廳，店門口的大鍋子裡都會蒸煮著蕃紅花飯與雞肉、羊肉的「印度香飯Danbauk（Biryani）」，還能品嚐到在分格的大盤子裡盛裝著米飯與多種口味咖哩，放有印度香辣醬的定食類料理等，當發現食客的米飯或咖哩快要吃完時，立刻就可以免費續碗這一點也很有印度道地特色，而且在這些餐廳內還能喝到美味奶茶。

其他料理

日本料理餐廳正在增加中，由日本人經營的高級餐廳會吸引日本人前往，每一盤1000K、等同日本迴轉壽司價格的壽司店內，則是吸引了滿滿的緬甸人，而能夠品嚐到西式料理的餐廳，則是在高級飯店、購物中心、仰光上城等地陸續開業中。

速食、連鎖咖啡

漢堡、炸雞、甜甜圈店在以仰光為主的主要大城市中看得到有幾家，最受歡迎的速食店是肯德基KFC，外商則是開始有來自泰國、新加坡等亞洲國家的連鎖餐廳進駐，2018年時甚至出現了星巴克。

緬甸料理餐廳的點菜方式

點選緬式咖哩時，會在同個盤子上盛裝白飯、熱湯、沙拉、燉菜等配菜一同上桌，熱湯具有魚醬Ngapi Ye（將小蝦發酵而成的緬甸特有調味料）風味，奇特的酸味十分美味，湯中的食材一般會添加各種蔬菜或有口感的根莖類蔬菜，部分店家還會供應充滿西亞風味的豆子湯，或是有冬粉的中式熱湯。沙拉部分則會有小黃瓜、茄子或根莖類加上各式各樣的葉菜類，種類十分豐富。至於配菜的種類或數量則是依照店家各有不同，有的會供應超過10道小菜，也有的僅會有1、2種配菜而已，而飯、湯、沙拉、配菜幾乎都是可以吃到飽。

多人一起用餐時，白飯會裝在一個大碗裡再各自舀到自己的盤中食用，猛一看會覺得分量很多，但因為是屬於粒粒分明的在米米種硬米，所以很容易就會吃下不少飯，因此當有多人一起用餐，即使都各自點點還不同口味料理，整個桌面看起來就感覺非常豐盛，當然也能夠點選燉肉、燙菜或熱炒、沙拉風味的涼拌菜等菜餚。

不想吃得太油膩時

緬甸料理總體來說就是油，要是覺得胃腸已經忍受不了油膩時，不妨到中餐廳換吃湯麵類食物，就算是炒飯或炒麵也比其他國家還要來得油，而且都還會附上1顆荷包蛋。

路邊攤

在市場或巴士總站這些有眾多人潮匯聚的地點，一定會看得到賣吃食的路邊攤，有的甚至會擺出好幾口裡面煮著不同口味咖哩的大鍋，完全不遜色於一般食堂的路邊攤。

但一般在路邊攤能夠吃得到的主要都是麵類，已經燙好的米線麵條全放在桌上，一旁是以小火維持溫度、裝有高湯的大鍋，有的則是可以自行挑選麵條或高湯種類，靠手指就能煮出1碗麵，在桌上還提供各式各樣的調味料或配菜，讓顧客照個人口味添加。

點心與茶館

肚子有點餓的時候，坐在路邊攤點碗米線麵條果腹是在地人的吃法，不過到茶館喝杯茶也是不錯的選擇，緬甸人非常喜歡到茶館品茶，像是有路邊茶館就是擺出低矮桌子，搭配木頭或塑膠小板凳，也有需要搭車才能抵達的郊區時尚咖啡館，茶館形式非常多元。

結帳方式

除了速食店以外，通常都是在吃完以後再結帳付錢，結束用餐後不用離開座位，向店員打聲招呼就能過來買單，用緬甸語說是「She meh」，英語就是「Check, please.」，或者用手指著自己的桌子就可以，而且在緬甸叫店員的時候，都會發出「Chu、Chu」像老鼠的吱吱叫聲。在路邊攤或茶館結帳時，都是根據幾碟盤子、幾個杯子來計算，非常清楚，餐廳也幾乎都會提供寫有明細的收據。

緬甸式咖啡與紅茶

在高級飯店的餐廳等地點點咖啡或紅茶時，都會另外再附上牛奶、砂糖，但是在市區內的茶館的話，端出來的咖啡或紅茶早就已經先幫忙加入大量的煉乳或砂糖，非常地甜，因為當地認為是加入味道的飲料比加一般牛奶的要高級，稱為「Coffe Seh」、「Tea Seh」（"Seh"是衍生自Special的發音），並且一定會有中式熱茶的服務，桌上會擺放裝有熱茶的熱水瓶及小茶杯可以飲用，這些都是能無限暢飲，就算喝完了咖啡或紅茶，只喝這些免費供應的中國茶水不離開，也不會被店家抱怨。

茶館的點心

茶館都會準備各種配茶的小點心，例如印度體系的茶館就會在門口烤製Roti(印度式可麗餅)，一般的茶館也會在客人坐下的同時，端上餅乾、蜂蜜蛋糕類的糕點、印度咖哩角、油條，部分店家甚至還吃得到饅頭、燒賣等點心，這些都是不用點菜就會自動端上桌，吃多少算多少的計算方式。

確認清楚帳單金額

大致來說，緬甸人都比較善良單純，但是在外國遊客眾多的地區裡，還是會發生被敲竹槓或胡亂算錢的案例，結帳的時候還是要看清楚才好。

緬甸料理小常識

最能輕鬆吃到的魚湯米線

提到緬甸最具代表的食物，走到哪裡都能吃得到的就是「魚湯米線Mohinga」了，米線無論外觀還是口感都與台灣的麵線很相似，但其實是由米磨成的粉製成，基本上用熱水將米線煮熟後，瀝乾多餘水份放進小碗，再淋上另外以魚肉為基底熬製的高湯端上桌。

這些高湯用的都是淡水魚，其中如果是使用味道絕佳的高級鯰魚燉煮，更堪稱是頂級湯底，但無論使用哪一種魚都是整尾燉煮，剔除魚骨之後只會用到魚肉及高湯，因此基本上都很美味，如果再加入洋蔥、大蒜、薑、辣椒調味，以及彩椒、黃豆粉、香蕉葉芯、魚醬等繼續熬煮，作為米線的沾醬更是具有無比完美的營養值。

至於佐料配菜部分也有很多花樣，切片水煮蛋、炸魚片（像是切片的甜不辣）、米飯、辣椒粉、辣油、魚醬，還有絕對不可少的香菜等，可以按照個人喜好來搭配食用。

在路邊攤的話，水煮蛋、炸魚片通常都需要另外算錢，一般家裡也會做魚湯米線，不過在市場或寺院周邊這人潮聚集的場所，都一定會看得到魚湯米線的攤販。

另一種麵點

被稱為「椰漿麵Ohn no Khao Swe」的麵食料理也同樣十分美味，Ohn no就是椰奶的意思，Khao Swe則是指麵條（特指中式麵條），麵條用熱水煮熟後淋上一些油拌開以免黏成一

團備用，至於要淋在麵上的調料部分，將切成小指頭大小的雞肉與洋蔥、薑、大蒜、辣椒、魚醬等一起熬煮，等到入味以後還會再加入彩椒及黃豆粉，中間更會添加椰奶，讓整體味道更加醇厚溫潤，堪稱是神來一筆。椰漿麵的配菜與魚湯米線一樣非常豐富，依照個人喜好來搭配，不過與魚湯米線不同的地方在於，會灑上炸過並敲碎的麵條酥塊，還有就是麵條一定是中式麵條等。

地方名產

到曼德勒（緬甸第二大城，也是最後的王朝首都所在）的話，當然想要吃吃看當地名產「曼德勒米線 Mont Di」。儘管最近在仰光一帶也開始吃得到這道料理，不過只要在曼德勒，隨處都能夠看得到曼德勒米線的招牌。使用的是緬式麵條，像寬麵一樣的麵片非常大，並且經過水煮後淋上醬料來品嚐，醬料湯汁的主要材料是切成小塊的雞肉，搭上洋蔥、大蒜、辣椒以外，還有熟透的番茄作為基底與雞肉全部一起熬煮，而鹽巴與魚醬則是最後的調味。配菜部分有黃豆粉、切絲泡過水的洋蔥、油炸洋蔥條、水煮豆芽菜、萊姆、香菜、辣油等。

飯類與咖哩

想要品嚐白飯與小菜的套餐料理的話，一般白飯只要說「Tamin」就能理解，而咖哩風味的燉煮料理在菜名的最後都一定會加上「Hin」，例如雞肉咖哩的話就是以意指雞肉的「Kyet Thar」＋「Hin」成為「Kyet Thar Hin」，蝦子咖哩則是「Bazun Hin」。

在台灣吃咖哩時多數都只用湯匙，但是在緬甸還有印度、東南亞飲食文化圈裡都會是右手拿湯匙、左手拿叉子來吃咖哩，因為像是帶骨的雞肉咖哩就需要以湯匙取代刀子來剃下雞肉，混和咖哩與白飯時則會將叉子在前湯在後的方式前後攪拌來品嚐，原本在這個飲食文化圈慣用右手來吃飯，不過在餐廳或飯店裡則是會使用叉子與湯匙。

飯類雖然無法稱為純緬甸式料理，不過也有經炊煮而成的美味「印度香飯 Danbauk Tamin」，相傳是從印度甚至是更西邊地區傳入的食物，這是將切成大塊的帶骨雞肉與咖哩一起熬煮至幾乎沒有任何湯汁，使用另一個大鍋放入半熟白飯，接著鋪上一層雞肉咖哩，將白飯、雞肉咖哩層層堆疊完成後，開啟小火將白飯煮熟的同時也讓咖哩入味，印度香飯會盛上一大分放在乾淨香蕉葉（就像用竹子當容器一樣，緬甸會用香蕉葉作為餐盤）上，用右手抓飯、抓雞肉來品嚐，這樣的方式吃起來會格外美味。

可以吃的茶

緬甸的各種食物中最不能忘記的一樣，就是可以吃的茶「茶葉拌豆 Lepet-so」了，緬甸東北部作為產茶之鄉，茶葉不僅可以泡來喝更可以當成食物一樣品嚐。

採摘下來的茶葉以熱水煮過後，放進大型容器中密封再埋入土裡發酵，醃漬完成的茶葉再與油炸的大蒜酥、切絲洋蔥、油炸豆子、鹽、油等攪拌後少量品嚐。醃漬茶葉除了具有原來的茶澀、苦味以外，因為發酵而帶有一些氣味，但是在吃完油膩緬甸料理後，茶葉拌豆成了很好的解膩小吃，也很適合當作振奮精神的點心。

緬甸當然也很愛喝茶，如果想喝到緬甸茶，點「Laphet Yay Gyan」就會端出像泡得很濃的烏龍茶的茶湯，要是不講「Gyan」只說「Laphet Yay」的話，就會端上紅茶。

餐飲地點

想知道哪裡可以吃得到緬甸料理或麵食的時候，只要到市場這種人潮多的場所就一定會有路邊攤，不過對外國遊客來說，最好是避開路邊攤前往有名號的飯店或餐廳享用比較不會有問題。過去緬甸人因為深受佛教思想影響，認為食物是供人品嚐而非拿來賺錢的工具，在這樣的觀念下，除了零星的魚湯米線攤販以外，基本上看不到任何緬甸料理餐廳，一直到最近幾年隨著經濟意識的高漲，供應緬甸料理的飯店或餐廳才漸漸出現，造福了來自外國的饕客。

禮儀、習俗

需要注意的緬甸禮儀

軍事設施禁止攝影：包含軍人、軍事設施還有穿著制服的警官都禁止拍照攝影，記得相機或智慧手機要避開。

佛塔、寺院境內嚴禁穿鞋：佛塔還是寺院境內都嚴禁穿鞋進入，包括絲襪還是襪子都一樣不能穿，需要完全裸露雙腳，因此穿靴子會不容易穿脫，最好攜帶拖鞋或海灘鞋等。

注意女人禁入的場所：佛塔內部、寺院正殿都屬於女性禁入的區域，特別是靠近正殿大佛一帶多是女性禁區。

要尊崇僧侶：記得要無比崇敬佛教僧侶，即使是外國遊客也一樣要尊重僧侶、表達敬意，僧侶戒律中還有一條是「禁欲」，所以女性也不能觸摸到僧侶，以免影響到修行。

不摸頭、不用手指著人：人的頭部屬於非常神聖的部位，因此記得不要隨意亂摸頭，而以手指著人是相當失禮的動作，一樣記得要避免。

不生氣：將憤怒的心情展露於表面，在緬甸被視為相當沒有禮貌的事，特別是大聲怒罵更是毫無水準的行為，因此萬一碰到令人生氣的狀況時，也不要大聲罵人，而是冷靜處理。

尊重對方的文化

為了避免發生無謂的紛爭，在緬甸旅行時還是最基本的注意事項，多用心瞭解在地的禮儀，不要對周遭人們帶來困擾。

注意管制的軍事設施

火車站、大型鐵橋、機場、港灣設施、加油站等都屬於受管制的軍事設施，基本上禁止拍照攝影。

寄鞋處

只要是大型佛塔或寺院都會有寄鞋處，要是擔心鞋子脫下來會不見不妨寄放在這裡，如果有放鞋在寄鞋處時，取回之際不妨可以給100K的小費作為心意。

關於拍照攝影

外國遊客在與僧侶合照時很常要求對方一起擺姿勢，卻因為是很失禮的行為而引發糾紛，因此就算來到已經是觀光名勝地的寺院或僧院，也要記得嚴禁做出這樣的要求。

INFORMATION

在緬甸使用智慧手機、網路

　　首先第一種方法就是善加利用飯店等的網路（收費或免費）、Wi-Fi 熱點（可上網地點，免費），緬甸的主要飯店或市區裡都會有 Wi-Fi 熱點，因此不妨在出發前就先上網查清楚，下榻飯店有無網路或哪裡有 Wi-Fi 熱點等資訊，不過緬甸的 Wi-Fi 熱點會有速度不穩定、無法連上還是上網地點有限的缺點，如果想要沒有壓力地使用網路或智慧手機，就需要考慮下列方法。

☆各行動電話公司的「漫遊上網套裝方案」

國內各家電信公司，都有推出1日定額資費的方案。

可以直接使用平常就在用的手機。依照方案，甚至有不是整趟旅行，而是選擇旅程中任意1天來使用網路通信量的服務，可以當成沒有其他方法時的緊急通信備案。另外，有些地區不在定額方案適用範圍，那樣的話，在該區的資費會相當高，需要注意。

☆租借海外Wi-Fi分享器

在緬甸還可以租借「Wi-Fi 分享器」來上網，費用一樣是定額的方案，可以到各家公司的官網查詢。Wi-Fi 機可以讓手機、平板電腦、筆電都能夠在當地連上網路，事前預約的話，到機場等地領取即可。費用通常算便宜，而且1台 Wi-Fi 機可以多台裝置共用，同行的人能夠分享以外，還不分時間地點，移動中也可以安穩的使用網路，因此越來越多人選擇。

通訊大小事 網路、電話、郵務

網咖
在都市或觀光地點看得到店內放著電腦的網咖,但隨著智慧手機的普及,網咖也越來越少。收費是1小時500K左右～。

網路資訊

幾乎所有的飯店、民宿都有免費Wi-Fi可用,而餐廳、咖啡館、商店或按摩店也開始裝設Wi-Fi,只要在店內消費就可以免費上網,不過還是會因為客房地點或通信服務而會有網路不穩或過慢的情形,加上經常停電,要是在預約飯店住宿或機票到一半斷訊就很傷腦筋,類似的狀況可說是層出不窮,因此在處理重要事物時,前往附近高級飯店的咖啡館等使用Wi-Fi就是方法之一,雖然需要花一點茶資,卻能在有冷氣的舒適環境裡任意上網。

緬甸的電話資訊

室內電話以使用飯店的電話比較實際。

國內電話

拿起話筒,確定有聲音以後撥打電話號碼,鈴聲會是比較長的脈波音,通話時也能聽得到短促的脈波音,要是什麼聲音都沒有的話表示斷線。

國際電話

只要是一般電話就能夠直接撥打國際電話,不過需要先確定清楚通話費。

地方城市的通訊狀況

仰光、曼德勒、內比都等以外的地方城市,都還在陸續建設發展中,因此要是能有Wi-Fi可以使用就已經是非常幸運的事情,即使是室內電話也不時會斷線,因此飯店或餐廳都會同時有室內電話及行動電話的理由就在這裡。

通話費以行動電話比較划算

室內電話撥打國際電話是每分鐘US$3左右,相當昂貴,但如果使用行動電話,依照每家通信公司設定,每分鐘200K左右。

以台灣手機在緬甸國內通話

如果在緬甸使用從台灣帶來的手機撥打緬甸國內電話,要注意就是撥打國際電話了。

撥打國際電話

從緬甸撥往台灣	+	國際電話識別碼 00	+	台灣國碼 886	+	區域號碼或手機號碼去除前面的0	+	對方的電話號碼
從台灣撥往緬甸	+	國際電話識別碼 002	+	緬甸國碼 95	+	區域號碼或行動電話去除第一個0	+	對方的電話號碼

使用行動電話

包括與台灣的聯絡方式，在緬甸預約飯店或交通工具時等等，持有能在當地使用的行動電話絕對會無比方便。

直接使用台灣的手機

也可以把台灣的手機直接帶去漫遊使用，但是有時候到了地方城市就無法通話，或者在仰光也會出現沒有訊號的狀況，通信費、資訊傳輸費都很貴，還要注意接聽電話同樣要收錢。

使用免費SIM卡的行動電話、智慧手機

截至到2018年6月為止，在緬甸國內鋪設有行動電話網路的有MPT、Telenor、Ooredoo、MyTel這4家電信公司，預付SIM卡一律1500K，通話、上網的通信費則是採用加值系統，SIM卡可在機場入境大廳的商店、市區內如同攤販的地點買到，使用數據傳輸時需要設定好手機，不妨委託商店工作人員幫忙處理。

行動電話&智慧手機的收費行情

行動電話或智慧手機的通話／資訊傳輸費用比起台灣要便宜許多，各家電信公司也都有出售針對遊客的旅遊SIM卡，依照緬甸國內最大的MPT（緬甸國營郵政電信公司）收費作為範例，國內通話23K／1分鐘，國內簡訊10K／1次，數據通訊6K／MB，旅遊SIM卡套裝優惠（10日內有效）的話，3G上網1.5GB＋5000K的通話費是1萬K（2018年7月資訊）。

緬甸的郵務

從緬甸寄到台灣時，明信片或信封表面只要寫上大大的「TAIWAN」，剩下的地址和收件人都可以寫中文。緬甸的郵務服務正由日本提供相關的技術指導，服務品質有所改善並不斷提升中，至於包裹以寄送EMS來得確實又方便。

在當地購買行動電話

免費SIM卡的行動電話可在緬甸當地買到，通信公司每家都會販售3萬K左右的廉價智慧手機，不妨可以上網或到官方商店研究一番，比起在隨便開價的二手店購買會來得更安心，也別忘了確認能否輸入中文。

尋找超值漫遊套裝組合

如果主要是想上網的話，各家電信公司提供的數據傳輸專用套裝優惠就很超值，隨時都可以升級，也有遊客專用的旅遊SIM卡。
MPT
www.mpt.com.mm/en
Telenor
www.telenor.com.mm
Ooredoo
www.ooredoo.com.mm
MyTel
www.mytel.com.mm

令人意外！充電站

旅途中遇有一項困擾的事情就是手機充電，但其實在緬甸有很多地方都可以充電，設置在機場、寺院或火車站中的充電站、長途巴士會停靠休息的餐廳、速食店、茶館，從桌子到柱子都設有插座，甚至VIP巴士在座椅還有著USB插座，不過為了能夠隨時都可以充電，USB線及充電器都要記得隨時放在手提包裡。

中央郵局
MAP P.33-D4
住 125, Maha Bandoola Rd.（Corner of Pansodan Rd.），Kyauktada T/S
開 週一～五7:00～18:00
休 無

寄到台灣的郵資
明信片：1000K
信件：20g以下1000K～
EMS：www.ems.com.mm

旅行小幫手
Hints

緬甸的郵務事業在日本協助下大幅改變

緬甸的郵務事業正在日本的技術協助下改善狀況，不僅正確送達的比率提高，國內各地也都有發行專屬郵票，每間郵局設計別具特色的風景郵戳，販售貼上郵票的信封等，這些都是對遊客來說非常方便的伴手禮，推出許多貼心的服務。

仰光的中央郵局則是建於殖民年代、充滿特色的建築物，也有販賣前面所提過的郵票、信封等，不妨以參觀建築物為目標來欣賞一番，在正前方入口處步道旁，還設置有由日本協助打造，充滿日本特色的郵筒。

2014年日本安倍首相曾探訪視察過的中央郵局

旅遊糾紛與健康管理

駐緬甸台北經濟文化辦事處
住No. 97/101A Dhammazedi Road, Kamayut Tounship, Yangon
電01-527-249(境內直撥)、(09)257257575(緊急電話)
傳(95)1-501-959
網www.mm.emb-japan.go.jp
開週一～五8:30～17:15
領事窗口是週一～五9:00～11:30收件、13:30～15:00取件(緊急狀況是24小時服務)
休週末、緬甸節日

遺失護照時
必備的文件
・在地警察署發給的遺失・竊盜申請證明
・護照用照片2張
・護照申請表
・身分證影本或其他身分證明
・手續費

一般的預防對策
經常洗手
　最基本的就是這一件，外出回到住宿地點一定要先洗手，還有在用餐前後也要記得。
避免飲生水、冰塊
　盡可能不要飲用生水，如果是用水龍頭漱口的話還不成問題，但就不適合拿來生飲，記得隨時攜帶1瓶瓶裝水。
避免生食、生菜、切塊水果
　緬甸料理餐廳端出來的生菜沙拉，不僅能換口味又很好吃，但因為有時是使用人的糞便當作肥料而會有寄生蟲的疑慮，至於切塊水果，要是菜刀或器皿受到細菌感染時也會有問題，因此水果最好是吃自己處理的，而河魚也存有寄生蟲的可能性，一定要完全煮熟才食用。
　咖哩一類因為是長時間燉煮而可以放心。
避免在不衛生的路邊攤、食堂用餐
　路邊攤的餐具都是用水桶裝水來清洗，因此衛生上很容易有問題，而不太有人氣的店家更有可能使用過期食材，最好避免前往就不怕搞壞身體。

緬甸旅行的糾紛

　因為不時就會發生政局動盪的問題，這種時候基本上多數都會無法入境觀光，只要不是自行前往，一般來說遊客被捲入紛爭的可能性相當低，可說是比較能夠放心旅行的國家。

小型糾紛

　在仰光的巴士公司服務處，會有看起來像員工的人坐在櫃台，在旅客要購買車票的時候，偷偷浮報手續費再藉機據為己有，或者是在飯店等地委託安排車票時，會向旅客索取正常車資外又再私自增加的錢，前一個狀況很難避免，但是如果向後者這樣委託幫忙購票時，一般多是會再索取代辦費用。有不少遊客是因為對方親切或者露出善意而決定委託代購票券，結果被索取代辦費用而覺得不愉快，要是不想碰上這樣因為金錢的糾紛時，最好是自己購買，如果還是需要委託什麼人的話，最好還是要事先確認清楚會不會加收手續費、會收多少錢。

遺失護照時

　萬一遺失護照的時候，首先要前往在地的警察署，請對方發給遺失・竊盜申請證明，接著到駐緬甸台北經濟文化辦事處辦理護照遺失手續，當場辦理新護照或取得入國證明書，為了讓手續可以順利進行，記得要準備好護照上有照片內頁影本，還有電子機票或紙本機票的影本，記得與正本放在不同地方保管。

注意容易在緬甸罹患的疾病

　目前在緬甸容易感染或正流行的疾病如下。

腹瀉、食物中毒(多為病原性大腸桿菌)Diarrhea, Food poisoning

　因為料理大量用油而導致拉肚子，這可說是來到緬甸旅行時入境隨俗的必經過程，如果是單純的腹瀉，吃藥並休息幾天就會改善，要是還伴隨發燒、嘔吐症狀時就有可能是食物中毒，需要立即就醫。

霍亂 Cholera

　感染到霍亂弧菌就會發病，隨著腹瀉與嘔吐的症狀外還會引起脫水問題，潛伏期會是1～5日，也能夠預防接種防止染病，不過效果是50%左右。

赤痢、阿米巴赤痢 Dysentery

經口感染到赤痢菌而發病，潛伏期是1～5日，症狀有腹瀉、腹痛以外還會出現血便，染病後如果只是輕微症狀雖然最終可以治好，但要是體內還藏有赤痢菌，在返國後可能傳染給其他人（身邊有老人或幼兒時會很危險），在旅行途中要是出現有可疑症狀的人，一定要在返國時向檢疫單位報到。

登革熱 Dengue fever

由埃及斑蚊和白線斑蚊為媒介的病毒性疾病，潛伏期是4～7日，症狀會有持續約1星期的38～40度高燒，並且伴隨出現頭痛、關節痛、肌肉痛、肝功能降低等症狀，由於在城市裡也很常見，要注意避免遭到蚊子叮咬。

瘧疾 Malaria

被帶有瘧原蟲的馬拉利亞蚊叮咬而染病，感染後的潛伏期是12～30日左右，發病時會畏寒、發抖並同時會體溫升高，症狀持續1～2小時，之後有可能因為出汗而跟著解熱，但症狀也有可能會延長，在這樣病狀反覆之下會消耗體力甚至致死，儘管有預防藥物但副作用也很強，需要在醫生指示下謹慎服藥。在仰光、曼德勒市區等都市地帶幾乎不會有染病疑慮，但是如果要長期停留在農村地帶或山區時就一定要提高警覺。

A型肝炎 Viral hepatitis A

有發燒、黃疸（眼白處會變成黃色）、咖啡色的尿、白色糞便等症狀出現時，首先就要懷疑是否為肝炎，之後會出現強烈倦怠感，連食物都無法入口，潛伏期是15～50日，會因為生水、市面上的冰塊、生食而感染，注射加瑪球蛋白可獲得某種程度的預防效果。在緬甸有10～12%較高的B型肝炎帶原率，長期滯留時最好先接種B型肝炎疫苗比較安心。

結核TB（Tuberculosis）

緬甸國內擁有相當多的結核桿菌感染者，即使是健康的人也很容易被感染，儘管不會發病，除了多加注意別無他法。

破傷風 Tetanus

破傷風梭菌從傷口進入而感染，潛伏期是4～14日，會有傷口腫脹的異常感受，或是有吞嚥困難、肌肉僵硬、冒汗、發低燒等症狀出現，如果有覺得不對勁就需要立刻就醫，可以接受預防接種但在4～8星期裡要施打2次。

狂犬病 Hydrophobia

被帶有病菌的貓狗或蝙蝠等動物咬傷而感染，潛伏期是2～8星期相當的長，緬甸每年會有1500～2500人左右染上狂犬病，切記不要隨便靠近動物，雖然也可以接受預防接種，不過需要分3次施打疫苗，而且第3次施打要在首次接種後的6個月。

不要逗弄流浪貓狗

動物身上可能帶有各式各樣的病原細菌，因此不要隨意觸摸，要是被咬的話還有染上狂犬病的危險，在食堂等地或許會有親近人類的貓咪靠近，但身上多數帶有跳蚤，還是要避免逗弄牠們。

記得準備御寒衣物

部分地點早晚都很寒冷，有時夜行巴士上的冷氣也會非常冷，不妨多攜帶1件上衣出門。

投保海外旅行保險

可以利用網路投保海外旅行保險，手續相當簡單，依照申請畫面的介紹填入必要事項即可，保險費是以信用卡支付，完全省下匯款或到店裡辦理的麻煩，每天24小時服務，週日、節日也一樣能夠申辦，詳細請至各家保險官網。

仰光的醫院

很習慣面對外國病患，能夠比較安心就醫的醫療機構如下。

Myanmar International SOS Ltd.
MAP P.37-C1
🏠 37, Kabar Aye Pagoda Rd., Mayangone T/S
☎（01）667879、09-4201-14536、24小時熱線（01）667877
🌐 www.internationalsos.com/en

依照旅行保險種類，有機會不用現金即可就診，平日有外國籍醫生。

Asia Pacific & Centre For Medical & Dental Care
MAP P.37-C4
🏠 98A, Kabar Aye Pagoda Rd., Bahan T/S
☎ 09-7305-6079
📠（01）542979
🕐 8:00～19:00
休 無

從市中心街道搭乘43、44號巴士，約20分鐘可到，主要以擁有海外保險者為醫療對象，不過還是要確認清楚合約內容，可能有不在治療項目內的疾病，或者是無法免用現金就診。

愛滋病等性疾病 Sexual infection

　　因為重複使用針筒等，使得毒品成癮者染上愛滋病的狀況很多，而醫院使用的醫療器具或輸血用血液也不是很安全。

緬甸的醫療狀況

　　生病或受傷時，可以告訴醫院工作人員狀況並請對方聯絡醫院，不過緬甸沒有官方的救護車服務，在仰光有幾間提供外國遊客就診的醫療機構（→P.277〜278邊欄），在地方城市的時候，就需要前往該地最氣派的醫院。

　　先不提醫療技術好壞，緬甸因為醫藥用品、醫療器材不足，醫療水準並不是太好，如果只是外傷或盲腸之類的簡單手術，緬甸國內的醫院都可以應付，但如果是旅行途中碰上交通意外等而身負重傷，狀況相當緊急的病患，就會移送往泰國或新加坡並在當地治療，不過移送費用需要由病患自己負擔，但要是有投保海外旅行保險的話就不用擔心。藥品可在藥局自由購買，但要是有慣用藥物最好還是從台灣準備好才能安心。

Pan Hlaing International Hospital
MAP P.31-A4
📍 Pan Hlaing Golf Estate Avenue, Hlaing Thar Yar T/S
☎ (01)684321〜28
　24小時服務，設備等都是仰光最先進。

LEO Medicare
MAP P.38-B3
📍 68, Taw Win Rd., 9 Mile, Mayangone T/S
☎ (01)651238、09-9778-09085
🌐 www.daiyukai.or.jp/myanmar
🕐 週一〜六9:00〜17:30
🚫 週日・節日
　常駐有日籍醫生，電話事先預約的話會開到20:00，上述以外時間是緬甸籍醫生看診。

Dr. Tun Tun Thwe牙科
MAP P.33-C2
📍 2nd Floor, Sakura Tower, 339, Bogyoke Aung San Rd., Kyauktada T/S
☎ (01)255118
🕐 週一〜五16:00〜18:00、土9:00〜15:00（Tun Tun醫生）
🚫 週日・節日
　Tun Tun醫生畢業於東京醫科齒科大學研究所，需要事先預約。

醫院的病情問券

※ 有出現對應症狀時打勾，並交給醫生。

☐ 嘔吐 nausea	☐ 畏寒 chill	☐ 食慾不振 poor appetite
☐ 頭暈 dizziness	☐ 心悸 palpitation	
☐ 發燒 fever	☐ 腋下量體溫 armpit	＿＿＿℃／°F
	☐ 口中量體溫 oral	＿＿＿℃／°F
☐ 腹瀉 diarrhea	☐ 便祕 constipation	
☐ 水便 watery stool	☐ 軟便 loose stool	1日中＿＿＿次 times a day
☐ 偶爾 sometimes	☐ 頻繁 frequently	沒有停過 continually
☐ 感冒 common cold		
☐ 鼻塞 stuffy nose	☐ 流鼻水 running nose	☐ 打噴嚏 sneeze
☐ 咳嗽 cough	☐ 有痰 sputum	☐ 血痰 bloody sputum
☐ 耳鳴 tinnitus	☐ 重聽 loss of hearing	☐ 耳朵有分泌物 ear discharge
☐ 眼睛有分泌物 eye discharge	☐ 眼睛充血 eye injection	☐ 視力模糊 visual disturbance

※ 手指下列單字，向醫生傳達必要病情。

● 吃了什麼樣的食物		摔傷 fall	毒蛇 viper	
生的 raw		燒傷 burn	松鼠 squirrel	
野生的 wild		● 疼痛	（流浪）狗(stray) dog	
油膩的 oily		燒灼痛 buming	● 做什麼的時候	
沒有煮熟的 uncooked		耳刺痛 sharp	進入叢林時 went to the jungle	
煮好後放置一段時間的 a long time after it was cooked		劇烈的 keen	潛水時 diving	
		非常痛 severe		
● 受傷時		● 原因	露營時 went camping	
被叮咬 bitten		蚊子 mosquito		
割傷 cut		虻 wasp	登山時 went hiking (climbling)	
摔跤 fall down		毒蟲 gadfly		
撞擊 hit		蠍子 poisonous insect	在河中戲水時 swimming in the river	
扭到 twist		蠍子 scorpion		
		水母 jellyfish		

緬甸歷史簡略年表

世紀	年代		主要大事		
6	古代王朝	6～7C	孟族西進中南半島，定居於現在的緬甸南部。		
7		8C	在伊洛瓦底江中游，以卑謬為中心興起驃國城邦。		
8			緬族由雲南省一帶南下，定居於現在的緬甸中部。		
9		9C	隨著驃國的滅亡，緬族勢力擴大。		
10		850	緬族在蒲甘築城，Pyinbya王即位。		
	蒲甘王朝	1044	阿奴律陀王即位，蒲甘王朝勢力越發強盛。		
11		1084	Kyanzittha王即位，蒲甘王朝迎來全盛期，建造眾多佛塔。		
	蒙古王朝藩屬	1287	蒙古軍隊入侵，蒲甘王朝實際上已經覆滅。		
12	戰國年代	（上緬甸）		（下緬甸）	
13		1364	撣族民族建立印瓦王朝，其他還有許多小國林立。	14C	孟族在毛淡棉附近的八都馬為中心重建王朝，之後遷都勃固成為勃固王朝。
14				1472	Dhammazedi王即位，完成大金寺的原型寺院。
		16C初期	中部由緬族興建東吁王朝。		這段時期也有接觸到歐洲國家。
15	東吁王朝	1550	東吁王朝以勃固為首都再一次統一全國，包含孟族。		
16		1569	攻打泰國的大城王朝，東吁王朝的版圖擴張到最大。		
17		1635	遷都印瓦。		
		1752	孟族勢力捲土重來，佔領印瓦。		
18	貢榜王朝	1755	緬族雍笈牙國王奪回印瓦，並深入伊洛瓦底江三角洲，建造貢榜王朝。		
		1767	再一次征服大城王朝。		
		19C初期	英國與緬甸之間開始出現紛爭。		
		1824	第一次英緬戰爭，喪失若開與德林達依兩地。		
19		1852	第二次英緬戰爭，喪失伊洛瓦底江三角洲地帶。		
		1857	遷都曼德勒。		
		1885	第三次英緬戰爭，末代國王錫袍被送往印度，並開始由英國統治。		
	英國殖民地	1886	英國將緬甸與印度合併視為殖民地來治理。		
		1920年代	緬甸民族主義運動抬頭。		
		1937	與印度分離。		
		1941	日本軍勢力進入，由尼溫率領並組成獨立義勇軍。		
		1942	日本軍下令獨立義勇軍解散，強行建造泰緬鐵路。		
		1944	以若開邦為首，展開對日抗戰的準備。		
		1945	反日抗爭群起。		
		1947	翁山將軍遭到暗殺。		
	緬甸聯邦共和國	1948	以緬甸聯邦共和國之名獨立，吳努成為總理。		
		1949	克倫族發起叛亂。		
		1956	第二次大選中在野黨崛起，展開政界利權爭。		
		1962	尼溫將軍發動軍事政變，吳努失勢，尼溫成立革命委員會並成為主席，施行社會主義制度。		
20		1972	採行新憲法，轉由民法施政，並成為緬甸社會主義聯邦共和國，尼溫就職為總統。		
		1981	尼溫將總統一職轉讓給山友，並留任緬甸社會主義綱領黨主席。		
		1983	翁山將軍陵墓爆炸事件，造成韓國內閣閣員19人死亡，判定是北韓間諜犯案，而與北韓斷交。		
	緬甸社會主義聯邦共和國	1987	實施停止使用大面額紙鈔（廢鈔），憤怒的學生發起暴動，接受由聯合國認定為低度開發國家（LLDC）。		
		1988.3～6	學生在仰光發起反政府遊行，這場活動擴展至全國各地。		
		.7	緬甸社會主義綱領黨（BSPP）召開臨時大會，決定尼溫主席等5名官員下台。		
		.8	反政府遊行發展為全國民主運動。		
		.9	緬甸社會主義綱領黨的臨時大會中，確定採行多政黨制，由總參謀長蘇貌掌管的軍隊全面控制國家大權，並在全國各地對遊行隊伍開槍，造成許多死傷，設置國家和平與發展委員會（SLORC）。		

（因為古代歷史的考證法等因素，年代多少有些出入）

世紀	年代	主要大事
20	1989.6	軍事政權，國家的英語名稱由「Burma」改為「Myanmar」。
	.7	軍事政權，軟禁最大在野黨全國民主聯盟（NLD）的總書記翁山蘇姬在自家裡，逮捕主席丁吳並判處3年刑期。
	1990.5	進行大選，在野黨全國民主聯盟（NLD）獲得總議席485席中約8成席位，取得壓倒性勝利，執政黨國民團結黨（NUP，前身為緬甸社會主義綱領黨）僅有10席，但拒絕移交政權。
	.8	曼德勒一地僧侶上街遊行反對軍政府，僧侶抵制軍系人員舉辦的宗教活動。
	.8～10	持續逮捕僧侶與多名全國民主聯盟（NLD）幹部。
	.12	在泰國邊境的馬納普洛，聲明成立臨時政府（以國民民主黨主席盛溫、部分選上的NLD議員及克倫民主聯盟等為中心）。
	1991.12	翁山蘇姬獲頒諾貝爾和平獎。
	1993.1	為了制訂法律而召開國民會議（制憲國民會議）。
	1995.7	在經歷6年的軟禁後翁山蘇姬獲得釋放，每星期都會在自家門口召開集會，重新點燃民主運動之火。
	.11	NLD主張國民會議（制憲國民會議）並沒有實施真正民主而進行抵制，加深與軍政府的對立。
	1997.5	美國對緬甸實施經濟制裁。
	.7	儘管歐美國家反對，東協ASEAN還是承認緬甸加入。
	.11	軍政府因為加入東協而有某程度，或者可說是刻意展現一些民主化進程。鷹派軍政人員更迭，國家和平與發展委員會（SLORC）改組為國家和平與發展委員會（SPDC）。
	1998.8	翁山蘇姬被阻擋前往地方演講，3次被困在車內。
	.9	NLD以成立自己的政權為目的，設立「國會議員10人委員會」，加強與軍政府的對立。
	1999.10	以駐泰大使館遭到佔領事件為首，反政府組織頻頻發起行動。
	2000.9	為了阻擋翁山蘇姬前往地方，而將她困在仰光中央車站，之後再一次軟禁於自家。
	2001.2	緬甸東部與泰國邊境爆發緬甸政府軍與反政府武裝勢力激戰，之後持續呈現緊張狀態。
	.12	中國國家主席江澤民與緬甸聯邦國家和平與發展委員會主席丹瑞會面。
21	2002.5	歷經1年7個月，解除翁山蘇姬的在家軟禁。
	.12	尼溫過世。
	2003.5	由翁山蘇姬率領前往地方演講的NLD一行人，遭到支持軍政府派系團體成員襲擊，造成許多死傷，翁山蘇姬本人除了受傷以外也再一次遭到軟禁。
	2004.11	梭溫總理失勢。
	.12～2005.5	接連發生爆炸事件，2005年5月在仰光發生的3地同時炸彈攻擊中，更造成11人死亡、162人受傷的慘案，背景原因不明。
	2006.10	從仰光遷都至彬馬那近郊的內比都。
	2007.9	採訪反政府遊行中的日本記者遭維安部隊射殺。
	2008.5	熱帶氣旋「納吉斯」登陸並帶來巨大破壞。
	2009.5	以非法收留進入自家的美國人的罪名逮捕並起訴翁山蘇姬。
	2010.10	10月21日突然變更國旗設計。
	.11	進行大選，由軍政府組成的政黨聯邦鞏固與發展黨在選舉結果公布前就發表勝選宣言，遭民主派勢力質疑選舉舞弊。
	.11	11月13日解除對翁山蘇姬的軟禁。
	2011.3	登盛就職為總統，解散國家和平與發展委員會。
	2012.3	若開邦中穆斯林佔多數的羅興亞人與佛教徒對立激化，並發展成暴動。
	2012.5	美國停止對緬甸的經濟制裁。
	2012.11	歐巴馬出訪，首次有現任美國總統訪緬甸。
	2013.3	密鐵拉一地也因為宗教對立問題而發生暴動，在縱火之下燒毀相當大範圍的城市街道，宣布進入緊急狀態。
	2015.6	羅興亞難民成為國際議題。
	2015.11	大選中由翁山蘇姬帶領的NLD獲得大勝。
	2016.3	政權輪替，由NLD的廷覺就職為新總統，翁山蘇姬出任外交部長、緬甸總統府辦公室部長並兼任國務資政。
	2018.3	廷覺辭去總統一職，由前眾議院議長溫敏就職為總統。

第20世紀側欄標示：緬甸聯邦
第21世紀側欄標示：緬甸聯邦共和國

旅遊會話

緬甸外語狀況

緬甸的第一外國語是英語，飯店、航空公司等工作與外國人有所接觸的人，大多都能夠講一口流利的英語，但是只要離開城市地帶就沒有這麼順利了，三輪車、計程車司機要是能聽懂英語的數字還算好，多數都是聽不懂英語的，但是只要彼此溝通不良時，常常會有懂英語的人冒出來，幫忙翻譯，總是會有好心人出現解決困難，能夠順暢的旅行正是這個國家的迷人之處。

緬甸語基礎知識

基本單字

■ 數字

阿拉伯數字	0	1	2	3	4	5	6	7	8	9
緬甸數字	၀	၁	၂	၃	၄	၅	၆	၇	၈	၉

0	သုည	thoun-nya	16	ဆယ့်ခြောက်	seh-chao
1	တစ်	tit	17	ဆယ့်ခုနစ်	seh-kun-hni
2	နှစ်	hni	18	ဆယ့်ရှစ်	seh-shit
3	သုံး	thoun	19	ဆယ့်ကိုး	seh-koe
4	လေး	lei	20	နှစ်ဆယ်	hna-seh
5	ငါး	nga	30	သုံးဆယ်	thoun-seh
6	ခြောက်	chao	40	လေးဆယ်	lei-seh
7	ခုနစ်	kun hni	50	ငါးဆယ်	nga-seh
8	ရှစ်	shit	60	ခြောက်ဆယ်	chao-seh
9	ကိုး	koe	70	ခုနစ်ဆယ်	kun-hna-se
10	တဆယ်	se	80	ရှစ်ဆယ်	shit-seh
11	ဆယ့်တစ်	seh-tit	90	ကိုးဆယ်	koe-zeh
12	ဆယ့်နှစ်	seh-hni	100	တစ်ရာ(တရာ)	ya
13	ဆယ့်သုံး	seh-thoun	200	နှစ်ရာ(နရာ)	hni-ya
14	ဆယ့်လေး	seh-lei	1000	တစ်ထောင်	taon
15	ဆယ့်ငါး	seh-nga	10000	တစ်သောင်း	thaon

■ 年月日

～年	ခုနှစ်	Khun ni	2017	၂၀၁၇	hna-taon-seh-kun-hni
2009	၂၀၀၉	hna-taon-koe	2018	၂၀၁၈	hna-taon-seh-shit
2010	၂၀၁၀	hna-taon-se	2019	၂၀၁၉	hna-taon-seh-koe
2011	၂၀၁၁	hna-taon-seh-tit	2020	၂၀၂၀	hna-taon-hna-seh
2012	၂၀၁၂	hna-taon-seh-hni	2021	၂၀၂၁	hna-taon-hna-seh-tit
2013	၂၀၁၃	hna-taon-seh-thoun	2022	၂၀၂၂	hna-taon-hna-seh-hnih
2014	၂၀၁၄	hna-taon-seh-lei	2023	၂၀၂၃	hna-taon-hna-seh-thoun
2015	၂၀၁၅	hna-taon-seh-nga	2024	၂၀၂၄	hna-taon-hna-seh-lei
2016	၂၀၁၆	hna-taon-seh-chao	2025	၂၀၂၅	hna-taon-hna-seh-nga

～月	လ	la
1月	ဇန္နဝါရီလ	zan-na-wa-yi la
2月	ဖေဖော်ဝါရီလ	hpei-bo-wa-yi la
3月	မတ်လ	ma la
4月	ဧပြီလ	ei-pyi la
5月	မေလ	mei la
6月	ဇွန်လ	zun la
7月	ဇူလိုင်လ	zu-lain la
8月	သြဂုတ်လ	o-gou la
9月	စက်တင်ဘာလ	se-tin-ba la
10月	အောက်တိုဘာလ	au-tou-ba la
11月	နိုဝင်ဘာလ	nou-win-ba la
12月	ဒီဇင်ဘာလ	di-zin-ba la

～日	ရက်(နေ့)	ye（nei）
1日	တစ်ရက်နေ့	tha ye nei
2日	နှစ်ရက်နေ့	hni ye nei
星期一	တနင်္လာနေ့	tha nin la
星期二	အင်္ဂါနေ့	in ga
星期三	ဗုဒ္ဓဟူးနေ့	bo ta hu
星期四	ကြာသပတေးနေ့	kya tha ba dei
星期五	သောကြာနေ့	tao kya
星期六	စနေနေ့	sa nei
星期日	တနင်္ဂနွေနေ့	tha nin ga nei
早上	မနက်	ma ne
中午	နေ့လယ်	nei le

傍晚	ညနေ	nya ne
晚上	ည	nya
上午	မနက်ပိုင်း	ma ne paing
正午	မွန်းတည့်	mun-deh
下午	မွန်းလွဲပိုင်း	mun lwe paing
今日	ဒီနေ့	di nei
明日	မနက်ဖြန်	ma ne pyan
昨日	မနေ့	ma nei

～點	နာရီ	nai yi
1點	တစ်နာရီ	nai yi
下午8點	ညရှစ်နာရီ	nya shi nai yi

～分	မိနစ်	min-ni
10分	၁၀မိနစ်	se-min-ni
2點30分	၂နာရီ၃၀မိနစ်	hni-nai yi-thoun-seh-min-ni

～半	ခွဲ	kwe
10點半	၁၀နာရီခွဲ	se-nai yi-kwe

季節	ရာသီ	ya-dhi
雨季	မိုးရာသီ	mou-ya-dhi
暑季	နွေရာသီ	new-ya-dhi
乾季	ဆောင်းရာသီ	hsaun-ya-dhi

常聽到的這個字，什麼意思？

Karaweik：妙聲鳥、毗濕奴神的坐騎。金翅鳥 Garuda

Kamma：因果報應、業力

Sima：戒壇、進行出家儀式的場所

Stupa：卒塔婆，佛教的紀念塔，一般都會做成圓錐形狀，內部收藏有佛祖的頭髮、骸骨等聖物

Zedi：佛教的傳統紀念塔、卒塔婆

Dah：長劍

Taung：長度單位，1 Taung＝46cm

Tazaung：廟

Thanaka：檀娜卡

Chaung：河川、運河

kyun：島

Thein：戒壇Sima、進行出家儀式的場所

Naga：蛇

Nat：在地傳統信仰的納神靈

Pali：巴利語。古代語言，舉例來說就是佛教的拉丁語

Pagoda：佛教的傳統建築，表示塔、寺院、卒塔婆・等的英語單字

Patma：大鼓，緬甸的鼓

Paya：意指「神聖之物」的緬甸語單字，轉用為佛塔等意

Hintha：形似天鵝的神話之鳥

Boh Gyi：偉大的指導者

Myit：河川

Myo：城市，「城市的」為Myoma

Yoma：山脈

Kyaung：僧侶生活的寺院，Paya內不會有僧侶居住

生活會話

你好（較有禮）	မင်္ဂလာပါ။	Mingalar Ba
（對朋友）	ထမင်းစားပြီးပြီလား။	Ta min sar pi bi la
要去哪裡？	ဘယ်သွားမလို့လဲ။	Be thwa ma lou le
你好嗎？	နေကောင်းပါရဲ့လား။	Nei kaun ba ye la
（回答對方）很好	နေကောင်းပါတယ်။	Ne kaon ba de
是（沒錯）	ဟုတ်ပါတယ်။	Ho ba de
（附和）	ဟုတ်ကဲ့။	Ho ke
否（沒有）	မဟုတ်ပါဘူး။	Ma ho bu
（附和）	ဟင့်အင်း။	Hin in
抱歉、失禮了	စိတ်မရှိပါနဲ့။	Say ma thi par ne
謝謝	ကျေးဇူးတင်ပါတယ်။	Kyei zu tin ba de
對不起	တောင်းပန်ပါတယ်။	Thaun ban ba de
多少錢	ဘယ်လောက်လဲ။	Be lau le
請給我〇〇	〇〇 ပေးပါ။	〇〇 Per ba
〇〇在哪裡	〇〇 ဘယ်မှာလဲ။	〇〇 Be na ma le
這是什麼	ဒီဟာဘာလဲ။	Di ha ba le
這用緬語該怎麼說	ဒီဟာဘာမာစကားနဲ့	Di ha ba ma sa ka ne
	ဘယ်လိုခေါ်ပါသလဲ။	Be lou ko ba da le
沒問題	ရပါတယ်။	Ya Par Tel
不行	မရဘူး။	Ma hou phu
（你說的）我聽不懂	နားမလည်ဘူး။	Na ma re bu
不知道（在哪裡）	မသိပါဘူး။	Ma thi ba bu

單字

這是	ဒီဟာ / ဒါ	Di ha / Da	何時（過去式）	ဘယ်တုန်းက	Be do win ga
那是	အဲဒီဟာ / အဲဒါ	Ye di ha / Ye da	怎麼樣的	ဘယ်လို	Be lou
那是（較遠）	ဟိုးကဟာ / ဟိုးဟာ	Ho ka ha / Ho ha	哪個	ဘယ်ဟာ	Be ha
這個	ဒီ	Di	為什麼	ဘာဖြစ်လို့	Ba pi lou
那個	အဲဒီ / အဲ	Ye di / Ye	什麼	ဘာ	Ba
那個（較遠）	ဟိုးက / ဟိုး	Ho ka / Ho	誰	ဘယ်သူ	Be du
哪邊／哪裡	ဘယ် / ဘယ်(နေရာ)	Be / Be (Ne ya)	多少	ဘယ်လောက်	Be lau
何時（未來式）	ဘယ်တော့	Be dou			

打招呼

初次見面（能見到你非常開心）	တွေ့ရတာဝမ်းသာပါတယ်။	Twei ya da wan tha ba de
再見	သွားတော့မယ်နော်။	Thwa dau me no
我（男性）很喜歡緬甸	ကျွန်တော်မြန်မာပြည်ကို	Ca no Myanmar pi ko cha
	ကြိုက်နှစ်သက်ပါတယ်။	Ye ni ta ba de
希望能再見面	နောက်တွေ့ ကြသေးတာပေါ့။	Nau toue ca te ta bou
請告訴我地址（聯絡方式）	လိပ်စာပေးပါ။	Lei sa pe ba

明天回國	မနက်ဖြန်ဂျပန်ကိုပြန်မယ်။	Ma ne pyan Japan go pyan me
請別忘記我	ကျွန်တော်ကိုမေ့မသွားပါနဲ့။	Ca no ko me ma tou wa ba ne

單字

我（男性）	ကျွန်တော်	Ca no	哥哥、姐姐	အကို / အမ	A ko／A ma
我（女性）	ကျွန်မ	Ca ma	弟弟	ညီ(話者為男性)/ မောင်(話者為女性)	
你（男性）	ခင်ဗျား	Ka mya			Ni／Maun
妳（女性）	ရှင်	Shin	妹妹	ညီမ	Nya ma
他、她	သူ / သူမ	Thu／Thu ma	祖父、祖母	အဘိုး / အဖွား	A-po／A-pu wa
父親、母親	အဖေ / အမေ	A-hpei／A-mei	緬甸	မြန်မာ	Myanmar

備註）緬語中的第一人稱與第二人稱都會分男女，男性講話時會使用「Ca no」、「Ka mya」，女性則是使用「Ca ma」、「Shin」，另外在拜託別人的時候，最後會添加有「你」的意思的「Ka mya／Shin」，以表示尊敬。

搭乘交通工具

三輪車站在哪裡	ဆိုက်ကားဂိတ်ဘယ်မှာလဲ။	Saycar gye be ma re
計程車乘車處在哪裡	တက္ကစီကားဂိတ်ဘယ်မှာလဲ။	Te ka se ka gye be ma re
車資多少錢	ဘယ်လောက်ကျမလဲ(ဘယ်လောက်လဲ)။	Be lau ca ma re（Be lau re）
請到○○ ○○	○○ အထိသွားပါ(○○ ကိုမုန်းပါ)။	A ti thu wa ba（○○ Ko ma un ba）
到○○多少錢	○○ အထိဘယ်လောက်ကျမလဲ	A ti be lau ca ma re
	(အထိဘယ်လောက်လဲ)။	（○○ A ti be lau re）
請再便宜一點	ပိုပြီးလျှော့ပေးပါ(ထပ်လျှော့ပေးပါ)။	Po pi sho pe ba（Ta sho pe ba）
要花多少時間	အချိန်ဘယ်လောက်ကြာမလဲ။	A che in be lau ca ma re
1 個小時左右	အချိန်တနာရီလောက်ကြာမယ်။	A che in ta na ye lau ca mei

單字

飛機	လေယာဉ်ပျံ	Leyin pyan	上・中・下	အပေါ် / အထဲ /	A po／A te／
火車	မီးရထား	Yeh-ta		အောက်	Au
巴士	ဘတ်စ်ကား	Ba ka	東・西・南・北	အရှေ့ / အနောက် /	A she／A nau／
計程車	တက္ကစီ	Te ka se		တောင် / မြောက်	Taung／Myao
三輪車	ဆိုက်ကား	Saycar	機場	လေဆိပ်	Lei zei
馬車、牛車	လှည်း	Fu re	車站	ဘူတာရုံ	Buda youn
自行車	စက်ဘီး	Set bein	港	ဆိပ်ကမ်း	Sei kyin
汽車	ကား	Ka	站牌	မှတ်တိုင်	Hma tain
前・後	အရှေ့ / အနောက်	A she／A nau	車票	လက်မှတ်	Leh hma
右・左	ညာ / ဘယ်	Nya／Be	行李	ပစ္စည်း	Pi shi
高・低	မြင့် / နိမ့်	Min／Nein	海關	အကောက်ခွန်	A kaun khun

住宿

請介紹好的飯店	ဟော်တယ်အကောင်းစားကိုရှာပေးပါ။	Ho te a kaung za ko sha pe ba
有便宜的民宿嗎	ဈေးပေါတဲ့ဂက်စ်ဟောက်ရှိပါသလား။	Ze po te gye hau shi ba da ra

有空房間嗎	အခန်းလွတ်ရှိပါသလား။	A kaung lu shi ba da ra
單人房多少錢	တစ်ယောက်အိပ်အခန်း ကဘယ်လောက်လဲ။	Tha yau ei a kaung ga be law re
需要住幾晚	ဘယ်နှစ်ရက်တည်းမှာလဲ။	Be ne yey te ma re
住 2 晚	နှစ်ရက်တည်းမယ်။	Na yey te me
有含早餐嗎	မနက်စာပါသလား။	Ma ne sa ba da ra
有供應熱水嗎	ရေနွေးရပါသလား။	Yey nuy ya ba da ra

單字

浴室	ရေချိုးခန်း	Yay cho khan	電話	တယ်လီဖုန်း	Tele pho aung
洗手間	အိမ်သာ	Ain-ta	1樓	၁ထပ်	Tata
毛巾	ရေသုတ်ပုဝါ	Yey Thu pa wa	2樓	၂ထပ်	Nata
肥皂	ဆပ်ပြာ	Sa pya	冰箱	ရေခဲသေတ္တာ	Yay kye thi tha

用餐

請告訴我便宜又好的餐廳	ဈေးသက်သာပြီးအသာရှိတဲ့ထမင်း ဆိုင်ကောင်းကောင်းကိုရှာပေးပါ။	Zei ta ta pi aya da shi de tha min Sain kaung gaung go sha pe ba
想要吃什麼呢	ဘာစားချင်ပါသလဲ။	Ba sa chin ba ta re
想吃緬甸料理	မြန်မာစာစားချင်ပါတယ်။	Myanmar za sa chin ba te
請給我菜單	မီနယူးပြပါ။	Myi nyu pya ba
啤酒是冰的嗎	ရေခဲစိမ်ဘီယာရှိပါသလား။	Yey gye sein bya ya shi ba da ra
請給我茶（魚湯米線）	ရေနွေးကြမ်း(မုန့်ဟင်းခါး) ပေးပါ။	Yay Nway Chan（Mohinga） pe ba
再來一碗	လိုက်ပွဲပေးပါ။	Lay pue pe ba
有刀與叉子嗎	ဓါး,ခရင်းရှိပါသလား။	Da nye kye yein shi ba da ra
有什麼水果呢	ဘာသစ်သီးရှိပါသလဲ။	Ba thi thi shi ba da re
請結帳（多少錢）	ဘယ်လောက်ကျပါသလဲ(ဘယ်လောက်ကျလဲ)။	Be law cha ba da re(Be law cha re)

單字

吃	စား	Sa	麵包	ပေါင်မုန့်	Paung Maung
喝	သောက်	Thau	豬肉	ဝက်သား	Wet Thar
中華料理	တရုတ်စာ	Thayu u thar	雞肉	ကြက်သား	Kyet Thar
日本料理	ဂျပန်စာ	Japan thar	牛肉	အမဲသား	Ametha
印度料理	ကုလားစာ	Kalar thar	羊肉	ဆိတ်သား	Seik Thar
早餐	မနက်စာ	Manesar	魚	ငါး	Ga
午餐	နေ့လည်စာ	Nay lae zah	雞蛋	ကြက်ဥ	Kyet u
點心	မုန့်ပဲသရေစာ	Maung pe thar yey thar	蝦	ပုစွန်	Bazun
			沙拉	အသုပ်	A Thoke
晚餐	ညစာ	Nya Zah	蔬菜	ဟင်းသီးဟင်းရွက်	Hin Te Hin Kyaw
冰	ရေခဲ	Yey ghe	湯	ဟင်းချို	aahkyaopwal
水（白開水）	သောက်ရေ	Taw Yey	甜點	အချိုပွဲ	Kyaw Pae
紅茶	လက်ဖက်ရည်	Lepet	白飯	ထမင်း	Htamin
咖啡	ကော်ဖီ	Kapi	砂糖	သကြား	De ja
茶	ရေနွေးကြမ်း	Yay Nway	鹽巴	ဆား	Sarr

285

購物

請讓我看這個	ဒါပြပါ။	Da pya ba
這個多少錢	ဒါဘယ်လောက်လဲ။	Da be law re
是○○緬元	○○ ကျပ်ပါ။	○○ Kyat pa
很貴	ဈေးကြီးတယ်။	Zei chi de
請再便宜一點	ထပ်လျှော့ပေးပါ။	Thae sho pyi ba
有更大的嗎	ပိုကြီးတာရှိပါသလား။	Po chi ta shi ba da re
請給我○○	○○ ပေးပါ။	○○ pe ba

單字

（價錢）很貴	ဈေးကြီးတယ်။	Zei chi de	咖啡色	အညို	A nyo
（價錢）很便宜	ဈေးပေါတယ်။	Zei pho de	漆器	ယွန်းထည်	Ywen de
尺寸	အရွယ်အစား	A ywe a sa	珠寶	ကျောက်မျက်ရတနာ	Kyaw mye ya
大的	ကြီးတယ်။	Chi de			Da na
小的	သေးတယ်။	Te de	紅寶石	ပတ္တမြား	Ba da mya
喜好	အကြိုက်	A chay	翡翠	ကျောက်စိမ်း	Kyaw sen
白色	အဖြူ	A pyu	金	ရွှေ	Shi ye
紅色	အနီ	A ni	銀	ငွေ	Ngye
黑色	အမဲ	A me	畫	ပန်းချီကား	Ba ji ka
藍色	အပြာ	A pya	籠基	လုံချည်	Longyi
黃色	အဝါ	A wa	絹	ပိုးထည်	Po de

觀光

蘇雷塔在哪裡	ဆူးလေဘုရားကဘယ်မှာလဲ။	Sule Paya ga be ma re
這是市場	ဒီဟာဈေးပြင်ပါတယ်။	Di ha ze pi pa de
營業到幾點呢	ဘယ်အချိန်ထိဖွင့်ပါသလဲ။	Be a chen ti pyein ba da re

單字

| 動物園 | တိရစ္ဆာန်ရုံ | Tha ley san youn | 佛塔 | ဘုရား | Paya |
| 公園 | ပန်းခြံ | Pan jan | | | |

通訊、換錢

郵局在哪裡	စာတိုက်ကဘယ်မှာလဲ။	Sa thay ga be ma re
我想換錢	ငွေရဲချင်ပါတယ်။	Gwe re jin ba de
在哪裡可以換錢	ဘယ်မှာငွေလဲလို့ရပါသလဲ။	Be ma gwe re low ya ba da re
在哪裡可以撥打國際電話	ပင်လယ်ရပ်ခြားတယ်လီဖုန်းဘယ်	Pin ley ya chi te le fon be ma se yar
	မှာဆက်ရပါသလဲ။	ba da re
在哪裡可以買到 SIM 卡	ဆင်းကတ်ဘယ်မှာဝယ်လို့ ရနိုင်ပါသလဲ။	Sein kye be ma wei low ya nai ba da re
有 Wi-Fi 嗎	ဝိုင်ဖိုင်ရှိလား။	Wi-Fi shi ra

單字

銀行	ဘဏ်	Ban	國際航空	လေကြောင်းစာ	Lay chaung sa
匯兌	ငွေလဲခြင်း	Gye leh chin	信封	စာအိတ်	Sa ey
郵局	စာတိုက်	Sa thay	國際電話	ပင်လယ်ရပ်ခြား	Pin ley ya cha te
風景明信片	ပို့စကတ်	Pow su ka		တယ်လီဖုန်း	le pong
信件	စာ	Sa	Wi-Fi	့ိ့ဝိ	Wi-Fi
郵票	တံဆိပ်ခေါင်း	Da zei gyaung	SIM 卡	ဆင်းကတ်	Seinkye
小包裹	ပါဆယ်ထုပ်	Pa se thu			

在醫院

醫院在哪裡	ဆေးရုံဘယ်နားမှာလဲ။	Hsei youn be na ma re
請幫忙叫醫生	ဆရာဝန်ခေါ်ပေးပါ။	Sa yaung ko pe ba
怎麼了嗎	ဘာဖြစ်သလဲ။	Ba pi ta re
頭痛	ခေါင်းကိုက်တယ်။	Gyaung kay te
吃壞肚子	ဝမ်းလျှောနေတယ်။	Un sho ne de
覺得冷	အအေးမိနေတယ်။	Aye mi ne de
骨折了	အရိုးကျိုးသွားတယ်။	Ayo cho thu a de

單字

頭	ခေါင်း	Gyaung	鼻子	နှာခေါင်း	Nakaung
胸	ရင်ဘတ်	Yin-baq	胃	အစာအိမ်	A sa eyin
肚子	ဝမ်းဗိုက်	Wa un bay	腸	အူ	U
手	လက်	Le	血液	သွေး	Thu way
腳	ခြေထောက်	Chi daw	骨頭	အရိုး	A yo
嘴	ပါးစပ်	Ba za	發燒	အဖျ	A phu
牙齒	သွား	Thu wa	感冒	အအေးပတ်	Ayepa
眼睛	မျက်စိ	Mye shi	疼痛	နာတယ်	Na de
耳朵	နား	Nar	藥	ဆေး	Se

生活

今天很熱	ဒီနေ့ပူတယ်	Di ne phu de
總是幾點起床呢	အမြဲတမ်းဘယ်အချိန်လောက် အိပ်ရာထပါသလဲ။	A mye daung be a che eyin law ei ya tha ba da re
想睡覺	အိပ်ချင်တယ်	Ei chin de
休息吧	အနားယူကြမယ်	A na yue ja mei
肚子餓了	ဗိုက်ဆာတယ်	Bay sa de
口渴了	ရေငတ်တယ်	Yey ga te
看電影吧	ရုပ်ရှင်ကြည့်ကြမယ်	You shin chi ja mei

單字

熱	ပူတယ်	Pu deh	陰天	မိုးအုံ့	Mou oung
冷	ချမ်းတယ်	Chan deh	下雨	မိုး	Mou
涼	အေးတယ်	Ei deh	暴雨	မိုးကောင်း	Mou kaung
晴天	နေသာတယ်	Ne ta deh	風	လေ	Ley

緬甸三大話題——籠基、沒關係Ya Par Tel、薩亞瑪Sayama
安藤和雄（東南亞研究所）

從1997年1月首度造訪緬甸以來，除了職業是地區研究人士以外還兼田野調查而持續來到這個國家，並且也在這些旅程的日常中發現了緬甸獨有的特色，其中最吸引我的部分就是「籠基」、「沒關係Ya Par Tel」、「薩亞瑪Sayama」這三件事，不僅希望未來緬甸人能好好珍惜，也想讓遊客認識緬甸的與眾不同之處，因此特別將之命名為緬甸的三大法寶。

照片1：高架式房屋

法寶1、籠基

套上籠基（縫成一件筒狀的圍裙）再搭配一件西式襯衫及塑膠拖鞋的打扮，一直就這樣的穿著奔走於伊洛瓦底三角洲、中央平原，還有若開邦面對著孟加拉灣的村莊與城鎮，雖然還是會被要求保持一定的乾淨整潔，不過這種「民族服飾」無論要下田還是進政府機關都可以，而且還非常舒服，我對於這套服裝就非常的喜歡。

籠基除了在緬甸看得到以外，東南亞、南亞還有部分中東國家也都有，像是孟加拉就只有男性會穿，但大多都是像緬甸一樣不分男女都能穿籠基，在緬甸語中將男性穿的籠基稱為布梭Paso，女性穿的則叫特敦Tamane，只是一般在孟加拉的政府機構時，原則上都不能穿著Lungi（發音有些微的不同），而且多數國家都有類似的規定，不過緬甸卻是將籠基視為正式的「民族服裝」，可說是一個能被稱為「籠基大國」的獨特國度。

在熱帶國家的鄉村生活

緬甸人這麼鍾愛籠基是有原因的，首先當然就是因為政府將之視為正式的「民族服裝」，再來就是受到緬甸為「熱帶國家」的影響，熱帶季風氣候發達，雨季與乾季區分明顯，三角洲或中央平原一整年間都屬於高溫（每個月平均最低氣溫20～25℃），最高氣溫則為30～40℃），而雨季的濕度更是高達80～90%，濕氣相當重。

因此鄉村的生活住居就與服裝一樣，自古以來為了適應熱帶季風氣候而下了許多功夫，房屋採高架建築可以通風，在伊洛瓦底三角洲洪水地帶的高架屋則是能夠預防淹水。雖然能看得到許多使用錫板作為屋頂及牆壁的民宅，但傳統是使用水椰葉子來鋪蓋屋頂或築牆（照片1），而中央平原一到了傍晚時分，就會在道路一側挖掘出來的水井周邊，看到因為做工而流了一身汗的男男女女與孩子們正在戲水玩樂，也能經常看到婦女們從人工水池汲水後，以擔子挑起無蓋的結實水桶

行走的身影，時至今日緬甸人依舊是天天這樣打水回家作為日常飲用煮食，或許是深切認識到水的珍貴，因此這些呼朋引伴一起挑水的婦女們完全不出厭煩的模樣。

村裡的高架屋裡都整理得十分乾淨，看起來相當寬敞，生活用品也不會太多，佔總人口6～7成的緬族幾乎都是上部座佛教徒，我曾經造訪過的村落人家也幾乎全都是佛教徒家庭，儘管有人說這些人們身無長物原因是經濟上的貧困，但我卻認為他們實踐了所謂的「無物則善」，也就是佛教徒對生活該有的基本態度，而這樣的精神自然也貫徹在於將籠基視為正式服裝的心態上。

在生活裡實踐宗教

在佛教徒的家中，會擺放像台灣一樣的佛壇，在這裡供奉著釋迦牟尼佛的畫像，佛像顏色都是金黃色，也跟日本一樣每天早上會在佛壇裡供上鮮花、白飯、飲料（茶或水），中午過後就會將白飯等供品收起來，台灣屬於大乘佛教，但緬甸是上部座佛教，僧侶在中午過後就不用食，因此家中的佛像應該也是遵循同樣的道理。

在擺放佛壇的房間角落，多數也還會祭祀著守護神，也就是納神靈Nat，除了會在房間一角掛著棚子，有時還會搭棚架供上鮮花與水，而住家守護神則稱為Mahagiri Nat，以椰子做為表示。以37尊擁有名字且有故事的納神靈（Mahagiri Nat也是其中之一）最出名，但也有著許多無名的納神靈。

在英國殖民年代引進的雨樹（當地稱為Kokko，英文名稱是Rain Tree），就沿著街道、廣場還有農田之中生長著，而在這些大樹樹幹上會綁著房屋形狀的木箱（照片2），這就是當地稱為Nat-tsin的納神靈祠堂，只要好好注意去觀察，就會發現除了街道沿邊還有部分地區的家中庭院裡，都有祭祀著納神靈的祠堂，人們相信在樹木、石頭、水等自然物體中存在著納神靈（備註）。

照片2：納神靈祠堂

法寶2、沒關係Ya Par Tel

身體力行佛教信仰，持續對自然抱持敬意的神靈信仰中，珍惜穿著的籠基，選擇順應大自然的純樸生活，從而創作出獨特又有個性的精神文化，而最能夠體現緬甸人這種精神文化的，就是「沒關係Ya Par Tel」這句話了。

無論是在城市還是鄉村裡，總是一定會注意到，在談話經常聽得到「沒關係Ya Par Tel」吧，雖然是書寫成「Yapa Tel」，但我聽起來更貼近於「Ya Par Tel」，一般大多都是翻譯成「沒關係」（請參考本書「生活會話」→P.283），不過實際上因為發音方法的不同，Ya Par Tel會有不一樣的意思。以清楚有力的發音說出Ya Par Tel時就是「沒關係」，但如果是有氣無力的Ya Par Tel，聽起來的感覺就會變成「請不要太期待」的意思，因此要是分不清楚語感之間的差異，光只聽到Ya Par Tel就安心的話，之後恐怕就會碰上「怎麼會這樣？」的情境。剛開始來到緬甸時，在仰光的廉價住宿就被來自印度的古吉拉特人和自稱能講應與、孟加拉語、緬語的緬甸商人提醒，「你要注意Ya Par Tel這句話」，原來是因為在緬甸經常不按照約定行事，使得生意非常難做。或許在商業領域中會有這樣的困擾，但我卻非常喜歡Ya Par Tel這句緬甸文，心情常常因此獲得解放，因為對我來說聽起來就像是「會想辦法啦」、「不要那麼擔心嘛」，總之要是委託工作給緬甸的人們，他們拖延到最後一刻是很普通的事，當然超過期限而來不及的狀況也不會很罕見，儘管是這樣，也沒看過有提高聲量或罵人的狀況發生，然而在日本，特別是最近的趨勢就是很容易去指責他人的失敗或錯誤，不知道是否因為認真對待穿在身上的舒適籠基，或者是在生活中實踐佛教思想等種種影響，看起來或許覺得很消極，但緬甸的人們

其實是不受事物所限制，也就是不會有絕對的好壞的觀念，在當下所處的情境之中積極向前、樂在生活裡，我認為就展現在Ya Par Tel這句話裡，而且實際上當自己也說了Ya Par Tel時，整個心情也覺得跟著放鬆了。

法寶3、薩亞瑪Sayama

在緬甸會稱男性主管、老師為薩亞Saya，女主管或老師則稱為薩亞瑪Sayama，並不會使用英語的女士Madam，而薩亞瑪Sayama也在公家單位及學校中被頻繁運用。

雖然比不上日本，但緬甸婦女相當活躍於社會上這點卻很讓人吃驚，像是我的共同研究伙伴所隸屬的仰光大學或耶津農業大學的教職員，有近8成就都是女性，雖然有人解釋那是因為公務員的薪水低廉之故，但其實教職員的採用跟從學校畢業成績也有很大關連，所以以「公平」條件來採用職員就出現了這樣的結果。與農業相關的公家單位裡也有很多女性，儘管私底下有傳聞是過去軍政府的用人政策，但不管怎麼說，無論是公職人員還是教職員的女性都很多，而我也必然會經常與女性共同研究人員一起做田野調查，看著她們工作的模樣，或者是與農務告一段落的農民們聊天的模樣（照片3），不由得就會覺得緬甸這個國家女性的領導能力絲毫不比男性差，非常耀眼，婦女在這個國家所扮演的角色無比重要，所以我也認為像翁山蘇姬女士能夠如此的活躍，正是因為有著這樣的社會背景存在。

不妨穿上籠基與涼鞋周遊於緬甸，好好地去發現日本人應當學習到的真正該重視的事物，再想想可以怎樣配合經濟發展這個關鍵字，都是我期盼大家能有所感受之事。

（備註）田村克己1994「宗教與世界觀」『認識更多的緬甸』第2版 弘文堂：P.111—150。

照片3：開朗的婦女們

下載免費APP輕鬆遊緬甸

隨著Wi-Fi的普及，緬甸的城市地帶如今也擁有了4G網路，而且SIM卡或數據通訊費用都很低廉，因此接下來就來介紹如何活用智慧手機的應用程式，來加輕鬆地旅遊緬甸，沒有特別註記的時候，就是iOS與Android兩種系統都能使用OS系統的話則會有不同的應用程式。為了節省數據通訊費用，出發前就要先下載好應用程式。

使用社交軟體來聯絡

Facebook、LINE、Messenger、Viber在緬甸也都很流行，特別是使用Facebook的人相當多，之後的3種應用程式只要有Wi-Fi就可以免費撥打國際電話或傳接訊息，可以以此與友人或家人聯繫。

運用緬甸電訊到哪都能上網

利用MPT、Telenor等緬甸行動電訊業者（→P.275）的正式應用程式，無論是通話費還是數據通訊餘額都能一目了然，購買預付式加值卡的話，也能簡單使用應用程式加值，不過要注意該電信業者所覆蓋的通訊區域。

有Google Map不怕迷路

在檢索目前所在地、目的地、餐飲店等資訊，或者是瞭解距離時都能派上用場，即使是搭乘長途巴士時，也可以即時知道現在在哪裡，非常有幫助。

靈活運用計程車

在仰光多家發派計程車的公司裡，以低廉車資與優良服務獲得人氣的就是Grab了，而且在某些時段裡，從仰光國際機場搭乘計程車進入市區只要7000K左右，比機場計程車還要便宜。

・如何使用Grab

1.登錄行動電話與姓名（預付式SIM卡可在機場購買）。

2.檢索目的地，選好後預約。

3.顯示正在附近的司機名字、大頭照、車牌號碼、抵達時間與車資。

4.司機會打電話來確認。

5.計程車抵達時會再打一次電話，在乘車前需要確認車牌號碼與司機名字，確認是不是自己叫的車。

在地圖上會即時表現出車輛位置，如果靠電話講不通，或者無法說明清楚地點時，不妨可以請周邊的人幫忙，緬甸人都非常親切，總是能有人可以伸出援手。

搭乘仰光路線巴士省下大量交通費

2017年1月時經過整頓，仰光的路線巴士讓遊客可以更加便捷地使用，Y Bus可用英文檢索巴士站及路線，也能夠尋找離目前所在地最近的巴士站，官方應用程式YBS僅能顯示緬文，不過可透過GPS顯示自己搭乘的巴士在哪裡，也很方便，不過可能是因為路線剛成立或經常有變動，所以有時資訊並不會更新，而無論哪一種都只有Android系統提供。

長途巴士也能輕鬆預約

連結蒲甘、曼德勒等國內主要城市的長途巴士公司中，好幾間都可透過官方應用程式預約車票、指定座位、用信用卡結帳，而BNF Express可以一次同時檢索多家巴士公司，也能夠預約，如果以信用卡結帳可能會收取手續費，所以要記得確認清楚。

預約飯店住宿確保床位

Agoda、Booking.com提供廉價住宿到高級飯店都有全類別房價檢索，同時也能預約住宿，而比價網的Trivago、Tripadvisor，則是能從多個預約網站中尋找最便宜的住宿，使用者的口碑也能有所幫助。需要多加注意的是Agoda的預約，Agoda也會刊載Booking.com的資訊，而且非常難以區別，原本以為是透過Agoda以信用卡付款，結果實際上只是透過Agoda，但預約到基本當地付款的Booking.com，因此就經常會發生在登記住房時，搞不清楚究竟是哪一邊網站的預約，是否已結帳完帳等等糾紛，因此在預約的時候，一定要再次確認清楚有無「當地付款」的標示、預約確認通知。

以翻譯軟體來溝通

VoiceTra是可以用聲音或文字翻譯成多種語言的厲害軟體，將中、英語翻譯成緬語，或者只要手指頭一滑就能切換過來，非常容易使用，翻譯好的文字還能念出來並以在地語言顯示，還會顯示該文句的完整意思，讓使用者可以確認內容，放心溝通。

躺著看・坐著讀・帶著走

跟著 MOOK 玩世界！

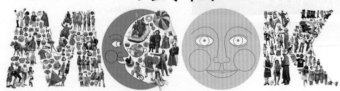

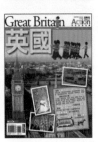
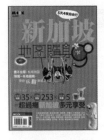
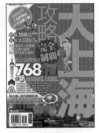
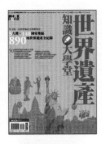
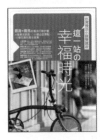
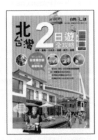
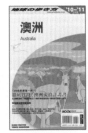
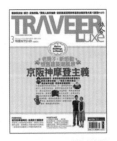

索引
Index

地球の歩き方

緬甸 NO..59

主編　Senior Editor
吳思穎

作者　Writer & Editor
地球の歩き方編集室

譯者　Translator
林安慧・墨刻編輯部

文字編輯　Editor
林宜君

美術編輯　Art Editor
廖健豪

封面插畫　Cover Illustrator
李俊建

總經理　PCH Group President
李淑霞　Kelly Lee

社長　Managing Director
李淑霞　Kelly Lee

總編輯　Editor in Chief
汪雨菁　Eugenia Uang

行銷經理　Manager
呂妙君　Cloud Lu

行銷企畫　Marketing Specialist
許立心　Li-Hsin Hsu

出版公司　Publication
墨刻出版股份有限公司
地址：台北市104民生東路二段141號9樓
電話：886-2-2500-7008
傳真：886-2-2500-7796
E-mail：mook_service@cph.com.tw
讀者服務：readerservice@cph.com.tw
網址：travel.mook.com.tw

發行公司　Publication(TW)
英屬蓋曼群島商家庭傳媒股份有限公司城邦分公司
地址：台北市104民生東路二段141號2樓B1
電話：886-2-2500-7718　886-2-2500-7719
傳真：886-2-2500-1990　886-2-2500-1991
城邦讀書花園：www.cite.com.tw
劃撥：19863813
戶名：書虫股份有限公司

香港發行所　Publication(HK)
城邦（香港）出版集團有限公司
地址：香港灣仔駱克道193號東超商業中心1樓
電話：852-2508-6231
傳真：852-2578-9337

製版　Production
藝樺彩色印刷製版股份有限公司

印刷　Printing
漾格科技股份有限公司

經銷商　Agency
聯合發行股份有限公司（電話：886-2-29178022）
金世盟實業股份有限公司

城邦書號
KJ0059

定價
NT$499元　HK$166

ISBN
978-986-289-504-7

2019年12月初版

國家圖書館出版品預行編目資料

緬甸 / 地球の歩き方編集室作；林安慧，墨刻編輯
部譯. – 初版 . – 台北市：墨刻出版；
家庭傳媒城邦分公司發行，2019.12
456面：13.5×21公分. – （地球の歩き方：
KJ0059）
ISBN 978-986-289-504-7 （平裝）
1.旅遊 2.緬甸

738.19　　　　　　108019741